현대 중남미 경제

Beatriz Armendáriz, Felipe Larraín B. 지음

문남권·우제량 옮김

HU:iNE

The Economics
of Contemporary Latin America

현대 중남미 경제

Beatriz Armendáriz, Felipe Larraín B. 지음
문남권 우제량 옮김

HU:iNE

서문

중남미는 주로 원주민, 유럽계 및 아프리카계 후손들로 구성된 6억 명의 인구, 풍부한 천연자원을 보유한 방대한 영토, 그리고 모자이크처럼 문화와 재능이 융합되어 있는 매력적 지역이다. 풍부한 광물자원을 보유하고 있는 다양한 지형, 비옥한 토지, 그리고 아름다운 해안과 웅장한 산맥 위에 펼쳐진 중남미의 전통들은 재기가 넘치는 작가들을 사로잡아서 콜롬버스 이전 시기부터 수많은 작품들을 남겨놓았다. 이베리아 국가들 통치 시기의 역사적 사건들은 많은 서사, 반란, 인종 갈등, 19세기의 대서양을 가로지른 침공들을 포괄한다. 그리고 20세기 이후에는 마술적 사실주의의 땅에서 가장 낭만적 여러 사건들이 펼쳐지고 있다. 또한 중남미는 무한한 생태적 보고로 이것의 보존이 전 세계 현세대와 미래 세대의 안녕을 위해 매우 중요한 투쟁이 되고 있다.

그러나 이 책은 경제영역에서 중남미의 좌절된 기대와 실패에 초점을 맞추고 있다. 그렇게 풍부한 천연자원과 재기 넘치는 국민들을 보유하고 있는 중남미가 왜 북쪽 이웃 국가들에 비해 그토록 가난한가? 왜 중남미의 어느 국가도 서구 유럽인들이 누리고 있는 생활 수준과 확고한 민주주의 제도를 구비하고 있지 못하는가? 왜 보통의 중남미인들은 불과 반세기전만 해도 1인당 소득수준이 한참 뒤쳐졌던 몇몇 아시아국들이 현재 누리고 있는 경제발전의 혜택을 누리고 있지 못하는가?

이 책은 위의 중요한 질문들을 조명해 보고, 또한 역내외 정책 입안자들에 선례를 제공할 수 있는 중남미의 인상적이지만 산발적이었고 단기간에 끝났던 몇몇 성공 스토리를 제시하고자 한다. 우리가 생각하는 첫 번째 포인트는 과거 식민지 시대와 독립 후 시기, 특히 19세기 후반기부터 1차 세계대전 시기까지 기간에 대한 심층 연구 없이는 현대 중남미 경제의 이해가 불가능하다는 것이다. 그리고 대공황, 2차 세계대전, 1980년대 외채 위기 등 중남미에 지울 수 없는 흔적을 남긴 시기들을 되돌아봐야 한다.

전 세계적 원자재 시장의 붐과 버스트 사건들이 여전히 천연자원에 의존하고 있는 중남미에 많은 상처를 남겨놓았다. 가장 최근의 케이스는 1차 산품 가격의 급등으로 21세기 들어 시작된 중남미 경제의 고성장이 2013년에 종료된 경우다. 그러나 과거의 1차 산품 주도 경기 사이클 시기와 달리, 현대의 중남미는 전반적으로 과거보다 덜 빈곤하고, 덜 불평등하며, 특히 중산층이 확대되고 그들의 목소리도 커지고 있다. 또한 중남미의 여러 신생 민주주의 국가에서 지속적으로 빈곤퇴치 프로그램이 실행되고 있으며, 고품질의 재정과 통화 제도들이 수립되어 있다.

이 책의 마지막 장에서 중남미 성장에 대해 일별하겠지만, 성장 자체가 경제 발전과 동일한 것은 아니며 발전은 다차원적이며 다면적인 것이다. 따라서 이 책은 현대 중남미 경제의 발전과 앞에 놓여있는 주요 도전 과제들에 대해 상당히 폭넓게 분석하려 하였다.

이 책의 1편에서는 식민지 시대부터 1980년대 외채 위기까지 기간동안 경제 저발전의 역사적 원인을 규명하고자 하였다. 1장에서는 스페인 식민통치 시기 중남미 생산 양식을 설명하고 있는데, 여기에서 오늘날 중남미의 빈곤과 소득 불평등 문제의 기원을 찾을 수 있기 때문이다. 식민 유산이 이 지역의 황금기 (belle époque: 1870~1914) 기간 동안 더 확대된 것일까? 황금기는 최근 21세기 초에 발생한 원자재 붐과 유사한 붐 시기였다. 2장은 중남미 신생 독립국들의 다양한 궤적들에 대한 추적을 통해 위의 질문에 답한다.

이 책의 전반에 걸쳐서 중남미 국가들의 역내 다양성이 강조되고 있지만, 전 지역이 지난 세기에 수출주도 성장전략에서 수입대체산업화전략(ISI)으로 더 잘 알려진 보호주의 패러다임으로 전환하였다. 우리는 3장에서 이 시기를 상세하게 검토하고 있다. 우리는 또 다른 1차 산품 붐 시기 끝의 범주와 이것이 2차 대전 이후 보호주의 정책에 다양한 형태로 미친 결과를 이해하기 위해서 수입대체산업화(ISI) 시기를 이해하는 것이 중요하다. ISI 정책들은 1980년대의 외채 위기 및 그로 인한 경제 파탄에 큰 책임이 있다. 제 4장에서 각각 1930년대와 1980년대 발생한 두 차례 외채 위기의 유사점과 상이점을 분석하고 있다. 우리는 이후 왜 현대 중남미 경제가 1980년대 외채 위기로 큰 타격을 받은 반면, 21세기 초 서브프라임 모기지 금융위기와 유로존 경제위기에는 덜 영향을 받았는지에 대해 심층 분석한다.

이 책의 2편은 21세기 중남미에 대해 분석한다. 현재 중남미 총 인구의 40%가 취약계층 또는 극빈층으로 분류되며, 소득 불평등이 오직 아프리카 국가들과만 비교되는 수준이다. 5장에서는 빈곤과 소득 불평등에 대해 상세하게 분석하고 있다. 위의 문제들 관련하여 전반적 이해와 논쟁 소개에 그치지 않고, 특이점들을 상세히 분석하며, 특히 중남미의 최대 경제 대국인 브라질 및 멕시코의 빈곤 문제가 심각하다는 사실에 기반해 분석하고 있다. 20세기 말로 거슬러 올라가는 빈곤퇴치 캠페인은 이제 중남미 전역에서 광범위하게 실행되고 있으며, 소득 불평등의 위험을 완화하는데 기여하고 있다. 제 6장은 현재의 포퓰리즘 문제를 심도있게 분석하고 있다. 포퓰리즘이 소득 불평등에서 기인한다는 점은 모두가 동의하는 것이며, 카리스마 정치 리더들이 실행했던 경제정책들과 애국심에 호소하는 수사적 발언 등은 결국 경제를 포퓰리스트 시대 이전보다 악화시킨 것이 역사적으로 증명되고 있다.

이 책의 나머지 3편과 4편은 중남미가 향후 나아가야 할 길에 초점을 맞추고 있다. 이는 제 7장의 주요 테마인 신중한 재정정책이 20세기 마지막 10년 동안 구조 개혁의 권유와 처방에 따라 실행되었기 때문이기도 하지만, 더 중요한 이유는 중남미 여러국에서 자체적으로 마련한 경기조정형 재정 정책들과 재정 제도들이 실행되었기 때문이다. 8장에서는 중남미 정책 입안자들이 정통 및 비정통파 정책을 통해 어떻게 세자리

수의 인플레이션율을 한 자리 단위로 안정시키며 인플레이션 퇴치에 성공했는지를 설명한다. 9장은 중남미의 환율 제도를 심층 분석하고 있으며, 중남미의 전반적 변동환율 제도로의 추세와 독립적인 중앙은행들의 인플레이션 목표제를 설명한다.

10장은 다시 무역과 금융자유화 문제를 다루고 있다. 중남미는 이미 19세기 말 유럽과 미국의 급속한 공업화 덕에 황금기(belle époque : 1870- 1914)를 맞이한 바 있으며, 21세기 들어서도 2013년도까지 중국의 급속한 산업화로 인한 1차 산품 붐을 경험한 바 있다. 현재 중남미는 새로운 도전에 직면하고 있지만, 여러 국가들은 1차 산품 가격의 급등락 대응에 필요한 적절한 재정 및 통화 제도를 갖추고 있다. 그러나 일부 국가들은 아직 그러한 제도들을 구비하고 있지 못하다. 나아가서 멕시코를 제외하고는, 무역자유화에도 불구하고 1차 산품 의존도를 낮추지 못하였으며, 이에 따라 정책 입안자들은 생산과 수출의 다변화를 위한 최선의 방안을 다시 고심하고 있다.

11장은 규제 경향과 노조화, 일자리의 질과 비공식성 문제, 그리고 여성 노동력 문제 등의 역내 노동시장의 포괄적인 문제점들을 분석한다. 여기서는 공식과 비공식분야 고용으로 형성된 이중 노동시장에서 21세기의 원자재 붐이 노동생산성 측면에서 어떤 성과가 있었는지 질문을 던진다. 특히 아직도 노동생산성 향상에 필요한 직업훈련제도에 접근할 수 없고 사회적으로 보호받지 못하고 있는 광범위한 비공식분야 문제에 집중한다. 12장은 중남미 지역의 발전을 위한 포용적 성장 정책들과 향후 주요 과제들을 분석한다.

저자들은 본 책의 집필에 많은 분들의 도움을 받았다. 동료 및 학생들의 소중한 코멘트와 지원에 감사드린다. 특히, 이 책의 집필 초기단계에 페레이라(Francisco Ferreira)와 브라보(Juan Bravo)의 참여에 감사드린다. 코넬(Laura Connel)은 이 책의 전반적인 내용에 대한 코멘트와 지원을 해주었다. 윌리엄슨(Jeff Williamson)과 까르도소(Eliana Cardoso)는 이 책의 처음 5장까지 내용에 대해 아주 중요한 코멘트를 제공해 주었다. 또레(Rodolfo de la Torre)는 제 5장에 대해 유용하고 사려 깊은 비평을 제공하였다. 또한 제9장에 대한 리본(Tatiana Ribón)의 지원에 특별히 감사를 드리고 꾸에바스(Mariana

Ignacia Cuevas)와 가르시아(Agustin García)는 이 책의 가장 민감한 최종 마무리 단계에서 훌륭한 연구지원을 제공해 주었다. 마지막으로 MIT 출판부 존 코벨(John Covell)의 지원과 격려 그리고 특별한 배려가 없었더라면 출판되기 어려웠을 것으로 생각한다. 존의 후임자 따베르(Emily Taber) 역시 이 책의 발간에 헌신하였으며, 적기에 검토의견을 제공하고 출판과정을 위한 유익하고 정확한 조언을 해주었다.

끝으로 저자들은 각자의 배우자들에게 고마움을 표하고 집필과정에서 많은 정신적 인내와 애정을 보여준 가족들에게도 고마움을 표하는 바이다.

Beatriz Armendáriz와 Felipe Larraín B.

2016년 8월

약어

AD	Acción Democrática(Democratic Action) 베네수엘라 민주행동당
ASEAN	Association of South East Asian Nations 동남아국가연합
Bannorte	Banco Mercantil del Norte 멕시코 북부상업은행
BF	Bolsa Familia 가계지원자금
BIS	Bank of International Settlements 국제결제은행
BPC	Beneficio de Prestaçao Continuada 지속적 현금혜택
BRIC	Brazil, Russia, India and China 신흥 경제 4개국
CACM	Central American Common Market 중미공동시장
CAFTA	Central American Free Trade Agreement 중미자유무역협정
CAN	Comunidad Andina de las Naciones(Andean Community of Nations) 안데스 공동체
CARICOM	Comunidad del Caribe(Carribean Community and Common Market) 카리브 공동체
CBN	Cost of Basic Needs 기본 욕구 비용
CEPAL	Comisión Económica para América Latina(United Nations Economic Commission for Latin America) 유엔 중남미 · 카리브 경제위원회
DF	Distrito Federal(Federal District) 멕시코 등 연방형태 국가의 수도
EBRD	European Bank for Reconstruction and Development 유럽부흥개발은행
ECLAC	United Nations Economic Commission for Latin America 유엔 중남미 ·

카리브 경제위원회

ESFs Emergency social funds 긴급사회기금

ESSF Economic and Social Stabilization Fund 경제사회 안정화 기금

EU European Union 유럽연합

FARC Fuerzas Armadas Revolucionarias de Colombia(Revolutionary Armed Forces of Colombia 콜롬비아 무장혁명군

FDI Foreign direct investment 외국인직접투자

FOB Free on board 본선인도가격

FOSIDES Fondo Sectorial para la Investigación y el Desarrollo Social (Sectoral Fund in Research and Social Development) 부문별 사회연구개발 기금

FTA Free Trade Agreement 자유무역협정

FTAA Free Trade Area of the Americas 미주자유무역지대

GDP Gross Domestic Product 국내총생산

IADB Inter-American Development Bank 미주개발은행

ICT Information and communication technology 정보통신기술

IDB Inter-American Development Bank 미주개발은행

IEF Ingreso Ético Familiar(Ethical Family Income) 윤리적 가계소득

ILO International Labour Organization 국제노동기구

IMF International Monetary Fund 국제통화기금

INEG Instituto Nacional de Estadística y Geografía (National Institute of Statistic and Geography) 국립지리통계청

ISI Import Substitution Industrialization 수입대체산업화

JSI Job Security Index 직업안정지수

LAFTA Latin American Free Trade Association 중남미자유무역연합

LAIA Latin American Integration Association 중남미통합기구

LANIC Latin American Network Information Center 중남미네트워크정보센터

MAS Movimiento al Socialismo(Movement to Socialism) 사회주의운동당

MCCA Mercado Común Centroamericano(Central American Customs Union) 중미공동시장

MCCTP Mexican Conditional Cash Transfer Program 멕시코 조건부 현금이전프

로그램

MERCOSUR Mercado Común del Sur(Southern Common Market) 남미공동시장

NAFTA North American Free Trade Agreement 북미자유무역협정

NGOs Nongovernmental Organizations 비정부기구

OECD Organization for Economic Co-operation and Development 경제협력개발기구

OPEC Organization for the Petroleum Exporting Countries 석유수출국기구

PAN Partido Acción Nacional(National Action Party) 멕시코 국민행동당

PDVSA Petróleos de Venezuela Sociedad Anónima 베네수엘라 석유공사

PEMEX Petróleos Mexicanos 멕시코 석유공사

PETI Programa de Erradicaçao do Trabalho Infantil (Program to Eradicate Child Labor) 브라질 아동노동금지프로그램

Petrobras Petróleo Brasileiro S.A 브라질석유공사

PPP Purchasing Power Parity 구매력평가

PRF Pension Reserve Fund 퇴직연금기금

PRI Partido Revolucionario Institutional(Institutional Revolutionary Party) 멕시코 제도혁명당

PROGRESA Programa de Educación, Salud y Alimentación 멕시코 교육, 보건 및 식량지원 프로그램

R&D Research and Development 연구개발

RDA Regression Discontinuity Analysis 불연속회귀분석

SEDESOL Secretaría de Desarrollo Social (Ministry of Social Development) 멕시코 사회개발부

SME Small and Medium Enterprises 중소기업

SOEs State-Owned Enterprises 국영기업

TFP Total Factor Productivity 총요소 생산성

TPP Trans-Pacific Partnership 환태평양 경제동반자 협정

UBN Unsatisfied Basic Needs 불만족 기본 욕구

UK United Kingdom 영국

UNCTAD United Nations Conference on Trade and Development 유엔무역개발회의

UNDP	United Nations Development Program 유엔개발계획
VAT	Value-Added Tax 부가가치세
WEO	World Economic Outlook 세계경제전망
WHO	World Health Organization 세계보건기구
WITs	World Integrated Trade Solution 세계 통합무역 솔루션
WTO	World Trade Organization 세계무역기구
YPF	Yacimientos Petrolíficos Fiscales 볼리비아 국영석유공사

목차

I편

현대 중남미 경제의 역사적 기원

1 지리 및 식민지 유산

21세기 중남미 경제 및 다양한 관련 논쟁을 이해하기 위해서는 중남미 역사에 대한 이해가 필요하다. 첫장에서 설명하고자 하는 주된 특징은 북쪽의 번영한 이웃국가들 대비 상대적으로 낙후된 경제 발전과 전 지역에 보편적인 소득 불평등 문제이다. 따라서 먼저 중남미 국가들의 공통된 역사적 배경에 뿌리를 두고 있는 여러 경제 발전 가설들을 다루고자 한다.

스페인과 포르투갈의 중남미 탐험 및 식민지화는 15세기에 시작되어 17세기까지 진행되었다. 이런 식민지화는 1492년 아메리카 대륙의 발견 이후 진행된 정복 활동으로 이루어졌다. 포르투갈과 스페인 왕국은 1494년에 체결된 또르데시야스 협약(Treaty of Tordesillas)[1]을 통해 중남미 대륙을 동서로 양분하였다. 또한 남미 일부 국가들은 후일 이베리아 정복 세력에 의해 국경이 재설정되기도 하였다.

이러한 과정을 통해 오늘날의 브라질인 포르투갈령 미주 지역과 스페인령 미주 지역, 두 식민지 권역이 형성되었다. 페루의 잉카제국과 멕시코의 아즈텍제국 등을 비롯한 정복 이전에 존재했던 수많은 국가들이 스페인의 식민지가 되었다. 영국과 같은 유럽의 다른 왕국들도 거대한 아메리카 대륙에 식민지를 건설하려 시도했으나 중미의 벨리즈, 카리브 일부 도서국, 3개의 가이아나와 남미의 포클랜드(말비나스)군도 등을 차지하는 데 그쳤다.

15세기부터 17세기까지는 미주대륙에서 이베리아 세력이 우위에 있었으나, 영국과 프랑스 등 비(非) 이베리아 왕국들도 조금 늦게 17세기 들어 스페인과 포르투갈[2]의 지배하에 들어간 남미 지역을 떠나 북미 지역에서 식민지 기반을 구축하는 데 성공하였다. 그러나 일찍이 스페인과 포르투갈의 식민 지배하에 놓였던 남미 지역은 북미 지역에 비해 1인당 평균 국민소득이 턱없이 낮은 수준을 보여 왔다.

이와 관련 본 장의 뒷부분에서 남북미 간 소득 격차와 소득 불평등, 빈곤 문제 관련 다양한 연구문헌의 가설들을 상세히 다루도록 할 것이다. 그 가설들의 핵심 관점은 중남미가 북미에 비해 저개발 상태를 보이고 있는 요인을 분석하면서 지리, 법적 기원, 제도 및 인종 언어적 분열 등 요인들에 대해 서로 다른 입장을 보이고 있다.

최근 자료에 따르면 중남미의 1인당 GDP가 북미의 20% 수준에 그친다.[3] 지난 세기 동안 지속된 남북미 간 1인당 GDP 격차는 경제학자, 역사가, 정치학자 및 사회학자들의 지대한 관심사가 되어 왔다. 특히 최근 20년간 경제학자들이 이를 규명하기 위해 주력해 왔다.

미주대륙에서 남북미 간 소득 격차 결정 요인이 적도와의 근접성 및 해안 접근의 용이성 등에 기인하는 것일까? 아니면 남미의 저개발 상태 요인을 과거 이베리아세력 식민 통치 시기의 민법 유산의 잔재에서 찾아야 하는 것일까? 남미의 급속한 경제 발전을 저해하는 요인이 식민지 시대 제도적 유산 때문일까? 식민지 시대 이전부터 존재했고 현재도 사용되는 수백 개의 원주민 언어들이 중남미의 빈곤, 소득 불평등, 사회 불안과 경제 발전 저해 등의 부정적 영향을 미치고 있는 것인가? 등등이다.

본 장의 섹션 1.1에서는 지리적 가설에 대해 설명하고자 한다. 섹션 1.2에서는 남미의 저발전을 잠재적으로 설명해주는 민법 유산 대비 북미의 관습법 유산의 장점을 비교 평가하고자 한다. 섹션 1.3에서는 부존자원 가설에 대해 살펴본다. 이 가설에 의하면 대규모 농업에 유리한 풍부한 토지의 존재는 특정 발전 패턴에 지속적으로 영향을 미치게 된다. 마찬가지로 원주민 인구가 많거나, 대규모 작물 재배 혹은 광물자원이 풍부한 토지를 보유한 지역은 주종 관계에 기반한 불평등이 확산될 가능성이 크다. 섹션 1.4에서는 제도적 유산에 대한 각종 연구 자료의 검토를 통해 중남미 경제의 저발전을 조명해 보고자 한다. 다양한 연구 자료들은 식민 시대 초기 정착민들과 관할 지역의 발전에 대한 식민 통치자들의 태도가 1인당 소득에 지속적 영향을 미쳤다고 주장한다. 섹션 1.5에서는 인종언어학적 분화와 문화에 대한 선행연구들을 통해 일부 중남미 지역의 만성적 빈곤과 정치적 불안을 고찰해본다. 끝으로 섹션 1.6에서는 각 가설로 설명할 수 있는 현대 중남미 경제의 추세와 발전 관련 도전 과제 내용을 요약한다.

1.1 지리

다수의 논문들이 중남미의 저성장과 오늘날까지의 저발전이 중남미의 적도와의 인접성, 높은 기온, 불리한 항만 접근성 등과 같은 지리적 요인에 기인한다고 주장하고 있다.[4] 또 많은 논문들은 중남미와 아프리카를 거의 같은 수준으로 언급하고 있다. [표 1.1]에서 보는 바와 같이 중남미는 열대 지역의 불리한 지리적 조건 면에서 사하라 이남 아프리카 다음의 열악한 위치에 있다.

열대 지역 거주민들이 온대 지역 거주민들보다 경제 발전에 불리한 이유는 세 가지를 들 수 있다.

첫째, 북반구와 달리 열대 지방의 농업은 해동으로 인한 예측 가능한 물공급 그리고 낮은 태양열 노출 등의 혜택을 받지 못한다.

둘째, 무역이 1인당 국민 소득과 직접적으로 연계되어 있다면 열대 지방의 육지로 둘러싸인 국가들은 불리한 여건에 있다. 왜냐하면 바다를 통한 무역은 가장 비용이 저렴하고 효율적인 운송 수단이기 때문이다.

셋째, 보건 위생 측면에서 말라리아, 황열병, 뎅게열병 및 콜레라 같은 질병의 발생은 북반구보다 공공 보건 위생 수준이 낮은 열대 지역에서 훨씬 높다. 이러한 빈약한 보건 위생 여건 때문에 열대 지방의 생산성이 상대적으로 낮게 된다.

또한 다수의 연구물들이 북반구에서 열대 지역으로의 농업 및 보건 위생 관련 기술의 이전이 매우 어려워 열대 지방의 농업 생산 증대를 위해서는 현지 기후에 맞는 농업에 대한 보다 활발한 연구가 필요하다고 지적하고 있다.[5]

그러나 이러한 연구는 실행이 어려운 실정이다. 왜냐하면 선진국 투자자들은 열대 지방의 특정 농업 부문 연구가 채산성이 없는 사업이라는 점을 잘 알고 있기 때문이다. 나아가서 농업 부문 연구 개발 투자의 활성화를 위해서는 수지타산이 맞는 규모의 경제가 고려되어야 하는 데다 중남미의 농업 연구 개발은 기후 변화와 급속한 도시화가 또한 걸림돌이 되고 있다. 우선 대부분 영세 농업 생산자들은 여전히 소수 대토지 소유 농장주들에 비해서 농업 생산 기술 발전 혜택이 적어, 영세 규모 및 생계형 농업 생산업자와 국내 시장 및 해외 시장형 환금작물을 생산하는 대규모 생산업자들 간 소득 격차 수준이 확대되고 있는 추세이다.

중남미 1차 산품 생산 및 수출업자들에게 직접적으로 영향을 미쳐온 두 가지 요소를 주목할 필요가 있다. 첫째는 21세기 초 들어 공업화가 급속 진전된 중국으로 1차 산품 수출의 급증에 힘입은 고도의 지속적 경제 성장이다. 이러한 1차 산품 붐은 수많은 중남미 사람들을 빈곤으로부터 구제하는 효과를 가져왔다(제9장에서 글로벌화와 무역 자유화 문제를 구체적으로 설명). 다른 두 번째 요소는 보다 양질의 공공 보건 위생 서비스 제공과 빈곤 관련 애로 제거 등이다.

부연 설명하면 빈곤으로 인한 보건 위생 문제는 멕시코의 농촌 빈곤층을 대상으로 한 Progresa / Oportunidades / Prospera 프로그램 등 조건부 현금 이전(CCT: Conditional Cash Transfer) 프로그램과 같은 선구자적인 빈곤 퇴치 캠페인을 통해 개선되어 오고 있다.

이와 관련 제5장에서 중남미 전 지역에 걸쳐 유사한 프로그램을 상세하게 검토한다.[6] 제프리 삭스의 지리적 가설과 함께 거론되고 있는 다른 이슈는 인구 밀도 문제인데 인구 밀도가 높은 북반구 온난기후 지역이 기술 혁신에 보다 유리하다고 제시되고 있다.

그리고 논란의 대상인 규모의 경제도 연구 개발(R&D) 결과 공산품과 자본집약적 제품들을 구매할 수 있는 능력이 있는 중산층이 부상하는 대형 시장에서 형성이 용이하고 북반구의 기술 혁신 추진도 거주 인구가 적은 열대 지역보다 유리하다는 주장이다.[7] 그러나 세계 경제의 글로벌화가 확산되면서 콜롬비아나 브라질과 같은 일부 중남미국들은 커피, 두류 및 기타 농산물 등 1차 산품의 생산성 증대를 위한 농업 연구 센터를 운영해 왔다. 이러한 노력은 중남미 역내 총요소생산성(TFP)과 경제 성장에 중요한 영향을 미쳤다.

[표 1.1] 중남미와 타 지역간 지리 경제적 요소 비교

지역/구분	사하라 이남 아프리카	서구 유럽	동남아시아	남아시아	동구	남미
국가 수	41	16	12	5	25	22
면적(백만 ㎢)	24.29	2.863	24.83	5.14	24.86	20.43
인구(2014, 백만 명)	962.33	504	2,263	1,692.2	395.26	622
인구 밀도	39.6	176.0	91.1	329.2	15.9	30.4
열대 지방 면적 비율	0.91	0.00	0.30	0.40	0.00	0.73
인구 비율/100㎞해안	0.19	0.53	0.43	0.23	0.09	0.42
인구 비율 해안 및 강/100㎞	0.21	0.89	0.61	0.41	0.37	0.43
내륙 인구 비율	0.28	0.04	0.00	0.02	0.28	0.03
주 시장으로부터 거리(㎞)	6,237	922	3,396	5,744	2,439	4,651
1000㎞ 해안선/면적 ㎢	1.15	15.74	11.54	2.45	0.86	2.54
CIF/FOB(1995)	1.20	1.05	1.10	1.10	1.08	1.11
GDP/Capita(2014)	1,796	30,338.3	9,466.1	1,541.1	10,119.3	10,126.0

자료원 : Bloom et al. 1998, World Bank 2014 종합

[표 1.1]에서와 같이 낮은 인구 밀도로 사하라 이남의 아프리카 지역과 중남미가 유사성을 보여주고 있음에도 최근 연구 결과는 두 지역 간 추세가 엇갈리고 있다.[8] 농업 부문의 R&D가 아프리카 지역에서는 저비용으로 빈곤 퇴치에 중요한 역할을 하고 있는 반면, 중남미에서는 고용과 무역 창출에 긍정적인 영향을 미치고 있다.[9]

핵심 시장과의 지리적 거리와 관련, 지리적 가설은 열대 지방에서 지리적 거리가 높은 수송 비용 부담을 가중시키고 있다고 말하고 있는데, [표 1.1]의 핵심 시장과의 거리 통계에서 사하라 이남 아프리카 지역과 중남미 지역의 핵심 시장과의 지리적 거리에서 이를 확인할 수 있다.

특히 내륙 지역의 경우 과다한 수송 비용과 배후지로부터 항만까지의 장거리 수송 문제는 활발한 농업과 광업의 두 1차 산업 부문 개발을 위한 중남미 국가 정책입안자들의 정책 개발 수행을 어렵게 할 수 있다. 이로 인한 제한된 1차 산품 수출 활동은 경제 발전 속도를 저조하게 할 수도 있다. 여기서 주목해야 할 과제는 인프라 부문에 대한 저조한 투자를 극복하는 문제이다.

요약하면, 중남미가 북미에 비해 경제 발전이 저조한 것과 관련된 지리적 가설은 낮

은 토지 비옥도, 상대적으로 높은 병충해로 인한 낮은 생산성, 열대 지역의 불리한 지리적 여건에 따른 수익성 높은 1차 산품의 교역의 제한, 그리고 북반구로부터의 기술 이전 장애물들이다. 따라서 남북미 간 막대한 1인당 국민 소득 차이는 자연조건에 상당 부분 기인하고 있다.[10]

[그림 1.1]에서 남북미 간 수평축에 따른 위도, 수직축의 1인당 국민 소득은 이러한 불평등 상황을 잘 보여주고 있다. 지리적 가설의 장점에도 불구하고, 이러한 설명이 중남미의 저개발 상태에 대한 광범위한 설명의 일부분일 뿐이라는 점을 간과해서는 안 된다.

[그림 1.1] 남북미 간 위도와 1인당 GDP 관계

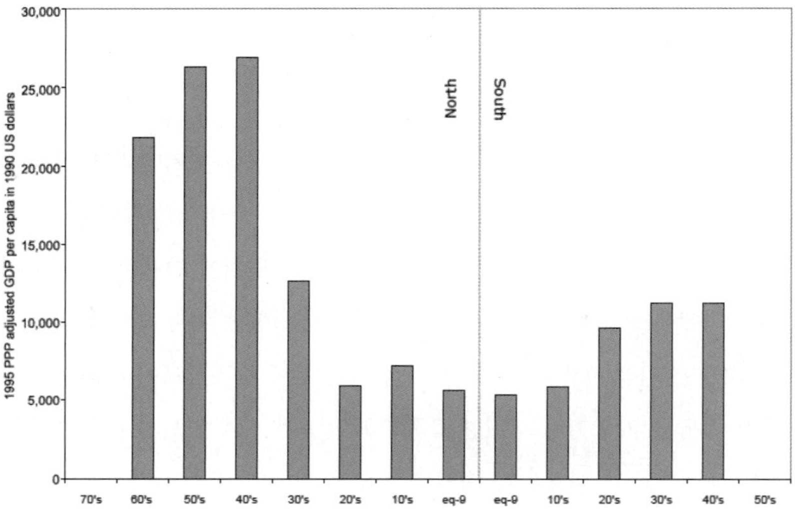

자료원 : Bloom et al. 1998

사회 간접 자본에 대한 투자, 보건 및 교육 등이 이러한 불리한 지리적 요인을 보완할 수 있다. 왜 중남미 중소득국에서는 사회 간접 자본 부문에 대한 투자 규모 및 범위가 제한적이고 저조해 왔는가? 이에 대해 중남미 대부분 국가들이 당대의 정책 과제로 안고 있기 때문에 본서 전반에 걸쳐 심도가 있게 분석해 나갈 것이다.

1.2 법적 기원

남북미 간 소득 격차에 관한 연구 기조 중 하나는 법적 기원 문제이다.[11] 북미의 관습법 국가들은 남미의 민법 국가보다 개인재산을 잘 보호해 주고 있다. 중남미국들은 1807년 나폴레옹이 이베리아반도를 점령했을 때 받아들인 프랑스 민법을 도입해 사용하고 있다.

나폴레옹법 아래에서는 일반 투자자들이 제대로 보호받지 못하고 일부 경제 주역들 손에 소유권이 집중되고 있거나 또는 위험의 다각적 분산 등 면에서도 적절하게 보호를 받지 못하고 있다.

투명성의 결여, 불확실성과 높은 국유화 위험 등이 투자 환경을 불리하게 만들어 왔다. 나아가서 민법은 매우 정치화된 성격을 가지고 있다. 왜냐하면 19세기에 프랑스의 나폴레옹 법을 받아들인 후부터 중남미의 민법은 흔히 국가의 권한을 강화하기 위한 수단으로 사용되었다.

이로 인해 중남미의 개인재산권 보호는 더욱 악화되었고 국유화 위험성에 노출되었다.[12] 관습법은 의회 민주주의에 의해 형성되어 왔는데 주목적은 주권을 제한하고 국민의 재산권 보호를 강화하기 위한 것이었다. 역으로 일반 국민을 위해 강화된 재산권 보호는 더욱 양호한 통치, 안정된 민주주의, 관련 제도의 질적 향상 및 1인당 국민 소득의 보다 빠른 증가 등에 기여하게 된다.

중남미의 시각에서 볼 때, 관습법과 성문법인 민법의 장점을 평가하기는 어렵다. 문제는 기존 경험론적 데이터들이 중남미 사정에 국한된 것이 아니라는 점이고 표본에 포함되어 있는 중남미 국가는 15%에 불과하며 전체 데이터에는 152개국들이 포함, 교차되어 만들어진 데이터라는 점 때문이다. 나아가서 기존 분석 자료들은 20세기 마지막 수십 년에 국한되어 있다는 점이다.

최근 중남미 경제는 칠레를 제외하고는 구조적 전환을 위한 중요한 경제적 전환기에 놓여 있다. 이와 관련 1980년대와 90년대 중남미의 중요한 개혁내용에 대해 제4장에서 상세하게 분석하고자 한다. 구조적 개혁은 심층적인 것으로 특히 법적 기원을 다루는 본 장에서는 가장 중요한 개혁으로서 민간 투자자의 재산권 보호를 강조하고 있다.

[표 1.2] 2012년 기준 중남미의 부패 지수와 외국인 투자 관계

국가	세계 부패 순위 (1=최상, 176=최악)	FDI (% / GDP)
칠레	20	11.2
우루과이	20	5.8
코스타리카	48	5.8
브라질	69	3.4
엘살바도르	83	2.0
페루	83	2.0
파나마	83	6.0
콜롬비아	94	4.3
아르헨티나	102	2.6
멕시코	105	1.3
볼리비아	105	3.9
과테말라	113	2.3
에콰도르	118	0.7
도미니카(공)	118	6.5
파라과이	150	1.4
베네수엘라	165	0.6

자료원 : TI 및 세계은행 자료 기초 저자 작성

잘 알려져 있다시피 대부분 구조 개혁은 이행에 많은 시간을 필요로 한다. 그러나 성문 민법 국가들의 투자 환경을 평가할 때는 다른 변수들이 중요한 역할을 할 수 있다. 특히, 중남미 지역은 부패가 중요한 문제점이며, 경제적 후진성의 원인이 되고 있다. [표1.2]는 중남미 주요국의 부패 지수를 보여주고 있다.

[표 1.2]에서 보듯이 칠레, 우루과이, 코스타리카 및 브라질은 중남미국 중 가장 부패 지수가 낮은 국가들이다. 최근 자료를 보면 이들 국가들은 수십 년간 GDP 대비 외국인 투자 비중도 높은 비중을 차지하고 있다. 이러한 연구를 보면 외국인 투자와 부패는 역 상관관계를 보인다.[13]

그럼에도 불구하고, 최근까지 중남미의 부패 지수를 완화하기 위한 노력은 그렇게 눈에 띄지 않는다는 점이 주목할 점이다.[14] 부패 지수 개선과 관련 사항은 개선된 부패 지수가 외국인 투자 촉진뿐만 아니라 아이티와 칠레가 21세기 자연재해로 황폐화된 후 재건 지원을 받은 경우처럼 국제사회의 지원을 받는 데도 중요한 기여를 한다는 점

이다.[15]

부패 지수만이 경제 활동과 직접적인 상관관계를 가지고 있는 것으로는 보이지 않는다. [표 1.2]와 [표 1.3]에서와 같이 칠레를 제외한 여타 중남미국들 중에서 부패 지수 관련 탁월한 성과를 낸 국가들이 모두 1인당 국민 소득 수준이 가장 높은 국가들은 아니라는 점을 보여주고 있다. 이는 앞으로 보다 심층 연구가 필요하다는 점을 말해 주고 있다.

반면에 저발전에서 – 1인당 GDP로 협의로 정의하여– 부패가 단일 변수로 저발전을 야기한다는 것은 저발전 원인과 현실 그리고 빈곤 문제가 다차원적임을 고려할 때 비현실적이다.

관습법 국가들이 민법 국가들보다 우월하다는 가설은 부패 지수 이상으로 영향을 미쳐 왔다. 최근 연구는 1929년까지는 관습법 국가에 비해 민법 국가에서 GDP 대비 주식 시장 가치의 비율이 높았음을 보여주고 있다.[16]

이러한 발견도 역시 풀어야 할 과제이다. 법적 기원에 대한 개념은 주주나 금융업자의 재산권은 관습법 체제하에서 더 잘 보호된다는 생각에 기인하고 있으나 [표1.4]는 이러한 아이디어가 적어도 1929년의 대공황 이전에는 역사적으로 사실이 아님을 보여주고 있다.[17]

후속 연구는 재산권 보호법들이 시대적 불변 대상이 아니라 주장하고 있고 특히

[표 1.3] 2013년 기준 중남미의 1인당 GDP

국명	1인당 GDP(US$)	국명	1인당 GDP(US$)
칠레	19,067	에콰도르	10,080
아르헨티나	18,749	도미니카(공)	9,911
우루과이	16,723	벨리스	8,716
파나마	16,658	엘살바도르	7,515
멕시코	15,563	파라과이	6,823
베네수엘라	13,605	볼리비아	5,364
코스타리카	12,942	과테말라	5,282
브라질	12,221	온두라스	4,839
콜롬비아	11,189	니카라과	4,554
페루	11,124	아이티	1,315

자료원 : IMF 2014

[표 1.4] 1929년 대공황 이전/이후 관습법과 민법 국가에서 주식시장의 자본화

국명	법적 기원	1913	1929	1938	1950	1960	1970	1980	1990	1999
호주	영국	0.39	0.50	0.91	0.75	0.94	0.76	0.38	0.37	1.13
캐나다	"	0.74		1.00	0.57	1.59	175	0.46	1.22	1.22
인도	"	0.02	0.07	0.07	0.07	0.07	0.06	0.05	0.16	0.46
남아공	"				0.68	0.91	1.97	1.23	1.33	1.20
영국	"	1.09	1.38	1.14	0.77	1.06	1.63	0.38	0.81	2.25
미국	"	0.39	0.75	0.56	0.33	0.62	0.66	0.46	0.54	1.52
관습법 국가 평균		0.53	0.68	0.74	0.53	0.86	1.14	0.49	0.74	1.30
아르헨티나	프랑스	0.17				0.05	0.03	0.11		0.15
벨지움	"	0.99	1.31			0.32	0.23	0.09	0.31	0.82
브라질	"	0.25						0.05	0.08	0.45
칠레	"	0.17				0.12	0.00	0.34	0.50	1.05
쿠바	"	2.19								
이집트	"	1.09				0.16				0.29
프랑스	"	0.78		0.19	0.08	0.28	0.16			1.17
이탈리아	"	0.17	0.23	0.26	0.07	0.42	0.14			0.68
화란	"	0.56		0.74	0.25	0.67	0.42			2.03
러시아	"	0.18								0.11
스페인	"							0.17	0.41	0.69
민법국가 평균		0.66	0.77	0.40	0.13	0.29	0.16	0.12	0.28	0.74
오스트리아	독 일	0.76					0.09	0.03	0.17	0.17
독일	"	0.44	0.35	0.18	0.15	0.35	0.16	0.09	0.20	0.67
일본	"	0.49	1.20	1.81	0.05	0.36	0.23	0.33	1.64	0.95
스위스	"	0.58					0.50	0.44	1.93	3.23
독일법 국가 평균		0.57	0.78	1.00	0.1	0.36	0.25	0.22	0.99	1.26
덴마크	스칸디나비아	0.36	017	0.25	0.10	0.14	0.17	0.09	0.67	0.67
노르웨이	"	0.16	0.22	0.18	0.21	0.26	0.23	0.54	0.23	0.70
스웨덴	"	0.47	0.41	0.30	0.18	0.24	0.14	0.11	0.39	1.77
스칸디나비아법 국가 평균(덴마크, 핀란드 등)		0.33	0.27	0.24	0.16	0.21	0.18	0.25	0.42	1.05

자료원 : Rajan & Zingales 2003

1910년경 민법 국가들의 채권자들은 관습법 국가들에 비해 더 많은 보호를 누린 것으로 밝혀지고 있다.

저자들은 중남미의 취약한 재산권 보호는 사실 19세기 민법의 유산 때문이 아닌 20세기의 현상이라고 믿는다. 특히 1930년대 대공황이 이념과 정책 결정에 변화를 촉발

시켜, 중남미에서는 외국인 투자에 대해서 적대감이 높아졌고 정부의 개입이 무역과 비(非)무역 부문에 걸쳐 강화되었다. 이와 관련 중남미의 역사적 사실에 대해서는 3장에서 설명할 것이다.

다음 두 가지가 주목된다.

첫째는 [표 1.4]에서 보면 독일법과 스칸디나비아 법들은 관습법과 성문 민법 간의 차이가 우리가 생각하고 있는 것과 같이 분명한 것은 아니라는 점을 말해 주고 있다. 중남미 입장에서 볼 때, 1929년 이전 시기에 독일과 스칸디나비아계열 이민자들이 중남미의 제도의 질과 문화에 영향을 미칠 수도 있었을 것이라는 점이 중요하다.

만약 그 유럽계 이민자들이 이베리아 계통 이민보다 소수였다 하더라도 스칸디나비아 계열은 수적으로 다수인 이베리아 계열보다 상대적으로 중요한 경쟁력 있는 위치에서 중요한 인적 자본 역할을 하면서 스칸디나비아의 전통과 문화가 일부 중남미 지역의 발전에 영향을 미쳤을 수도 있다.[18] 즉 이러한 중남미 지역 문화에 미친 영향에 대한 연구는 현재 진행 중인데 앞으로 보다 심도 있게 연구를 할 가치가 있다고 본다.

왜냐하면 칠레와 우루과이 등 일부 남미국의 다양한 제도적 발전과 계약의 효력 등에 대해 중요한 자양분을 공급하고 있다고 생각되며, 대부분 중남미 주변국들과 달리 그들 두 나라는 최근 세계은행의 분석 결과 상위 중소득국으로 분류되고 있기 때문이다.[19] 그럼 중남미 지역의 다양한 경제 활동을 설명할 때 초기 이민자의 성격도 규명해야 할까?

둘째는 [표 1.4]가 다른 중요한 의문이 떠오르게 한다. 아르헨티나, 브라질, 쿠바 등과 칠레는 어떻게 20세기 초에 잘 발달된 금융 시스템을 구축할 수 있었는지 설명할 수 있을지의 문제다. 법적 기원 가설은 명확한 답변을 주기 어렵다. 하버드 경영대학원 자료가 제시하듯이 법은 정태적인 것이 아니라고 믿는다.[20]

위의 중남미 국가들은 홍콩과 같은 과거 관습법 식민지와 달리 20세기 초에 채권자들이 잘 보호되었다. 그리고 20세기 후반기 기간 동안에는 성문법과 관습법 국가들 사이에 반대의 상황이 펼쳐졌다: 이 전기간 동안, 중남미는 군부 통치 또는 유사 군부 통치 국가에서 신생 민주 국가로 전환되었다. 21세기에 중남미에서 민주주의의 공고화가 재산권 보호를 증진시킬지 여부는 지켜보아야 할 사안이다.

1.3 부존자원

경제사학자들인 엔거맨(Stanley Engerman)과 소콜로프(Kenneth Sokoloff)의 유명한 저서는 미국과 캐나다가 상대적으로 중남미보다 발전된 주요인이 식민지 초기 단계의 부존자원의 차이에서 비롯되고 있다고 말하고 있다.[21] 저자들은 남미의 토지와 기후가 노예와 대규모 원주민 인력 등을 필요로 하는 농작물의 경작에 보다 적합했다는 데 주목하고 있다.

대표적인 예가 밀과 같은 농작물과는 달리 상대적으로 대규모 농장을 개척해 이익을 내기가 용이한 열대성 토양과 기후를 필요로 하는 설탕 생산이다. 이 농장들에서 설탕 및 다른 작물의 생산은 미주지역에서 토지에 비해 부족한 생산요소인 노동력을 필요로 했다.

노동력 부족은 상대적으로 거주 인구가 희박했던 지역이 아프리카로부터 대규모 노예의 수입을 유발하였고 멕시코, 페루 및 중미와 같이 노동력이 풍부한 스페인 식민지배 지역은 계약 노동력을 사용하게 되었다. 대규모 플랜테이션 농업은 (1) 대규모 토지와 노동력을 보유한 유럽계 소수 백인 엘리트 계층과 (2) 막대한 노예 노동력과 원주민 계층 간 고도의 소득 불균형 문제를 가져오게 되었다. 이러한 논리는 방대한 광물 부존자원을 보유하고 자원 개발에 대규모 원주민을 투입할 수 있었던 페루와 같은 국가 등에도 적용할 수 있다.

반대로 북미의 토양과 기후 조건은 밀과 가축 등에 집중된 복합영농을 하기에 적합한 조건이었다. 규모의 경제 혜택을 누릴 가능성은 제한적이었다. 북미는 소규모 가족영농 형태를 취했다. 미국 버지니아 주의 체사피크 북부 지역은 상대적으로 유럽계 이민자들 간 토지와 부의 균등 분배가 이루어지고 있었다.

이는 민주적 정치 제도의 부상과 발전, 광범위한 중산층 등장, 대규모 국내 시장의 형성, 보다 성장 주도적인 정책을 추구하게 되어 남미보다 상대적으로 빠른 발전 토양을 구축하게 되었다. 반면에 식민지 생산 체제 아래 중남미 지역은 대부분 인구가 생계용 임금 수준 이상의 소득을 올리지 못했다. 대규모 소득 불균형에 기인한 국내 수요 부족으로 R&D 발전조차도 활발할 수가 없었다.

또한 미국 북부 지역에 비해 중남미는 중산층의 형성도 저조한 편이었다. 중남미의 중산층 형성은 소위 수입대체산업화(ISI) 전략 아래 20세기 후반기에 시작되었다. 이에 대해서는 제3장에서 검토하기로 한다.

그러나 중남미의 중산층은 21세기 들어 급증하고 있다. 부상하고 있는 중산층은 점점 목소리를 높여 오고 있으며 관심사도 이제는 유치 단계 민주주의 발전을 위한 새로운 도전 과제를 주장하는 단계에 이르고 있는데 이에 대해서는 제6장에서 심층 검토하기로 한다.

엔거맨과 소콜로프가 부존자원 가설에서 제시한 두 가지 추가 이슈는 이해하기가 좀 어렵다. 첫째로 중남미의 관점에서 볼 때 예컨대 도미니카와 아이티의 경우 토양과 기후 조건은 양국 간 유사할 수도 있으나 생산 활동은 매우 상이하다. 양국은 같은 이스빠뇰라섬에 위치하고는 있으나 도미니카 공화국은 아이티에 비해서 3배나 높은 1인당 GDP를 보유하고 있다.[22]

다른 관점에서 볼 때, 19세기에 북미와 유사한 온화한 기후 조건 아래서 놀라운 경제 활동을 펼친 아르헨티나, 칠레 및 우루과이를 보면 다음 의문을 떨칠 수가 없다. 왜 이들 3개국은 19세기와 20세기 기간 중 미국과 캐나다의 생활수준을 달성할 수 없었나? 이러한 의문에 대해서는 제3장에서 중남미 지역의 20세기 보호주의 시대를 검토할 때 같이 들여다보기로 한다.

두 번째 이슈는 19세기 말까지 면화와 사탕수수 생산을 위해 대대적으로 노예를 사용한 대규모 플랜테이션 농업을 해 왔던 버지니아, 앨라배마, 조지아 및 남 캘리포니아와 같은 미국 남부 주에서는 1861년 남북전쟁 이후 생활수준을 북부 주들과 비슷한 수준으로 따라잡아 수렴해 갔다.[23]

그런데 유사한 플랜테이션 경제 기반의 중남미 지역에서는 브라질만이 최근 수십 년간 놀라운 농업 부문의 성장 발전을 이룩하였다. 브라질은 이제 두류(pulse crops), 쇠고기, 가금류 및 면화 등 농업 생산에서 미국의 경쟁국이 되고 있다. 이 부분은 제10장 중남미 역내 무역 통합을 분석할 때 다시 검토하기로 한다.

브라질의 경우 중남미 다른 국가보다 무역과 글로벌화가 경제 성장을 가속시켰다. 그러나 이것도 최근 들어 발생한 현상이다. 엔거맨과 소콜로프는 18, 19세기 대부분 기간 중 세 그룹 간 질적 차이점을 서술하고 있는데 첫 번째 카테고리는 사탕수수나 기타 고도 환금작물을 생산하기에 적합한 기후와 토지를 보유하고 있는 그룹이나 노동력 부족으로 유럽계 식민지 경영자들이 대규모 노예 수입이 필요했던 그룹이다. 이러한 이베리아계 통치를 받던 플랜테이션 식민지 타입 국가 중 대표적인 국가는 브라질과 쿠바였다.

과테말라, 볼리비아 및 페루 등 두 번째 카테고리 그룹 국가들은 상대적으로 대규모 원주민 인구를 보유하고 있는 그룹이다. 이들 그룹은 스페인계 엘리트 계층이 엔코미엔다(Encomienda) 시스템 아래 대규모 토지와 원주민 노동력을 보유하고 있었다.

엔코미엔다는 정복자들이 노동력과 기타 자원 형태로 세금을 뽑아낼 수 있는 토지와 대규모 원주민 인력을 제공받는 대신 일정 비율의 세금을 납부했던 스페인 왕국이 사용했던 법적 통치 시스템이었다.[24]

경제사가들은 이베리아계 후손인 대토지 소유주들은 엔코미엔다 시스템 아래서 계약 노동자들을 임의로 해고하거나 팔수는 없었고, 대규모 영농을 통해 이익을 내는 방법을 모색하였다 주장하고 있다.

즉, 이 경우에는 토지와 기후 조건으로 인해 엘리트들을 위한 대규모 농업생산이 이뤄진 것이 아니며, 대신 엔코미엔다 생산방식 하의 상대적으로 풍부한 원주민 노동력으로 인해 대규모 농업생산 방식이 채택된 것이다. 광업 지역과 노동력이 풍부한 지역에서는 미타제 생산 양식이 발생했고, 이것에 대해 추후 살펴본다.

엔코미엔다 제도의 영구화와 그에 따른 세대간 소득 불평등에 기여한 것이 스페인으로부터 도입된 장자상속제도 (Mayorazgo)[25] 였다. 궁극적으로 만성적 소득 불평등 측면에서 결과는 같았지만, 장자상속제도는 특정 환경에서 불평등을 악화시켰고, 반면 브라질과 쿠바처럼 토양과 기후가 플랜테이션 농업에 적합하지만 노동력이 상대적으로 부족한 지역에서는 노예 노동이 대세였다.

비교하자면, 엔코미엔다 제도 아래 농업 계약 노동이 멕시코와 페루 등과 같은 국가에서 주된 생산 양식으로 자리 잡았다. 전자 플랜테이션 농업의 경우에는 이베리아 후손 유럽인들과 노예들 간의 대규모 소득 불평등이 존재했고, 후자의 경우에는 스페인 후손 유럽인들과 원주민들간의 소득 불평등이 존재했다. 그리고 이 불평등이 적어도

19세기 캐나다와 미국의 산업혁명이후 이들 국가와의 1인당 GDP 증가율 차이의 원인이 되었다.

세 번째 카테고리에는 아르헨티나, 우루과이 및 칠레 등 남미 국들이 해당된다. 이들 국들은 멕시코나 페루와 비교 시 토지, 기후, 노동력 부족 여건이 복합적으로 북미국들과 비슷한 여건을 보여주고 있다. 엔거맨과 소콜로프는 이들 지역에서는 성인 남성 이민자들이 제한된 범위의 규모의 경제를 보유한 독립 소유주 역할을 할 수 있었다고 주장한다.

그러나 비록 아르헨티나, 칠레 및 우루과이가 멕시코와 페루 등과는 달리 심각한 원주민 노동력의 부족난을 겪고 있었지만, 북미의 식민지와는 다르게, 이베리아계 통치 식민지에서 곡물 생산의 소득 불평등은 엔코미엔다 생산 양식에 기인한 것이었다.

특히, 아르헨티나의 경우 팜파스(Pampas)[26] 지역 목축업에서 제한된 범위의 규모의 경제 때문에 불평등이 더욱 강화되었다. 19세기 말 - 경제사학자들이 19세기 중남미 경제의 주역으로 간주하는 아르헨티나, 우루과이 및 칠레는 당시 원주민 인구의 높은 사망률과 낮은 출산율이 대규모 유럽 이민과 겹치며 놀라운 정도로 유럽적 특성을 지니게 되었다. 19세기 중남미 각국의 경제 성과와 다양한 궤적에 대해서는 2장에서 상세히 검토한다.

그러나 아르헨티나, 우루과이 및 칠레 등은 왜 미국이나 캐나다 등에 비해 경제적으로 낙후되었을까? 엔거맨과 소콜로프는 북미와는 달리 아르헨티나, 우루과이 및 칠레 등으로 유럽계 이민의 유입이 상대적으로 늦어진 점을 지적하고 있다. 특히 남미로 유입된 이민 인력은 북미에 비해 상대적으로 낮은 수준의 인적 자원들 이었다.

왜냐하면 당시 남미로 유입된 이민은 미국과 캐나다로 유입된 발전된 북유럽계 이민보다 인적 자본이나 1인당 소득 수준이 떨어지던 스페인, 이탈리아 및 포르투갈 등지로부터 유입되었기 때문이다. 다시 말하면 미국과 캐나다의 식민지 경영자들은 선진 북유럽 출신들이었다.

중남미의 경제 발전이나 발전궤도와는 별개로 미국 북부 지역에 비해 남부 지역의 상대적인 낙후성도 역시 수수께끼이다. 단지, 19세기 후반기의 남북전쟁과 노예 해방이 중요한 역할을 했다고 알려지고 있다. 특히 전쟁과 노예 해방의 결합은 미국 남부 지방의 생산 단위로서의 플랜테이션 농업이 사라지는 계기가 되었다. 미국의 대토지 소유 집중은 지속되었지만, 이때부터 소규모 농장 및 오너 운영 생산업체가 지배적 패러다임이 되었고 산업화 시기 이후 미국의 국내 수요 창출과 산업 발전을 주도했다. 미국 남부 지역의 물적 및 인적 자본의 상대적 부족은 초기의 소득 불평등에 기인한 것이었고, 왜 남부 지역이 산업화에서 뒤처지게 되었는지를 설명해 주고 있다.

여기에 최근 수십 년간 농촌 지역의 토지 개혁과 빈곤 퇴치 캠페인이 추진되고 있는 중남미에 주는 교훈은 무엇일까? 제5장에서 중남미의 빈곤 퇴치 노력에 대해 분석해 볼 것이다. 이 책의 다음 장에서 검토하는 바처럼 중남미의 토지 개혁과 빈곤 퇴치 캠페인은 예컨대 유럽과 같은 선진 복지 국가와 비교 시 상대적으로 최근의 일이다. 나아가서 중남미의 빈곤 퇴치 프로그램과 정책들도 지역별로 상이한 독자적인 궤적을 갖고 진행되고 있다.

이러한 정책들은 21세기 중남미 경제의 흐름을 바꾸어 놓고 있다. 그럼에도 불구하고 원주민과 아프리카계 주민들은 여전히 과제로 남겨져 있어, 일부 국가에서는 21세기 들어 카리스마가 있는 정치적 리더들이 재분배 정책을 통해 이들을 지원해 오고 있는 실정이다. 이러한 정책들은 21세기 들어 후안 페론(Juan Perón)과 에비타 페론(Evita Perón)과 같은 전형적인 포퓰리즘 독재 정치의 출현을 낳고 있다. 중남미 포퓰리즘의 부상에 대해서는 제6장에서 살펴보도록 한다.

엔거맨과 소콜로프는 미국의 과거 식민지에서는 이베리아계 식민지의 플랜테이션 체제보다 다음 두 가지 면에서 밝은 전망을 보여 주었다고 주장하고 있다.

첫째, 미국의 동남부 지역은 쿠바와 같은 국가보다 사탕수수 재배에 부적합해 상대적으로 노예를 이용한 플랜테이션 생산 규모가 크지 않았다. 결과적으로 소득 불평등이 이베리아계 식민지보다 크지 않았다.

둘째, 미국 남동부의 제도적 틀은 연방 차원에서 혹은 주들끼리의 경쟁에서 만들어진 것으로, 더 현대화되고 산업화된 북부 주들과 상당한 유사성을 공유한 특징이 있었다. 부존자원 가설에 대한 결론으로, 소득의 평등과 성장이 양의 상관관계를 갖는다는 주장은 수요와 공급 측면의 설명이 가능하다. 수요 측면에서는 노예 제도하의 노예와 엔코미엔다 제도하의 계약 노동자들에 비해 대부분이 유럽계 후손인 자유로운 백인들은 자신 소득의 대부분을 제조업에 투입할 수 있었다. 이는 19세기 들어 급속한 산업화를 촉진하게 되었다.

이러한 추론은 1943년에 발표한 로젠스타인(Rosenstein)과 로단(Rodan)의 동구 지역의 산업화에 대한 논문으로 거슬러 올라간다.[27] 이 논문에서 주장하고 있는 핵심적인 가설은 '급속한 산업화는 내수에 의존한다'이다. 이 가설은 19세기 미국의 케이스에는 타당성이 있으나 중남미의 경우 19세기 아르헨티나는 제조업도 발전하기는 하였지만 전 지역이 대유럽 1차 산품 수출 산업화에 매달리던 시기로 타당성이 없다고 본다. 중남미는 이와 유사한 성장을 21세기 초에 중국의 급속한 공업화 덕택에 힘입은 1차 산품 붐을 통해 경험하였다.

그러면 문제는 "왜 중남미는 공산품의 내수 증대를 위한 수출 주도형 성장 전략을 폭넓게 이끌어내지 못했는가?"가 의문이다. 이 문제는 무역 자유화 관련 제10장에서 최근 경제 성장이 내수 주도 산업화를 촉진하는 데 실패한 요인을 살펴본다.

자립 경제 가설은 20세기와 21세기 다른 중남미국들을 들여다 볼 때도 설득력이 없다. 적절한 사례로 칠레, 콜롬비아, 페루 및 멕시코와 같은 수출 주도 성장국들의 현 추세를 들 수 있다. 이들 국가들의 급속한 산업화 전망은 해외 수요에 전적으로 의존하고 있다. 그러나 노동력이 풍부한 중국과 다른 아시아국들은 이미 해외 수요에 의존하며 경제 발전을 리드해 오고 있다. 중미와 멕시코는 중국에 비해 유리한 지리적인 장점을 가지고 있고, 북미자유무역협정(NAFTA) 또한 브라질 다음의 중남미 제2위 경제대국인 멕시코와 같은 국가가 일차 산품을 떠나 수출을 다변화시킬 수 있게 하였다.

공산품 수요는 경제 발전의 유일한 요소가 아니다. 공급 측면에서도 유사한 논점이 제기된다. 예컨대 교통 및 금융 서비스 등 부문에 대한 대규모 인프라 투자의 이윤율은 잠재적인 사용자들 수에 크게 의존한다. 산업 환경이 보다 균일한 미국 북부 지역에 제조업 활동 기업들이 상대적으로 풍부한 것은 수익성이 높은 인프라 투자를 촉진해 왔기 때문이다.

반면에 공급 측면 고려는 고도로 불평등한 중남미에서 산업화가 시작되기에 적절치 않았다는 것을 보여준다. 여기서 우리는 브라질과 쿠바처럼 광범위하게 노예 노동력을 사용되었던 국가들, 그리고 멕시코와 페루와 같이 엔코미엔다 및 미타 생산 체제 하에 원주민 노동력이 활용되었던 국가들에서 상대적으로 이민 유입이 적었으며, 이것이 지속적인 소득 불평등의 핵심이었고, 따라서 급속한 산업화 시작에 필요한 기업가 정신을 갖춘 개인이 부족했다는 점을 주목해야 할 것이다.[28]

1.4 제도적 유산

아제모을루(Acemoglu), 존슨(Johnson)과 로빈슨(Robinson)(2001, 2002) 등은 그들의 저서에서 지리와 부존자원 가설 등이 흥미로운 사실을 제시했지만 두 가설 모두 인과관계를 정립하는 데는 실패했다고 주장했다. 예컨대 경제 성장 엔진으로서 인구 밀도를 취할 경우 이들 3명은 지리적 가설은 낮은 인구 밀도가 (예컨대 온화한 기후지대로 이민 등) 불리한 기후 조건에서 비롯된 것인지 또는 낮은 인구 밀도가 높은 사망률에 기인한 열대기후 특성인지 여부를 규명하는 데는 실패했다고 주장했다. 달리 말하면 지리적 가설이 경험적으로 입증하기가 불가능하다는 내재성 문제이다. 이 문제는 지리적 가설을 잘해봐야 설득력이 떨어지는 이론이며, 최악의 경우는 잘못된 이론으로 만들고 있다.

이들 3인의 경험론적 저술(2001)은 정착민들의 사망률을 도구 변수로 사용하여, 17세기 식민지 시대 제도적 유산이 사유재산 및 착취적 제도들이 현재까지 지속되게 하고 있고, 다양한 현대 경제의 성과 또한 이러한 상이한 제도들을 통해 지속되고 있음을 보여준다.[29]

높은 1인당 GDP는 잘 정비된 사유 재산 제도 때문이며, 낮은 1인당 GDP는 착취적 제도 – 즉, 소규모 개인 집단이 국가의 고수익 자원들을 통제하고 국민들을 착취하는 제도–에 기인한다는 것이다. 아제모을루, 존슨 및 로빈슨의 경험론적 조사는 대부분 영국, 프랑스, 스페인 및 포르투갈의 식민지였던 64개 식민지들을 대상으로 이루어졌다.

스페인 왕국은 New Spain, New Granada, Peru, Rio de Plata 등 4개 부왕령과 칠레에 1개 아우디엔시아(Audiencia) 및 총독령(Capitania General)을 설치하고 식민지를 경략하였다.[30] 이들 부왕령(Viceroyalty)과 아우디엔시아 간 주요 차이는 후자가 완전한 사법

권을 행사할 수는 없었다는 점이다. 또한 리오데라플라타 부왕령은 대규모 영토를 포괄했으며, 현재는 아르헨티나, 볼리비아 및 파라과이 등으로 나뉘어 있다.

앞서 1494년에 체결된 또르데시야스(Tordesillas) 협약에 의거 브라질이 스페인 왕국에서 포르투갈 왕국으로 이관되었다.[31] 그러나 스페인 왕국은 동 협약을 준수하려 하지 않았는데, 이러한 미묘한 입장은 오늘날까지 남미 동남부 지역에서 계속되고 있는 국경분쟁의 원인을 제공하게 되었다. 이에 대해서는 제2장에서 다시 검토하기로 한다. 아제모을루, 존슨 및 로빈슨(2001) 등 3인은 당시 유럽계 식민지 정착민들의 사망률은 당시 이름으로 여러 지역에서 알려진 공공 정보였다고 주장한다. 특히 선원, 종교인 및 군인들은 공개된 사망률을 알고 있었다. 첫 번째 추정치로, 그들은 정착민 사망률이 있는 75개국의 샘플을 활용하여 17세기부터 19세기까지 사망률이 1995년 1인당 GDP(PPP로 조정된)와 역의 상관관계를 갖는다는 것을 보여주고 있다. 중남미의 경우에 해당하는 샘플이 표 1.5에 있다.

표 1.5에서 가장 특이한 점은 18세기 스페인 통치하의 4개 부왕령, 아우디엔시아 그리고 식민시대 포르투갈 부왕령과 달리, 이 데이터는 5개나 6개 지역으로 19개국을 포함하고 있다는 점이다. 17세기에서 19세기까지의 정착민 사망률 데이터는 19개국이 아닌 최대 6개 지역으로 구성되어야 한다. 유의미한 계량경제학적 결과를 얻기 위해 샘플 크기가 확대되었다고 이해할 수 있지만, 연구자들이 5개 지역을 19개 국가로 특별 소구분 한 것은 잘못된 것일 수 있다고 보인다. 예를 들면, 연구자들의 원 17세기 데이터는 아르헨티나와 이웃 우루과이의 정착자 사망률을 71과 68.9%로 구분할 수 없다. 왜냐면 양국 모두 같은 부왕령 소속이었기 때문이다.

마찬가지로 연구자들은 아르헨티나와 우루과이의 수도인 부에노스 아이레스와 몬테비데오 데이터를 사용하고 있다. 그러나 이런 방식은 아르헨티나의 코로도바와 같은 중요 도시들을 포함하지 않는다. 코르도바의 사망률은 분명 달랐을 수 있다. 보다 일반적으로 보면, 중남미 "국들"에서 지역내 사망률은 매우 다양했을 것이며, 이는 국가내 제도적 다양성으로 이어졌을 것이다. 표 1.5에 나타난 국가들은 이주민들이 스페인과 포르투갈인들이 아니라는 점에서 모두가 다 라틴 아메리카국들은 아니다. 이것은 의도적인 것이다. 바하마, 자메이카, 가이아나의 경우인데, 가이아나는 1815년까지

[그림 1.2] 중남미 18개국 내 부왕령과 아우디엔시아

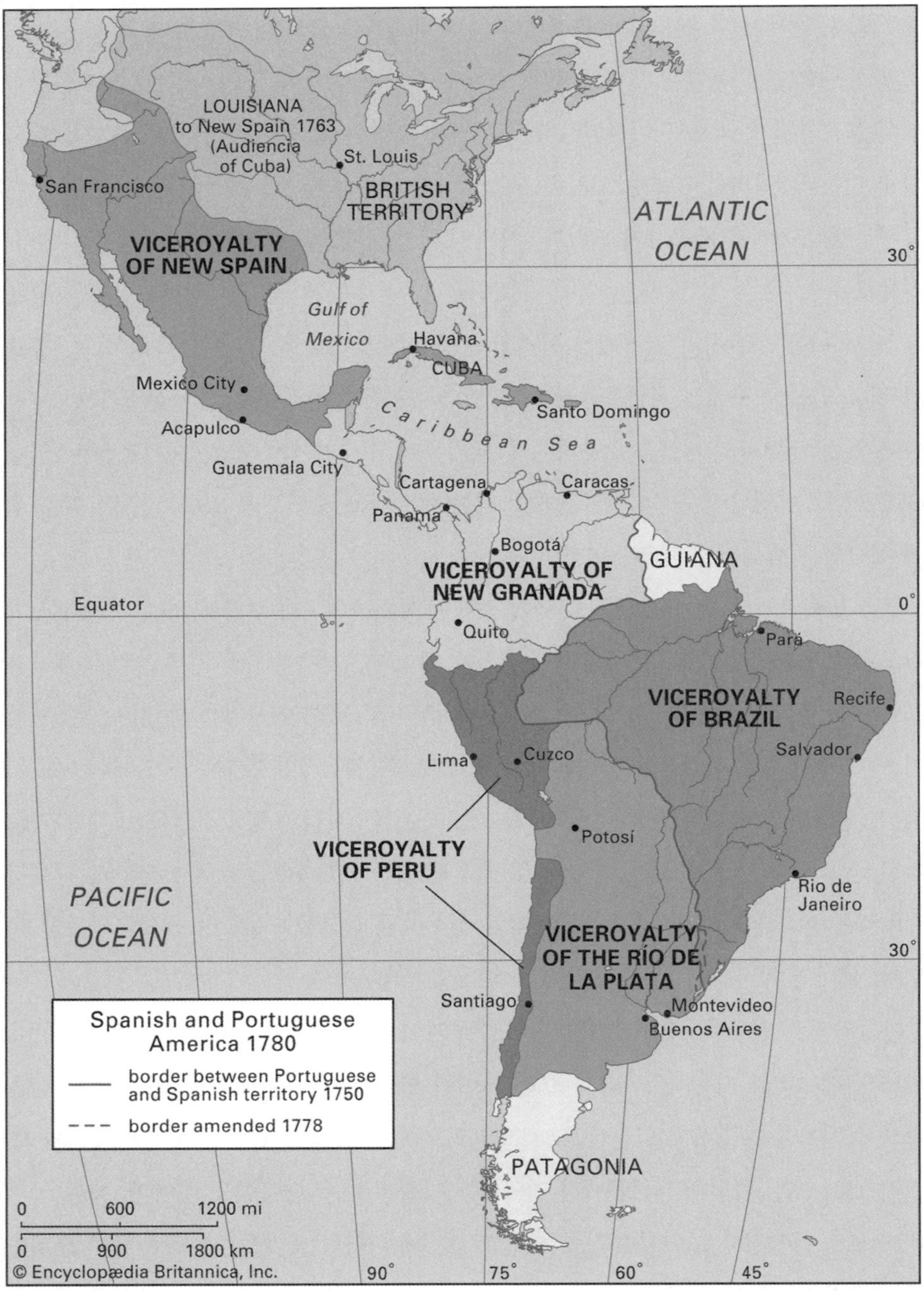

자료원 : Carmack, Gasco and Gossen 2007

[표 1.5] 식민지 정착민 사망률과 1인당 GDP 간 상관 계수

국가	1인당 GDP (1995 추정치)	1000명당 사망률 (1604~1876)	국가	1인당 GDP (1995 추정치)	1000명당 사망률 (1604~1876)
칠레	9.34	68.9	페루	8.40	71.0
바하마	9.29	85.0	도미니카(공)	8.36	130.0
아르헨티나	9.13	68.9	과테말라	8.29	71.0
베네수엘라	9.07	78.1	파라과이	8.21	78.1
우루과이	9.03	71.0	자메이카	8.19	130.0
멕시코	8.94	71.0	엘살바도르	7.95	78.1
파나마	8.84	163.3	볼리비아	7.93	71.1
콜롬비아	8.81	71.0	가이아나	7.90	32.1
코스타리카	8.79	78.1	온두라스	7.69	78.1
브라질	8.73	71.0	니카라과	7.54	163.3
에콰도르	8.47	71.0	아이티	7.15	130.0

자료원 : Gutierrez 1986 and Curtin 1989,
Acemoglu 웹사이트 http://economics.mit.edu/faculty/acemoglu/data/ajr2001

는 네덜란드의 식민지였다가 1966년까지는 영국의 식민지였다. 프랑스 식민지였다가 1805년에 독립한 아이티도 표에서 제외할 수 있다. 그러나 그렇다고 해서 수치적 상이점이 사라지지는 않는다. 왜냐면 그래도 여전히 5개의 18세기 영토가 4배로 늘어나 있기 때문이다.

표 1.5에 나타난 국가들이 국가가 아니라 아우디엔시아라고 가정할 수 있다. 그러나 이 해석도 버크홀더와 존슨 (2003)과 같은 역사학자들의 주장과 적어도 두가지 측면에서 일치하지 않는다. 첫째, 버크홀더와 존슨이 제공한 리스트는 대부분 국가가 아니라 도시를 포함한다. 둘째, 국가를 특정 도시로 대변하고자 하여도, 적어도 3개 국가/지역이 부족하다. 추가적 연구를 통해 중남미 관점에서 다양한 제도적 전개를 밝힐 필요가 있다.

게다가 표 1.5에 나온 여러국들의 지리적 인접성이 사망률 차이에 비춰볼 때 혼란스럽다. 현대 중남미 국가들의 지리를 보며 이해할 수 있다 (그림 1.3 참조). 지리적 인접성으로 인해 아르헨티나와 칠레가 표 1.5에서 나타난 유사 사망률을 갖는 것으로 보일 수 있다. 그러나 왜 우루과이가 사망률이 더 높은지는 미스터리다. 게다가 칠레는 카

막(Carmack), 가스코(Gasco), 고센(Gossen)의 2007년 지도에서 아우디엔시아로 나와있지 않지만 (그림 1.2 참조), 아르헨티나와 우루과이는 1604-1876년 기간 중 적어도 백년은 국가가 아니었음에도 표 1.5에는 여전히 사망률이 표기되어 있다.

보다 혼란스러운 것이 콜롬비아, 베네수엘라 그리고 에콰도르의 사망률과 두배나 높게 나와있는 파나마 사망률의 차이이다. 이 4개국은 뉴 그라나다 부왕령 (그림 1.2 참조)에 속했었다. 그러나 파나마는 니카라과와 함께 가장 높은 사망률을 보였지만 1995년의 1인당 GDP면에서 콜롬비아와 에콰도르 보다 높은 수치를 보였다. 반면, 니카라과는 파나마와 사망률이 비슷했지만, 중남미 최빈국 중 하나로서 1995년 1인당 GDP가 아이티보다 약간 높은 수준이다. 이 글을 집필하는 시점에서, 우리는 아제모을루, 존슨 및 로빈슨의 데이터를 갖고 있지 못하며 접근 가능한 것은 아제모을루의 홈페이지 자료이다. 우리의 포인트는 중남미에서 지리적 특성이 사망률과 정착에 영향을 미친다는 주장은 좀더 정밀한 검토가 필요하다는 것이다. 그러나 역사 데이터를 다루는 것은 매우 어렵고, 위의 포인트가 연구자들이 중남미 외의 타 지역까지 포함하는 거대 데이터를 통해 잘 전달하는 핵심 메시지에 영향을 주어서는 안된다는 점을 알고 있다.

구체적으로 아제모을루, 존슨 및 로빈슨은 외생변수 활용을 통해 경제발전에 미친 식민시대의 경험 연구를 선도적으로 실시하였다. 그들의 회귀분석은 여러 지리적 변수를 사용하며 그들의 가설은 분명하다: 초기의 제도적 품질이 지속되며 현재의 저발전을 결정짓는다. 다르게 표현하면, 정착민들의 사망률이 당시 제도의 품질을 설명하는 도구로 사용되었고, 연구자들의 결과는 지리가 아닌 제도가 번영의 첫 번째 결정요인이라는 것이다. 저자들은 위도와 기후같은 여러 지리적 변수들의 직접 효과를 테스트한다. 경험 연구에 기반하여, 아제모을루, 존슨 및 로빈슨은 제도를 분석하고 나면 지리적 변수는 당시의 저발전에 중요한 영향을 미치지 못한다고 결론짓는다. 즉, 지리는 현대 경제 발전의 1순위 결정요인이 아니며, 제1 결정요인은 제도이다. 그러나, 중남미는 매우 다양하며 국가별로 특정 제도들의 수많은 마이크로 데이터들이 필요하다. 중남미의 샘플 사이즈를 늘린다 하더라도, 샘플 사이즈가 작다는 회의적 시각을 가질 수 있다.[32]

중남미의 저발전 이해에 보다 확실한 정보는 아제모을루, 존슨 및 로빈슨의 "부의 역

[그림 1.3] 오늘날 중남미 국가의 경계

자료원 : Cardoso and Helwege 1992

전(Reversal of Fortune ; 2002)" 논문에서 찾을 수 있다. 동 논문에서 3인은 1500년대 아즈텍과 잉카 제국은 인구 밀도와 도시화로 측정했을 때 부유했던 것으로 평가되지만 가난해졌다. 1500년대에 가난했던 미국과 같은 국가들은 오히려 부국이 되었다.

역으로 1500년대에 가난했던 미국과 같은 국가들은 오히려 부국이 되었다. 전환점은 바로 18세기 산업화의 시작에서 발견된다. 저자들은 부의 역전이 발생한 것은 스페인과 포르투갈의 식민 통치자들에 의해 법제화된 낮은 품질의 제도가 지속되었기 때문이라 지적하고 있다.

이런 착취적 성격의 제도들은 당시 인구밀도가 낮고 도시화가 안되었던 미국과 캐나다 지역에서 시행중이던 재산권 보호 제도들과 명확한 대조를 보인다. 그리고 후자가 오늘날 상대적으로 부유한 지역이 된 것이다. 지리적 요인이 아니고 제도적 지속성이 저발전을 결정짓는다는 사실은 아제모을루와 존슨의 2007년에 발표된 논문에서 확인된다. 이 논문에서 저자들은 1940년대의 전염병이 인구수는 줄였지만, 1인당 GDP에는 영향을 미치지 않았다는 사실을 보여주었다.

따라서 지리적 가설에서 빈곤의 핵심요인으로 꼽는 질병도 저발전의 이해에 중요한 것은 아닌 것으로 평가된다. 19세기를 집중 연구한 경제사가 존 코츠워스(John Coatsworth)는 다른 가설을 제시하고 있다.[33] 그는 중남미 경제의 후퇴를 이해하기 위해서는 식민지 시대가 아닌 독립 후 기간을 분석해야 한다고 주장하고 있다. 코츠워스의 주장은 제도적 가설을 보완하는 역할을 하는 것으로 평가되며, 이에 대해서는 제2장에서 살펴보기로 한다.[34]

아제모을루, 존슨과 로빈슨 3인의 초기 저술(2001)은 상당한 설득력이 있다. 이들은 식민지 시기의 사망률이 유럽계 이민자들의 정착에 영향을 주었고 또한 제도들에 영향을 주었다고 주장하고 있다. 이들 제도들은 중남미에서 착취적 성격의 제도들이었으며 동 제도상 재산권 보호는 유럽계 후손 가계의 소수 엘리트층을 위한 것이었다. 노예와 원주민 등 대다수 국민들은 그들 자신의 노동에 대한 소유권도 없었으며 토지, 보건 및 교육에 대한 접근이 제한되어 있었다.

식민지의 착취적 제도들은 1820년경 스페인과 포르투갈로부터 독립 후에도 지속되었다. 이베리아계 식민 통치자들로부터 상속받은 착취적 제도들의 존속이 남북미 간 1

인당 국민 소득 격차의 원인으로 비난받아 마땅하다고 아제모을루, 존슨과 로빈슨은 주장할 것이다. 그렇다면 제도의 질은 어떻게 측정할 수 있을까? 아제모을루, 존슨과 로빈슨 3인은 정치적 위험 서비스(Political Risk Services)로부터 제공받은 데이터를 사용하여 1985~1995년 기간 중 있었던 국유화 위험과 1995년에 64개국을 대상으로 한 1인당 GDP의 측정치 간에는 밀접한 상관관계가 있음을 보여 주었다.

국유화 위험은 0과 10을 구간으로 측정하는데 0은 최고 위험치를 10은 가장 위험이 없는 상태를 의미한다. 또한 국유화 위험과 1인당 GDP 간 밀접한 상관관계는 미국이나 캐나다와 같은 국유화 위험이 낮은 국가들은 멕시코와 칠레 및 아르헨티나 같은 국유화 위험도가 높은 국가들과 비교할 때 훨씬 높은 개인 소득을 누리고 있음을 보여주고 있다고 주장하였다.

요약하면 북부 유럽계 이민은 사망률이 낮았던 미국이나 캐나다 등의 국가에 정착했다. 이것은 국유화 위험으로 평가되는 제도적 품질에 영향을 미쳤고, 높은 품질의 제도들 (사유재산권 제도들)은 장기적으로 긍정적 영향을 미쳤다. 또한 높은 품질의 제도들은 현대의 1인당 GDP에까지 영향을 미치고 있다.

이러한 미국과 캐나다의 경험은 예컨대 비교적 소수의 유럽계 이민 유입으로 착취적 제도가 만들어졌던 브라질, 볼리비아 및 니카라과 등과는 분명한 대조를 보인다. 또한 이들 국가의 착취적 제도는 빈약한 경제성적으로 귀결되었고, 이는 20세기 말 북미국들의 경제 성과와 분명한 비교가 된다.[35]

최근 연구(2010) 에서 델(Dell) 은 중남미의 독특한 제도인 미타 제도, 식민지 시대 광산 지역의 강제 노동에 대해서 연구를 했다.[36] 그녀는 이 연구를 통해 대토지 플랜테이션 농업과 아시엔다(hacienda)라고 알려진 목축업을 하던 엔코미엔다 제도하의 지리적 인접 지역과 비교해서 미타제도 아래에 있던 페루나 볼리비아에서 인적 자본 수준 – 특히 아동 보건 - 이 상대적으로 낙후 상태에 있었음을 밝혀냈다. 델의 연구는 안데스 지역에서 16세기 식민 통치제도의 지역내 불평등과 지속성에 대해 규명하였다. [37]

1.5 인종 언어적 분화와 문화

미국과 캐나다와 비교할 때 중남미는 수백 종류의 방언을 사용하는 원주민 인구의 비중이 높고, 이들 언어는 때때로 스페인어와 포르투갈어 외에 공식 언어로 인정받고 있다. 예를 들면 볼리비아와 파라과이에서는 께추아(Quechua)어와 과라니(Guarani)어를 스페인어와 함께 공식문서에 사용하는 공식 언어로 채택하고 있다. 그런데 중남미의 민족 언어적 분화가 사회적, 정치적 불안 및 빈곤의 주범이라는 비난은 어디까지 가능한 것일까?

이 주제는 더 큰 규모의 타 지역 과거 식민지들을 대상으로 경험론적으로 조사되었다. 민족 언어적 가설은 인종적으로 이질적인 사회에서 권력의 잡은 그룹은 소수 인종을 착취하고 민주적 자유를 제한하며, 궁극적으로 낮은 품질의 공공재를 공급하여 성장과 경제 발전을 저해한다고 주장한다.[38]

민족 언어적 분화가 상대적으로 낮은 중남미의 1인당 국민 소득의 원인인지 여부는 대부분의 기존의 경험론적 교차(cross-section) 연구가 아프리카 국가를 비롯한 수백개 국가를 포함하여 시행되었기 단정적으로 평가하기가 어렵다. 그러나 최근의 연구들은 아프리카 국가들 대비 중남미의 민족 언어적 분화는 통계적으로 무의미하다고 밝히고 있다.[39]

이는 설득력이 있어 보인다. 아프리카 국가 중에는 거의 40여 개국에서 고도의 민족 언어적 분화를 보이는 반면 중남미는 불과 15개국에서 발견되고 있다. 그럼에도 불구하고 21세기 중남미에서는 원주민 언어를 유창하게 말하는 것이 포퓰리스트 리더들에게 중요한 자산이 되고 있다. 그리고 특히 안데스 지역에서는 포퓰리스트 리더들의 정책들이 경제 발전과 성장에 중요한 영향을 미치고 있다. 안데스 지방의 포퓰리즘에 대해서는 제6장에서 상세히 검토한다.

문화와 관련하여, 종교는 한 세대에서 다른 세대로 전해지는 가치의 표본으로 언급되고, 종교는 경제 성과에도 잠재적으로 영향을 미칠 수 있다. 이러한 사고의 전통은 가톨릭과 달리 개신교는 영국과 미국에서 기업가 정신을 확산시켰다고 주장한 웨버(Webber, 1958)로 부터 비롯되었다.[40]

이러한 전통에 따라 개신교 신자들이 보다 민주적이며 따라서 고품질의 공공재 창출에 보다 유리한 토양을 제공한다고 주장되어 진다. 또한 개신교는 재화, 이민, 아이디어의 확산을 촉진하며 따라서 다른 종교들보다 더 높은 성장 전망을 제공한다고 주장한다.

관련 경험론적 연구는 대부분 중남미는 개신교 중심 사회가 아니라는 사실이 개인의 재산권 보호, 자유, 민주주의 및 경제 성장 등을 제한할 수밖에 없었다고 주장한다. 이러한 경험론적 국가교차 연구들은 중남미국들에 적용할 문화 더미변수로 가톨릭을 제시해 왔었다. 더미 변수 사용이 연구 결과를 약화시키기도 하지만, 가톨릭이 거버넌스와 경제 성적에 미치는 부정적 효과를 배제하지는 않는다.[41]

그러나 그러한 국가별 교차 회귀 분석은 중남미가 21세기 첫 10년에 비해 저성장을 기록했던 20세기 말의 데이터를 사용하고 있다. 또한 중남미 지역의 일반적 경험은 가톨릭이 경제 성장과 번영에 부정적 영향을 미치고 있다는 가설과 일치하지 않는다.

특히, 니카라과와 아이티를 제외한 모든 중남미국들은 최근 세계은행의 추산으로는 중소득국 대열에 위치하고 있다. 더욱이 대부분 국민이 가톨릭인 칠레는 이제 고소득국으로 분류되고 있는 상태이다. 중남미국 중 아르헨티나, 멕시코 및 브라질 3개국은 G-20의 일원으로 중남미를 대표하고 있으며 가톨릭 국가들이다. 브라질은 BRICS 국가 일원으로 세계에서 단일 국가로는 가장 많은 가톨릭 신자들을 보유하고 있는 국가이다.[42]

경험론적 국가교차 연구와 중남미의 정형화된 사실간 차이는 이 주제에 대한 추가 경험론적 연구를 통해 규명되어야 할 것이다.

1.6 맺는말

1장은 발견과 식민화부터 19세기까지 중남미의 역사적 뿌리를 살펴보았다. 경제학자들은 식민시기에 초점을 맞추는데, 그 이유는 논쟁의 여지는 있지만 이 시기가 미국과 캐나다 대비 중남미의 후진성을 태동한 시기이기 때문이다.

첫째, 지리적 가설은 적도 부근에 위치하고 있는 중남미 국가들의 기후 조건과 항만으로의 높은 수송 비용 등이 경제 발전을 저해해 왔다는 점이다. 내륙 지역들은 비생산적인 토지, 높은 열대성 질병 부담 등이 경제 성장과 무역, 노동 생산성 등을 저해하고 있다고 주장한다. 또한 지리적 가설은 불리한 지리적 여건이 기술 확산과 경제 발전 속도를 지연시켜 왔다고 주장하고 있다.

둘째, 법적 기원 가설은 자연 조건이 저발전의 주된 원인이 아니라고 주장한다. 대신 "운좋게" 관습법을 상속받은 이웃 북미국들에 비해 중남미는 이베리아 식민 통치 권력으로부터 민법을 물려받은 것이 저발전의 원인이라 주장하고 있다. 관습법 아래서는 개인재산권이 더 잘 보호되고 역동적인 투자 환경을 창출하며 부패도 적다는 게 법적 기원 가설 저자들의 주장이다.

셋째, 부존자원 가설은 대규모 농업에 적합한 비옥한 토지와 기후가 소득 불평등을 촉발시켰으며, 이후 시기 특히 19세기 산업화 시기 성장 도모에 오히려 역효과를 가져왔다. 이 시기에 북미 국가들과 비교할 때 중남미는 높은 소득 불평등으로 인한 낮은 제조업 수요 부족으로 뒤처지게 되었다.

넷째, 식민지 시대에 대한 최고의 경험론적 연구인 제도적 가설은 초기 식민지 정착촌 및 관할 지역에서 제도의 질의 발전에 대한 정복자들의 태도에 영향을 미친 환경들을 강조한다.

그러나 우리는 중남미 케이스에 있어서 식민지 부왕령과 식민지역의 사망률에 관한 역사적 데이터와, 독립국이지만 지리적으로 인접한 중남미 국들의 1인당 소득에 관한 최근 데이터간 불일치 (mismatch)를 지적한바 있다. 그럼에도 불구하고, 제도적 가설 접근법이 중남미에 유용하다는 점은 인정된다. 예컨대 멕시코의 아즈텍 제국과 중미는 한때는 미국보다도 부유했었으나 점점, 특히 산업 혁명 이후 상대적 빈곤국으로 전락했다. 또한 미타 시스템 하의 안데스 지역은 인근의 아시엔다(haciendas)로 알려진 계약 노동 지역보다 상대적으로 더 빈곤하다.

다섯째, 식민시대부터 오늘날까지 중남미의 저발전에 기여했다고 간주되는 다른 잠재적 요인들이 존재한다. 여기에는 민족 언어학적 분화와 가톨릭 종교에 의해 대변되는 문화가 포함되어 있다.

위의 요인들이 저발전에 기여했을수는 있지만 그들의 유효성은 현재의 정치적 불안이 민족 언어적 분화에 기인한 중남미 특정 지역에 한정된다. 경험론적 증거는 민족 언어적 분화가 아프리카의 1인당 저소득을 설명할 때 중요한 역할을 하는 것과는 달리 중남미의 경우는 중요도가 떨어지는 것으로 분석하고 있다.

종교와 관련 국가 간 교차 회귀 분석은 가톨릭이 부정적인 영향을 미쳤을 수 있다고 주장하지만, 경험적 사실들은 이런 상관관계에 동의하지 않는다. 중남미에서 문화 - 보다 광범위하게 정의할 때- 의 역할을 제대로 조명하기 위해서는 보다 폭넓은 경험론적 연구가 필요하다.

중남미의 저발전 문제에 대한 수수께끼를 푸는 다른 접근은 행동주의 경제학자들의 최근 연구 결과를 살펴보는 것이다. 특히 행동과학자들이 사용한 실험 방법론은 중남미 유럽계 인구와 원주민간 고질적인 불신과 불평등 문제에 대한 이해를 높일 수 있다. 실험 방법론은 지역의 몇몇 고질적 문제들에 대한 답변을 제공할 수도 있을 것이다.

다른 연구 방법들이 중남미의 저발전 문제의 이해에 도움이 될 수 있지만, 본 장에서 분석한 5가지 가설은 중남미의 1인당 GDP가 북미보다 뒤지게 된 점과 나아가 중남미 지역내 소득 불평등의 문제점들에 대해 생각할 수 있는 많은 정보를 제공하고 있다.

본 장에서 우리는 여러 가설들을 논의했는데, 특히 지리적 요소와 이베리아 식민 통치자들에 대해 큰 비중을 두고 있다. 지리와 항만 접근성 문제는 당연히 중요한 역할을 하지만 사회 간접 자본에 집중 투자하지 않으면 쉽게 해결될 수 있는 문제가 아니다.

또한 중남미의 국유화 위험과 연계된 재산권 보호와 다른 변수들도 쉽게 변화를 가져오기 어려운 문제들이다. 그럼에도 불구하고 최근의 연구는 법치와 재산권 보호가 진전되고 있음을 보여주고 있다.

소득 불평등이 대규모 플랜테이션 농업이 가능한 토지와 기후 조건에서 엔코미엔다 시스템 아래 잉태되었다는 점은 의심할 바 없지만, 그러한 제도 밑에서 싹튼 인종과 재산권 집중 문제는 현재 일부 지역 갈등의 일부분일 뿐이다.

제도적 접근의 경험론적 연구는 분명 유용하지만, 중남미에 대해 지나치게 비관적이다. 역사가 중요하고, 식민 시대 생산 양식이 고착화되어 있다는 것은 물론 현대와의 인과 관계를 이해하는 데 중요하다. 즉, 저급한 제도의 질은 국유화 위험과 불평등을 야기하고, 낮은 1인당 소득과 중남미 지역 발전의 한계 요인으로 작동한다. 그러나 최근의 글로벌화 추세는 역내 정책입안자들에게 예컨대 사유재산을 보호하기 위한 법제화 등의 제도적 개선이 없이는 외국인 투자를 통한 기술 이전 등 혜택을 기대할 수 없으므로 제도의 질적 개선이 필요하다는 경각심을 심어주고 있다.

인종 언어적 분화 가설은 아프리카에 미친 부정적 영향에 비해 중남미에 미치는 영향은 제한적이다. 동 가설이 중남미에 미치는 부정적 영향은 21세기 6억명의 중남미 인구 중 매우 소수의 인구에 한정될 것으로 보인다.

반면, 문화의 역할은 국가 교차 회귀분석을 통해 그 유용함이 증명될 수 있으나, 중남미에서 가장 많은 인구를 보유한, 중남미 최대 경제국들인 브라질과 멕시코 같은 일부국에서는 영향이 없으리라 생각된다.

요약하면 5개의 가설들은 중남미에 부정적 전망을 제시하고 있다. 불리한 지리적 특성의 해결에는 많은 비용이 수반되고 최악의 경우 해결이 불가능하다. 또한 성문법 체계에서 관습법 체계로의 전환은 쉽지 않다. 토지, 기후, 적은 수의 이민 유입 및 열악한 제도 등에 기인한 소득 불평등과의 싸움은 수십 년간의 결실 없는 노력에서 보듯 매우 어려운 과제이다. 기저에 자리잡고 있는 식민시대 제도도 하루 아침에 해결할 수 있는 문제가 아니다.

끝으로 민족 언어적 분화와 종교 문제는 대다수 중남미인들의 심장에 다가가는 민감한 이슈로 아직까지 정치 경제적 아젠다로 거론조차 되지 못하고 있는 사안들이다.

지금까지의 논의와 달리, 다음 장은 무역과 경제 통합이 중남미에 가져올 놀라운 경제 성장 전망을 강조함으로써 중남미 경제 발전의 밝은 모습을 보여줄 것이다.

최근의 중남미 경제 발전 양상은 독립 이후 특히 19세기 마지막 25년과 1914년 1차 세계대전 시작 전까지 기간, 즉 중남미 황금기에 수출 활동에 집중해서 거두었던 경제 발전 모습을 다시 보여줄 것으로 기대하게 하고 있다.

요약

- 불리한 지리적 여건은 북미국들 대비 중남미 상대적 저발전의 원인이 될 수 있다.
- 법적 기원 가설은 이베리아 식민 통치자들로부터 상속받은 민법은 현재 미국에서 사용 중인 관습법에 비해 재산권 보호가 취약하기 때문에 중남미가 북미보다 경제 발전에 뒤지고 있다고 주장한다.
- 중남미는 자원의 축복을 받은 지역으로 식민 통치 기간 중에 엔코미엔다와 노예 노동 생산 방식을 통해 중남미 사회에 지워지지 않는 소득 불평등 유산을 남겼다. 이베리아 세력들로부터의 독립은 점차 타국과의 무역 증대를 가져왔으나 역내 국경분쟁 증가는 역내 교역 및 경제 성장의 저조 등을 야기하였다.
- 저발전에 대한 제도적 접근은 이베리아 식민 통치자들이 착취적 제도를 제정하였고, 이 제도들이 오늘날까지 존속되고 있다고 주장한다. 그리고 이 착취적 제도가 북미국에 비해 낮은 1인당 소득의 원인임을 설명하고 있다. 보다 정밀한 경험론적 연구를 통해 이 가설이 중남미에 맞는지 살펴볼 필요가 있다.
- 최근의 연구는 식민지 시대의 다른 제도적 유산인 "미타 (Mita)"가 중남미의 역내 소득 불평등의 원인이 될 수도 있음을 보여주고 있다.
- 인종적 분화는 중남미의 경제 발전에 장애가 될 것으로는 보이지 않는다. 그러나 역내 여러 지역의 다양한 궤적을 설명할 수 있을 것이다. 몇몇 지역은 다른 지역보다 인구 이질성성이 높은 지역이다.
- 문화적 유산의 역할, 그리고 신뢰, 제도, 경제 성장에 대한 문화의 영향에 대해 이해하기 위해서는 보다 심도 있는 연구가 필요하다.

주목해야 할 포인트

1. 지리적 관점에서 중남미와 아프리카 간 주요 유사점은 무엇일까?
2. 왜 불리한 지리적 여건이 경제 발전의 제약 요인이 되며 어떻게 완화할 수 있는가?
3. 중남미의 소득 불평등은 일부 지역의 엔코미엔다 및 미타, 그리고 다른 지역의 노예 노동 형태의 주종 관계가 형성되었던 식민지 시대에 기인하고 있다고 말하고 있다. "왜"일까?

4. 왜 장자 상속 제도가 소득 불균형을 악화시킨 문화적 전통이었을까?
5. 왜 소득 불평등이 급속한 경제 성장과 발전의 저해 요인일까?
6. 착취적 제도의 유산이 중남미가 북미 지역에 비해 1인당 소득 수준이 낮은 요인이라고 설명할 수 있을까?
7. 중남미의 시각과 주요 경험적 과제에 기반하여, 지리적 가설과 비교한 제도적 접근 방법의 장점을 설명하시오.
8. 중남미의 인종적 분화가 저발전의 결정적 요인이 되고 있는가?
9. 남북미 간 소득 격차를 규명하려 할 경우 문화가 중요한 역할을 하는가?
10. 중남미는 매우 다양한 지역다. 그러나 일부 지역은 다른 지역과 매우 유사한 모습을 보이기도 하다. 유사 국가들을 제시하고 비슷하다 인식하게 만드는 이유를 설명하시오.

추가 자료

- 중남미와 북미 간 소득 불평등 설명 : Sebastian Edwards, Gerardo Esquival, Garciela Màrquez
- 식민지 시대~ 20세기 말까지 기간 조망 : Edwards, Esquival, Márquez (2007)
- 중남미의 경제적 저개발 상태에 대한 종합 분석 : Acemoglu, Robinson (2013)
- 중남미의 경제 성장과 개발에 대한 제도적 접근 논쟁 : Glaeser et al. (2004)

2 수출 주도 성장 및 보호주의의 기원

앞장에서 북미 대비 남미의 저발전 문제와 식민지 시대에 기원을 둔 소득 불평등 문제에 대해 검토해 보았다. 이 시기에는 1차 산품 수출이 주된 성장 엔진이었지만 소규모의 제조업과 산업도 시작되었다. 대부분 수공예품, 섬유 및 식품에 한정된 제조업은 내수에 의존하였다. 그러나 이렇게 부상하던 제조업 발전이 정체된 것은 19세기 초 중남미가 이베리아 식민 통치로부터 독립을 한 후 유럽과의 교역이 증가되었기 때문이다. 1차 산품 수출에 의존하는 교역 패턴으로 야기된 문제점은 19세기 말에 중남미가 1차 산품 수출국 함정에 빠지면서 더욱 심각해졌다.

멕시코를 예외로 하고 중남미가 1차 산품 수출함정에서 벗어날 능력은 현재 아시아의 급속한 공업화 때문에 한계에 부딪치고 있다. 이 장에서 우리는 독자들이 이러한 현상과 중남미 역내의 다양한 양상에 대해서 충분히 이해하길 바란다. 이러한 목적을 위해 중남미가 1차 산품 수출에 치중하게 된 기원과 왜 오늘날까지 소득 불평등이 보다 확대되어 왔는지 역사적 특징에 대해 설명하고자 한다.[1]

나폴레옹의 이베리아반도 점령이 중남미가 1810년부터 1820년대까지 식민 통치로부터 독립운동을 활발하게 전개하게 된 계기가 되었다. 대부분의 스페인계 중남미국들의 독립운동은 원주민 계층이 아닌 현지에서 태어난 백인계 후손들인 크리오요(creoles) 계층과 포르투갈계 백인 후손들인 크리올(criolus) 계급이 주도하였다. 그런데도 불구하고 브라질에서는 그들이 통치를 할 위치에 접근하는 것조차 거부당했는데 예컨대 브라질의 크리올 계층의 독립운동은 포르투갈 태생 동 페드로(Dom Pedro)가 주도하는 형태였다.[2]

반면, 스페인계 중남미에서는 크리오요 계층의 독립운동 리더였던 멕시코 태생 미겔 이달고(Miguel Hidalgo), 그란 콜롬비아(Gran Colombia)[3]의 독립운동을 이끌었던 시몬 볼리바르(Simón Bolívar), 아르헨티나와 페루의 독립운동을 이끌었던 산 마르틴(José de San Martín), 칠레의 독립영웅 오히긴스(Bernardo O'Higgins) 등 현지 태생의 전설적인 독립운동 리더들이 독립운동을 이끌었다.

크리오요 계층은 특히 이베리아 식민 통치 세력의 세제에 대해 강력 반발하였었는데 그들은 교역 제한 조치에 의한 차별도 받고 있었다. 그들의 독립운동은 계약 노동에 시달리던 원주민과 아프리카 흑인 계층의 참여도 이끌어내게 되었다. 이들은 이베리아 식민 통치 3세기 동안 비옥한 토지에 대한 접근이 거부되어 왔었다.

앞 장에서 이베리아 식민 통치 기간 중 중남미의 저발전 상태에 대해 논의를 했었는데, 이번에는 경제사가들인 존 코츠워스(John Coatsworth ; 1998)와 제프리 윌리엄슨(Jeffrey Williamson ; 1998)의 연구를 검토하기로 한다. 그들은 19세기를 두 시기로 구분하여 집중 연구하였다.

첫째 시기는 1820~1870년 기간으로 중남미가 이베리아로부터 독립한 후 전쟁과 지리적 고립 등으로 거의 50년 동안 "잃어버린 50년"을 겪으며 북미에 경제적으로 뒤떨어진 상태가 되었던 시기였다.

두 번째 시기는 1870년부터 1914년 1차 세계대전까지의 기간으로 중남미는 전례없는 1차 산품 붐을 경험하게 된다. 1870년까지는 중남미는 유럽의 산업고도화와 미국의 다소 낮은 수준의 산업화 혜택을 받지 못했었다. 코츠워스와 윌리엄슨은 전반기 50년간의 성장 침체는 후반기 붐 혜택으로 상쇄되었으나, 소득 불평등과 보호주의의 확산으로 1870~1914년 기간 동안 중남미의 잠재적 혜택이 점차 소멸되기 시작하였다.

이에 따라 아제모을루(Acemoglu), 존슨(Johnson), 로빈슨(Robinson)(2001) 등이 제시했듯이 중남미는 식민 통치 시기가 아닌 독립 후 19세기 동안 북미보다 경제적으로 뒤지게 되었다.

교역 조건도 1870년부터 1914년 기간 중에는 1차 산품에 편향되어 중남미의 탈공업화 추세를 부추기게 하였다. 이 기간 중 중남미는 스스로 세계의 1차 산품 생산 및 수출 리더라고 자칭하고, 세계 1차 산품 가격 변동 주기에 좌우되고 화란병(Dutch Disease)에 빠져드는 지역이 되었다.[4] 또한 1870~1914년 기간은 중남미의 소득 불평등이 보다 확대 심화되었던 시기였다(Williamson 2009).

나아가서 이 시기는 중남미가 수입 관세 부과를 통한 재정 수입 증대 필요성이 대두되어 첫 금융전쟁이 시작되었다. 19세기 말에는 토지 소유 엘리트와 자생 제조업자들을 보호하기 위해 중남미의 처음 시작이자 20세기 말까지 지속되었던 강력한 보호주의 정책을 폈던 시기였다(Coatsworth and Williamson 2002). 흔히 1870년부터 1914년 1차 세계대전 발발 전까지 기간을 중남미의 황금기(belle époque)라고 부르고 일부국은 장기 투자 자금을 얻기 위해 국제 자본 시장을 접촉했었으며 기초 사회 간접 자본 구축을 위해 수출 소득을 사용할 수 있게 된 시기였다.

19세기(1870~1914) 중남미의 첫 글로벌화 시기와 WTO 체제, 양자 및 지역 무역 협정 그리고 중국의 공업화가 주류를 이루고 있는 현대와의 유사점과 차이점은 무엇일까? 중남미는 천연자원의 과도한 개발을 완화할 수 있는 보다 나은 위치에 있는가? 중남미는 19세기 말 황금기에 경험했던 바와 같은 화란 병을 덜 겪게 될 지역인가? 현대 중남미는 수출입을 다변화시키기 위해 필요한 사회 간접 자본을 구축하고 산업화 속도를 높여 빈곤을 완화하며 소득 불균형을 개선하기 위해 수출 소득을 적절히 활용할 수 있을 것인가?

본 장에서는 중남미의 독립 후 잃어버린 50년(1820~1870) 시기 부터 황금기(1870~1914)까지의 경제 활동을 분석하고자 한다. 즉 잃어버린 50년간의 상대적인 고립 시기의 영향을 과소평가함이 없이 중남미의 19세기 황금기와 20세기 말부터 시작된 시장 주도 경제 개혁 프레임워크 내의 최근 1차 산품 붐 시기 간의 경제의 흐름의 매우 유사함에 주목하고 있다.[5]

특히 19세기 황금기와 21세기 초 첫 1O년 간 상황의 유사함에 관심을 가지고 있는데, 19세기 동안 중남미의 1차 산품 수요는 유럽의 산업화가 방아쇠를 당기고 미국의 산업화가 기여를 했던 양상이었다면, 21세기 1차 산품 수요는 중국의 산업고도화가 촉발시킨 것이라는 점이다.

두 사례 모두 대부분 중남미가 저조한 산업화와 외부의 1차 산품 수요에 취약한 상태인 반면, 다른 지역의 제조업 및 산업 개발 붐에 따른 무역량의 폭발이 가져온 결과라는 점이 유사하다.

본 장의 섹션 2.1에서는 중남미의 스페인과 포르투갈로부터 독립의 경제적 유·불리를 분석해 본다. 섹션 2.2에서는 천연자원 차이와 그 자원의 대외 수요로 측정한 중남미국들 비교우위의 다양성을 주목하여 살펴본다. 섹션 2.3에서는 19세기 중남미 경제활동의 주역들인 아르헨티나, 칠레 및 우루과이와 여타 중남미국을 비교 분석한다. 섹션 2.4에서는 상대적으로 아프리카계 국민들이 많은 브라질과 쿠바를 비교 분석한다. 섹션 2.5에서는 19세기 말과 21세기 초 10년간의 수출 주도 성장을 비교 분석한다. 끝으로 섹션 2.6에서는 결론 부분을 정리한다.

2.1 독립 : 경제적 결과

중남미의 독립운동의 경제적 결과를 이해하기 위한 핵심 포인트는 합스부르크가에서 부르봉가로 이베리아반도 내 권력의 이동이다. 이러한 권력의 이동은 독립 오래전 18세기부터 시작되었다. 부왕령을 내세운 스페인과 포르투갈 지배하의 17세기와 달리 18세기 부르봉가는 "인텐덴시아(intendencias)"라 부르던 분권화 시스템을 도입하였다.

프랑스의 intendents 체제에서[6] 비롯된 인텐덴시아 시스템 아래서는 대부분 지역이 이미 부왕령(viceroy)의 지휘하에 있지 않았다. 대신 "intendencias" 체제가 스페인과 포르투갈의 직할 체제로 되었다. 보다 중요한 분권화 개혁은 소위 부르봉(Bourbon)과 폼발린(Pombaline) 개혁이라 알려진 개혁으로 스페인과 포르투갈 식민지의 국가 간 교역을 허용하게 되었다.

나아가서 인텐덴시아 분권 시스템은 여타국 특히 영국 및 미국 등과도 교역을 할 수 있게 되었는데,[7] 18세기 부르봉 및 폼발린 개혁으로[8] 포르투갈령 중남미에서는 브라질과 스페인령 식민지 및 영국과의 교역이 원활해지게 되었다. [표 2.1]은 스페인과 포르투갈로부터 독립하기 이전 시기의 전반적인 중남미의 교역 상황을 보여주고 있다.

이베리아 식민지 내 1차 산품의 교역은 밀, 면화, 설탕, 카카오, 인디고, 수은 및 기타 원자재류 등이 중심이었다. 18세기에 관세동맹이 출범되었다. 이는 오늘날의 안데스공동체(CAN), 카리브공동체 (CARICOM) 및 중미공동시장(MCCA)[9] 등을 생각하게 한

[표 2.1] 식민지 시대 말기 중남미의 교역

국가 또는 지역	국가 내 지역	해당 제품	중남미 내 교역	역외국과 교역
멕시코	중앙	설탕, 섬유	o	X
	오하까	밀	o	o
	유까딴	인디고	o	o
	북부 지역	축산물, 섬유	o	X
	북부 지역	은	X	o
중미·카리브 지역	엘살바도르	인디고	o	o
	온두라스	은	X	o
	코스타리카	담배	X	o
	안띨레스 군도	설탕	o	o
베네수엘라	해안 지역	카카오	o	o
	목초지	가축	o	o
콜롬비아	동부, 고산 지대	금, 은	X	o
	고산 지대	섬유	o	X
에콰도르	고산 지대	섬유	o	X
	해안 지역	카카오	o	o
페루, 볼리비아	고산 지대	은	X	o
	고산 지대	수은	o	X
	북부 해안	설탕	o	X
	남부 해안	면화	o	–
칠레	북부	은	X	o
	중부	밀	o	o
아르헨티나, 파라과이, 우루과이	북부 및 중부	수공예품	o	o
	Cuyo 지역	포도주	o	X
	북동부 지역	마떼차, 가축	o	X
	Rio de Plata	가축, 수지	o	o
브라질	중부	금, 다이아몬드	X	o
	남부	가축	o	o
	아마존	목재	X	o

자료원 : TI 및 세계은행 자료 기초 저자 작성

다. 중남미 역외국과의 교역도 제한이 해제되었고 특히 당시 빠른 속도로 산업화가 진행되고 있던 영국, 미국과의 교역도 가능했다.

당시 모든 유럽국들은 많은 양의 금은을 수입하고 있었음을 주목해야 한다. 이러한 추세는 산업화와 연계된 것은 아니었다. 특히 유럽의 금은에 대한 높은 수요는 당시 유행하기 시작해 20세기까지 진행된 중상주의자들의 입장이 반영된 흐름이었다.[10]

요약하면, 부르봉과 폼발린 개혁은 중남미가 독립운동을 하기 오래전인 1739년경에 단행되어 유럽과 중남미 간 대서양 교역이 식민지 초기 단계보다 상대적으로 활발하게 이루어지게 되었다.

그럼에도 불구하고 코츠워스(1998)에 따르면 1700년경부터 1820년까지 식민 통치 기간 동안에 걸쳐 중남미의 1인당 국민 소득 성장은 정체 상태에 있었다. 이와 관련 윌리엄슨도 1700~1820년 기간 중에는 전 세계가 저성장 시기였으며 중남미와 미국도 영국이나 프랑스 등 유럽의 식민 통치 국가에 비해 점점 상대적 후진 상태를 지속하고 있었다고 말하고 있다.

그러나 중남미와 미국 간의 교역은 중남미의 독립 이전 시기에도 설탕과 같은 농산물을 포함해 활발했었다. 이러한 특정 농산물에 대한 국제 교역은 20세기까지 쿠바의 교역에 중요한 영향을 미쳤다.

경제사가들은 칠레와 같은 일부 남미 국가들을 제외하고는 유럽의 급속한 산업화에도 불구하고 중남미의 교역량은 독립 후에 바로 증가하지 않았다고 말하고 있다. 중남미 교역은 독립 후 50년간 역내 분쟁, 여타국과의 전쟁 및 지리적 고립 등 때문에 정체 상태에 있었다. 특히, 독립 후 1820~1870년 기간 중 유럽과 중남미 간 교역량은 아시아 및 유럽의 개발도상국 간의 교역량에 비해 아주 소규모였다. 나아가서 잃어버린 50년 이후 범 대서양 교역량의 이례적인 증가에도 불구하고 1870~1914년 기간 중 중남미의 1차 황금기 동안 중남미의 1인당 국민 소득은 북미와 비교하여 상당히 후퇴하였다([표 2.2] 참조). 그래서 코트워드와 윌리엄슨은 중남미 경제는 식민 통치 기간 동안이 아니고 19세기 동안 후퇴를 기록했다고 주장하고 있다.[11]

현대의 중남미 경제 성장률이 중국의 급속한 산업화에 의존하고 있다면 독립 후 1820~1870년 기간 중 중남미의 수출 주도 경제 활동의 저조 원인에 대해서는 보다 많은 연구가 필요하다. 독립 후 중남미의 대유럽 및 미국 1차 산품 수출이 저조해진 것은 무엇이 잘못된 것일까? 최근까지 중남미가 대중국 1차 산품 수출에 크게 의존하고 있는 것은 어떤 교훈을 줄 수 있는 것인가? 앞으로 이 의문에 대한 답을 구해 본다.

[표 2.2] 1800~1913년 기간 중 중남미/미국 1인당 GDP 수준 비교

국명	1800	1850	1900	1913
아르헨티나	102	...	52	55
브라질	36	39	10	11
칠레	46	...	38	40
콜롬비아	...	...	18	18
쿠바	112	78	...	39
멕시코	50	37	35	35
페루	41	...	20	20
베네수엘라	...	...	10	10
평균값	66	51	27	28

자료원 : Coatsworth 1998

20세기까지 식민 통치자들의 지배하에 있던 다른 지역들에 비해 중남미는 19세기 초 독립으로 다음 세 가지 주요 혜택을 받았다.

첫째, 독립은 역내 모든 국가들이 국제 자본 시장의 금융에 접근하는 것이 허용되었다. 이렇게 조달된 자본은 배후지에서 항만까지 철도 건설 등 사회 간접 자본 건설 비용으로 사용되었다.

둘째, 독립 후 중남미국들은 스페인과 포르투갈 이외 미국이나 급속한 공업화가 이루어지고 있던 유럽 등 모든 국가와 자유롭게 무역을 할 수 있게 되었다.

셋째, 보다 중요한 혜택이 되겠지만 중남미의 1차 상품 수출과 공산품 수입 조건인 교역 조건이 황금기 동안 급격히 개선되었다. 이러한 교역 조건 개선은 다른 지역의 1차 상품 수출국들보다 월등히 우세했었다.[12]

이러한 혜택들은 다음 세 가지 결점들로 상쇄되었다.

첫째, 중남미 전 지역의 관세 제도가 독립 전 부르봉 및 폼발린 개혁으로부터 대폭 후퇴되어 역내국 교역의 급격한 감소를 가져오는 한편, 중남미 역내 쌍무 무역 협정의

후퇴도 야기하였다. 이러한 상황은 역내 교역의 역외 전환을 가져왔다.[13]

둘째, 앞서 언급한 바와 같이 중남미는 멕시코와 미국 간 전쟁(1846~1883)과 같은 역외 국가와의 전쟁과 칠레와 볼리비아-페루 간 태평양 전쟁(1879~1883)과 같은 역내 국가 간 전쟁과 정치적 격변 등을 겪었다.

[표 2.3]은 신생 독립국 중남미가 겪었던 전쟁과 분쟁 리스트이다. 이들 전쟁들은 재

[표 2.3] 19세기 중남미의 전쟁 및 분쟁 리스트

전쟁 및 분쟁 명	시기	당사국들
Brazil-Argentina 전쟁	1825~1828	브라질, 아르헨티나
Colombia-Peru 전쟁	1828~1829	콜롬비아, 페루
Folkland 전쟁	1833	영국, 아르헨티나
Peru/Bolivia 연합군-아르헨티나전쟁	1837~1839	페루, 볼리비아, 아르헨티나
Peru/Bolivia 연합군-칠레 전쟁	1837~1839	페루, 볼리비아, 칠레
프랑스의 Rio de la Plata강 봉쇄	1838	아르헨티나, 프랑스
Pastry(과자) 전쟁	1838	프랑스, 멕시코
Peru-Bolivia 전쟁	1840	페루, 볼리비아
멕시코-미국 전쟁	1846	미국, 멕시코
페루-에콰도르 전쟁	1859	페루, 에콰도르
프랑스의 멕시코 침공(intervention)	1861~1867	프랑스, 멕시코
과테말라-엘살바도르 전쟁	1863	과테말라, 엘살바도르
에콰도르-콜롬비아 분쟁	1863	에콰도르, 콜롬비아
Hispano-Sudamérica 전쟁	1864~1866	페루, 칠레, 볼리비아, 에콰도르, 스페인
Triple Alliance 전쟁	1865~1870	브라질, 우루과이, 아르헨티나 연합군 vs.파라과이
쿠바-스페인 전쟁	1868~1878	쿠바, 스페인
과테말라-엘살바도르 2차 전쟁	1876	과테말라, 엘살바도르
태평양 전쟁	1879~1883	칠레, 페루 볼리비아 연합군
과테말라-엘살바도르 3차 전쟁	1885	과테말라, 엘살바도르

정 적자와 채무 디폴트 등을 야기하고 사회 간접 자본 확충을 위해 보다 많은 투자를 해야 할 역내국의 역량을 저해하게 되었다. 나아가서 중남미가 전쟁과 국경분쟁을 위한 재정확보를 위해 고관세 부과를 법제화하게 되었다. 이러한 재정 적자 충당 재원 마련 방법은 토지 소유주들이나 신생 제조업자들에 대한 직접 과세에 비해 반발을 적게 야기하는 방법으로 받아들여졌다.

셋째, 유리한 1차 산품 수출 환경은 신생 산업의 발전을 촉진하지 않고 역내 제조업

자들은 높은 관세 때문에 지속적인 기술적 발전을 따라잡기 위한 모방을 통한 기술 발전 혜택을 받을 수도 없게 되었다. 대부분 국가에서도 국내 제조업자들이 아무런 혜택을 받을 수 없게 되었다. 이와 관련 중남미 제2위의 경제대국 멕시코의 19세기 섬유산업 분쟁은 좋은 사례가 되고 있다.[14]

유리한 교역 조건은 보다 많은 이익을 낼 수 있는 방법으로 1차 산품 자원의 배분을 포함하고 있는데, 그 방법은 중남미를 화란병이 발생하기 쉬운 지역으로 만들었다. 전반적으로 중남미의 경제 성장은 세계 1차 산품 가격 파동에 점점 취약하게 만들었다.[15]

2차 대전 악몽 속의 유럽과는 달리 중남미의 복지 관련 적자는 전쟁이나 분쟁 등의 복구와 관련되어 있지 않았다. 특히 중남미의 잃어버린 50년 후, 19세기 말 대부분 역내 국가들은 이 시기의 상처로부터 벗어나 사회 간접 자본을 건설하기 위해 대대적으로 투자를 추진했다. 이는 차례로 역내 국가 간 엇갈리는 발전 추이와 소득 불균형을 설명해 주고 있다.

브라질의 리우데자네이루 또는 아르헨티나의 부에노스아이레스 주변과 같은 해안 지역들은 좋은 항구를 가지고 범 대서양 수출상품 선적 활동을 통해 발전했다. 동시에 1인당 GDP가 뒤떨어지는 내륙 지방은, 특히 철도와 같은 사회 간접 자본이 불충분한 상태로 방치되었다. 태평양 연안 대부분 지역 역시 대서양 연안 지역에 비해 1인당 소득 수준이 낮은 상태로 고립되어 있었다.[16]

중남미는 19세기 말과 20세기 초에 무역을 위한 사회 간접 자본 건설을 추진해 왔다. 이제는 사회 간접 자본, 특히 철도 등이 보수 또는 현대화되지 않아 매우 노후화된 상태에 있다. 보호주의 정책, 낮은 해외 투자 유입 및 1980년대 외채 위기 등이 문제를 더욱 복잡하게 만들었다. 이 점은 제3장, 제4장에서 상세히 분석한다.

결론적으로 이베리아반도로부터 독립은 점점 지역 내 분쟁, 빈약한 사회 간접 자본, 역내 보호주의 등으로 불리해져 독립으로 얻어진 국제 무역 파트너들을 통한 잠재적 수출 소득 증대 효과를 상쇄한 것으로 보였다. 중남미의 경제대국 브라질과 멕시코에서도 저조한 인프라 투자로 내륙으로 접근이 불충분하여 동 지역의 1인당 소득 증대를 막고 있다. 제3장에서 다시 검토하겠지만 역사적인 보호주의는 중남미 전 지역에 지속 확산되면서 20세기 말까지 소득 증대를 막고 있었다.

[표 2.2]는 중남미의 1인당 국민 소득을 미국과 비교한 비율을 말하고 있는데 1800년도에는 66/100이었던 비중이 중남미 수출이 붕괴되었던 1913년 1차 세계대전 발발 1년 전에는 28/100 수준으로 급락했음을 보여주고 있다. [표 2.2]는 표본인 8개국 전부가 1800년부터 1913년 사이에 국민 소득이 급락했음을 보여주고 있다.

이유는 첫째, 중남미 경제가 19세기 말 25년 전부터 1913년까지 기간 중 경기 침체에서 벗어나 급격히 상승했던 시기로 과거 식민지 국가들은 상대적인 정치적 안정을 구가하던 시기였다. 둘째, 전 비교 기간에 걸쳐 브라질과 멕시코는 급속한 경기후퇴를 기록했는데, 이는 다음에서 살펴보겠지만 신생 독립국 전체가 경제 발전이 분산되는 추세를 보였다는 점이 중요한 시사점이다.

2.2 수출 주도 성장 체제하의 중남미 지역

18세기와 19세기에 영국에 의해서 주도된 유럽의 산업화는 영국과 유럽은 물론이고 일본과 미국에까지 국민 소득에 지대한 영향을 미쳤다.

노벨상 수상자인 로버트 루카스(Robert Lucas ; 2002, 65)는 역사상 처음으로 이 시기

[그림 2.1] 1800~1913년 기간 중 1인당 평균 수출

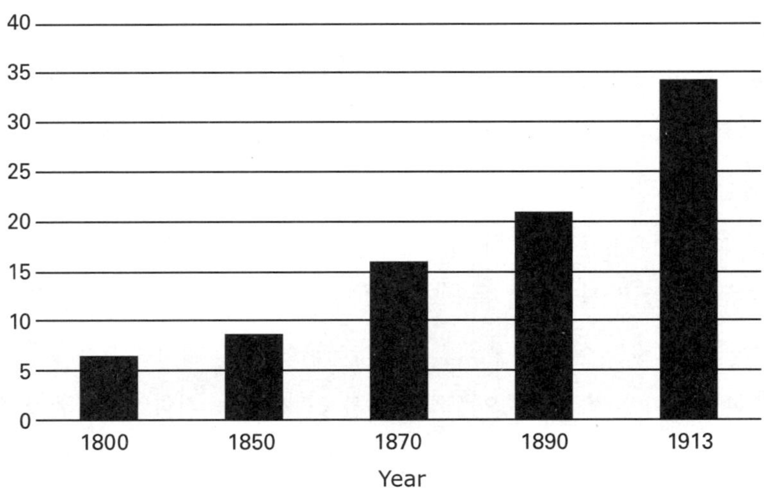

자료원 : Bulmer-Thomas 2003 기반 저자 작성

일반 대중의 생활수준이 지속적 성장을 기록하기 시작하였다고 기술하고 있다. 섬유, 면직, 방적 공장, 증기 기관, 철강 제조, 석유 정제 및 화학 전자 산업 등 부문의 핵심적 혁신이 유럽 대륙, 일본 및 미국으로 급속히 확산되었다. 이러한 기술 혁신의 확산은 수송, 농업, 광업 및 보다 일반적으로 말하자면 생산 기술 면에서 대대적인 전문화와 효율성이 강화되면서 본격적인 외연 효과를 갖게 되었다.

중남미가 1500~1820년대 걸친 천연자원이 제대로 개발이 잘 안 된 상태였던 식민지 시대와 달리 19세기 말경 유럽의 산업화는 중남미 신생 독립국들의 급속한 자원 개발과 수출을 촉진시켰다. 그림 2.1에서 보듯이 유럽의 산업화가 진행되는 동안 중남미의 19세기 말 황금기에 1차 산품 수출이 7배나 증가하였다. [표 2.1]에서 말하듯이 중남미의 수출은 대부분 대유럽 수출이지만 곡물, 은, 설탕 및 밀과 같은 1차 산품에 국한되고 있었다.

현대 중남미에서도 이와 유사한 1차 산품 수출 패턴이 지속되고 있다. 핵심적 차이점은 주 수입국이 이제는 아시아라는 점이다. 이는 현대 중남미 경제가 그들의 새로운 교역파트너의 성장률, 특히 중국의 경제 성장률에 극도로 취약하며, 미치는 영향력은 작으나 멕시코의 주 교역파트너 미국의 경기 변화 주기에도 민감하게 반응하고 있음을 보여주고 있다. 이 주제에 대해서는 제10장에서 다시 검토하기로 한다.

중남미의 수출 증가율은 중남미 황금기 동안 많은 변화를 가져왔다. 불머-토머스(Bulmer-Thomas; 2003)는 중남미 전 지역의 부존자원 요소와 관련하여 엇갈리는 상이한 성향을 분석하고 중남미의 특정 1차 산품은 유럽이 주요 소비 주체였다고 제시한다. 그는 그러한 소비 수요 주도 현상을 1차 산품의 복권(로또)으로 비유하고 있다. 또한 유럽이 만일 특정 1차 산품 수요를 아프리카나 동남아시아 개발도상국들이 충족시키지 못하면 중남미로 향했다고 지적했다.

1차 산품은 교역 및 비(非)교역 부문에서 복권과 같은 다양한 결과를 가져왔는데, 특히 불머-토머스는 1820년경부터 1914년 1차 세계대전 발발 전까지 전 중남미 지역의 수출 주도국을 세 그룹으로 구분했다.

첫 번째 그룹은 내수 시장용 농업, 섬유, 제조업 및 수공예품 등 비교역 부문으로 산업발전 확산 효과와 함께 1차 산품 교역 부문에서 수출 주도 성장을 보인 그룹이다. 이 그룹의 세 주역은 아르헨티나, 칠레, 우루과이다.

두 번째 그룹은 교역 부문에서 급속한 성장을 보이고 있으나 비교역 부문에서는 저(低)성장을 기록한 국가들로 이 카테고리에는 여러 나라 중 쿠바, 푸에르토리코 등을 예로 들고 있다.

세 번째 그룹은 교역 부문의 활동이 빈약했던 그룹으로 주로 해당국들의 수출상품들이 가격하락 파동을 겪거나(예: 페루 구아노) 계속된 정치적 불안(예: 멕시코 및 브라질), 아니면 두 가지 요인 모두의 복합적 영향을 입었던 국가들이다.

이 시기 관련 데이터들은 빈약하거나 없는 게 사실이지만, 19세기 주역 국가들의 경제 성장이 인적 자본과 밀접하게 상관관계를 가졌을 것이라고 추측을 하고 있다.[17] 제1장에서 살펴본 바와 같이 아르헨티나, 칠레 및 우루과이는 상대적으로 낮은 비율의 저임금 원주민 및 아프리카계 인력을 가지고 있었다.

즉 이들 3개국은 상대적으로 유럽계 이민 노동력의 높은 생산성과 중남미 다른 지역의 계약직 노동력과 노예 노동력보다 상대적으로 높은 임금을 지급하고 있었기 때문에 비교역 부문에서 내수를 확대할 수 있는 유리한 환경에 있었다.

2.3 경제 활동 주역들 : 분산 추세

아르헨티나의 1인당 국민 소득은 19세기 마지막 25년 동안 급속히 성장하였다.[18] 아르헨티나의 토지는 항상 수출용 육류, 가죽 및 밀을 경작하는 데는 좋은 상황이었으나, 19세기 말까지는 정치적 환경이 불안해 수출 잠재력의 이점을 충분히 활용할 수 없었다[표 2.2 참조].[19]

천연자원의 축복은 충분하지 않았지만, 아르헨티나는 영국과 프랑스 등으로부터 유입된 투자에 힘입어 급속한 경제 성장을 가져올 수 있었다. 나아가서 이민 또한 핵심 요인이었는데 아르헨티나로 주로 이탈리아와 스페인으로부터 유럽계 이민이 대량 유입되었다. 아르헨티나의 인구는 19세기에는 18세기에 비해 5배가 증가되었다. 토지가 풍부한 중남미에서는 부족한 자본과 노동력을 조달하는 것이 경제 발전의 핵심 요소인데, 이는 21세기에도 여전히 유효한 요소가 되고 있다.

[그림 2.2] 아르헨티나의 대미 수출 추이

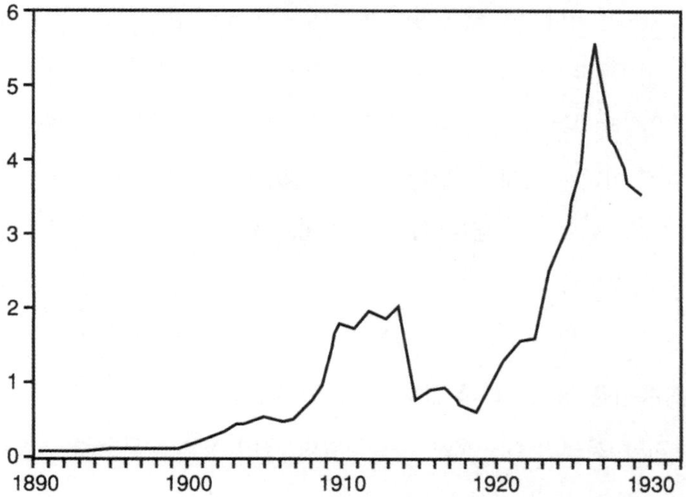

자료원 : Cardoso and Helwege 1992

수송 부문의 외국인 투자 덕택에 손쉽게 수송할 수 있는 천연자원과 대량 이민의 유입에 따른 인구 증가의 조합은 아르헨티나가 주변국들에 비해 특히 빠른 속도로 경제성장을 할 수 있게 만들었다.[20] 아르헨티나의 경제 성장은 앞서 언급한 바와 같이 해안 지역 특히 부에노스아이레스 지역에 집중되었다. 아르헨티나의 예는 현재도 직면하고 있는 대부분 중남미 지역의 소득 불균형을 잘 설명해 주고 있는데 이에 대해서는 제5장에서 다시 연구하기로 한다.

우루과이는 아르헨티나와 비슷한 궤도를 보였다. 아르헨티나 연안 지역의 1인당 농산물 생산량 증가율은 1825년부터 1965년까지 기간 동안 연간 약 2%였다. 우루과이에 대한 자료는 희소하지만 기존 역사적 추정에 따르면 우루과이의 19세기 첫 1/4세기 25년간 평균 성장률은 약 0.8%였을 것으로 추정된다.[21]

이러한 성장률은 아르헨티나의 배후지 농업 생산 증가율과 비슷한데 적절한 사회 간접 자본의 부족으로 인한 것으로 부에노스아이레스 인접 지역에 비해서 해외 수출 선적을 위해 낮은 연안 수송 비용 절감 혜택을 누리는 것이 불가능하였다. 그러나 우루과이, 특히 몬테비데오는 19세기에 대외 교역을 원활하게 촉진할 수 있는 산업 능력을 갖추었던 부에노스아이레스와 비교할 때 전략적으로 좋은 위치에 있지 못하였는가?

의문시되고 있다.

우루과이가 아르헨티나보다 역동성이 떨어진 가장 중요한 이유는 흔히 정치적 불안을 들고 있다. 아르헨티나는 상대적으로 로사스(Rosas)의 독재정권 시절에 정치적 안정을 누렸는데, 우루과이는 반복된 내전과 독재정치로 독립 후 취약한 공화정 체제를 유지하고 있었다.[22] 이러한 상황은 현대의 백색당(Blancos)과 홍색당(Colorados) 두 정파로 발전했는데 정치적 안정은 오르도녜스(Jose Battle y Ordóñez) 대통령 치하의 1900년대 초에 가서야 확립되었다.[23]

그럼에도 불구하고 몬테비데오는 대서양 지역에서 가장 좋은 천연항구로 이를 통해 1차 산품들을 유럽을 향해 선적하였다. 우루과이의 수출상품은 가축, 육류 및 피혁류로 19세기 마지막 25년간 대규모로 수출되었다. 전반적으로 고도의 정치적 불안정에도 불구하고 우루과이는 상대적으로 빠르게 성장했다. 우루과이는 19세기 말에는 중남미에서는 1인당 GDP 성장이 아르헨티나 다음의 2위 국가에 위치했다.[24]

칠레의 수출 주도 성장은 조기에 시작됐었다. 정치적 혼란도 마누엘 불네스(Manuel Bulnes)와 마누엘 몬트(Manuel Montt)가 통치했던 1841년~1861년 사이 20년간은 상대적으로 안정되었었다. 이 기간 중 주요 수출상품은 밀과 은이었다. 1866년에는 칠레가 페루와 스페인 간 전쟁에 끼어들어 전쟁을 치렀는데 이를 계기로 칠레는 해군력과 해안 방어력이 강화되었다. 그 후 1879년에는 칠레는 페루와 볼리비아 연합군과의 태평양전쟁에서 승전을 했다.

이 당시 칠레는 아질산염을 개발하여 수익성 높은 수출용 1차 산품으로 삼았다. 그러나 19세기에는 구리 산업이 가장 경쟁력이 있는 수익성이 높은 산업이었다. 이 시기 칠레는 구리 생산이 미국 다음으로 세계 2위의 생산국이었고 미국보다도 낮은 비용으로 구리를 생산할 수 있었던 국가였다. 칠레는 구리 생산의 비교우위를 기반으로 19세기 동안 전력, 가스, 가로등, 철 구조물 및 철도 등 사회 간접 자본을 확장해 나갔다.[25]

그러나 아르헨티나, 우루과이와 비교할 때 19세기 칠레의 1인당 국민 소득 수준은 3위 수준이었는데, 발파라이소 항구가 전략적 위치 면에서 저비용의 부에노스아이레스나 몬테비데오에 비해 대서양 교역항의 라이벌이 될 수 없었기 때문으로 보고 있다. 오늘날 중남미에서는 범태평양 교역이 점점 비중이 높아지고 아르헨티나나 우루과이에 비해 칠레가 지리적 비교 우위를 가질 수 있게 되었다.

높은 소득 불균형 인식에 반해, 칠레는 숙련 근로자들의 소득을 평가하기 위한 기준이기도 한 미숙련 근로자 임금의 GDP 대비 비중이 아르헨티나나 우루과이와 비슷한 수준이었다.[26] 섹션 2.4에서는 여타 중남미국들과 비교하여 분석한 추정치를 제시하고 있다.

칠레의 경제 성장은 쿠즈네츠가 U커브 론에서 예측한 바와 같이 아르헨티나나 우루과이의 경제 성장과 같이 심각한 소득 불균형을 동반하지는 않았다.[27] 19세기 유럽으로부터 대량 이민 유입과 상대적으로 그 이민의 높은 노동 생산성이 19세기 칠레의 활발한 경제 활동에 기여했던 요인이었다는 점은 부인할 수 없는 사실이다.

2.4 두 특별 케이스 : 브라질과 쿠바

아시아와 비교할 때 미주 지역은 멕시코와 페루를 제외하고 전 지역이 노동력 부족이 심각하였다. 이론상 노동력은 토지에 비해 부족하기 때문에 노동력의 한계 생산성이 높아야 된다.

그러나 앞 장에서 검토한 바와 같이 엔코미엔다와 미타 생산방식 아래 계약 노동자들은 최저 생계비를 지급받고 있었다. 장자 상속 제도에 의해 확산되었던 엔코미엔다와 미타 방식은 중남미가 독립을 한 후에도 사라지지 않고 존속되어 왔었다.

더구나 중남미의 귀족층은 기름진 토지와 광산 및 여타 천연자원을 소유하고 있었는데, 이는 1차 산품 붐에 힘입은 수출 주도 성장의 핵심이었다. 따라서 중남미의 소득 불균형은 신생 독립국 정부들이 엘리트층의 이익을 보호함에 따라 19세기 황금기 동안 확대될 수밖에 없었다.[28] 이러한 현상은 중남미의 대표적인 플랜테이션 경제국이었던 브라질과 쿠바에서 심각했었다.

미국의 1861년~1865년 기간 중 남북전쟁이 끝난 후 브라질과 쿠바는 19세기에 아프리카 노예 노동력을 합법적으로 사용하게 허용했던 단 두 나라였었다. 쿠바와 브라질에서는 각각 1884년과 1888년까지 노예 해방법이 채택되지 않아 미국이 노예 해방을 한 후에도 약 40년간이나 노예 제도를 유지하고 있었다.

다른 지역에서는 계약노동이 성행하고 있었음에도 불구하고 브라질과 쿠바에서는 소득 불균형이 당시 중남미 경제 주역 3개국보다 높았고 멕시코와 페루 같은 계약 노동제 경제권에 비해서도 높았다.

그럼에도 불구하고 브라질과 쿠바는 수출 주도 성장 체제에서 빠른 성장세를 보였으나 내수는 의외로 저수준을 보였다. 주변국에 비해서 매우 높은 소득 불균형은 두 나라의 운명을 결정짓고 있었다. 그들의 공통적인 배경에 반하여 브라질과 쿠바의 경제활동은 수출 주도 성장기였던 19세기 내내 상당히 달랐다.

브라질을 먼저 살펴보면 브라질의 포르투갈로부터 독립은 다른 스페인 식민지권 주변국들과 같이 1800년대 초에 이루어졌다. 브라질의 대유럽 주요 수출상품은 남부에서 생산된 커피, 바이아 지역에서 생산한 카카오와 아마존 지역에서 생산된 고무였다.

독립 후 브라질의 1차 산품 수출은 호황과 불황 상황을 반복하고 있었다. 19세기에 브라질은 세계 커피 생산의 70% 이상을 담당하고 있었다. 그러나 국제 커피 가격은 매우 불안했다. 예컨대 1850년대에는 급등했으나 1860년대에는 미국의 남북전쟁으로 인한 수입 감소로 급락세를 기록했다.[29] 이렇게 급격한 1차 산품 수출 가격의 급등락은 브라질의 수입 대체 산업화(ISI) 정책을 분석할 때 반영되어야 할 요인이며 이에 대해서는 제3장에서 상세하게 들여다본다.

가격 파동만으로는 1800년대에는 36%에서 1914년에는 11%로 떨어진 미국 대비 브라질의 1인당 GDP 비중 급락을 설명할 수 없다. 오히려 사회 간접 자본에 대한 투자 부족이 핵심 역할을 하였다. 예컨대 브라질의 철도 건설은 1인당 국민 소득 조건에서 볼 때 쿠바의 약 절반 수준에 그치고 있었고, 거기에다 브라질의 철도는 남부 커피 경작 지역의 수출 주도 성장에 집중되어 있었다. 유럽으로부터의 이민 유입 역시 남부 지역에 집중되고 있었다.

북부 지역은 남부 지역과 비교할 때 저개발 상태였고 현재도 그렇게 불균형 상태로 남겨져 있다. 왜냐하면 북부의 토지는 몇몇 지주들의 손에서 노예 노동 농업 생산에 집중되어 있었기 때문이다. 동북부 지역의 경제 발전 정체와 소득 불균형은 21세기까지 지속되고 있으며, 1인당 소득 증가도 브라질 전체 평균에 비해 뒤처져 있는 상태이다.[30]

이제 쿠바를 살펴보면, 쿠바는 사회 간접 자본의 우월뿐만 아니라 전략적 위치, 나아가서 역사적 위상 면에서도 중요한 역할을 하고 있었다. 19세기 동안 쿠바의 1인당 국민 소득은 브라질의 5배 이상 높은 수준이었는데 쿠바는 이미 19세기에 브라질뿐만 아니라 중남미 전체에서 국민 소득 수준 대비 가장 높은 수출을 기록하고 있었다. 1868년까지 스페인의 식민지로 남아 있었지만 전통적인 사탕수수 플랜테이션 경제국 쿠바는 17세기부터 시작된 대미국 특혜 무역 혜택을 받고 있었다.

[표 2.2]에서와 같이 미국과 비교한 쿠바의 1인당 국민 소득은 브라질을 비롯한 다른 중남미 국가에 비해 상대적으로 높은 수준을 기록해 왔다. 그러나 19세기 들어 쿠바와 브라질은 다 같이 1인당 국민 소득이 급감을 기록했는데 미국과 비교 비중이 각각 브라질은 65%, 쿠바는 69%를 기록했다.

왜냐하면 쿠바는 브라질과 여타 스페인 식민지국들에 비해 교역상 혜택을 가지고 있

[그림 2.3] 중남미 주요국의 수출 주도 성장 말기 1인당 GDP

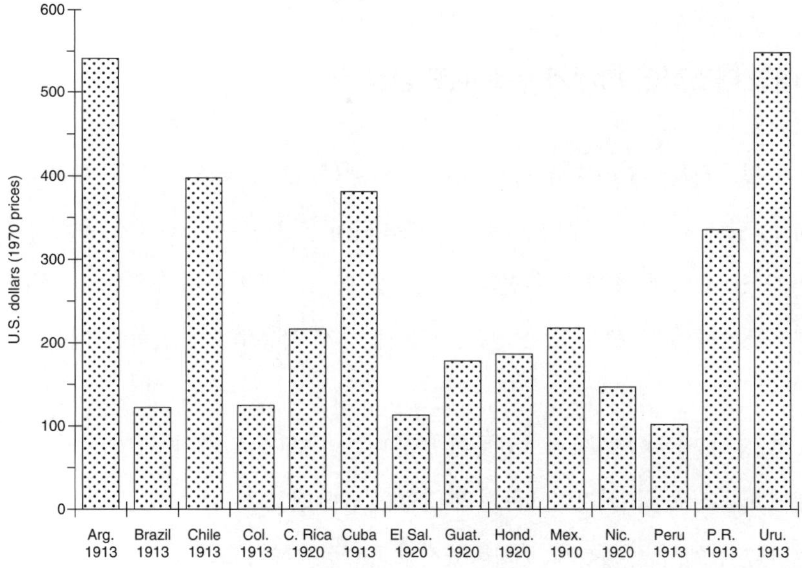

자료원 : Bulmer-Thomas 2003

었으나 19세기 들어 급격히 후퇴하면서 중남미 3대 경제 활동 주역국들에게 따라잡히게 되었다. 그래서 쿠바는 수출 주도 성장 기간 동안 1인당 GDP 조건에서 19세기 중

수출실적 때문이 아니라 1인당 GDP 수준이 상승하기 시작하면서 아르헨티나, 칠레 및 우루과이에 이어 4위국에 위치하게 되었다.

중요한 점은 19세기 동안 쿠바의 경제적 후퇴는 사탕수수 생산 인력 부족 때문인 것으로 설명되고 있는 점이다. 갈반(Galván: 2004)은 쿠바의 노동력 부족은 1886년 노예해방 오래전에 시작되었다고 지적하고 있다. 다른 중남미국들과는 달리 쿠바는 1894년까지 스페인 식민지로 남아 있었다.

19세기 대부분 기간 동안 스페인은 카리브 지역 최대 사탕수수 생산 플랜테이션 식민지인 쿠바에서 노예 해방 압력에 시달리고 있었다. 그러한 외부 압력은 특히 영국과 미국에서 기인했으며 한편으로는 노예 수입의 단계적 축소를, 다른 한편으로는 정치적 불안의 유발 목적이었다. 결국 이러한 내·외부 압력은 노예 해방을 가져왔고 쿠바는 최고 설탕 생산 및 수출국 위치에서 추락하기 시작했다.

[그림 2.3]은 중남미의 두 플랜테이션 경제국과 여타 중남미국들과의 상대적인 경제적 위상을 보여주고 있다.

2.5 현대와 대조적인 19세기 수출 주도 성장

19세기 말 역사는 오래도록 남을 자취를 남겼다. 조기 무역 자유화 추진국인 칠레를 예외로, 당대 중남미의 무역 자유화는 지속되어 온 보호주의 시대가 종료되고 1980년대 말과 1990년대 초에 재추진되기 시작했다. 1994년 북미자유무역협정(NAFTA) 후 멕시코를 예외로 수출 주도 성장은 다음 세 가지 이유로 1차 산품에 계속 의존하고 있다.

첫째 본 장의 서두에서 살펴보았듯이 중남미는 19세기 말 1차 세계화 기간 동안 세계 경제에 1차 산품 공급 지역으로서의 역할을 담당했었다.

둘째 다음 장에서 상세하게 분석하겠지만 ISI 정책하의 보호주의(1940~1980)는 20세기 들어 대부분 중남미 지역에서 신속한 산업화를 저해하였다.

셋째 중남미가 1980년대 후반 다시 무역 자유화를 재가동할 때까지 노동력이 풍부한 아시아국들은 이미 첫 단계 공업화를 마치고 공산품 수출 주도국으로서 자신들의 입지를 구축하였는데, 당시 중남미는 역사적인 불리한 위치에 처해 있었다.

19세기 중남미는 아르헨티나, 칠레 및 우루과이 3개 남미 경제 활동 주역국들과 플랜테이션 경제국들 간에 대조적인 모습을 보였다.

19세기 탈산업화, 20세기의 과도했던 보호주의, 그리고 만성적 노동력 부족이 합쳐

[표 2.4] 1995~2013년간 중남미의 국가별 자원별 수출 비중

구분	농산물		광물		연료	
	1995	2013	1995	2013	1995	2013
아르헨티나	54.1	50.8	1.6	3.0	10.3	4.3
볼리비아	29.8	16.5	33.7	21.3	13.9	55.8
브라질	33.7	37.5	10.3	16.9	0.9	7.4
칠레	37.0	27.2	46.8	57.8	0.2	1.0
콜롬비아	36.5	11.4	...	1.1	...	66.8
코스타리카	53.2	36.1	0.8	1.4	0.6	0.0
에콰도르	55.5	34.7	...	0.9	...	56.8
엘살바도르	34.8	22.7	1.7	1.4	0.0	2.3
과테말라	67.4	48.0	0.5	5.7	2.0	4.6
온두라스	33.5	30.7	0.2	1.5	0.0	1.8
멕시코	9.0	6.6	2.9	3.0	10.3	12.8
니카라과	77.9	38.4	...	0.7	...	0.4
파나마	69.0	6.9	1.0	0.6	2.9	0.0
파라과이	36.5	66.8	0.1	0.8	0.1	23.9
페루	31.0	16.9	41.3	38.4	4.9	12.8
우루과이	59.1	74.9	0.7	0.3	1.0	0.5
베네수엘라	3.0	0.1	3.9	0.4	78.9	97.7

자료원 : WTO 통계(2015)

져, 현대 중남미 경제에서 대부분 남미 국가들은 1차 산품에서 공산품 수출 국가로의 전환 시도에서 상당히 불리한 상황에 놓여있는 것이 사실이다.

[표 2.4]는 21세기 초까지 전통적인 중남미의 주력 수출상품들을 보여주고 있다. 1996년부터 2013년까지 기간 동안 그러한 수출은 광물, 에너지, 농산물, 기초 원자재, 식품, 음료, 유채유 및 종자류 등이 포함되어 있었다. 시간이 지남에 따라 대부분 국가들은 그들의 1차 산품 수출특화에 주력해 왔다. 이러한 1차 산품은 2010년 중남

미 전체의 수출 중 평균 56%에 달했다.[31]

그러나 멕시코는 NAFTA 체제 아래 미국과의 지리적 인접 혜택으로 자동차를 비롯한 조립 생산 공산품 수출에 특화해 왔다. 중남미의 1차 산품 수출 증가 추세는 베네수엘라, 볼리비아, 칠레, 에콰도르, 페루 및 콜롬비아 등의 천연자원 고갈을 가져오고 있다.

19세기 수출 주도 성장과 대비하여 최근 중남미의 성장 추이는 그 구성이 바뀌어왔으나 역내 대부분 국가들은 여전히 1차 산품 수출 지역으로 남아 있다. 잠재적으로 생산성이 강화된 공산품과 서비스 부문으로 교역 패턴의 전환은 어려울 것으로 보인다. 그러나 수요 측면에서 볼 때 미국이나 유럽이 더 이상 1차 산품 대량 소비국들이 아니라는 점이 중요한 변화다.

대신 아태 지역 특히 중국의 빠른 공업화가 이를 대신하고 있다. 흔히 중남미와 중국

[그림 2.4] 2005~2012년 기간 중 총수출액 중 에너지 및 광물 수출 비중

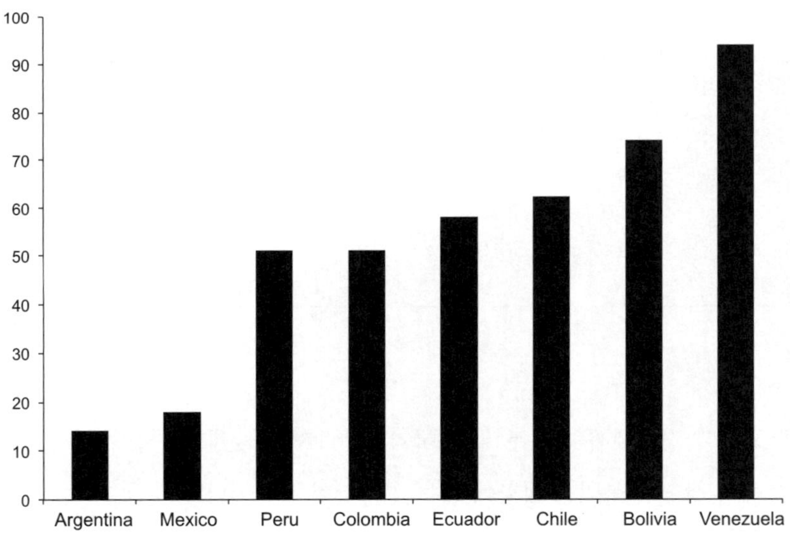

자료원 : WTO 통계

간 교역 증가가 2007~2008년간의 금융 위기로 감소되었지만 아시아 지역의 급속한 성장은 이제 유럽과 미국에 이어 중남미의 두 번째 교역파트너가 되고 있다. 칠레 같은

일부국은 중국이 핵심 파트너가 되고 있다. 최근 중국 경제의 성장 퇴조로 인한 중국과 중남미의 교역 비중 변화는 제9장에서 그 영향을 분석하기로 한다.

2.6 맺는말

본 장에서는 19세기 중남미의 수출 주도 성장기를 논의하였다. 중남미는 1800년대 초 독립 후 거의 반세기 동안 수많은 국경분쟁과 역외국과의 전쟁 이후 1차 산품의 수출이 급증하였다.

그러나 수출 소득은 급속한 산업화를 통해 제조업을 육성하는 데는 실패하였다. 체너리(Chenery), 로빈슨(Robinson)과 쉬르킨(Syrquin) 등은 수출 증대와 국내 수요 증가 간의 밀접한 관계를 일부 아시아 지역, 특히 한국에서 이를 입증하였는데 이러한 관계가 중남미에서는 존재하지 않았다. 또한 멕시코 등의 섬유 부문 제조업의 급성장도 19세기 동안 서서히 후퇴하였고 자생적 산업 발전도 많은 국가에서 중단되었다.

1870년~1914년 기간의 중남미 황금기는 아르헨티나와 같은 일부국의 수출 다변화와 산업 발전을 확대시켰다. 그러나 수출 증대를 통한 산업 발전은 1차 세계대전의 발발로 중단되었다.

19세기 동안 신흥 독립국들은 내전과 외국의 침략에 대응하기 위한 재정을 확보하고, 토지 소유자나 신생 제조업자 등 유력 엘리트층을 보호하기 위해 고관세 부과를 법제화하였다. 관세를 통한 정부 지출 재정 확보는 역사적인 선례가 되었고 19세기 보호주의는 20세기 말까지 지속되었다.

현대의 중남미는 아직까지 과거와의 단절이 어렵다는 점을 보여주고 있다. 직접적이고 누진적인 과세는 여전히 논란거리로 남아 있는데 왜냐하면 엘리트 지배 계층으로부터의 강력한 반발에 부딪히고 있기 때문이다. 그래서 중남미 각국 정부들은 세수를 간접세, 부가 가치세(VAT) 제도에 의지해 오고 있다.

아르헨티나, 칠레 및 우루과이 3개국의 19세기 말부터 1914년 기간의 경제 활동을 분석해 보면, 이들 3개국의 1인당 국민 소득은 여타 중남미 국가들보다 높았다. 대부분 남미 국가들의 무역 개방은 21세기까지 지속되어 왔다. 그러나 과거 중남미의 황금기 동안의 수출 주도 성장 에피소드와는 달리, 현재의 성장은 중남미의 제2의 교역파트너인 아시아의 급속한 성장에 의해서 이루어져 오고 있다. 예컨대 칠레와 같은 일부 국가들은 아시아가 제1의 교역 파트너가 되고 있다.

교역상 높아지고 있는 아시아의 비중은 한편으로는 중남미의 공산품 수출 증가를 저해하고 있고 다른 한편으로는 1차 산품 수출 증대를 가져오고 있다. 이러한 후자의 효과는 21세기 들어서는 미국과 유럽의 소비 수요가 침체되면서 그렇게 많은 영향을 미치고 있지는 않고 있다.

아르헨티나, 칠레와 우루과이의 성장궤도 외에 브라질 및 쿠바 등 19세기 중남미의 플랜테이션 경제국들을 검토해 보면, 브라질과 쿠바는 비교적 수출도 적게 했고 빠르게 경제 성장을 한 것도 아니며 광범위한 소득 불균형 상태였다. 높은 소득 불균형은 정치적 불안 상태를 유발했고, 수출 증대와 잠재적 1인당 국민 소득 증대와 특히 쿠바의 경우 내수 진작까지 걸림돌이 되었다.

19세기 전반에 걸쳐 중남미의 미국 대비 1인당 국민 소득은 뒤떨어졌다. 이러한 경제적 후퇴는 정치적 소요와 함께 아직은 비옥하지만 점점 척박해지고 있던 토지 등에 대한 사회 간접 자본 투자 확대를 요구하고 있었다. 대표적 예로 중남미 경제를 대변하는 2대 경제대국 브라질과 멕시코의 경우를 들 수 있다.

멕시코의 19세기의 수출 주도 성장 전략은 NAFTA 체제 아래 구축된 조립 산업, 기타 제조업 및 공산품 생산 수출 체제를 제외하면 21세기까지 1차 산품에 집중되고 있다. 1차 산품 생산업자들의 고부가 가치 및 서비스 제품 생산업자로 전환 전망은 암울한 것 같다.

WTO와 양자 및 다자 무역 협정 아래 각국이 비교우위 생산에 집착하려는 경향은, 스톨퍼(Stolper)와 사무엘슨(Samuelson)이 예측한 바와 같이, 개발한 1차 산품을 이용해서 미숙련 노동력을 활용한 생산에 집중하려는 경향을 보여 왔다. 특히, 현대 중남미 경제는 중국 및 인도와 같이 노동력이 풍부하거나 비교적 숙련 노동력을 보유한 국가들과 경쟁하려는 경우 어려운 과제에 직면할 것이다.[32]

본 장에서의 또 다른 교훈은 중남미가 19세기에 독립 후 산업화 대열에 동참할 기회를 상실했다는 점이다. 중남미는 19세기 1차 세계화 시기의 1차 산품에 유리한 교역 조건의 개선 추세에도 불구하고 기름진 토지와 광산 등 국부를 일부 엘리트층이 계속 장악하고 있었기 때문에 식민 통치 시기부터 시작된 극심한 소득 불균형이 여전히 확대되고 있었다.

윌리엄슨(2015)에 따르면 사실상 중남미의 소득 불균형은 황금기에 확대되었다. 막대한 수출 소득 증가가 소수의 엘리트층에 돌아갔고, 내수 성장을 저해하는 독립 후 생산 방식, 이민 및 보호주의 정책 아래서 낮은 생산성 노동력의 임금은 정체 상태에 있었다.

1차 산품 생산에 대한 과도한 특화의 위험은 사라졌는가? 이에 대해서는 다음 장에서 중남미 경제를 대표하고 있는 브라질과 멕시코의 수출 동향과 내수 동향에서 과도한 1차 산품 수출특화가 사라졌는가를 살펴본다.

요약

- 1800년대 초 이베리아 세력으로부터 독립한 중남미는 급속하게 공업화되고 있던 유럽 및 미국과의 교역 범위를 확대하였다.
- 독립 후 국경분쟁 및 비(非)이베리아 국가들과의 분쟁으로 1870년대까지 대부분 중남미 국가들의 교역 혜택이 상실되었다.
- 1870년부터 1914년 1차 세계대전 발발 전까지 중남미는 1차 산품 수출 붐을 향유했는데, 이는 경제 성장을 가속시켰지만 화란병도 악화시켜 초기 제조업 생산은 사라지거나 잠자고 있었다.
- 중남미 황금기(1870~1914) 동안 경제 활동 주역들은 아르헨티나, 칠레 및 우루과이였다. 이들 3개국은 공업화 과정에 있던 유럽과의 교역도 보다 활발하였고 신생 산업 활동도 활발한 상태에 있었다. 이들은 원주민과 아프리카계 인구 비중이 높고 지속적인 계약 노동과 노예 노동으로 구매력이 낮았던 다른 지역에 비해 소득 불균형도 낮았다.
- 19세기 브라질과 쿠바와 같은 플랜테이션 경제에 비교적 우월했던 국가의 경제는 침체되었다. 브라질의 경우 수출항과 배후지를 연계하는 빈약한 사회 간접 자본이 황금기의 경제 활동을 저해하는 원인이 되었다. 또한 브라질과 쿠바 경제권은 19세기 말 만연된 소득 불균형과 분쟁으로 경제 활동이 침체되었다.
- 19세기 말 황금기는 1차 산품 수출국으로서 중남미의 미래 보습을 보여주었는데 중국의 급속한 공업화에 힘입어 가속화된 중남미 현대의 발전 궤적을 보여준 것이다. 성장엔진으로서 1차 산품의 생산과 수출 촉진의 "함정"이 중요한 과제를 보여주고 있다. 왜냐하면 현대 중남미 경제가 국내 생산과 신생 산업 제품들을 위한 내수 시장 발전이 느리게 진행되고 있기 때문이다.

주목해야 할 포인트

1. 무엇이 중남미국들의 이베리아반도로부터 독립이 가져온 유·불리함인가?
2. 왜 19세기 중 중남미 경제 활동 주역국들의 1인당 국민 소득이 플랜테이션 경제권을 능가했을까?
3. 중남미 황금기의 주요 유·불리함은 무엇일까?
4. 1차 산품 로또는 무엇이며 일부 국에서는 경제 성장이 촉진되고, 다른 국들에서는 그렇지 않은

것을 설명이 가능한가?

5. 국내 소득 불평등을 지리적 고려 사항을 통해 어떻게 설명할 수 있을까?
6. 왜 과도한 소득 불평등이 19세기에 중남미의 경제 성장 전망을 저해해 왔을까?
7. 중남미 역내 무역 통합은 19세기 황금기까지 소급되는 1차 산품 수출함정에 대한 잠재적 해결 방안이 되는가?
8. 어느 중남미 국가가 1차 산품 수출 위주 성장에서 벗어날 것 같으며, 이유는 무엇인가?
9. 흔히 중남미는 자원이 풍부하며 그래서 여전히 저개발 상태를 보일 것이라 말하고 있는데, 맞는 말인가?
10. 중남미를 위해 중남미와 아시아 간에 무역 통합이 가능할까?

추가 자료

- 중남미의 이베리아 세력으로부터 독립의 경제적 성과에 대한 종합적 분석 : Prados de la Escosura (2005a, 2005b)
- 19세기 중남미의 소득 불평등에 대한 통찰차원 연구 : Bértola et al. (2008)
- 버락 오바마와 카스트로 정권이 이니셔티브를 취하기 전 쿠바의 과거와 미래에 대한 연구 : Domínguez (2006)
- 아프리카와 중남미의 자원의 저주 관련 아프리카의 천연자원 추출 산업 분석 : Collier (2010b)

3 수입대체산업화(ISI)

앞 장에서 논의한 1차 산품 수출편향도 만일 수출로 얻어진 수입을 공장, 기계, 그리고 보건과 교육 등의 인적자본 투자가 포함되는 인위적 자본으로 전환될 수 있다면 산업 발전을 강화시킬 수 있다고 주장할 수 있을 것이다. 좋은 예로 석유 부국 노르웨이 같은 일부 선진국은 확실하게 이를 실행했다. 현대 중국의 급속한 산업화는 전례가 없는 속도와 규모로 중남미의 1차 산품 수출 증가를 견인했었다. 그런데 왜 중남미는 세계 다른 지역, 특히 한국, 대만, 홍콩 및 싱가포르 등 아시아의 4마리 호랑이들이 이룩했던 급속한 공업화를 가져오지 못하고 여전히 20세기 동안 산업 발전 휴면기에 갇혀 있었을까? 이 질문의 답을 얻기 위해서는 먼저 역사적 핵심 특징을 다시 한번 살펴보아야 할 것이다.

1914년 1차 세계대전 발발로 중단되었던 19세기 수출 주도형 성장에 대해서는 앞 장에서 검토하였다. 그 당시에는 중남미의 주요 교역 파트너들이었던 유럽, 미국과의 교역 흐름이 심각한 불균형 상태였다. 이로 인해 전쟁 후 새로운 패러다임으로 보호주의가 대두되었다.

보호주의자들의 생각은 국제 무역 시스템이 태생적으로 1차 산품 수출국들에 불리하게 편향되어 있었고, 또한 개발도상국들의 공업화가 상대적으로 부유한 선진공업국들인 북측과 개발 도상 남측 간 1인당 소득 불균형이 확대되는 것을 예방하기 위해 필요조건이었다고 주장하고 있다. 이러한 발상은 특히 1929년부터 1933년까지의 대공황 후 시기를 설명하는 데 설득력이 있다.

20세기 중남미의 보호주의는 다양한 형태로 표출되었다. 19세기에 비해 국영 기업(SOE)의 통제, 규제 및 직접경영 등을 통한 공격적인 국가간섭이 강력했다. 내수 지향 정책은 수입대체산업화(ISI) 정책을 통해 국내 제조업과 산업 발전 지원을 강화해 나갔다.[1] 그러한 보호주의 정책으로 대대적인 20세기 거시 경제 불균형을 초래했다. 특히 ISI 정책은 20세기 마지막 25년 동안 중남미의 대규모 재정 적자, 높은 인플레이션과 국채 디폴트 등을 야기하였다.

여기서는 21세기 현대 중남미 경제를 이해하기 위한 핵심 의문점에 대해서 조명해 본다. 보호주의 정책의 위험은 무엇인가? 오늘날 브라질과 멕시코 등 중남미 경제 대국의 경제 활동이 20세기 ISI 정책과 연계되어 있는가? 브라질, 콜롬비아, 칠레 및 멕시코의 환율 정책이 주는 교훈은 무엇인가? 그러한 역사적 선례들이 일부국 중앙은행의 인플레이션 목표 관리 정책 수행을 이해하는 데 도움이 되는 것인가? 20세기 "브라질의 기적"이 어느 정도까지 현대 중남미 내 최대 경제국의 경제 활동을 설명하고 있는가? 보호주의와 결합된 수출 주도 성장 정책으로의 복귀가 20세기에 제조업과 산업 부문의 발전을 가져왔는가?

본 장의 섹션 3.1에서는 보호주의 이념이 등장한 역사적 배경과 실제 어떻게 작동되었는지를 살펴본다. 이어서 섹션 3.2에서는 ISI 정책을 설명한다. 다음 섹션 3.3에서는 중남미 보호주의 시대와 일부국의 ISI 정책에 대한 내용을 점검해 본다. 섹션 3.4에서는 보다 중요한 중남미 경제의 새로운 패러다임의 씨를 뿌리고 토양을 배양한 1980년대 세계 거시 경제 환경의 변화를 분석한다. 이어서 섹션 3.5에서는 이상 내용을 요약하고 현대의 안정화, 무역 자유화, 민영화 등 새로운 패러다임을 검토하고 규제와 냉소주의 탈피 등 당대의 과제들을 검토한다. 이러한 과제들을 충족시켜 나가는 것은 중남미의 21세기 보호주의 이후 시기에 중산층의 확대와 강화에 중요하다.

3.1 역사적 배경

제2장에서 논의했듯이, 지난 19세기에 중남미는 수출 주도 지역의 하나였고, 1차산품의 수출이 경제 성장의 동력이었다. 무역의 흐름은 1차 세계대전과 1929~1933년간의 대공황 시기에 중단된 후 2차 세계대전 기간 동안 다시 중단되었다.

[그림 3.1] 중남미 일부국의 1924~1937년 중 총생산 지수 추이

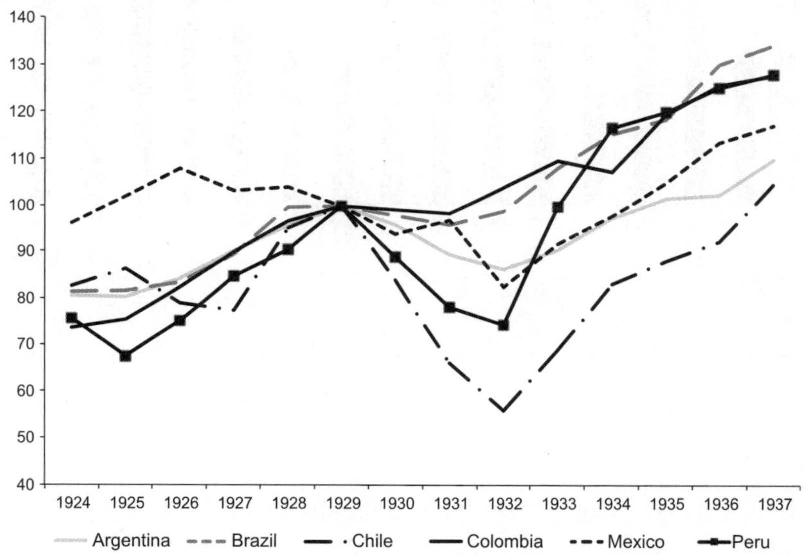

자료원 : Braun et al. 2000

대공황은 중남미의 수출주도성장에 대한 경고장이었다. 중남미의 1차 산품에 대한 수요도 폭락했고 가격도 수직으로 떨어졌다. 1929~1933년간 중남미의 교역 조건은 다른 지역에 비해 45% 상당이 악화되었다.[2]

자본의 유입도 급격히 감소되었다. 이러한 일련의 사태로 중남미 각국은 심각한 경기 침체에 빠지게 되었다. 특히 칠레, 페루 및 멕시코가 가장 타격을 받았다(그림 3.1 참조).[3] 디플레이션과 함께 실질 이자율이 급등하였고, 공공 및 민간 금융 부문도 악화되었다. 재정 수입도 감소하고 외채 부담은 커져 갔다.

중남미 무역의 붕괴는 세계 1차 산품 수요의 감소로 더욱 확산되었는데 이는 선진국

[그림 3.2] 1924~1938년 기간 중 세계 무역

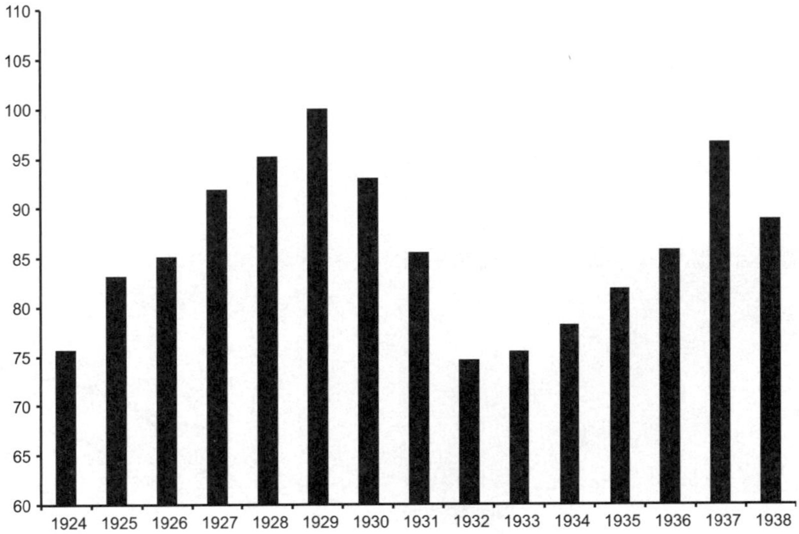

자료원 : League of Nations 1939

의 보호주의 정책에서 비롯된 것이었다. 보호주의의 파고는 대공황 시기 미국에서 시작되었는데, 예컨대 1930년 미국은 스무트-홀리 관세법(Smoot-Hawley Tariff Act)을 제정했다.[4]

중남미의 산업진흥목적의 보호주의와는 달리 미국의 보호주의 정책은 한편으로는 농업 부문 보호 목적과 다른 한쪽으로는 확산 일로에 있던 실업 사태로부터 경제를 안정시키려는 두 가지 목적을 가지고 있었다.[5]

신속한 보복 조치로 미국의 관세는 전 세계 경기 침체를 악화시켰다. 보복의 파도는 쿼터제도, 수입금지, 수입허가제도 및 교묘한 보호주의 수단 등 무역 장벽의 확산 효과를 보이며 전 세계를 휩쓸었다. 예컨대 1931년에는 영국은 비정상적 수입법(Abnormal Importation Act)이란 규제법을 제정했는데 다른 국가들도 경기 침체의 확산 및 악화로 이 조치를 뒤따르게 되었다.[6]

20세기 전환기 및 1차 세계대전 후 유럽의 재건 시기에 미국은 세계에서 가장 큰 채권자가 되었다.[7] 중남미 역시 1920년대 미국과 차관 도입 계약을 체결했다. 채무국들은 외화 표시 부채를 상환하기 위해 수출을 해야 했다. 그러나 [표 3.1]에서 보듯이 대

공황 기간 중 중남미의 수출 규모 및 금액은 역사상 가장 낮은 수준이었다. 그 결과 미국과 유럽 양측의 민간 부문 투자자들로부터 잇따라 외채를 끌어들여 국채부도가 확산되었다.[8] 이와 관련 제4장에서 중남미의 외채 디폴트에 대해서 들여다보기로 한다.

국제 통화 시스템은 도움이 되지 않았다. 글로벌 표준이었던 고정 환율 시스템인 금본위 제도가 이러한 상황을 가져오는 원인이 되었다. 대부분 옵서버들은 고정 환율 제도가 대공황을 악화시키고 생산 위축 현상도 다른 국가로 빠르게 확산시키는 요인이 되었다고 주장하였다.[9] 세계적인 경기 침체와 선진국의 보호주의 정책 아래서 외채 상환을 위해 외화 수입을 증가시키는 것은 사실상 불가능했다. [그림 3.2]에서 보듯이 세계 무역이 급격히 감소하였고 국채 디폴트는 예외적 현상이라기보다 일반화되어 갔다. 디폴트의 확산 악몽 속에 외채 협상은 외국 채권자들과 수십 년간 지속되었다. 중남미는 1930년대 대공황 시기 재조정된 외채를 완전히 상환 후 약 10년이 경과한 1970년대 이전까지 국제 금융 시장에 복귀할 수가 없었다. 1930년대 대공황기의 무역 적자는 경상 수지 위기를 불러왔다.

[표 3.1] 중남미 일부국의 1925~1935년 중 총수출 대비 정부부채 비율 변화

구분	1929	1931	1933	1935
아르헨티나	49	73	113	81
브라질	153	163	215	127
칠레	102	327	842	573
콜롬비아	58	101	123	67
코스타리카	96	130	174	158
엘살바도르	106	153	183	157
과테말라	65	97	162	123
니카라과	30	42	53	46
우루과이	147	185	212	148

자료원 : Eichengreen and Portes 1989, the League of Nations Annual Statistical Yearbook 1929

대부분 중남미는 금 본위제 아래 고정 환율 시스템을 갖고 있었다. 예측 가능하듯이, 고정 환율 제도는 외환 보유고와 금 보유고의 고갈 때문에 지속할 수가 없었다.

아르헨티나와 우루과이가 처음으로 1929년 금 본위 제도를 포기했다. 사실상 이들

국가들의 통화 평가 절하가 수출 부양에 실패했음에도 비슷한 실패 시도가 브라질, 파라과이, 볼리비아 및 베네수엘라 등으로 이어졌다. 1931년 9월 영국 파운드화의 평가 절하에 이어 자국 통화가 영국 파운드화의 고정 환율 메커니즘에 연동되어 있었던 국가들의 평가 절하 파동이 계속되었다.

나아가서 영국 파운드화의 금 대비 평가 절하와 반복된 평가 절하는 중남미 국가들의 경상 수지 악화를 더욱 압박하게 되었다. 일부 국들은 자본도피를 막기 위해 외환 통제에 의존하기도 하였다. 선진국의 보호주의 추세에 이어 중남미도 자본 통제를 실행하였다. 역내 대부분 국가들은 강력하게 보호를 받던 선진국으로 자본이탈을 방지하기 위해 자본 통제를 시도했다.

1933년에 미국은 그때까지 유지해 왔던 금 본위제를 폐기했다. 달러화에 연동되어 있던 통화의 평가 절하로 중미국들은 경상 수지 혜택을 받게 되었다. 남미국과는 달리 중미국의 평가 절하는 미국의 경기 회복에 맞춰서 이루어졌는데 1933년 달러화의 평가 절하는 중남미에 대공황 이후 시기 중 두 번째의 평가 절하 파동을 가져왔었다.[10]

미국의 경기 침체는 공식적으로 1933년 3월에 끝났는데, 이 시기에 전 세계의 경기 회복도 확산되기 시작했다. 1934년 들어 미국이 일부 무역 장벽을 완화시키기 시작했으며 여타 선진국들도 같은 조치를 취하기 시작해 세계 무역량도 다시 확대되기 시작했다. 이에 따라 중남미의 수출 주도 경제 성장도 촉진되기 시작했다.

무역 장벽의 완화 추세에 맞추어 대공황 후 중남미의 평가 절하 파도는 수출 주도 생산 확대를 부양시키기 위한 중요한 환율 정책이 되었다. 이에 따라 평가 절하 정책은 중남미의 수출과 신생 산업화의 기반이 되었다. 중남미국 중 실질적인 평가 절하 효과는 아르헨티나, 브라질 및 칠레 등 일부 국에서만 나타났는데 흥미로운 점은 그러한 평가 절하는 대공황으로 야기된 이들 국가들의 실질적인 초과 생산 시설 능력 때문에 인플레이션이 발생하지 않았다는 점이다. 다시 말하면 소위 환율 변화의 물가 전가 효과가 낮았음을 의미한다.[11]

일부 국가는 다른 국가보다 경기회복이 빨랐는데, 아이켄그린(Eichengreen)과 삭스(Sachs), 아이켄그린과 어윈(Irwin)의 연구에 따르면, 초기에 금 본위제를 폐기하고 자국 통화의 평가 절하를 허용했던 국가들은 유연한 통화 정책을 펼 수 있었기 때문에 상대적으로 완만한 경기후퇴와 조기 회복을 경험했다. 반대로 자국 통화의 금 본위 고정 환율을 유지했던 국가들은 대외 무역에서 보다 많은 어려움을 겪어야 했다. 독립된 통화정책 기구를 가지고 있지 않았던 국가들은 국내 기업의 생산 감축과 실업 증가를 억제하고자 수입 수요를 국내 생산물로 전환시키기 위해서 무역 장벽을 활용했다. 그러나 이들 국가들은 반대급부로 경기 침체의 연장을 겪게 되었다.

세계 경제가 회복기로 접어들어도 많은 중남미국들은 높은 수준의 보호주의 정책 수위를 유지했다. 여타 국가들은 1930년 후반기부터 수입 규제를 완화시켜 나갔다. 초기 단계에는 보호주의가 확산되지 않았었다. 예컨대, 아르헨티나, 브라질 및 칠레 등 국가들은 1, 2차 세계대전 사이 기간 중에도 의욕적으로 무역 자유화 정책을 펴나갔으나, 그러한 무역 개방 정책도 1939년 2차 세계대전의 발발로 중단되게 되었다.

중남미는 중요한 원자재와 식품류의 공급 지역이었기 때문에 2차 세계대전은 중남미에 긍정적인 영향을 미쳤다. 그러나 수출 잠재력은 선박 수송 문제 때문에 제대로 활용되지 못했다. 이러한 교역 장벽은 중남미의 거시 경제 발전의 취약 요인이 되었고, 중남미의 신생 제조업 부문의 발전을 위한 중간재 수입에도 어려운 걸림돌로 작용했다.[12]

[그림 3.3] 1929~1939년 중 중남미 일부국의 실질 환율 변화

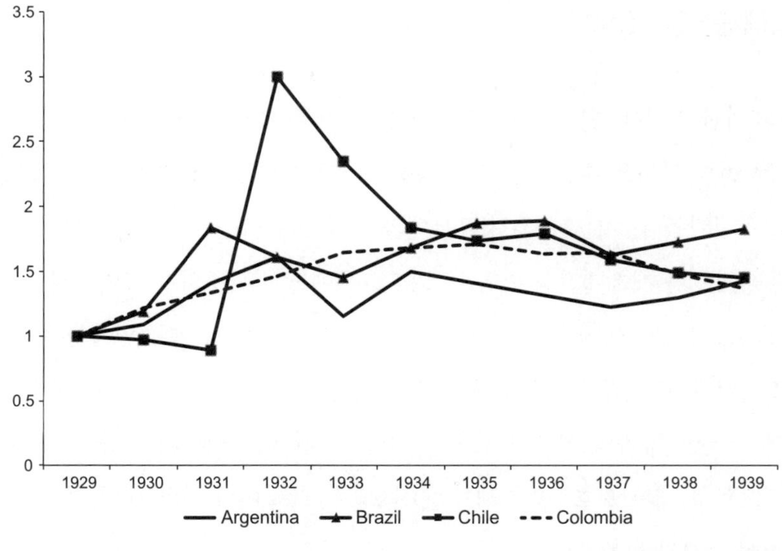

자료원 : Corbo 1992 통계 기준

2차 세계 대전이 중남미 경제에 미친 영향을 측정하기는 어려우나 대부분 연구자들이 긍정적이었다고 평가하고 있다. 왜냐하면 전쟁으로 선진국들의 비군사적 생산이 급감했기 때문이다. 1차 산품 대비 선진국들이 비교우위를 가지고 있던 공산품 가격은 상승했다. 이는 두 가지 효과로 나타났으며 첫째는 제조업과 산업 부문의 이윤율이 상승했다. 수입대체산업 부문은 국내 통화 평가 절하를 통해 보다 강력한 성장 촉진을 가져오게 되었다. 두 번째는 신생 중남미 산업은 성장하기 위해서는 자본집약적 투자가 필요하고 국내자원의 상당 부분은 더 이상 수입할 수 없는 자본재 생산으로 전환할 필요가 있었다. 이 두 효과는 유치산업 발전을 촉진하면서 상호 보완 기능을 수행해야 했다.

2차 세계대전 이후 제조업과 타 산업이 부활되었음에도 불구하고, 중남미는 무역 장벽에 의존했었다. 미국이 다시 한번 보호주의 환경의 대두를 야기하였다. 미국은 모든 중남미 국가에 동맹을 촉구하고 적대국에 대항한 규제 조치와 법제를 채택하도록 요구하였다. 이에 따라 미국의 비호 아래 중남미 국가는 무역과 자본 흐름에 대한 규제 정책을 확대했다. 1940년대 초의 무역에 대한 국가 개입은 전쟁 때문에 정치적으로 수용되었으나, 이는 보호주의 정책을 추구했던 지울 수 없는 선례가 되었다.

3.2 수입대체산업화(ISI) 정책

2차 세계대전 말기에 중남미 정부와 학자들은 지역 개발 전략에 대한 치열한 논쟁을 벌였다. 첫 번째 그룹은 수출업자, 수입상품 거래업자. 미국 상의 대표들과 많은 경제학자들로 구성되었다. 이 그룹은 자유무역과 금융 자유화를 지지하는 그룹이었다. 그러나 대공황과 2차 세계대전의 영향으로 이 그룹에도 비관주의가 드리워지고 있었다. 에드워드(Edwards; 2009)에 따르면 2차 세계대전이 종료된 후 수출업자들은 영향력을 상실하고 국가가 힘을 받게 되었다 한다.

두 번째 그룹은 국가의 경제개발 촉진 역량에 대하여 긍정적인 그룹이다. 이 그룹은 지속적으로 확대된 보호주의정책들을 선호하는 그룹이다. 2차 대전 경험은 중남미가 상대적인 자급자족 경제에서 살 수도 있다는 것으로 보여주었다. 이 그룹은 잠재적으로 고립은 자급자족을 강화하고 제조업을 촉진시키며 산업 부문의 발전을 가져올 수 있다고 주장했다.

궁극적으로 경제적 균형은 두 번째 그룹에 유리하게 기울게 되었다. 2차 대전 후 새로 창설된 유엔 라틴아메리카 카리브 경제위원회(ECLAC)가 이론적 지원역할을 하였는데 특히 라울 프레비시(Raúl Prebisch)와 한스 싱어(Hans Singer)가 1950년대 아이디어 제공의 주역을 담당했다.[13] 러브(Love; 2005)에 따르면 중남미의 초기 형태 구조주의는 라울 프레비시가 창안한 것으로 산업과 중심센터 개념, 국제노동분업 틀의 하나인 농업 부문 의존적 주변부 개념을 도입하였다.

프레비시-싱어의 보호주의 패러다임은 다음 두 가지 핵심 명제에 기초하고 있다. 첫째는 공산품 가격에 비해 1차 산품의 가격은 계속 불가피하게 하락할 수밖에 없다. 개발도상국은 1차 산품 생산에 선진국은 공산품 생산에 특화되어 왔었다.

결과적으로 개발도상국들은 항상 상당히 불리할 수밖에 없다. 이들 개발도상국들은 국제 시장에서 점차 불리한 조건으로 생산물을 교역하도록 강요받게 된다. 나아가서 기술 발전이 경제 성장의 핵심 결정 요인이며 프레비시와 싱어에 따르면 기술 발전은 제조업 부문에 집중되고 있다는 전제 아래 개발도상국은 노동 생산성이 선진국에 뒤지게 된다. 따라서 교역 패턴은 빈부 국가 간 격차가 더욱 벌어지게 된다는 논리이다.

그러나 이론상 1차 산품 생산의 기술 발전과 R&D가 제조업 부문보다 낮다면 1차 산품에 비해 공산품의 공급이 증가되어야 할 것이며 공산품 가격의 하락을 가져올 것이다. 프레비시와 싱어에 따르면 이러한 논리적 예측은 사실상 모순이 있다.[14] 보호주의 이론가들은 개발도상국 정부는 ISI 정책을 통해 산업화를 추진할 필요가 있다고 주장했는데, 이에 대해서는 앞에서 상세히 설명했다.

두 번째 명제는 산업화가 잠정적으로 제조업 부문의 보호를 필요로 한다는 것이다. 이 명제는 잘 알려진 국제 무역론상의 유치산업 논쟁에 기초하고 있다.[15] 이 논쟁은 저개발 도상국(LDCs)의 신생 산업들은 짧은 산업역사와 소규모로 경영하기 때문에 선진국들의 유사 산업과 성공적으로 경쟁할 수가 없다.

따라서 평균 비용이 같거나 그 이상인 개발도상국 생산 제품의 가격은 평균 생산 비용을 만회하기 위해 생산 규모를 확대시키는 것이 중요하다. 그러므로 개발도상국의 유치산업이 생산의 효율성을 확보할 수 있는 단계에 이를 때까지 잠정적 보호 조치가 요구되고 있다.

여기에 프레비시는 다음 두 가지 문제점들의 중요성을 강조했다. 첫째는 전통적 수출 산업들이 성장과 농촌 지역 과잉 인구를 흡수할 만한 능력이 없기 때문에 발생하는 구조적 실업 문제, 둘째는 전통적인 농산물과 광산물을 수출하는 것보다 공산품 수입에 소요되는 고비용 때문에 발생하는 대외 수지 불균형 문제이다. 이러한 구조, 병목 현상과 불균형 문제에 집중했던 학계를 구조주의라 불렀다.[16]

프레비시-싱어 패러다임은 경제학자들과 정책입안자들에게 막대한 영향을 미치며 ISI 전략을 잉태하여 1950년대 중남미의 지배적인 경제 정책이 되었다. 프레비시는 전에 수입하던 제품을 국내산으로 대체하기 위해 완만하고 선택적인 보호를 하는 신중한 국가 주도 산업화 정책을 권고했다.

그의 견해는, 무역장벽은 국내산업을 적절하게 보호하기에 충분한 수준까지는 높여야 하나, 기업들에게 그들이 스스로 개발하고 경쟁력을 획득하여 보다 효율적인 기업

[그림 3.4] 1951~1970년 기간 중 중남미의 산업 부문별 GDP 성장 추이

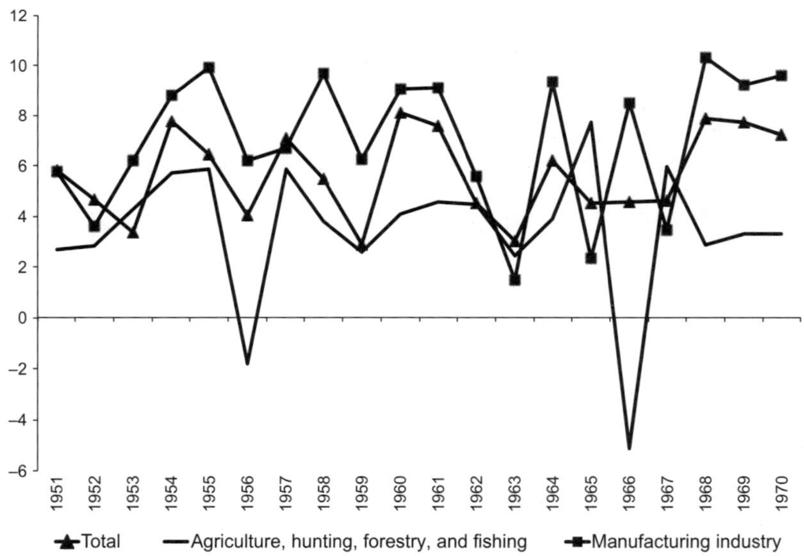

자료원 : ECLAC 2014 데이터베이스 기준 저자 작성

이 되도록 압력을 넣기 위해서는 지나치게 높지 않은 수준이어야 한다고 주장했다. 즉 선별성이 필요하였다. 국내 산업 보호는 소위 전후방 연관 라인에 따라 경제 성장에 막대한 영향을 창출하는 산업들을 타깃으로 삼아야 한다고 권고했다.[17]

관세와 다른 무역 규제 수단을 사용하는 외에, 환율 정책은 국제 제조업체들이 사용하는 수입 원자재들을 저렴하게 공급하기 위해 사용한다. 국가는 국가 소유 개발은행을 통해 산업계에 원활하게 정책 금융을 공급하고 사회 간접 자본을 강화해 나가기 위한 역할이 요구된다. 국가의 개입은 철강 산업과 같은 핵심 산업의 통제와 대규모 생산을 관리하기 위해서도 필요하다.

중남미의 제조업 부문은 보호주의 정책 아래서 빠르게 성장하기 시작했었는데, [그림 3.4]에서 보듯이 1951년부터 1960년까지 총GDP의 평균 성장률은 5.6%였는 데 반해 제조업 부문은 평균 7.2%의 성장을 기록했다. 그러나 제조업과 다른 산업의 경제 활동은 여러 요인으로 기대를 충족시키지 못하고 다음 7가지 논란을 야기했다.

첫째, 보호 조치가 과도했고 1940년부터 1985년까지 너무 장기간 시행됐다. 1950~1960년 중 많은 중남미국의 평균 관세율은 100% 이상이었다.[18] 프레비시와 그의 동료들이 처방한 바와 같이, 잠정적으로 시행하는 대신 보호 조치는 지속되며 기간이 길어졌다. 그 이유는 신생 산업 부문이 기존 선진국들과의 거친 경쟁을 위해 점점 더 높은 무역 장벽과 정부 보조금을 요구한 것이었다. 왜냐하면 역사적 선례 때문인데, 선진국들은 기존 제품의 품질을 개선하고 완전히 새로운 제품들을 개발해 나가기 때문이다. 이 경우 강화된 보호 조치는 중남미 신생 산업 부문의 생산성과 효율성 개선을 저해하게 되고 1990년대의 2차 글로벌화 단계에서 산업화를 지연시키거나 더 후에는 중단하게 하였다.

둘째, 보호가 선별적이 아니고 대규모 무차별적이었다. 사실상 승자를 가리기가 어려웠다. 모든 산업의 소유자와 관리자들은 그들 산업들이 잠재적인 성장을 하고 기술적 발전을 촉진할 수 있다고 주장할 것이다. 강력한 로비를 부추기는 보호 조치를 위한 경쟁은 지대추구 행위를 하게 만든다.[19] 산업주의자들의 로비목적은 외국 기업과의 경쟁을 피하기 위해 총력을 기울여 강력한 보호 조치를 획득하기 위해서였다. 비효율이 광범위한 산업 제품에 걸쳐 유행하고 확산되었다.[20] 현대 중남미에 정경유착의 출현에 대해 대부분 옵서버들은 산업주의자들과 20세기 후반기 거의 모든 기간 동안 보호주의 ISI 정책의 후견인 역할을 해온 정부 관리 간의 강력한 밀착 관계를 추적해 왔다.

셋째, 증가되는 제조업에 대한 보조금은 많은 중남미국들에게 대규모 재정 적자를 야기했다. 그러한 재정 적자는 대부분의 경우 통화량 증가로 이어졌고 강력한 인플레이션 압력을 야기했다.

그러나 지속적인 재정 적자로는 인플레이션의 악순환만을 야기하지는 않았다. 확대된 무역 장벽은 생산용 중간재 가격 상승을 가져오는 역할을 하였다. 따라서 국내 생산 공산품 소비자들은 자유 무역 제도 아래서 지불했던 가격에 비해 저질 제품에 더 높은 가격을 지불해야 했다. 그래서 국내 생산 공산품에 대한 소비 수요가 낮았다.

[표 3.2] 1950년~1970년간 중남미 일부국의 경제 구조 변화

농업, 수렵, 목재, 어업	1950	1970
아르헨티나	14.1	12.2
브라질	25.1	12.3
칠레	13.2	6.8
콜롬비아	36.4	25.1
멕시코	20.2	11.3
제조업	1950	1970
아르헨티나	27.5	30.1
브라질	19.3	29.3
칠레	21.5	25.5
콜롬비아	17.8	20.7
멕시코	21.4	23.7

자료원 : ECLAC 통계 2014(www.cepal.org)

넷째, 높은 무역 장벽은 환율 고평가를 동반했다. 과대 평가된 환율을 유지하려는 주목적은 다음 두 가지이다. 즉, 한편으로는 수입 물품 가격을 낮게 유지하는 대신 국내 생산용 자본재와 중간재류의 수입을 원활히 하고 반 수출편향에 의해 야기되는 인플레이션을 통제하기 위해서다. 농산물과 광산물 부문 등이 특히 심하다. 이들 부문들에 대한 보호주의 정책들은 가혹하게 느껴졌었다. 두 부문의 생산용 중간재 투입은 시장 가격보다 높은 가격으로 구매되었다. 더구나 환율이 초과 평가 상태를 유지했었기

때문에 농업과 광업 생산업자들은 경쟁력이 있는 가격으로 판매할 수가 없었고 정부의 보호와 보조금도 전혀 도움이 되지 못했다. 보호주의 정책들의 농업과 광업 부문의 경쟁력 상실을 가져오는 등 좋지 않은 결과는 [표 3.2] 에서와 같이 중남미 경제 구조에 많은 변화를 가져왔다.

다섯째, 중남미의 무역 수지는 다음 두 가지 이유로 매우 악화되었다. (1) 수출이 급격히 감소하였고, (2) 이전에 수입에 의존하던 소비재의 국내 생산 대체는 냉장고, 세탁기, 자동차 등의 신생 산업에 필요한 국내 생산용 중간재 수입 증가를 가져왔기 때문이다.

여섯째, 특히 보호주의 정책하의 자본 유입이 저조했다. 이러한 보호주의 정책들은 외국인 투자를 촉진하기 위한 정책도 마련되지 않았고 일부 국에서는 이데올로기를 내세운 이유로 공개적으로 외국인 투자에 대해 적대적이었다.[21] 국내 저축의 저조는 풍토병으로 저축 격차는 좁혀질 수가 없었고 신생 기업에 대한 투자도 저조한 상태였다.[22]

끝으로 보호주의 정책들은 고용 증대에도 나쁜 결과를 낳았다. 화폐 고평가를 통한 자본재의 저가 수입 또는 시장수준 이하의 이자율로 산업투자 재원의 손쉬운 조달로 인해 자본집약적 생산기술 채택이 활성화되었다. 이에 따라 자본집약적 제조업의 산업 비중 증가와 생산 수준 향상은 늘어나는 노동력의 일부만 흡수하게 되었다. 반면 도·농 간 인구 유입은 대부분 농업 생산에 대한 페널티로 작용했다. 대부분 현대 중남미 국가에서 오늘날까지도 농업 부문은 여전히 낙후된 상태이고 도·농 간 인구 이동은 1970년 해리스-토다로(Harris-Todaro)의 두 부문 모델 예측에서와 같이 비정규직 고용이나 실업자를 양산하고 있다. 대부분 옵서버들은 21세기 중남미의 높은 비정규직과 도시 빈곤 문제 발생 원인은 보호주의 시대로 거슬러 올라가야 한다는 의견에 동의하고 있다.

그러나 일부 독자들은 중남미의 국가 주도 경제성장에 대한 우리의 견해가 ISI 정책과 그 잠재적 성과에 대한 정당한 평가가 아니라고 생각할 수도 있다. 왜냐면 우리는 중남미의 국가 주도 모델의 성공 여부를 아시아의 4마리 호랑이들과 비교하고 있기 때문이다. 이들 아시아 4마리 호랑이 국가는 1960~1990년 기간 동안 연평균 7%의 높은 성장률을 기록했었다.

여하튼 일부 옵서버들에게는 중남미의 ISI 정책이 세계 경제지표와 비교할 때 성공적이었다. 특히, 베르똘라(Bertola)와 오깜포(Ocampo)(2013)는 1945~ 1980년 기간 동안 중남미가 거둔 연평균 5.5% 성장률은 세계 평균과 비교할 때 상대적으로 높았다고 주장한다. 또한 다양한 유형과 형태의 ISI 정책이 견고한 산업 기반 구축과 노동 생산성 증대, 특히 브라질과 멕시코와 같은 인구가 많은 국가에서는 이들을 흡수하기 위한 규모의 경제 기회를 제공하는 등 성공을 거두었다고 주장하고 있다.

3.3 ISI 수행 지표들

우선 ISI 정책들로 표현되는 보호주의 정책 수단들은 중남미에서 높은 경제 성장을 가져왔다. 그러나 결국 수입 대체의 안이한 국면은 끝나고 다른 정책으로 대체가 이루어졌다.[23] 이 시점에서 산업 부문은 정부의 적극적인 개입 확대가 없이는 지속적으로 성장할 수가 없었다. 그러나 정부의 막대한 보조금 지원은 재정 사정상 지속이 불가능해졌다. 1960년대 들어 산업 생산 증가도 급격히 감퇴되었다.

[그림 3.5] 1951~1970년 중 중남미, 아시아 호랑이들, 세계 1인당 GDP 성장 추이

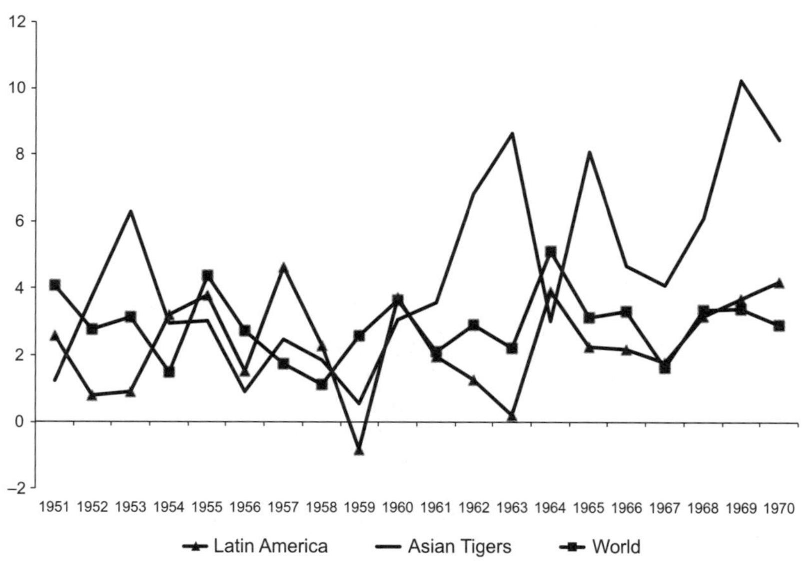

자료원 : Maddison Historical Statistics 데이터베이스 2009 기반 저자 작성

보호 조치는 경상 수지 악화, 높은 인플레이션, 실업률 증가 및 농업 부문의 정체 등을 가져왔다. 그 결과 ISI 정책은 붕괴되기 시작했다. 동 정책들은 기대했던 따라잡기(catch-up) 효과도 가져오지 못했다. 1951년~1960년 기간 중 1인당 GDP의 연평균 성장률은 중남미는 2.3%이었던 반면, 세계 평균은 2.8%였다. 아시아의 네 호랑이들 역시 보호주의 정책을 선택했었으나, 그들은 신생 산업들을 국제경쟁 무대에 내놓았고 중남미의 신생 기업들과는 달리 급속 성장을 기록하며 선진국 따라잡기에 성공했었다.

3.3.1 기존 경제 활동 주역의 퇴장 및 브라질과 멕시코의 등장

중남미의 ISI 기간 동안의 경제 활동에 대해서는 논란이 계속되고 있다. 일부 옵서버에 따르면 중남미는 보호주의 정책 아래서 경제 발전을 했다.[24] 특히, 1950년대의 중남미 경제는 서구 경제보다 빠르게 성장을 했고, 1950년부터 1970년까지 30년간 중남미 지역은 영광스러운 30년을 경험하였다.[25] 이 기간 중 중남미의 GDP는 3배가 증가하였고 인구는 배로 증가하였으며 일부 지역에서는 중장비 산업 생산도 시작되었고 기초 소비재 생산이 확산되었던 시기였다.[26]

그러나 논쟁거리인 보호주의의 긍정적 영향은 고르지는 않았다. 앞 장에서 검토했던 19세기 중남미 경제 활동의 주역들 아르헨티나, 칠레 및 우루과이는 불리한 영향을 받은 반면, 중남미의 거대 경제국들인 브라질과 멕시코 중 브라질은 전례가 없는 급격한 경제 성장을 기록하였고 멕시코는 안정적인 1인당 국민 소득 성장을 경험하였다.

[표 3.3]에서 종전 중남미 경제 활동 주역 3개국의 후퇴와 새롭게 두 경제 대국의 부상을 볼 수 있다. 보호주의 정책의 결과가 국가별로 상이한 것은 일반적으로 시장 규모의 차이로 이해된다: 제조업과 산업의 국내 수요는 인구가 많은 지역에서는 비교적 높다.

이것이 ISI 정책 하에서 브라질과 멕시코의 높은 성장률을 설명해 줄 수 있지만, 보다 디테일한 설명이 필요하고, 특히 소득 불평등과 관련하여서는 더욱 그러하다.

브라질의 경우 1965년도에 시작된 수출진흥 정책은 1968년~1974년 기간 중 브라질의 기적을 설명하는 데 꼭 필요한 요소가 되고 있다. 1970년대의 1인당 국민 소득

[표 3.3] ISI 정책 아래 1인당 GDP 성장률(%): 브라질, 멕시코와 19세기 3대 주역

국가	1941~1949	1950~1959	1960~1969	1970~1979
브라질	1.6	3.6	2.8	6.1
멕시코	3.7	3.1	3.5	3.2
아르헨티나	2.3	0.8	2.8	1.3
칠레	1.5	1.3	1.9	0.6
우루과이	2.5	1.0	0.3	2.5

자료원 : ECLAC data, Corbo 1991.

은 1960년대 대비 배 이상 증가되었다. 이 정책들에 대해서는 다음 3.3.3절에서 상세히 설명한다. 그러한 정책들은 이웃 국가들인 아르헨티나, 칠레 및 우루과이에서는 실행되지 않았었다. 어느 누구도 문제의 비교 기간 중에 이들 국가들의 경제 활동이 유사한 수출 주도형 정책들을 수행했었는지는 모르지만, 최근 연구는 한국과 같은 작은 국가들조차 경제 개발 초기 단계에는 공업화 도약을 위해 내수에 의존할 수 있다고 주장하고 있다.[27]

멕시코의 경우 1910년 혁명이후 일련의 농업 부문 개혁으로 농업 부문 생산성이 하락하였다. 이는 개혁의 결과 에히도(ejido)라 부르던 공동체 생산 체제가 확산되었기 때문이다. 토지 소유 귀족들은 대규모 농업을 포기하고 북부 지역의 제조업 생산에 참여했다. 이 제조업은 1930년대 스페인의 독재 정치로부터 탈출한 기업가정신을 가진 이민자들의 가세로 더욱 확대되었다. 그 결과 제조업 부문은 연간 약 7%의 성장률을 기록했다.[28]

브라질과 달리 멕시코는 고도로 중앙집권화 되어 있다. 까르데나스 대통령 집권시절인 1938년에 단행한 석유 산업을 비롯한 중공업 국유화는 수도 멕시코시티에 본부를 둔 강력한 노조를 탄생시켰다. 그 노조들은 높은 임금과 사회 간접 자본을 요구했다. 놀랍지 않게도 상수도, 가스 및 전기 등과 같은 공공시설과 공공 병원, 학교 및 대학 등을 포함한 사회 간접 자본 건설이 수도 멕시코시 인근에 가장 활발하게 포진되었던 산업 부문들이었다.[29]

3.3.2 ISI 전략에 대한 비판

ISI 전략은 다른 두 그룹으로부터 비판을 받았다. 자유주의, 친시장 그룹은 우선 재정 적자에 관심을 집중했다.[30] 이 그룹은 보호주의 정책하의 재정 적자는 인플레이션 압력의 근원이라고 주장했다. 이 그룹은 또한 산업계에 대한 정부 지원의 증대는 일반 산업을 보호하기 위해서 지속될 수는 없었다고 주장했다.

전통적인 보호주의 반대 비판세력도 이 그룹에 동참하였는데, 이들은 ISI 정책하의 고도 무역 장벽과 산업 보조금은 자원의 비효율적 배분을 야기한다고 주장하였다. 왜냐하면 국가가 비교우위를 가지고 있는 1차 산품 생산에 특화가 되어 있지 않기 때문이었다. 나아가서 최종 제품과 수입 중간재에 미친 무역 장벽의 영향을 고려할 때 최종 제품의 부가 가치가 보호된 범위, 즉 지나친 실효적인 보호 조치 때문에 심각한 경제적 왜곡 현상을 야기하기 때문이다.[31] 대부분 지역에서 국내 생산업자들에게 그들의 국내 시판 가격을 국제 시장 가격보다 높게 책정하는 것을 허용하는 실효 보호율이 명목적인 보호 수준을 초과하고 있었다. 명목적 보호 수준을 초과하는 과도한 실효 보호율은 국내 생산업자들이 효율성 증대, 생산 비용 절감 및 국내 시장과 국제 시장 가격 간 격차 감축 등 경쟁력 강화 노력을 태만하게 만들었다. 내구 소비재들은 일반적으로 자본재나 중간재보다 높은 실효 보호율을 선호하였다. 반면 농산물 생산은 네거티브 보호율을 보였다. 따라서 보호주의 정책들은 인센티브를 강력하게 왜곡시키고 있었다.

친 시장 경제학자들 역시 대대적이고 무차별적인 보호주의 정책 시행을 비판하고 나섰다. 이들 정책들은 각 산업의 잠재적 성장을 고려하지 않고 있었다. 무차별적인 보호 정책은 규모의 경제를 약화시키면서 모든 산업에 걸쳐 성장률을 약화시키고 있었다. 특히 19세기 중남미의 경제 활동 주역국들인 아르헨티나, 칠레 및 우루과이 등을 포함한 국가들에게는 중남미 시장이 좁았다.

베어(Baer, 1972)에 따르면 자동차 산업과 같은 특정 산업은 수많은 개발도상국 정부가 각 기업의 규모의 경제 능력배양에 방해가 되는 수많은 기업들의 시장진입을 허용하였다. 이는 결국 고비용으로 자동차 산업을 경영하는 모양세가 되었다.

친 시장 경제학자들도 역시 ISI 전략 수행이 시장 기능에 대해서는 지나치게 비관주의적인 반면, 개발도상국 정부의 경제 개발 촉진 능력에 대해서는 지나치게 낙관적인 입장으로부터 비롯되었다고 주장하고 있다. 시장실패에 대해서는 논의가 되었으나 정부실패에 대해서는 논의된 바가 없다.[32] 친 시장 경제학자들은 이에 따라 경제 개발 전략이 신생 기업들이 외국과 경쟁에 들어가는 시장의 장점을 믿고 재설계되어야 할 것이라고 주장하고 있다.

ISI 전략에 대한 비판은 또 다른 그룹인 신 마르크스주의자 그룹(종속주의 이론가들)으로부터도 나왔다. 신 마르크스주의자들은 국가 개입에 대해서 신랄하게 비판하고 나섰다.[33] 이 그룹에 따르면 ISI 정책은 주변부의 중심부에 대한 의존 또는 신뢰를 확대시키고 있는데, 전자는 대부분 개발도상국이 해당되고 후자는 선진국 중 일부가 해당된다. 앞서 섹션 3.2 부분에서 말했듯이 특히, ISI 정책은 중간재 수입 수요를 증가시켰는데, 이 점이 개발도상국의 중심부 국가 또는 제국주의 국가에 대한 의존도를 높이는 결과를 가져왔다.

신 마르크스주의자들은 또한 ISI 정책의 산업 부문이 도시 지역으로 밀려드는 유입 노동자들의 증가를 흡수하는 데 필요한 고용 창출 정책의 실패를 비판하였다. 도·농간 인구 유입은 저렴한 노동력을 확보할 수 있어 다국적 기업들이 선호하였는데, 이러한 비정규직 고용은 다국적 기업의 노동집약적 기술 부문에 불충분한 투자의 산물이라고 받아들였다.

신 마르크스주의자들은 비정규직 고용 외에 ISI 정책의 가장 중요한 부차적 피해로 소득 격차의 악화를 주장하고 있다. 왜냐하면 산업화는 자본집약적이고 산업은 경제에서 차지하는 비중이 높아지고 있어 결국 산업화는 소득을 몇몇 자본가의 손에 집중을 시켜주고 있기 때문이다. 이는 소득 불균형 문제를 확산시켰는데 중남미의 경우 식민지 시대에 그 뿌리를 두고 있다.

나아가서 비뚤어진 소득 분배 때문에 최종 생산물의 수요 패턴은 일부 소수 힘이 있는 그룹, 즉 비교적 높은 구매력을 가진 소수 개인들에 의해 결정된다는 주장이다. 이에 따라 신 마르크스주의자들 그룹은 확대되는 소득 불균형에 대처하고 국내 수요를 증대시켜 나가기 위한 재분배 정책을 요구하였다.

본 자료를 집필하고 있는 이 시점에서는 자유 무역 체제 아래의 현대 중남미에서 높은 소득 불균형 문제와 관련 재분배 정책이 활발하게 요구되어 왔다. 피케티(Thomas Piketty)가 논쟁을 다시 불붙였다.[34] 그의 분석에는 중남미 3개국, 즉 콜롬비아, 아르헨티나 및 우루과이가 포함되고 있다. 소득 불균형 문제는 본 저서의 전 부분에서 다루고 있는데 제5장에서 보다 깊이 있게 검토하기로 한다.

3.3.3 ISI 전략의 수정

ISI 전략 주창자들도 한편으로는 풍토병처럼 번져가던 외환 고갈 사태로 야기된 수지 불균형 문제와 다른 한편으로는 1961년에 창설된 중남미자유무역연합(LAFTA)으로부터 시작된 무역 통합 체제의 발족을 불러온 왜소한 국내 시장 규모 등에 따른 문제에 대한 비판은 수용하고 있다. 그러나 이러한 움직임도 강력한 로비 때문에 무의미해지고, 신생 산업주의자들도 강력한 보호주의 정책과 변화에 대한 적절한 대응을 통해 혜택을 받고 있었다.

1969년 LAFTA의 부분 집합으로 아르헨티나, 볼리비아, 칠레, 콜롬비아, 에콰도르, 페루 및 베네수엘라 간의 관세동맹 형태로 안데안 협정(Andean Pact)이 체결되었다. 이 협정은 회원국 간 무역 장벽을 해체하고 임시방편으로 각 회원국이 제조업 부문의 활동을 배분하였다. 안데안협정의 주목적은 회원국 간 산업중복을 피하고 지역내 규모의 경제를 발전시켜 나가는 것이었다. 그러나 회원국의 대외 공동 관세는 지나치게 높았으며 주요 보호주의 정책의 왜곡 현상은 계속 역내 경제를 손상시켰다.

시장 규모 확대 노력은 자본의 유입을 원활하게 하고자 하는 의도도 포함하고 있었다. 왜냐하면 중남미의 저축률은 아시아권과 비교할 때 계속 저조한 상태였고 해외 저축으로 투자 자금의 부족을 충족시켜야 했다. 저축률 격차를 보완하기 위해 외국인 투자에 대해서 인센티브 제공을 선택하는 대신, 각국 정부는 다국적 금융 기관들과 외국 상업은행들을 통해 국채 발행을 증가시켰다. 이러한 전략은 1930년대로 소급되는 외국 채권소지자들과의 미결 상태 디폴트 외채 협상이 반영된 것이었으며, 민간 부문은 국유화에 대한 두려움을 가지고 있었다. 앞으로 제4장과 6장에서 20세기 채권 디폴트와 국유화에 대해서 논의를 할 것이다.

브라질

브라질은 1960년대까지 수지 불균형 위기가 재발하고 있었고 해결하기가 어려운 여건이었다. 그래서 중남미국 중에는 처음으로 전통적인 ISI 정책을 깨뜨리려고 시도를 하였다. 1965년 로베르토 깜포스(Roberto Campos) 장관 아래 브라질은 수출촉진 정책에 초점을 맞춘 경제 개혁 프로그램을 시작했다. 관련 정책 조치의 하나로 인플레이션의 통제와 과도한 고평가를 회피하기 위한 크롤링 페그(crawling peg) 환율 시스템을 채택했다.[35] 대부분 수출세는 폐지되었고 일련의 인센티브, 저금리 금융, 수출 활동에 대한 보조금 제도가 추진되었다. 여기에 국내 금융 시장의 육성과 함께 인플레이션 억제를 위한 안정화 노력이 시도되었다.

깜포스의 정책은 브라질의 주력 수출상품으로 커피를 대체하는 공산품 수출을 강력하게 확대해 나갈 수 있었다. 이런 방식의 수출 주도 전략으로 1960년대 중반까지 브라질의 신생 산업들이 재 활성화되었다. 1966년부터 1970년까지 브라질의 제조업 부문은 연평균 10.2%의 성장을 기록했다.

브라질의 개척자적 정책들은 ISI 전략에 포함되어 있는 반(反)수출 편향 정책의 완화와 함께 1968년~1973년 기간 동안의 황금기와 함께 연평균 7.5% 경제 성장의 기초가 되었다. 이 기간 동안 1인당 GDP는 연평균 10.1%의 전례 없는 성장을 기록하여 인근 주변국들에 비해 매우 높은 고도성장을 가져왔었다[표 3.3 참조].

브라질의 개혁은 ISI 정책을 완전히 폐지하지는 못했으나 대신 ISI 정책의 무력화를 가져왔다. 예컨대 1970년대 중 사회 간접 자본과 수출의 확대를 위해 철강, 석유화학과 같은 산업 생산에 1차 산품 투입을 촉진하는 방식으로 신(新)ISI 정책 모험을 시작했었다. 그러나 그러한 복합 정책은 국내 생산용 중간재 수입이 수출 증가 속도보다 훨씬 빠른 증가를 가져왔다.

이에 따른 브라질의 경상 수지 적자는 대규모 차관 도입을 통해 재원을 확보해 충당했다. 브라질 정부는 ISI 정책과 수출진흥 정책의 복합 정책이 궁극적으로는 경상 수지 적자를 흑자로 전환시켜 주고, 나아가 브라질 정부가 외화 표시 부채를 갚아 나갈 수 있도록 해줄 것으로 기대했었다. 그러나 그러한 일은 결코 일어나지 않았고, 제4장에서 논의하는 바와 같이 브라질도 여타 중남미국들과 함께 1982년에 발생한 외채 위기

를 극복하지 못하고 있었다.[36]

콜롬비아

브라질이 ISI 전략을 수정해 보려고 시도했던 유일한 국가가 아니다. 콜롬비아는 1966년에 수지 불균형으로 고전했다. 그 위기는 그 당시 콜롬비아의 주력 수출상품이었던 커피의 국제 가격 수직 낙하로 인한 외환 난이었다. 1967년에 들어서도 콜롬비아 정부는 ISI 전략을 포기하지는 않고 이 전략을 통해 지원받는 산업들이 수익을 창출하기를 기대하며 일련의 수출 진흥 정책을 펴기 시작했다.

정책 담당자들은 커피에 과도하게 의존하고 있는 콜롬비아의 수출을 다변화시켜 나가기 위해 수출 진흥 기관인 ProExpo를 창설하고 비전통상품의 수출 진흥에 나섰다. 수출 진흥을 위한 다른 메커니즘으로는 수출가액의 일정 퍼센트를 수출 기업에 환급해주는 제도인 세액공제증명서(tax credit certificates), 임시 수입 요건 간소화, 수출업자에 대한 보조금 지급 등 제도를 도입하였다. 아울러 평균 관세 수준을 인하하고 과거 수많은 제품의 수출에 요구하던 허가 제도를 폐지시켰다.[37] 콜롬비아는 또한 중남미의 ISI 정책 하에서 예외가 없이 시행하던 복잡한 다중 환율 제도를 단일 환율 제도로 전환시켜 왜곡과 혼란 요인을 제거하였다. 브라질과 같이 콜롬비아도 크롤링 페그 환율 제도를 채택하고 환율의 초과 평가 범위를 제한하려 하였다.

콜롬비아 정부가 도입한 개혁은 좋은 결과를 가져왔다. 특히 공산품 등 수출 수익률이 증가하였는데 1967년부터 1974년 기간 중 연평균 7.8%씩 성장하였다. 1인당 GDP도 같은 기간 중 평균 6.1%씩 성장하였다. 그러나 1975년 이후 정책 초점이 한편으로는 1973년도에 발생한 오일 쇼크 이후 급등한 인플레이션의 안정과 다른 한편으로는 브라질의 커피 산업 서리 피해로 야기된 커피 붐에 따른 총수요의 급증세로 전환되었다. 끝으로 긴축 정책이 도입되었다. 특히, 콜롬비아는 공공 지출을 감축하고 통화 정책도 타이트하게 운영했다. 이러한 정책들은 콜롬비아의 수정 ISI 모델 아래 이룩한 고성장 시기에 종료되었다. 이러한 일련의 배경 상황으로 콜롬비아는 브라질이나 여타 중남미국과는 달리 1980년대 외채 위기를 겪지 않았다. 그러나 콜롬비아 고유의 ISI 개혁 모델이 기여를 하였는지 여부는 여전히 의문이다. 1980년대 외채 위기에 대해서는 제4장에서 검토할 것이다.

칠 레

칠레는 1958~1964년간 집권했던 알레싼드리(Alessandri) 정부 당시 인플레이션 진정에 실패한 후, 프레이(Frei) 정부(1964~1970)는 크롤링 페그 환율 제도를 채택하였다. 동 제도는 국내 및 국제 인플레이션율 차이에 맞춰서 명목 환율을 조정해 나가는 것을 목표로 하는 환율 시스템이다. 칠레의 크롤링 페그 환율 제도는 수출업자들이 직면한 환율의 불확실성을 완화해주는 역할을 했다. 또한 관세 환급 시스템을 도입하고 칠레의 주종 수출상품인 구리의 높은 수익 덕택에 수입 관세를 인하시킬 수 있었다.[38] 이 두 가지 정책으로 어느 정도 ISI 정책의 반(反)수출 편향성에 따른 부작용을 경감시킬 수 있었다.

멕시코

멕시코는 1971년부터 브라질, 콜롬비아 및 칠레 등의 전철을 밟았다. 특히, 에체베리아(Echeveria; 1970~1976) 정부 시절의 멕시코는 수출 주도 개혁을 추진했었다. 이러한 개혁에는 공산품 수입을 비롯한 무역 장벽 완화, 관세의 분산, 직접 수출 보조금 지급 및 수출 산업에 대한 특혜 금융 제공 등 조치가 포함되고 있었다. 수년 동안 공산품 수출이 촉진되었으나 인플레이션이 상승하고 물가 상승 압력의 안정 필요성이 대두되자 1970년대 중반 들어 수출촉진 프로그램을 중단하였다.

동시대에 중남미 브라질, 멕시코, 칠레 및 콜롬비아는 1980년대 및 1990년대에 인플레이션과의 싸움을 위해서 크롤링 페그 환율 제도를 채택하였다. 이들 4개국은 또한 중앙은행의 인플레이션율 목표 관리 제도를 채택했는데 동 제도는 21세기에 들어 통화 위기를 피하기 위한 변동 환율 제도를 유지하면서 인플레이션 악순환에 대처하기 위한 효과적인 모델이 되었다. 목표 인플레이션율 관리 및 환율은 제6장, 제7장에서 검토하기로 한다.

1970년대

1970년대 초 중남미는 치솟는 인플레이션과 수지 불균형 문제로 고통을 받았다. ISI 모델의 헛된 기대도 높아졌었다. ISI 정책 시행 20년 후에 중남미가 뒤늦게 선진국의 생활 수준을 따라잡지 못했다는 점을 알게 되었다. 선진국과의 소득 격차도 확대되었다. 1961년~1970년 사이 중남미의 연간 1인당 GDP 성장률은 2.5%였으나 전 세계 평균은 3%로 격차가 더 커졌다.

더욱이 일부 신흥시장 경제국들은 2차 대전 후 성장 전망이 그리 밝지 못했을 때도 중남미보다 상당히 양호한 경제 활동을 수행했다. 아시아 호랑이국들은 1960년 동안 안정적으로 도약을 해 그들의 1인당 GDP는 연평균 6.4%가 증가했고 경제 성장률은 같은 기간 중 중남미 전체 성장률 평균보다 거의 3배 이상을 기록했다.

1970년대 역시 역내국들은 다양한 성장궤도를 보였던 시기였다. 중남미 경제 활동상 국가의 역할은 일부 국에서는 증가했으나 다른 국가에서는 국가의 간섭이 감소되었다. 칠레와 우루과이에서는 1973년에, 그리고 아르헨티나는 1976년에 집권한 군사 정권들이 이들 국가들의 ISI 전략에 마지막 타격을 주었다. 이들 정부들은 인플레이션 진정, 무역 자유화, 산업 생산 과정에 국가간섭 감축 등 일련의 개혁에 착수했다. 칠레가 보다 급진적으로 자유 무역을 향해서 움직였다. 우루과이는 조금 느린 수준으로 움직였으나 아르헨티나는 소심하고 조율되지 않은 자세를 보였다.

19세기 경제 활동 주역 3국들은 일련의 개혁 자세와 함께 1914년 이전의 경제적 번영기로 복귀할 수 있을 것이라 믿었다. 이들 국가들의 수입장벽 하락을 통한 과도한 보호 조치의 해체 노력에도 불구하고, 수출세, 실질환율인상, 고율의 인플레이션은 지속되었다.

이들 국가들은 경제 안정화 수단으로 환율 제도를 활용했으나, 그러한 정책은 과도한 실질 환율 평가절상, 수출 활동의 악화 등으로 경상 수지 적자를 야기해 환율 정책을 확대 재정 정책과 같은 타 정책과 동시에 운용하는 것은 위험 부담이 큰 것으로 밝혀졌다. 이들 3개국의 실패한 안정화 노력은 1980년대 외채 위기 시 특히 취약한 상태가 되었는데 이에 대해서는 제4장에서 상세하게 분석해 본다.

3.4 새로운 컨센서스의 등장

일부 분석가들은 국가 주도 산업화 전략이 1940년~1970년 기간에 중남미의 탄탄한 성장에 기여를 했다고 주장해 왔다.[39] 이러한 주장은 특히 ISI의 순항국면 기간에는 부분적으로 타당했다. 그러나 모든 증거가 1982년 중남미의 외환위기를 가져온 것은 ISI 모델의 몰락이라는 점을 분명히 보여주고 있다. 제4장에서 상세히 설명하겠지만, 동아시아는 중남미보다 양호한 경제 활동을 펼쳤다.

동아시아는 각각 미국의 레이건, 영국의 대처 행정부하에서 시작된 1980년대 세계 금융 위기 시에도 상대적으로 영향을 덜 받았다. 아시아는 국가 개입 정책을 추구했음에도 불구하고 대외 채무 상환에 디폴트를 야기하지는 않았다. 따라서 주류학자들의 시선은 아시아를 향했다. 그간 두 지역 간 차이를 연구하는 많은 시도가 이루어졌다. 어떤 요인들이 동아시아 네 마리 호랑이들이 뛰어난 경제 활동을 수행하는 데 기여했을까? 양 지역 간 차이에 대해서 폭넓은 컨센서스가 형성되어 왔다.

첫째, 동아시아는 상당히 낮은 수준의 보호주의를 펼쳤다. 1960년대 초까지 거의 모든 동아시아 국가들이 초기 단계의 수입대체산업화 정책을 폈지만 대부분 국가들이 경제 발전과 번영의 수단으로서의 ISI 전략은 거부했다. 일부 무역 장벽은 유지되었으나 중남미 국가들보다 매우 낮았고 선별적이었다.

둘째, 동아시아는 수출 촉진 전략을 추구했다. 이들 국가들은 수출 인센티브에 집중해 왔으나 대부분 화폐 고평가는 피했다. 동시에 동아시아 국들은 일관되게 수출업자에게 특혜 금융과 세제상 인센티브를 부여했고 외국인 투자와 국내 저축을 통해 자금을 조달하여 적절한 사회 간접 자본을 공급했다. 중남미와는 달리 동아시아는 수지 불균형 위기 재발을 피해 나갔다.

셋째 동아시아의 안정적인 거시 경제 환경은 예외라기보다 일반적인 기준이었다. 중남미에서는 대규모 재정 적자, 고율 인플레이션 및 수지 불균형 위기가 공통적이었다. 동아시아에서는 경제 발전이 재정건전성과 낮고 안정적인 인플레이션에 기반을 두고 있었다.

넷째 동아시아는 상대적으로 적은 통제와 규제를 시행했다. 그것은 행정절차의 원활화와 일반적으로 공산품 수출업자와 생산업자들에게 낮은 수준의 관료주의를 유지할 목적이었다. 아울러 아시아 지역은 노동 시장도 융통성이 있었다. 중남미는 강성노조와 임금 경직성이 일자리 창출을 저해하고 있었다. 더구나 강성 노조가 지배하고 있는 도시 지역의 임금 경직성은 농업 부문에 무거운 범칙금 부과로 야기된 대규모 도·농 간 인구 이동의 확산과 함께 비정규직 부분의 증가를 가져왔다. 그러한 비정규직의 급증은 오늘날 대규모 빈곤층을 낳게 하는 역할을 하여 가장 심각한 현안 이슈가 되고 있는데 이에 대해서는 제5장에서 상세하게 설명할 것이다.

끝으로 IMF나 세계은행과 같은 다자간 기구들의 역할이 또 다른 ISI 전략에 반대하는 새로운 컨센서스를 형성하는 요인이 되었다. 에드워드(Edwards ; 1995)가 주장했듯이 관련 국제기구들은 경험론적 연구, 경제 부문별 분석, 정책 대화 및 조건부 대출 등을 통해 중남미의 경제 정책에 영향을 미쳤다. 대부분 연구는 경제 개발을 촉진하기 위하여 대외 지향적 정책과 함께 무역 자유화를 추진할 것을 권했다. 이러한 연구들은 특히 1989년 베를린 장벽이 붕괴된 후의 동구권 경제를 통한 교훈을 기반으로 하고 있었다.

국제기구들의 증거는 명료하다. 높은 시장 개방은 높은 경제 성장을 가져온다는 논리이다.[40] 다자간 기구들의 영향력은 경제 동향 조사와 대화 수준을 초월하는 그 이상의 수준이었다. 특히 IMF를 비롯한 브레튼 우즈(Bretton Woods) 체제의 대 중남미 공여 자금은 21세기 중남미의 운명을 결정지었던 무역 자유화, 거시 경제 안정화 및 국영 기업 민영화 등 시장지향적 개혁의 3개 축 이행을 전제로 한 엄격한 조건부 지원이었다.

칠레가 조기 개혁추진 사례였다. 1970년대 중반 무렵 중남미가 시장지향 개혁을 추진하기 오래전에 피노체트 군사 독재 정부 아래서 칠레 정부는 의욕적인 무역 자유화 아젠다를 추진하기 시작했다. 1990년 민주 체제로 복귀했을 때 아일윈 (Aylwin) 대통령 정부는 전(前)군사정부에 대해서 정치적으로 강력한 반대 입장을 취했었다. 이로 인해 시장 기능이 민감해져 신(新)중도 좌파 정부가 피노체트 정부가 취했던 개혁 조치들을 모두 폐지할 것을 두려워했다. 그러나 그런 일은 발생하지 않았다.

신(新)민주정부는 자유 시장 경제 모델, 특히 무역 자유화를 합법화시켰다. 동시에 시장 친화적 개혁을 지속하고 강화해 나갔다.[41] 주변 중남미국들이 착수하기 오래전에 시작한 그러한 시장지향 개혁의 지속은 1986년~1997년간 연평균 7.6%나 성장하는 소위 칠레의 경제 성장 황금기로 이끌어 ISI 정책 배경에도 불구하고 동아시아의 고도 성장 수준에 버금가는 성장세를 보였다.

[그림 3.6] 5개 선진국(불, 독, 일, 미, 영) 무역량 가중 및 공산품 가격 지수 대비 1차 산품 가격 지수 변화 추이

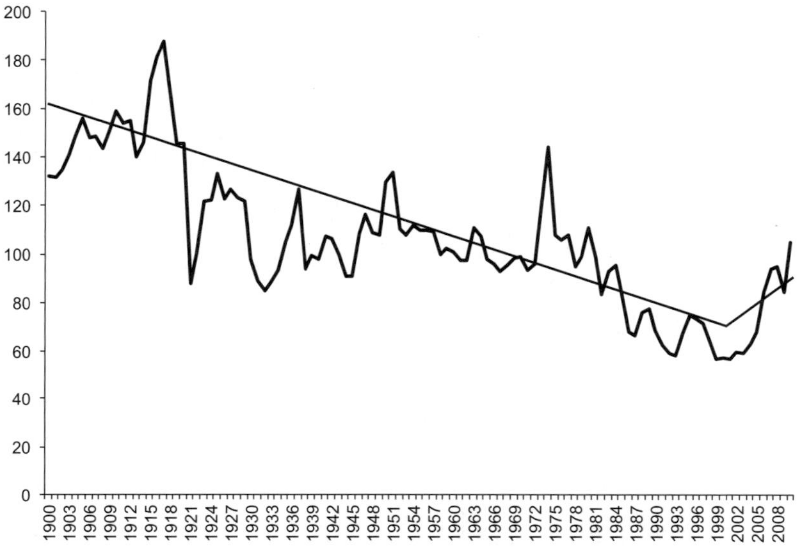

자료원 : Geilli and Yang 1988, http://stephan-pfaffenzeller.com/cpi.html

ECLAC 회원국들도 경제 개발을 위한 개혁 필요성을 인지하고 있었다. ECLAC의 고위 관계자들은 경제 정책 아젠다의 전환을 지원하기 시작했다. 비안키(Bianchi), 데블린(Deblin) 및 라모스(Ramos)(1987) 등은 "중남미의 외채 문제는 최소한 다음 두 가지 방법을 통해 경제의 구조적 전환을 필요로 한다고 주장했다.

첫째, 경제 성장 전략은 대외 지향적이어야 한다. 둘째, 국내 저축과 생산성 증대 노력이 기반이 되어야 한다."고 주장했다. 뒤의 제4장에서 외채 문제와 비안키와 그의 동료들이 제시한 전략을 분석하기로 한다.

끝으로 최근의 1차 산품 가격 추세는 1980년대에 발생했던 하향세로 되돌아가는 것

처럼 보인다[그림 3.6 참조]. 만일 이러한 추세가 지속되어 새로운 패러다임에 이른다면, 잠재적으로 프레비시-싱어의 예측이 잘못되었음을 보여줄 수도 있다. 21세기 들어 중국이 세계 경제에서 차지하는 비중이 급등하면서 이들 예측의 역전 현상이 시작됐다.

그러나 2012년 후반기부터 시작된 중국 경제의 점진적 후퇴는 여전히 2004년 1차 산품 슈퍼 사이클 시작 시기보다는 상당히 높은 수준이지만 피크 시기의 가격보다는 눈에 띄게 하락하는 추세를 보이고 있다. 세계 경제에서 중국의 돌출은 전 세계의 빈곤 퇴치를 북돋고 빈곤율의 현저한 감소를 가져오고 있다. 제5장에서 당대 중남미의 빈곤과 소득 불균형에 대해서 논의하기로 한다.

3.5 맺는말

본 장에서는 중남미의 보호주의 패러다임 하에서의 아래서의 경제 활동 결과를 분석해 보았다. 1930년대 대공황은 ISI 정책으로 알려진 무역과 환율상 보호주의 정책인 국가 개입의 배경이 되었다. 무역 개방의 짧았던 간주곡은 2차 대전 후 중단되었고, 그 당시에는 중남미가 스스로 자급자족으로 살아갈 수 있을 것이라 생각했었다.

이러한 배경에 맞서 수출 주도 성장 전략 아래 국제 경제 환경의 파도에 자신을 내맡기고, 19세기 1차 산품 수출의존 성장 전략으로의 회귀는 좋게 말하자면 위험하고 최악의 경우는 산업화의 붕괴로 인식하게 되었다. ISI 정책은 중남미가 제조업과 공산품 생산 자급자족화의 달성, 산업 생산과 무역 패턴의 다변화를 위해 보다 바람직한 수단으로 보였다. 또한 상대적으로 낮은 생산성의 1차 산품 생산에 유리하다는 지속적인 편견도 가지게 했다.

ISI 정책 아래 보호주의는 지울 수 없는 유산을 남겼다. 첫째, 중남미 경제 구조가 수출 진흥 혜택의 핵심 수혜 계층인 대토지 소유 귀족의 1차 산품 생산에서 지속적인 보호를 요구하는 로비 활동을 펴는 신흥 산업 생산자 계급 중심으로 급격히 변화했다. 그러나 신생 산업은 비효율적이었고, 특히 대부분이 국제경쟁에 나설 만한 충분한 역량을 갖추지는 못했다. 브라질, 칠레, 콜롬비아 및 멕시코 등의 ISI 모델의 초기 개혁은 특히 환율 정책과 중앙은행의 인플레이션 목표 관리 등 부문의 연구에 도움이 되었다. 이 토픽에 대해서는 앞으로 제6장, 제7장, 제8장 및 제9장에서 심도 있게 검토하기로 한다.

현재 중남미는 여전히 아시아에 비해 저개발 상태에 있다. 이는 과도한 보호주의 정책의 위험에 대한 경험칙을 제공해 주고 있다. 국가의 역할은 재 정의되고 있지만, 베네수엘라나 아르헨티나 같은 일부국의 지속적인 개입은 민간영역의 침해일 수도 있다. 이에 대해서는 제6장에서 상세히 설명한다.

새로이 글로벌화된 세계에서 재 정의된 중남미의 국가의 역할은 다음 세 가지 기본적 문제에 대해 생각해 볼 것으로 요구하고 있다.

첫째, 보호주의 시대는 민간 부문이나 국영 기업 부문에서 작은 규모이지만 영향력이 있는 육체노동자 중산층을 만들었다. 최근 수십 년간 높은 투자 수준에 의해 탄생된 블루칼라 중산층은 규모도 늘어나고 영향력도 커지고 있다. 대부분 자연독점 상태인 국영기업의 개혁은 강력한 노조의 민영화 및 국제 경쟁에의 노출 반대로 인해 힘들 수 있다.

둘째, 보호주의 정책들은 길게는 식민지 시대까지 소급되고 중남미의 황금기 동안에도 확대되어 온 지속적인 소득 불균형 문제를 해결해 보려 노력하지도 않았다. 빈곤 문제는 최근 수십 년간 높은 성장과 빈곤 퇴치 캠페인으로 완화되기는 하였지만 소득 격차 해소와 빈곤 감축은 여전히 21세기 중남미의 가장 중요한 과제가 되고 있다.

셋째, 보호주의 시대에는 사회 간접 자본에 대한 투자가 경시되었다. 이는 부분적으로 낮은 국내 저축률, 낮은 외국인 투자 수준 및 대공황 기간 중 국채 디폴트 등에 기인하고 있다. 지속적인 도로, 철도, 보건 위생 및 교육 등 사회 간접 자본에 대한 저투자는 산업화와 경제 성장의 후퇴를 불러오고 있다. 보건 위생 및 교육 부문 투자를 포함 장기 사회 간접 자본 투자는 최근 민주화된 대부분 중남미 정부들에게도 우선순위가 부여되고 있는 것 같지 않다. 이러한 중남미의 근시안적인 전략은 장기적으로 경제 성장을 저해하고 정치적 불안을 야기하는 원인이 될 것이다.

요약

- 무역 개방 정책과는 달리, 19세기, 20세기에 걸쳐 중남미는 보호주의가 지배적인 지역이었다.
- 1930년대 대공황은 지대한 영향을 미쳤다: 무역량은 감소되었고, 성장률도 상당히 후퇴되었으며 실업도 증가되었다. 이 기간 동안 중남미는 최악의 수지 불균형을 경험하였고, 결국 금 본위제하 고정 환율제의 폐기를 가져왔다.
- 대공황은 또한 중남미 지역의 디폴트(채무 불이행)를 야기하였고, 결국 대외채무는 재조정되었으나 1960년대 말까지 중남미는 조정된 외채를 상환하지 않으면 안 되었다. 이에 따라 대체로 1930년대부터 40년간 해외 민간 자본 유입이 중단된 상태였다.
- 대공황에 이어 2차 세계대전이 뒤따랐는데, 이로 인해 중남미의 일정한 생산 활동과 미국과 유럽에서 비롯된 1차 상품 수요 변동에 대한 취약성이 노출되었다.
- 과도한 1차 산품에 대한 의존 위험성에 대해서 인식은 하면서도 2차 대전 후 중남미 각국은 거의 모든 생산 활동 영역에 국가 개입을 강화하면서 ISI 정책 수단을 통한 산업화를 촉진하기 위해 일련의 보호주의 정책을 펴 나갔다. 그러한 반(反)수출 정책들은 농업 부문에는 규제를 가하고 신생 제조업과 산업 생산에는 비효율성을 야기하였다.
- 중남미 각국은 19세기 중남미 경제 활동의 주역들인 아르헨티나, 우루과이 및 칠레를 포함한 모든 국가들이 보호주의 이념과 정책에 부정적인 영향을 받았다. 이들 19세기 경제 활동 주역 국가들은 중남미 지역에서 최대 경제국들인 브라질과 멕시코로 대체되었다.
- 멕시코의 토지 귀족 제도는 1910년 멕시코 혁명으로 20세기 초에 사라지기 시작하였고, 새로운 산업주의자 계급이 북부 지역에서 부상하였다. 브라질은 1960년대 들어 수출 부양을 위한 일련의 개혁 정책을 도입하였다. 부분적으로 ISI 모델을 사용하는 이러한 개혁 조치들은 1965년~1979년 기간 동안 브라질의 기적을 가져와 브라질 경제는 동 기간 중 연평균 약 7%의 성장률을 기록했다.
- 크롤링 페그(crawling peg) 환율 제도는 일부국의 반(反)수출 편향 정책을 완화시키는 역할을 하게 되었고, 과도한 화폐 고평가와 수지 불균형 위기를 회피하는 데도 부분적인 성공을 거두었다.
- 아시아와 비교할 때, 중남미는 ISI 정책 시행 기간 동안 형편없는 경제 정책을 수행했다. 주된 이유는 국가 개입의 범위와 규모 문제였다. 아시아는 중남미와는 달리, 국가 개입을 통해 수출 진흥과 국내 기업의 외국 기업과의 경쟁을 촉진하는 정책을 폈쳤다.
- ISI 모델은 1980년대에 모든 중남미국들이 1970년대 외국 상업은행들과의 외채 재협상으로 위

상이 바닥을 친 후 심각하게 흔들렸다.

주목해야 할 포인트

1. 1차 세계대전은 어떻게 중남미 경제에 영향을 미쳤는가?
2. 대공황 및 그 후 1970년대 초까지 중남미 경제의 특징과 2차 대전 후 합리적인 보호주의 정책의 수행은 무엇이었나?
3. 프레비시-싱어의 보호주의 패러다임의 주요 골자는 무엇이었나?
4. 중남미 ISI 정책의 5가지 핵심 포인트는?
5. 실제 ISI 정책의 핵심 위험은 무엇이었나?
6. ISI 보호주의 패러다임에 대한 핵심 이념적 비판은 무엇인가?
7. 왜 멕시코와 브라질 같은 경제대국들은 소국들에 비해 경제 운용을 잘했는가? 또 왜 중남미 역내 무역 통합이 소국들에게는 도움이 되지 않았는가?
8. "개혁된 ISI 모델이 브라질 기적을 설명한다"는 설명의 장점은?
9. 브라질 커피의 냉해가 어떻게 콜롬비아 경제에 영향을 미쳤으며, 수지 불균형 위험을 피하기 위해 어떤 유형의 환율 정책을 펴나갔는가?
10. 왜 중남미는 ISI 정책 아래에서 아시아에 비해 저조한 경제 활동을 수행했는가?
11. 왜 수지 불균형 위기가 ISI 정책 하에서는 예외적이라기보다 지배적 현상이었나?
12. 1980년대 이후 ISI 기간 중 악몽을 겪은 국영 기업 민영화의 이익과 불이익은?

추가 자료

- 2차 대전 후 ISI 모델에 대한 전반적인 심도가 있는 분석 자료 : Baer(1972), Harberger(1970), Braga(2010)

4 외채 위기와 잃어버린 10년

앞 장에서 검토한 바와 같이, 대공황 시기 중남미의 빈약한 수출 활동은 역내 발전 전략을 바꾸게 만들었다. 중남미는 20세기 들어 ISI 정책을 펴면서 보호주의로 회귀했다. 1930년대 들어서는 대공황으로 인해 중남미는 자력으로는 외채를 상환할 능력이 없었다. 아르헨티나를 제외하고 대부분 국가들이 전쟁 기간 중 디폴트 상태였다. 이는 그렇게 놀라운 일도 아니었다. 아르헨티나는 20세기 초에는 여타 중남미와는 달리 가장 경제선진국이었다. 아르헨티나의 경제 전망은 선진국과 같이 밝아 호주나 캐나다와 비교되는 수준이었다.[1]

다른 모든 중남미국들은 19세기 반복적으로 디폴트 사태를 겪었으며, 신속하게 해결되곤 했다. 그러나 대공황으로 야기된 국채 디폴트 사태는 장기간 지속되었고, 중남미가 수십 년 동안 국제 금융 시장에 접근을 거부당하는 문제를 만들었다.[2]

대공황 후 중남미는 40년간 국제 자본 시장에 복귀할 수가 없었고, 1970년대에 들어서야 고율 이자 부담 조건으로 차관을 들여올 수 있었다. 그러나 이때 조달된 차관은 다시 1980년대 들어 디폴트 사태를 야기하게 되었다.

라인하르트(Reinhart)와 로고프(Rogoff)(2009)의 연구는, 20세기 들어 대공황시와 1980년대에 발생한 두 번의 디폴트 사태는 매우 유사한 상황을 보이고 있다고 제시했다. 즉, 두 사례가 모두 거시 경제 정책과 선진국 주요 금융 중심지의 혼란이 가장 중요한 요인들이었다. 1930년대 디폴트 사태는 주로 미국에서 시작된 대공황 때문이었다. 반면 1980년대 발생한 디폴트는 세계 거시 경제 환경의 급변, 이자율 급등 및 선진공업국들의 경기 침체로 인한 수출 소득의 급감 등이 원인이었다.

본 장에서는 중남미가 20세기에 발생한 디폴트 건에 비해, 선진국에서 시작된 21세기 금융 위기 시에는 크게 영향을 받지 않은 이유 등을 분석한다. 이와 관련 의문점은 현대 중남미 경제가 세계 거시 경제 환경의 급격한 변화에 얼마나 취약할까? 특히, 중국 경제의 점진적 후퇴가 중남미에 미치는 영향은 무엇일까? 등이다.

이어서 본 장의 섹션 4.1에서 간략하게 대공황으로 발생한 금융 위기를 검토해 볼 것이다. 섹션 4.2에서는 1930년대 외채 위기로 중남미가 장기간 국제 금융 시장에서 고립되었던 사실을 규명하고 1970년대의 국제 금융 시장으로부터 과도한 차관 도입으로 야기된 거시 경제의 혼란 시기를 분석해 본다. 섹션 4.3에서는 1980년대 외채 위기와 그 결과를 분석한다. 섹션 4.4에서는 1990년대 경제 위기의 특징을 분석하고 전염병처럼 확산되던 글로벌화 현상을 조명한다. 섹션 4.5에서는 선진국 발 21세기 세계 금융 위기에 초점을 맞춘다. 과거의 금융 위기 사례와는 달리 최근 금융 위기는 현대 중남미 경제에 미친 영향이 무시할 만한 수준이었다. 섹션 4.6에서는 본 장 내용을 요약하고 결론을 맺는다.

4.1 배경

중남미는 19세기 초에 이베리아로부터 독립한 후 당시 국제 금융 중심센터였던 영국 런던으로부터 차관 도입 계약을 체결할 수 있었다.[3] 1824년에 발표된 먼로 독트린(Monroe Doctrine) 덕택이었다.

먼로 독트린은 미국이 다른 대서양국들이 중남미를 공격하는 것을 방어해 주겠다는 묵계적인 안전 보장 의미를 가지고 있었다. 또한 당시 가장 중요한 사안이었던 외국인 투자를 보장하는 의미도 있었다. 그러나 19세기 초에 멕시코가 최초로 체결한 차관 도입 계약이 1824년에 발표된 먼로 독트린과 같은 시기에 진행된 것은 아니었다.

1824년 이후에 체결된 19세기 중남미의 차관 도입 계약은 런던 시장에서 판매된 30

년 만기 장기국채였다. 중남미 채권은 약 6.5%의 프리미엄 조건부로 판매되어 연 이자율이 약 9.5%로 판매된 반면, 영국 발행 안전 채권은 연 이자율 3%로 거래되었다.[4]

외채 재협상은 새로운 것은 아니었다. 대부분 중남미국들은 19세기에 정치적 불안과 역내 내전으로 디폴트 사태를 겪었다. 당시 디폴트는 건별로 재협상이 되었는데 외국 채권자들은 보유 채권 액면 가격의 50%를 잃었다. 남은 채권은 당초 약정 이자율보다 훨씬 낮은 이자율로 상환되었다.

예컨대, 외채 재협상을 통한 멕시코의 1827년~1851년 중 외채 디폴트 사태 후 원금을 탕감한 잔존 외채는 당초 약정 이자율 9.5% 대신 3%로 상환되었다. 중남미는 재협상 외채를 상환한 후에야 국제 금융 시장에 복귀할 수 있었다.

특히, 대부분 중남미국들은 19세기 황금기(1870~1914) 동안에도 막대한 차관을 도입했었다. 종전의 내전용 전쟁 비용 마련을 위한 차관 도입과는 달리, 황금기 도입 차관은 사회 간접 자본 투자용으로 사용되었다. 배후지로부터 주로 항만까지의 철도 건설에 우선순위를 부여했다. 이러한 투자는 1914년 1차 세계대전 발발로 중단되고, 주요 무역 거래도 대부분 중단되어 중남미는 다시 외채의 디폴트 사태를 맞게 되었다.

중남미는 1920년대에 미국에서 차관을 들여올 수 있었으며, 동시에 황금기에 도입한 차관에 대해서도 부분적으로 재협상을 하였다. 중남미와 유럽 채권국 간의 종전의 양자 간 재협상과는 달리, 1920년대 외채 재협상과 리스케줄링은 중남미 채무국 컨소시엄을 주도했던 미국 국무성에 의해 진행되었다. 그러나 재협상된 외채도 1929년 대공황의 발발로 다시 디폴트 사태를 맞게 되었다. 그럼에도 불구하고 중남미국 중 일부는 성공적으로 대폭적인 외채의 감면을 받았다.

4.2 1930년대 외채 위기

1929~1933년간의 대공황은 중남미 경제에 무서운 영향을 미쳤다.[5] 1920년대 초 총외채의 70% 이상을 탕감받고 잔존 외채도 낮은 이자율로 상환하기로 한 외채 재협상에도 불구하고 수출액 대비 외채 상환 부담률은 1926년 1.4에서 1932년에는 4.5로 급증하였다.

미국 국무성의 후원 아래 1934년 채권 소유자 보호 위원회가 발족되어 외국 채권단과 중남미 채무국 간 외채 재협상을 이끌었다. 동 기구는 우선 장기 외채 해결책의 디딤돌로 단기 협정을 체결하려 시도하였다.

그러나 1936~1939년에는 코스타리카와 브라질 두 나라만 협정에 조인했다. 그나마 1939년 2차 세계대전 발발로 여타 중남미국은 협정 참여가 불가능해졌다. 중남미는 2차 대전 중 수출흑자로 재협상된 외채 상환을 할 수 있게 되었다.

외채위원회는 중남미 외채 금액의 추가 감면을 반대하고, 단지 채권국들이 채무국의 외채감면 요청을 수락하도록 권고하는 입장이었다. 1940~1954년 중 외채 재협상이 성공적으로 추진되어 1957년 말까지 중남미의 잔존 외채 규모는 11%가 남게 되었다.

[그림 4.1] 1926~1935년 기간 중 중남미의 수출 대비 외채 비율

자료원 : Foreign Bondholders Protective Council 1936 데이터 기반 저자 작성

대부분 중남미국들은 불확실한 형태의 협상 행태를 보이는 채권단의 성격과 외채위원회가 채권단을 대신해서 행동하기보다 단지 권고 정도만 할 수 있는 입장 덕택에 강력한 협상력을 가지고 있었다.

예컨대, 칠레, 콜롬비아 및 멕시코 등은 자국의 채권단들에 외채감면 제안을 취하거

나 아니면 채권을 포기하도록 요구하는 전략으로 채권단을 압박했는데, 외채위원회는 외채감면을 강력 반대해 채권단들에 그러한 제안을 수용하지 말도록 권고했으나 외국 채권단들은 위원회의 권고를 무시하고 독자적으로 협상을 하기로 입장을 바꿨다.

1935년에 협상 제안을 '취하거나 아니면 포기하도록 하는 제안을 처음으로 제시한 국가는 칠레였다.[6] 그 제안에는 이미 구조 조정된 외채총액의 대폭 감축을 포함하고 있었는데, 1946년도까지 칠레의 채권소지자들 중 91%가 자신의 채무증서를 할인 시장에서 매각하고 9%만 소지하고 있었다.

다음 국가는 1941년에 제안한 콜롬비아였다.[7] 이 제안도 외채위원회가 강력하게 반대를 했지만, 불과 3년 후 90%의 콜롬비아 채권소지자들이 제안을 수락했고 콜롬비아 외국 채권자들 100%가 액면가의 50%로 외채를 매각했다.

1942년 들어 멕시코는 모든 외국 채권단들에게 액면가의 80%를 할인한 금액을 제안했는데,[8] 역시 위원회의 강력한 반대에도 불구하고 89%의 채권단이 이후 16년 내에 멕시코 정부에 외채를 매각 조치했다.

1960년대 말까지 거의 모든 중남미가 구조 조정된 외채를 상환했다. 그 후 10년이 경과된 다음에야 중남미는 국제 금융 시장에서 다시 차관을 들여올 수 있었다. 따라서 중남미는 1930년대부터 1970년대까지 수십 년간 외국 민간 채권단으로부터 장기채를 들여올 수 없었다. 그 결과 중남미는 대규모 투자를 요하는 사회 간접 자본 투자가 지연되거나 중단되어 대공황으로 인한 외채 위기의 가장 심각한 유산이 되었다.

2차 대전 후 세계은행과 다른 다국적 금융 기관은 사회 간접 자본 건설을 위한 장기 차관을 제공했으나, 세계은행의 대출 우선순위가 유럽의 전후 복구에 두고 있었기 때문에 중남미에는 소규모에 그치고 있었다. 오늘날 중남미 경제는 여전히 고속도로, 항만, 공항 및 철도 등 부문에서 사회 간접 자본의 확대와 현대화를 위해 노력 중이다.

4.3 1980년대 외채 위기

역사적으로 1980년대 중남미 외채 위기의 시작은 멕시코가 처음으로 외채 상환의 모라토리엄을 선언했던 1982년 8월로 소급된다.[9] 과거의 위기와는 달리 외채 위기의 성격이 바뀌었다. 특히 중남미 외채 채권자의 대부분은 선진국의 상업은행들이었다. 이에 따라 멕시코의 모라토리엄 선언은 세계 금융 시스템을 위협했고 중남미의 '위기의 10년'의 시작을 알리는 계기가 되었다.

이 10년간의 장기 위기 원인들에 대해서는 잘 알려져 있다. 이들 원인은 다음 세 개 카테고리로 나눌 수 있다 : 첫째 1970년대 오일 쇼크, 둘째 1980년대 초 세계 거시 경

[표 4.1] 1971~1986년간 이자율 및 수출 가격 변화 추이

구 분	명목 Libor Rate(%)	수출 단위 가격 변화율(%)	실질 Libor Rate(%)
1972	5.4	9.2	−3.5
1973	9.3	33.0	−17.8
1974	11.2	57.5	−29.4
1975	7.6	−5.7	14.1
1976	6.1	8.1	−1.9
1977	6.4	10.6	−3.8
1978	8.3	−3.7	12.5
1979	12.0	21.0	−7.4
1980	14.2	21.2	−5.8
1981	16.5	−2.8	19.9
1982	13.3	−11.2	27.6
1983	9.8	−6.5	17.4
1984	11.2	2.6	8.4
1985	8.6	0.6	8.0
1986	6.7	−12.7	22.2

자료원 : Larrain & Sachs 1993

[표 4.2] 1980년 기준 중남미의 취약성 추정

구분	변동 이자율 외채 비중(%)	외채 이자 지불 부담(이자액/수출)
아르헨티나	58.3	15.1
브라질	64.3	28.3
콜롬비아	39.2	16.3
칠레	58.2	28.2
멕시코	73.0	19.0
페루	28.0	19.8
베네수엘라	81.4	10.4
전체 중남미	64.5	28.0

자료원 : Larrain & Sachs 1993

제 환경의 갑작스러운 변화, 셋째 중남미 채무국들이 ISI 정책 아래 취했던 부적절한 정책 등이다.

오일 쇼크와 1970년대 국제 금융 시장에서의 외채 누적 간의 수요와 공급 관계를 설명하자면, 공급 측면에서는 1973년과 1979년의 유가 급등이 석유 수출국들의 경상 수지 흑자의 급등을 가져왔다. 이 흑자는 소위 석유 달러로 즉각 선진국 상업은행들의 대출 재원이 되었다.

수요 측면에서는 중남미국들이 저리로 차입을 원했다. 아울러 비(非) 석유수출국들은 유가급등이 경제에 불리하게 영향을 미쳤기 때문에 소비 진작 목적으로 차관을 도입했었다. 1930년대 이미 경험했듯이, 1980년대 초 세계 거시 경제 환경의 급변은 경제 위기를 예고했었다. 이 당시 중남미는 한편으로는 미국의 긴축 금융 정책으로 인한 갑작스런 이자율 상승을, 다른 한편으로는 1980년대 세계 경제의 경기후퇴로 인한 수출 소득의 급감을 경험했다.

[표 4.1]에서 보듯이 1979년부터 1982년 사이에 은행간 이자율(Libor)이 실질적으로 약 28%가 상승하였고, 수출 가격은 1980년에는 약 21%가 상승하였으나, 1981년 들어서는 전년 대비 −2.8%, 1982년에는 −11.2%가 각각 하락하였다.

높은 이자율과 낮은 수출 소득이 결합된 결과는 외채 상환 부담에 극적인 영향을 미쳤다. 중남미는 세계 경제의 불리한 변화 속에 높은 외채 상환 부담을 어떻게 해결할 수 있을까? 일부 중남미국들은 여타국들보다 더 취약했다. [표 4.2]에서와 같이, 중남미의 대표적인 석유 수출국들인 멕시코와 베네수엘라는 중남미 평균에 비해 외채총액 중 변동 이자율 외채 비중과 가변 이자율 적용 외채 규모가 컸었다.

수출액 대비 외채 원리금 상환 부담률은 브라질과 칠레가 가장 높았고 이들 두 나라는 외채 위기 시작 시기에 수출 대비 외채 부담이 높았던 국가들이었다. 당연히 1980년대 초 이들 두 국가는 외채 상환 디폴트 상태였었다. 단지 콜롬비아만 당시 디폴트를 선언하지 않았었다. 콜롬비아를 제외한 모든 중남미국들이 경제 성장 면에서 많은 고통을 받고 있었다. 그 이유는 중남미 국가들이 국제 금융 시장 접근이 차단되어 있었던 데다 고비용 구조 조정을 감내해야 했기 때문이다.

1980년대 외채 위기의 경기 침체 효과는 특히 GDP가 마이너스 성장을 기록한

[표 4.3] 1974~1990년 중 자본 흐름

구분	순자본 유입	순이익 및 이자 지불	순자원 이전
1974	11.4	5.0	6.4
1975	14.3	5.6	8.7
1976	17.9	6.8	11.1
1977	17.2	8.2	9.0
1978	26.2	10.2	16.0
1979	29.1	13.6	15.5
1980	32.0	18.9	13.1
1981	39.8	28.5	11.3
1982	20.1	38.8	−18.7
1983	2.9	34.5	−31.6
1984	10.4	37.3	−26.9
1985	3.0	35.3	−32.3
1986	9.9	32.7	−22.8
1987	15.1	31.4	−16.3
1988	5.5	34.3	−28.8
1989	10.1	37.4	−27.3
1990	17.9	36.8	−18.9
1974~1981년간 계	187.9	96.8	91.1
1982~1990년간 계	94.9	318.5	−223.6

자료원 : Larrain & Sachs 1993

[표 4.4] 중남미와 동아시아 무역 개방도 비교

구분	무역 개방도	상품 및 서비스 수출/GDP(%)	구분	무역 개방도	상품 및 서비스 수출/GDP(%)
중남미			동아시아		
아르헨티나	1	15	인도네시아	2	23
페루	1	22	필리핀	2	22
콜롬비아	2	15	한국	4	36
코스타리카	2	32	말레이시아	3	55
멕시코	2	16	태국	3	27
브라질	3	14	홍콩	4	106
칠레	3	29	싱가포르	4	129
우루과이	3	25			
평균	**2.1**	**21**	**평균**	**3.1**	**56.9**

자료원 : 세계은행 1987
주1) 무역 개방도는 1~4 단계로 표시되며 4가 가장 높은 개방도를 의미

1983년에 심각했다. 이후 1984년부터 1987년까지 완만한 회복세를 보였으나 중남미의 '잃어버린 10년'이라 알려진 나머지 기간 동안 성장 후퇴가 이어졌다.

1990년도 고소득 경제권의 1인당 GDP는 1980년도 대비 9%가 낮았으나, 중남미는 같은 기간 중 세계 평균 대비 23%가 낮게 집계되었다. 중남미의 선진국 생활 수준 따라잡기는 잃어버린 10년 동안 심각한 타격을 입었다.

1980년대 위기 규모를 측정하기 위한 다른 방법은 전통적으로 국내 저축이 부족한 중남미 지역에 전통적으로 유입되는 자본 규모를 측정하는 방법이다. 위 [표 4.3]에서 가리키듯이 중남미의 1980년대 잃어버린 10년간 순자본 유입 규모는 10년 전인 1970년대 유입량의 절반 정도였다. 이윤 및 이자의 순지불액은 3배였으며 중남미와 외국 간 순자본 이전은 네거티브 상태였다.

중남미와 아시아는 어떻게 비교될까? 앞 장에서 중남미의 ISI 정책의 위험성에 대해서 논의를 했었다. 그러나 1980년대의 갑작스런 이자율 상승 그리고 세계경기침체가 중남미 대비 아시아에는 작은 영향만 미침에 따라 중남미 보호주의의 실패는 두드러졌다. 양 지역 간 핵심적 차이점은 아시아의 수출 진흥 정책과 국내 기업과 외국 기업 간 개방경쟁 정책의 차이에 있었다.

[표 4.4]는 일부 아시아국과 중남미 경제권의 무역 개방도 수준을 보여 주고 있다. 세계은행의 분류에 따르면 1973~1985년 중 1~4단계로 측정된 아시아의 무역 개방도는 중남미보다 평균적으로 1단계 이상 높았던 것으로 분류되고 있다. 같은 기간 중 GDP 대비 수출 비중도 아시아 지역이 중남미보다 두 배 이상 높았다. 1980년대 외채 위기는 1990년대 초에 끝났는데, 대부분 중남미국들은 시장 주도 경제 개혁을 포용하고 상업은행 채권단 컨소시엄과 재협상을 포함한 외채 협정에 서명하였다. 이 당시 외채 협상 조정 기관은 채권단 보호 위원회(Bondholders' Protective Council)가 아닌 국제통화기금(IMF)이 담당했다. 외채 재협상은 소위 브래디 플랜(Brady Plan)으로 알려진 외채 탕감 프로그램7) 아래 외채의 액면가를 감면한 금액에 대한 외채 리스케줄링(rescheduling)과 외채 원리금 상환 연기 등의 조치를 포함하고 있었다.[10]

이와 함께 상당수 중남미국들은 외채-주식의 교환(swap) 방식을 통해 외채를 직접 환매(buyback)하는 등 다양한 방법을 통해 할인 시장에서 자국 외채를 다시 사들였다.[11]

할인 시장에서 직접 환매 방법은 앞에서 1930년대 대공황으로 인한 외채 위기 시 칠레, 콜롬비아 및 멕시코의 채권 매입 방법을 설명했듯이 새로운 방법은 아니었다.

4.4 또 다른 외채 위기

1980년대 중남미의 '잃어버린 10년'의 핵심 유산 중 하나는 일련의 구조 개혁이었다. 이러한 개혁은 글로벌화, 무역량 증대, 자본 유입 증가, 기술 이전 및 대규모 민영화와 규제 완화를 통한 민간 부문 급성장을 중남미에 가져왔다.

무역 자유화와 민영화는 1980년대 및 1990년대 시장 주도 개혁의 3대 축 중 단지 두 개였을 뿐이다. 세 번째 축은 안정화였다. 중남미국들은 1990년대 초에 해외 차관 도입이 재개되자 동시에 고정 환율 또는 반(半)고정 환율제 유지를 통한 물가 안정화 강화 조치를 시도했다.

4.4.1 1990년대 멕시코, 브라질 및 아르헨티나

고율 인플레이션 경험에 따라, 대부분 중남미 정부들은 다양한 안정화 정책을 시도했다. 여기서 중남미의 대표적 경제대국들인 멕시코, 브라질 및 아르헨티나의 경험을 분석해 보기로 한다. 이들 3개국들의 공통적 양상은 안정화 정책 기반으로 환율 제도를 시험했었다는 점이다.[12]

멕시코

대·중·소 국영 기업의 대규모 민영화와 규제 완화 조치 후 멕시코의 무역 자유화 정책은 미국, 캐나다와 함께 북미자유무역협정(NAFTA)의 파트너가 되고자 하는 야심찬 계획을 포함하고 있었다. 동시에 멕시코는 1989년에 외국 채권단과 외채 구조 조정 협정을 종결시키고자 했다.

1991년 들어 외국 자본의 유입이 외국인 투자와 증권 투자 형태로 안정적으로 증가했다. 그러한 자본 유입 중 상당액은 민간 기업의 생산 시설 확장을 위한 자금 조달 목적의 외채였다. [표 4.5]와 같이 증권 투자 자금도 1989년부터 1993년 기간 중 꾸준히 증가하였다.

일반적으로 자본 유입은 신중한 통제 방안이 부족했던 신생 민간 금융 부문에 집중되었다. 신중한 통제의 핵심 목적은 정부 기관이 위험 부담 제한 또는 외채/주식 비율

[표 4.5] 1988~1995년 중 멕시코의 국제 수지 변화 추이 (단위 : US$ 10억)

구분	1988	1989	1990	1991	1992	1993	1994	1995
경상 수지	**−2.4**	**−5.8**	**−7.5**	**−14.9**	**−24.4**	**−23.4**	**−29.4**	**−0.7**
상품 수출	30.7	35.2	40.7	42.7	46.2	51.9	60.9	79.5
상품 수입	−28.1	−34.8	−41.6	−50	−62.1	−65.4	−79.3	−72.5
무역 수지	**2.6**	**0.4**	**−0.9**	**−7.3**	**−15.9**	**−13.5**	**−18.5**	**7.1**
서비스 수지	−0.2	−0.7	−2.2	−2.1	−2.7	−2.5	−2.6	0.9
소득 수지	−7.1	−8.1	−8.3	−8.3	−9.2	−11.0	−12.4	−12.6
이전 수지	2.3	2.5	4.0	2.7	3.4	3.6	4.0	4.0
금융 수지	**−4.5**	**1.1**	**8.4**	**25.1**	**27.0**	**33.8**	**15.8**	**−11.8**
직접 투자	2.0	2.8	2.5	4.7	4.4	4.4	11.0	7.9
포트폴리오 투자	0.1	−0.7	−4.0	12.1	19.2	28.3	7.6	−10.8
기타 투자	−6.7	−2.0	9.9	8.3	3.5	1.1	−2.8	−7.9
오차 및 누락	−3.2	4.5	1.2	−2.3	−0.9	−3.1	−4.0	−2.9
종합 수지 (외환 보유고 변화)	**−10.1**	**−0.2**	**2.2**	**8.0**	**1.7**	**7.2**	**−17.7**	**−15.3**

자료원 : IMF 통계 1996

[표 4.6] 1988~1995년 기간 중 멕시코 페소의 실질 환율

구 분	미국 대비			전 세계 대비	
	소비자 물가 (CPI) 기준	도매 물가 (WPI) 기준	명목임금 기준	소비자 물가 (CPI) 기준	단위 노동임금 (ULC 기준)
1988	106.3	101.9	126.9	102.3	121.2
1989	107.5	106.61	113.1	102.3	104.8
1990	100.0	100.0	100.0	100.0	100.0
1991	88.4	86.5	83.3	90.3	91.9
1992	80.2	78.0	73.8	83.0	84.8
1993	75.0	72.5	69.5	79.3	83.8
1994	78.6	75.1	73.5	88.0	90.4
1995	134.1	131.5	167.4		

자료원 : Pill 2002

의 제한 설정 등을 통한 금융 시스템의 안정과 예금주 보호를 보장하기 위한 것이었다. 멕시코를 비롯한 대부분 중남미 국가들은 취약한 회계 기준, 빈약한 금융 정보 및 위험도를 평가할 만한 전문 인력의 심각한 부족 등으로 신중한 통제 관리 체제가 제대로 가동되지 못하고 있었다.

주별로 감독을 받는 신생 민간 금융 기구에 의해 조정되는 대규모 자본 유입은 특히 멕시코 정부가 1988년에 페소화를 달러화에 연동시켰기 때문에 위험했다. 그 후, 페소는 정부, 민간 부문 및 노동조합이 체결한 "약정"의 밴드 범위 내에서 변동이 허용되었다. 그 약정의 주목적은 인플레이션을 통제 관리하기 위함이었다.[13]

NAFTA의 가동으로 환율에 대한 압박이 커지면서 자본 유입은 더욱 증가되었다. 그러나 자본 유입은 곧 동결되었다. 그럼에도 환율은 여전히 과대평가된 상태였고 인플레이션은 치솟았다.

[표 4.6]에서와 같이 국산품 대비 외국 상품의 국내 통화 표시 가격으로 정의된 환율은 1988년에는 저평가되어 있었으나 1991년부터 1994년까지 기간에는 과대평가 되었다. 과대평가된 환율과 남부 치아파스주의 정치적 불안, 제도혁명당(PRI) 대통령 후보 콜로시오(Luis Donaldo Colosio) 암살사건 등 일련의 국내 사태가 멕시코의 외환 보유고 불안을 부추기게 되었다. 그 결과 멕시코의 페소화는 1994년에 급격한 평가 절하를 겪게 되었다. 동시에 최근에 민영화된 은행들이 파산하고, 대부분 은행들은 청산 처리되어 Banorte은행을 제외한 많은 은행들이 외국은행에 매각되었다.

브라질

브라질 역시 일련의 시장친화적 개혁을 법제화했다. 1994년 카르도주(Fernando Henrique Cardoso) 대통령 치하에서 브라질은 크롤링 페그 환율제를 통해 인플레이션을 진정시키려 시도했다. 중앙은행은 과거 통용했었던 헤알(real)화를 다시 유통시켰다. 반(半)고정 환율제와 신(新)헤알화 및 높은 이자율 등이 대규모 외국인 투자를 유인하였고, 그 덕택에 외환 보유고도 증가되었다 (그림 4.2 참조).

안정화 노력으로 인플레이션이 1994년도의 약 5,000% 수준에서 1998년도에는 2.7%로 성공적으로 안정되었다. 그러나 경상 수지 적자는 여전히 높은 상태였고 외환

[그림 4.2] 브라질의 FDI 및 외환 보유고 추이

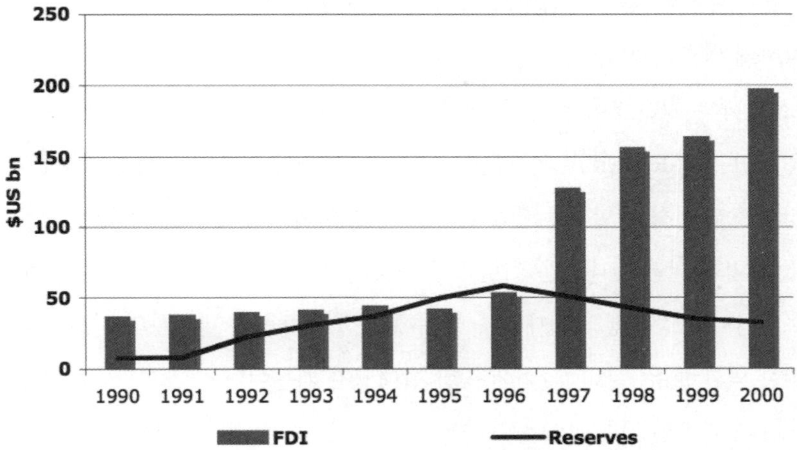

자료원 : EIU, Evangelist and Sathe 2006

보유고도 1996년부터 1998년까지 헤알화가 과대평가가 지속되면서 상당 폭 감소하였다.

결국 IMF가 신 헤알화의 고평가를 유지할 수 있도록 상당 규모의 외화 자금을 지원했음에도 불구하고 투자자들의 신뢰도를 잃게 되었다. 1999년 들어 브라질은 중앙은행의 외환 보유고 급감과 신헤알화의 환율이 달러화 대비 약 66%나 급격히 절하되는 등 고통을 감내해야 했다.[14]

아르헨티나

아르헨티나도 시장친화적 경제개혁을 단행했다. 1991년 메넴(Carlos Menem) 대통령의 아르헨티나 정부는 고정 환율제로 구성된 통화위원회를 설치했다. 이 시스템 아래 아르헨티나 페소는 미국 달러화와 1대1로 연동되었다. 멕시코와 브라질의 경험과 같이 아르헨티나 통화위원회의 기본 목적은 보다 낮은 인플레이션의 통제 관리였다.

동 시스템은 인플레이션율을 1989년의 3,000%에서 1994년에는 3.4%로 진정시키는 데 성공했다. 더욱이 많은 옵서버들이 1994년 멕시코의 외환위기, 소위 테낄라(Tequila) 위기와 1997년 동아시아 외환위기, 1998년 러시아 위기, 1999년 브라질 위기 등의 확산을 잘 버티어 낸 점을 높게 평가하기도 하였다.[15] 그러나 GDP는 [표 4.7]에서 보듯이 투자와 수출의 급감과 동시에 1999년 들어 축소되기 시작했다. 경상 수지도 심각하게 악화되었다.

아르헨티나의 태환 제도는 결국 2001년에 붕괴되었다. 그 이유는 아직까지 논란이 되고 있지만 아무도 1999년의 생산과 수출 전망이 투자자들로 하여금 아르헨티나의 외채 상황을 걱정하는 환경을 만들었다는 데에 대해서는 부인할 수 없는데, 아르헨티나 페소와 미화 달러의 태환은 이행되지 못했다. 왜냐하면 수출 증가율이 빈약했던 데다 아르헨티나 중앙은행의 과대평가 상태에 있던 페소화와 달러화의 완전한 태환을 해주기 위한 외환 보유고가 턱없이 부족한 상태였기 때문이다.

태환 가능 아르헨티나 페소로 표시된 외채와 국내 공채는 달러화로 인수할 수가 없었고, 중앙은행의 외환 보유고는 바닥이 난 상태였다. 자본의 외화 도피를 막기 위한

[표 4.7] 아르헨티나의 GDP 및 주요 경제지표

구분	1994	1995	1996	1997	1998	1999	2000	2001
GDP	5.8	−2.8	5.5	8.1	3.9	−3.4	−0.8	−4.5
민간 소비	6.1	−4.4	5.5	9.0	3.5	−2.0	−0.7	−5.8
공공 소비	0.4	0.8	2.2	3.2	3.4	2.6	0.6	−2.1
투 자	13.7	−13.1	8.9	17.7	6.5	−12.6	−6.8	−15.9
수출	15.3	22.5	7.6	12.2	10.6	−1.3	2.7	2.9
수입	21.1	−9.8	17.5	26.9	8.4	−11.3	−0.2	−14.0
수출 가격	2.9	5.7	6.5	−3.5	−10.4	−11.2	10.2	−3.5

자료원 : Hausmann and Velasco 2002

시도가 실패한 후 2001년 들어 완전 태환 제도는 붕괴되었고 아르헨티나 페소는 약 80% 정도 평가 절하가 되었다. 위기가 남긴 유산은 GDP 증가, 인플레이션, 실업 및 정치적 불안 등 모든 면에서 극적이었다.

1980년대 외채 위기와 비교할 때, 멕시코, 브라질 및 아르헨티나 위기는 4가지 공통점을 공유하고 있다. 첫째 세 국가의 위기는 인플레이션 통제와 안정 목적의 고정 또는 준(準) 고정 환율 정책을 통해 국내에서 야기된 것이었다. 둘째는 각국 정부가 악 순환되는 재정 적자 및 경상 수지 적자를 통제할 만한 능력이 없었다. 셋째, 세 번의 위

기 중에 두 번은 상대적으로 대공황 시 위기나 1980년대 위기에 비해서 단기였다. 외채 위기 이전 수준으로의 경제회복, 즉 GDP 수준을 회복하는 데 약 2년 정도가 소요되었다.

아르헨티나의 경우 외채 위기 전으로 국내 경제가 완전 회복되는 데는 6년이 걸렸다. 마지막으로 중요한 것은 역외 지역에서 발생한 경제 위기의 전염으로 인한 위기임이 분명한데, 1990년대와 같이 세계 경제는 점점 글로벌화가 확대되는 가운데 신흥 경제국들은 유사한 중·저소득국들의 경제 위기에 보다 더 취약해지고 있다.[16]

4.5 21세기 금융 위기 속 중남미

21세기는 두 번의 큰 경제 위기를 경험했다. 2000년대 초의 닷컴 위기(dot-com crises)와 2007~2008년간의 주택담보대출 위기(subprime crisis)이다. 이들 두 위기의 발생 원인은 잘 알려져 있고 또 본 장의 논의 범위를 벗어나는 내용 들이다. 단지 경제의 천당과 지옥을 오간 에피소드 정도로 충분하다. 21세기 경제 위기는 1990년대와는 달리 경제의 하부 구조와 선진국, 특히 미국에서 시작되었다는 차이가 있다.

[그림 4.3] 1970~2013년 중 세계 평균 이자율 및 인플레이션율

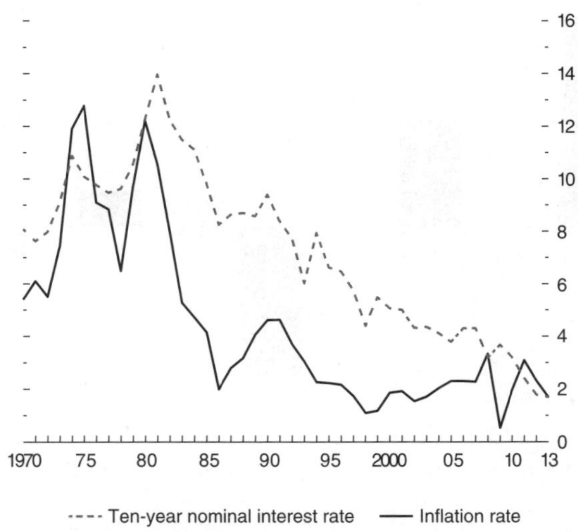

자료원 : IMF, World Economic Surveys, World Economic Outlook 2014

닷컴 위기는 인터넷 기반 스타트업에 대한 지나친 투자과욕에 의해 유발된 위기였다. 2001년 닷컴 거품경기가 파열되었을 때 투자자들이 주택담보증권으로 투자선을 바꿨다. 주택 가격이 폭락하자 세계 금융 시스템이 두 번째 경제 위기로 요동치게 되었다.[17] 두 경제 위기는 1900년대 이후에 유행했던 저금리, 저(低)인플레이션 환경에 대한 비판으로 논쟁을 시작할 수 있을 것이다. 이자율의 하락 추세는 특히 중국 등 신흥시장 경제의 저축 증가가 상당 부분 기여를 했다. 이들 국가의 높은 저축률은 중국 경제의 지속된 고속 성장의 결과였다. 다른 이유라면 선진국들의 경기후퇴로 투자가 점진적 감소세를 보였기 때문이다.[18]

이러한 배경에 반하여, 중남미 경제 활동은 세계 경제 성장의 평균에는 못 미치지만 2004년 이후 상당히 개선되어 왔다. 1961년부터 2008년까지 세계 경제 평균 성장률은 3.2%였는데 반면에 중남미는 2.7% 성장을 기록했다. 만약 중남미가 선진국 경제를 따라잡으려고 하면 선진국보다 훨씬 고도의 경제성장을 했어야 할 것이다. 그런데 실제로는 0.5%의 경제 성장 격차를 보였다.

[그림 4.4] 1961~2010년 중 중남미의 평균 총요소생산성 변화 추이

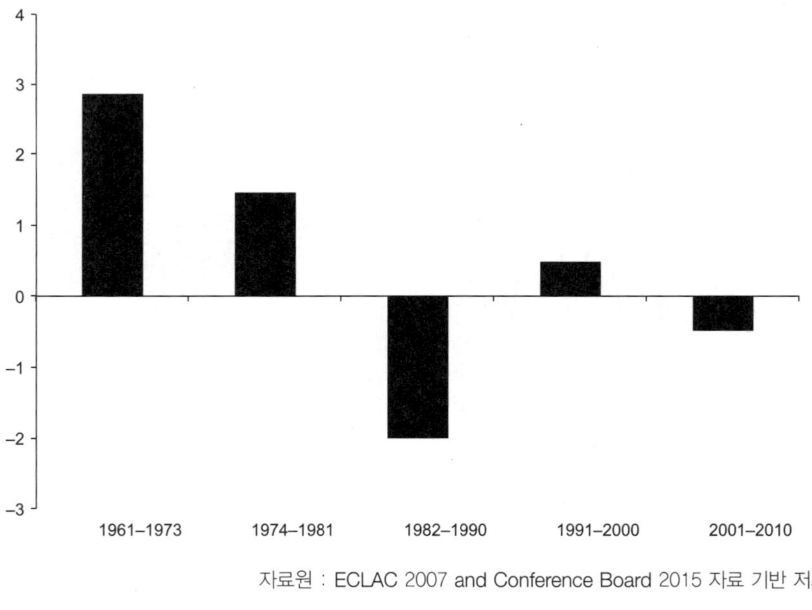

자료원 : ECLAC 2007 and Conference Board 2015 자료 기반 저자 작성

아시아 신흥공업국들에 비해 중남미의 1960년대 초 1인당 국민 소득은 상당히 뒤떨어져 거의 아시아의 절반 수준이었다. 2006년까지는 중남미의 1인당 국민 소득 수준이 아시아 신흥 부상 경제국들에 비해 1/3 수준으로 떨어졌다.[19] 아시아에 비해서 중남미의 빈약한 경제 활동은 특히 역내 경제의 저생산성이 문제였다. [그림 4.4]에서 보여주듯이, 중남미는 1980년대 '잃어버린 10년' 이후 생산성이 계속 정체 상태를 보이고 있다.

만약 중남미가 현 생산성을 높여 나갈 수만 있다면, 중남미인들의 생활수준을 향상시킬 수 있을 것이다. 나아가서 노동 생산성을 광범위하게 개선시켜 나간다면 중남미의 풍토병인 소득 불균형도 완화시켜 나갈 수 있을 것이다. 문제는 현대 중남미 각국 정부들이 과연 어떻게 생산성 강화 정책을 추진해 나갈 수 있을 것인가? 의 문제다. 이에 대해서는 제12장에서 논의하기로 한다.

중남미의 21세기 경제 활동이 그렇게 활발하지 못했음에도 불구하고, 특히 고속 성장세를 기록해 온 중국을 비롯한 아시아의 지속적 성장은 왜 중남미가 21세기 금융 위기에서 상대적으로 영향을 받지 않았는지 설명해 주고 있다. 사실 두 번의 경제 위기는 향후 중남미의 밝은 경제 전망을 가져올 기회의 "창"이었다 생각된다.

[그림 4.5] 1990~2014년 중 중남미의 교역 조건 변화 추이

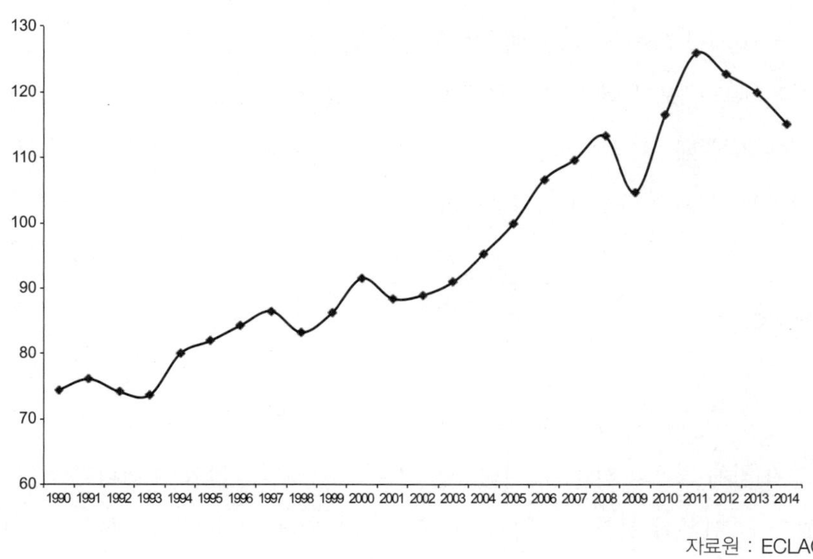

자료원 : ECLAC 2015

중국의 고속 경제 성장과 세계 소비 수요에서 차지하는 비중의 급성장은 전례가 없는 수준으로 중남미의 교역 조건과 1차 산품 가격의 상승을 가져왔다.

중남미의 1차 산품 수출의 이례적 증가는 중남미의 경상 수지에도 긍정적 영향을 미쳐 1998년도에는 경상 수지 적자가 평균 GDP의 4.1%였으나 2006년도에는 경상 수지 흑자가 GDP의 약 2%에 달했다. 그러나 2013년에는 중남미의 경상 수지 적자폭이 거의 GDP의 3%에 달해 중남미 역내 저축율의 급감을 가져왔다.

특히 경상 수지 흑자는 역내 외환 보유고 증가에 기여해 왔었는데 1998년도에는 불과 US$ 1,600억에 불과했던 외환 보유고가 2012년에는 US$ 8,000억을 상회하였다. 중국 고속 성장의 또 다른 부산물은 조세 수입 증가와 공기업의 재정흑자 등을 통한 중남미의 공공 재정에도 영향을 주었다.

또한 외채 부담도 2002년도 GDP의 42.1%에서 2006년도에는 24.6%로 대폭 개선되었고 인플레이션도 1990년대 초의 수백 또는 수천 퍼센트에 달하던 것이 2013년에는 연 7%로 대폭 낮아졌다. 이러한 지표들은 의심할 바 없이 미국의 닷컴 및 서브프라임 위기와 최근의 유로 위기에 의해 유발된 경기 침체 영향을 완화하는 데 중요한 역할을 했다.

그럼에도 중국의 최근 경기 침체는 중남미를 시험하고 있다. 이미 1차 산품 가격이 상당히 하락했고 성장률 및 재정 균형이 후퇴하고 있으며 중남미의 완만한 경기 침체는 일부국의 지불 불능 사태를 야기할 수도 있다. 예컨대 베네수엘라의 경우 중국의 투자와 차관제공 규모가 약 700억 불에 달할 것으로 추산되고 있는데, 이 책을 쓰고 있는 시점에서 볼 때, 중국의 비중이 높은 베네수엘라나 다른 과다 외채국들이 그들의 외채를 상환해 나갈 수 있을지가 의문시되고 있다.

4.6 맺는말

본 장에서 두 차례의 경제 위기를 통해 선진국의 20세기 경기 침체를 검토했다. 20세기 경기 침체 경우와 달리 두 건의 연속적 위기는 중남미 경제에 견디기 힘든 결과를 야기했으나, 21세기 선진국의 경기 침체는 제3의 경제 위기를 유발하지는 않았다. 이에 대해서는 아시아의 이례적인 성장률, 특히 중국의 성장에서 그 이유를 찾고 있다.

아시아의 경제 성장은 미국이나 유럽이 저성장을 계속하는 상황에서 중남미가 빠른 성장을 할 수 있도록 힘이 되어 주었다. 그 결과 중국 경제가 점차 침체에 들어가기 전에 중남미가 선진국 생활 수준의 따라잡기를 시작할 수 있게 만들었다.

중남미 경제는 여전히 외부 요인들에 취약한 상태이다. 중국 경제 성장률의 현저한 둔화 추세는 중남미 경제에 견디기 힘든 영향을 미치고 있는데, 주로 중남미가 아직도 2004년부터 2013년까지의 1차 산품 붐 기회를 활용하여 1차 산품에 대한 의존을 떠나 생산과 수출의 다변화를 추진할 수 있는 기회를 활용하지 못했기 때문이다. 반면에 1차 산품에 대한 수요 증가는 중남미의 천연자원 개발 의존도를 강화시켜 왔다.

그럼에도 불구하고 1980년대 2차 외채 위기 악몽을 겪은 후 중남미의 시장 기반 개혁의 유산은 민간 및 공공 부문의 생산적인 활동 범위를 열어준 점이다. 그런데 과연 중남미 각국 정부들이 생산성 증대를 가속화시켜 나갈 수 있을까? 이 의문은 제12장의 도전 과제가 될 것이다.

21세기 들어 최근 1차 산품 붐을 탄 수출 수입은 조금씩 감소되어 오고 있다. 중남미에도 강력한 중산층이 부상하고 있고 각국 정부들도 빈곤 퇴치 캠페인을 위한 재원 조달을 할 수 있게 되어 역사적인 유산으로 지속되고 있는 소득 불균형을 어느 정도 완화시켜 오고 있다. 이 문제는 다음 장의 주제가 될 것이다.

요약

- 대공황 기간 중 중남미 각국의 디폴트 사태는 중남미가 국제 금융 시장에서 장기외채를 조달할 수 없게 만든 지울 수 없는 유산을 남겼다.
- 중남미 외채의 외국 채권단들이 분산되어 있었기 때문에, 일부 중남미국들이 외채 원금의 대폭 할인 및 이자감면 등을 포함한 협상 조건을 수용하거나 외채원금을 아예 포기하라는 압박을 통해 유리한 조건으로 협상을 추진할 수 있었다.
- 대공황 시기의 디폴트 사태는 1960년대 말경에야 해결이 되었다. 1970년대 초에 들어서야 중남미는 국제 금융 시장에서 다시 차관을 조달할 수 있었다.
- 중남미는 1970년대에 1973년과 1979년 두 차례에 걸친 오일 쇼크의 결과로 석유 수출국들에 의해 조성된 오일 달러 차관을 쉽게 조달할 수 있었다. 오일 달러는 유용한 금융 중계물이 되었다. 중남미와 다른 지역은 선진국 상업은행들을 통해 막대한 차관을 조달하였다.
- 1980년대 초, 중남미는 미국과 영국의 긴축 통화 정책의 결과로 인한 고금리와 세계적인 경기 침체로 인한 1차 산품 수요 감소로 고통을 받게 되었다. 이 두 사건의 발발로 중남미는 외채 상환이 불가능하게 되어 대대적인 디폴트가 유발되었다.
- 장기간에 걸친 재협상 끝에, 중남미는 외채감면과 만기 연장 등을 통한 타결로 시장지향 개혁에 착수할 수 있게 되었고, ISI 정책의 보호주의 유산을 폐기할 수 있게 되었다.
- 1980년대 중남미는 전례가 없는 저성장으로 '잃어버린 10년'의 트라우마를 안고 그들의 개발 전략을 재검토하고 물가 안정, 민영화, 무역 자유화 등 3개 주요 시장지향 개혁이 추진되었다.
- 중남미의 3대 경제대국, 멕시코, 브라질 및 아르헨티나의 물가 안정은 서로 다른 형태와 모양의 환율을 기반으로 한 안정화였다. 그러한 안정화 정책은 단기간에는 인플레이션의 하락을 가져와 성공적이었으나, 부분적으로는 다른 대륙 신흥 경제권(아시아 경제권)발 외환 위기로부터 전염되기도 하였지만, 중남미의 풍토병적인 환율 과대평가로 외환위기를 가져왔다.
- 1990년대 수지 불균형 위기는 1980년대의 위기와 달리 1990년대 말 아르헨티나를 제외하고는 단기에 끝났다.
- 1930년대와 1980년대 심각한 외환위기 후, 중남미는 2007년부터 2008년까지 기간 중 악몽과 같은 3차 위기를 겪을 뻔 하였으나 큰 피해가 없이 위기를 잘 넘겼다. 과거 두 번의 외환 위기 때와는 달리 경제 성장률과 실업률이 약간씩 하락세를 보였을 뿐이다. 그 주된 이유는 20세기 위기 시와는 달리 미국과 영국발 위기 시에는 중남미가 주요 수출 시장과 외국인 투자 유입선 면에서 중국에 의존하고 있었기 때문이다.

- 최근 중국의 저성장 추세가 중남미 경제에 영향을 미치고 있으나, 잠재적 위기 범위 및 규모가 중남미의 오랜 기간 추진해 온 구조 조정과 현대화 노력의 결과로 제한적일 것이라 추정되고 있다.

주목해야 할 포인트

1. 중남미의 20세기 중 겪은 두 심각했던 외채 위기의 유사점과 상이점은?
2. 1980년대 외채 위기의 주원인은 무엇이었나?
3. 전례가 없이 높은 인플레이션율은 1980년대 위기의 주요 유산 중 하나이다. 중남미 3대 경제대국은 어떻게 이 문제를 해결하려 했는가?
4. 물가 안정이 중남미가 경제의 효율성을 개선하기 위해 취했던 유일한 시장지향 개혁이었나?
5. 왜 1990년대 중남미의 금융 위기는 단기에 끝났나?
6. 20세기 두 주요 위기는 중남미 역외 주요 금융 중심지에서 발생하여 견디기 힘든 결과를 낳았다. 반면에 2007~2008년에 미국에서 발생한 서브프라임 위기는 상대적으로 중남미에 다른 20세기 위기와 비교할 때 큰 영향이 없었다. 그 이유는?
7. 중남미가 21세기에는 20세기보다는 국제 시장의 1차 산품 가격 파동에 덜 취약한가?
8. "20세기 말에 시작된 시장 친화적 개혁은 중남미를 금융 위기의 진앙지와 관계없는 복원력을 키워주었다" 이 문구는 타당한가?
9. 중국의 저성장이 중남미 전 지역에 걸쳐 같은 영향을 미칠 것으로 예상되나?
10. 중남미의 19세기 황금기와 21세기 1차 산품 붐 간의 주요 유사점은? 그리고 다른 지역의 급속한 산업화는 중남미의 산업화와 수출 다변화를 저해할 수도 있나?

추가 자료

- 1930년대와 1980년대 중남미 외채 위기 : Barry Eichengreen and Richard Portes (1989b)
- 1980년대 외채 위기 후 성장 등 포괄적 내용 : William Easterly, Norman Loayza, Peter Montiel (1997)
- 서브프라임 위기 이후 중남미 자본 흐름 : Meier (2015)

II편

정치 사회적 맥락

5 빈곤과 소득 불평등

1990년에는 중남미 인구 중 48.4%가 빈곤 상태였는데 2012년에는 20% 정도가 감소한 28.2%를 기록하였다.[1] 이러한 획기적 빈곤 개선은 20세기 말 거시 경제 구조 개혁과 21세기 들어 계속된 대외 지향적 중남미 경제의 지속적인 고도성장에 힘입은 결과다.

그러나 이러한 성공에도 불구하고 중남미는 아직도 빈곤 문제에 빠져 있다. 현재 중남미 총인구의 1/4 수준인 약 1억 6천만 명이 여전히 빈곤 상태에서 살고 있다. 빈곤 퇴치는 무엇보다도 하나의 도덕적 명제가 되고 있다. 그것은 해결 가능하지만 매우 풀기 까다로운 명제다. 최고의 정책목표 중 우선순위가 부여되고 있는 빈곤 퇴치는 동시에 경제 성장에도 도움이 된다. : 개인과 가계는 빈곤에서 탈출하고, 증가하는 중산층 대열에 합류하여 노동생산성을 높일 것이다. 이는 구매력 증가로 이어져, 상품과 재화 내수가 성장하게 된다. 이런 선순환 구조로 진입하는 것이 좌파든 우파든 중남미 지역 모든 정책 당국자들의 최고 목표가 되어야 한다.

중남미에서 누가 가난한가? 빈곤은 교육과 기회의 부족에 동반되는 것인가? 빈곤은 비공식 분야, 자영업자, 청년층, 여성 가장들의 문제인가? 빈곤은 원주민과 아프리카계 인구에 더 확산된 보다 심각한 문제인가? 어디서 어떻게 이 문제들을 짚어 나가야 할까?

우리는 이 장에서 이런 문제들을 파고들 것이다. 왜냐하면 누가 빈곤층인지 확인하고, 빈곤 문제가 지속되는 원인을 이해하는 것이 정책 결정의 핵심 요소이기 때문이다. 이는 상당히 어려운 도전이다. 높은 경제 성장률을 유지하는 것과 함께, 정책 입안자들은 최근의 사회적 소요사태로 대변되는 중산층의 기본 서비스 요구 증가에 대응하는 사회정책을 시행해야 하기 때문이다.

우리는 무작정 성장의 낙수효과를 기다릴 수는 없다. 21세기에 지역 경제 대국들의 성장은 분명한 사실이지만, 사회정책들이 성장이 주도한 빈곤 감축을 배가시킬 수 있기 때문이다. 따라서 이 장에서 멕시코와 브라질의 Progresa /Oportunidades / Prospera 프로그램과 Bolsa Familia와 같은 빈곤퇴치 캠페인이 효과가 있었는지 평가할 것이다. 보다 최근에는 칠레의 윤리적 가족 소득(IEF: Ingreso Ético Familiar)이 관심을 끌기 시작했다. 이러한 프로그램들을 살펴보는 것은 다양한 포용적 성장의 경로와 한계에 대한 깊은 이해를 필요로 한다.

경제 성장은 21세기 들어 중남미의 소득 불균형을 낮추는 기반이 될 수 있다. 그러한 개선 추세에도 불구하고 중남미의 소득 불균형은 부진한 사회적 이동성과 낮은 생산성 향상으로 확산되고 있다. 대다수 인구는 계속 양질의 중등 교육과 고등 교육 및 직업 훈련 등을 통한 기술 습득 기회 접근이 결여된 상태이다.[2] 동시에 증가하는 중산층은 중남미 신생 민주주의 틀 하에서 사회 서비스의 접근 확대를 요구하고 있다. 어떻게 중남미의 정책 담당자들은 빈곤 퇴치와 늘어나는 중산층의 요구 등 두 과제에 대해 대처해 왔는가?

본 장의 다음 섹션 5.1에서는 전 세계와 비교하여 중남미의 최근 빈곤과 소득 불균형 추이를 살펴본다. 섹션 5.2에서는 현행 빈곤의 정의를 검토해 보고, 섹션 5.3에서는 중남미의 빈곤층 규모와 그들이 받고 있는 혜택과 환급 규모를 추산해 본다. 섹션 5.4에서는 중남미의 전망으로부터 빈곤의 핵심 결정 요소를 분석한다 : 교육, 고용, 연령, 성별 및 인종 차원 요소 등. 섹션 5.5에서는 노동 시장 정책과 관련된 빈곤 문제를 논의한다. 섹션 5.6에서는 빈곤 퇴치를 위한 긴급 고용 창출 프로그램을 살펴본다. 섹션 5.7에서는 소득 불균형의 개념과 측정에 대해 짚어본다. 섹션 5.8에서는 중남미 경제대국 멕시코와 브라질의 조건부 현금 이전 프로그램과 중남미에서 약 50% 정도의 빈곤층이 살고 있는 이들 국가에 대해 토론하기로 한다. 또한 최근 칠레에서 도입한 윤리적 가족 소득(IEF) 프로그램과 아동과 성인만이 아닌 전 가계를 대상으로 하는 멕시코와 브라질의 프로그램을 비교 분석해본다. 섹션 5.9에서는 요약과 결론을 제시한다.

5.1 빈곤과 불평등 : 최근 추세와 다양성

세계은행 추산(2013)에 따르면, 전 세계 개발 도상 지역에서 빈곤율이 감소하고 있다(그림 5.1 참조). 특히, 1일 1.25달러 이하의 생계비로 살고 있는 인구수가 1990년부터 2010년까지 기간 중 급격히 줄어들었다. 중남미도 아시아나 아프리카 지역보다 감소세는 약하지만 빈곤층은 아프리카보다 많지 않다. 빈곤층 숫자로는 동아시아가 약 15억 명으로 중남미 전체 인구의 두 배 이상 많다.[3] 그럼에도 불구하고 중남미의 빈곤층이 다른 지역과 비교할 때 감소세가 느린 것 같다.

서두에서 언급한 바와 같이 ECLAC(2012)의 최근 추계로는 앞서 언급했듯이 중남미의 빈곤층이 개선되는 추세를 보여주고 있다. 이러한 추계는 중남미의 빈곤층의 감소세가 [그림 5.1]에서 보여주는 것보다 더 높을 것으로 추정되고 있다.

[그림 5.1] 1990~2015년간 전 세계 빈곤층 감소 추세

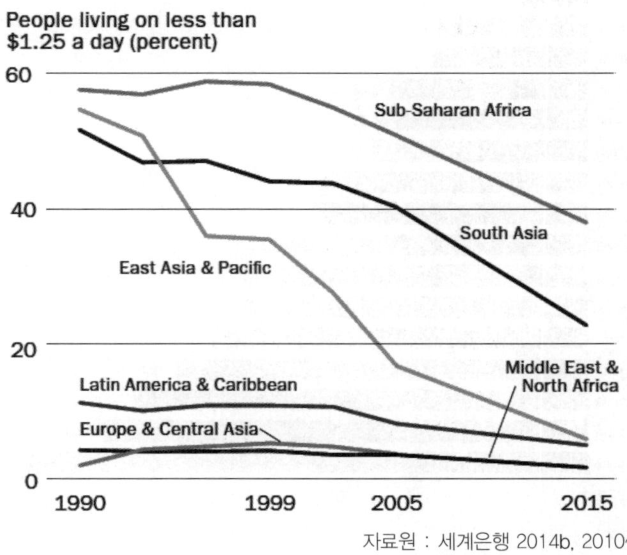

자료원 : 세계은행 2014b, 2010~2015년간 전망치

지난 10년간 전 세계 개발도상국들의 상대적 고도성장에 힘입어 빈곤율이 상당 폭 떨어지고 있는 추세에 있음에도 불구하고, 실제로 중남미의 빈곤은 확산되고 있다. 앞서 언급한 바와 같이, 브라질과 멕시코는 중남미 빈곤층 인구의 50% 이상을 차지하고 있다. 멕시코 사회개발부(SEDESOL)의 추계로는 전체 인구의 약 40%에 해당하는 5천 3백만 명이 빈곤층으로 집계되고 있다.[4]

최근 세계은행 통계상으로는 중남미국들 중 단지 니카라과와 아이티 2개국만 빈국으로 분류되고 있고 나머지 국가들은 중소득 국가로 분류되고 있다. 그러나 인구 비율로 보면 중미에서는 코스타리카를 제외하고는 악화되는 추세를 보이고 있다. 그리고 [그림 5.2]에서와 같이 국가별로 차이는 있지만 여전히 빈곤 상태가 중남미 전 지역에 확산되어 있음을 알 수 있다. 예컨대 칠레는 빈곤율이 7.8%인 반면 온두라스는 67.4%를 기록하고 있다.

소득 불평등 관련하여, 최근 데이터들은 잃어버린 10년 이후 성장 지속과 세기말의 구조개혁으로 인해 불평등이 감소 추세에 있음을 보여주고 있다. 꼬르니아(Cornia; 2010), 오깜포(Ocampo)와 바예호(Vallejo)(2012)는 2002년 이후 중남미의 빈곤층 감소

[그림 5.2] 2012년 기준 중남미 주요국의 총인구 중 빈곤층 비율

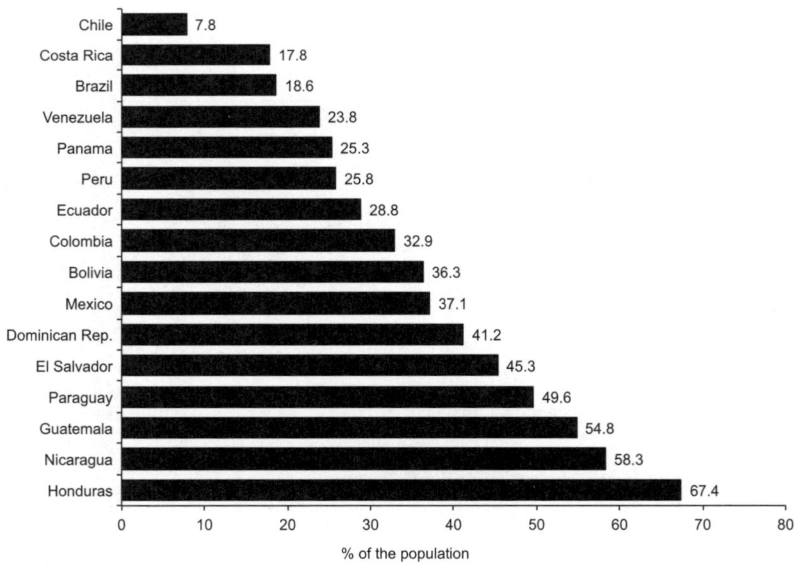

는 부분적으로 높은 경제 성장과 고용 기회의 지속적 증가에 힘입은 결과라고 주장하고 있다. 이와 관련 섹션 5.7과 섹션 5.8에서 더 논의하기로 한다. 여하튼 빈곤의 경

[그림 5.3] 2010년 기준 다른 지역과 비교한 중남미의 소득 불평등

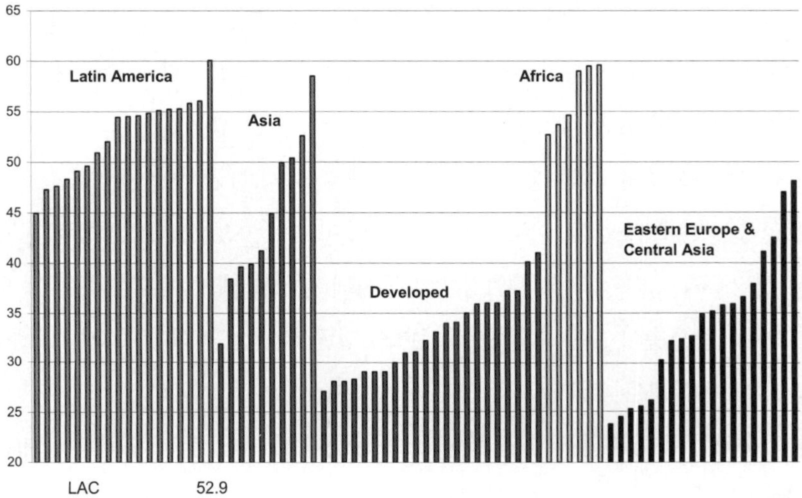

자료원 : Gasparini, Cruces and Tornarolli 2009

[그림 5.4] 2012년 기준 중남미 주요국의 상위/하위 계층(Q5/Q1) 소득 격차 비교

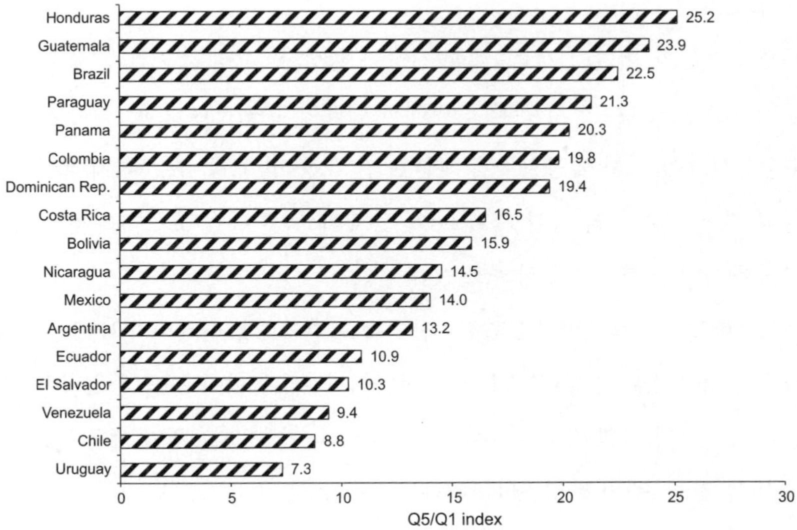

자료원 : ECLAC 통계(2014) 저자 재가공 인용

우와 마찬가지로, 불평등도 지속되고 있다. 중남미는 지니계수가 보여주듯, 높은 소득 불평등 측면에서 아프리카와 쌍벽을 이룬다.[5]

[그림 5.4]에서 보듯이 국가별로 상당한 차이가 존재한다. 지역에 따라 중남미의 상위 20% 소득 계층은 하위 소득 계층과 비교할 때 적게는 7배, 많게는 25배의 소득을 올리고 있다. 온두라스는 특히 상위 소득 계층과 하위 계층 간 소득 격차가 큰 국가이다. [그림 5.3]에서 보듯이 온두라스는 중남미에서 가장 불평등한 국가로 총인구 중 빈곤 가계 비율이 가장 높은 국가이다.

온두라스의 케이스를 보면 중남미에서는 빈곤과 소득 불균형이 동시에 같이 일어나는 현상임을 보여주고 있다. 12장에서 분석하듯이, 이는 전 지역에 공통된 문제이다: 더 높은 성장률과 보다 적극적 사회정책이 동시에 시행될 때 빈곤이 감축될 수 있을 것이다. 그리고 중산층이 요구하는 사회 서비스 접근 확대는 사회적 소요와 포퓰리즘의 등장을 막기 위해 매우 시급한 사안이다.

지니 계수와 소득 5분위 지수를 통한 소득 불균형에 대한 추정 노력이 없이는 이해하기 어렵지만 [그림 5.3, 5.4]에서 중남미 주요국의 5분위 소득 계층 중 최상위 소득 계층(Q5)이 최하위 소득 계층(Q1)에 비해 얼마나 소득이 높은지를 볼 수 있다. 중남미의 중산층은 대략 총인구의 30% 정도로 추산되고 있고 [그림 5.5]에서와 같이 증가 추세를 보이고 있다.

이 증가 추세는 거버넌스 개선, 대출 시장의 활성화, 그리고 보건과 교육 지출 증가와 상당한 관계가 있다. 정치 경제 측면에서 페레이라(Ferreira et al. 2012)는 중남미의 두터워진 중산층이 정책 담당자들에 대한 보건 위생 및 교육 부문 투자 확대, 정부 행정의 질적 개선, 민주주의 참여 기회 확대 및 부패 척결 등을 요구하는 목소리와 정치적 압력을 행사하고 있다고 주장하고 있다.

중남미는 현재 1일 생계비가 US$4 미만인 빈곤층과 1일 생계비가 US$ 10~50 수준인 중산층의 비율이 거의 같아지고 있는 상황이다. 이에 따라 중남미의 빈곤층과 중산층의 합이 총인구의 거의 60% 수준에 있다. 나머지 약 40%는 취약 계층으로 분류되고 있다. 남미의 칠레, 중미의 코스타리카와 같은 중산층이 두터운 국가들은 중산층의 각종 요구 목소리와 점점 중산층으로 이동 중인 빈곤층과 취약 계층의 요구 등을 충족시

[그림 5.5] 빈곤 감소와 중산층 상승 추세

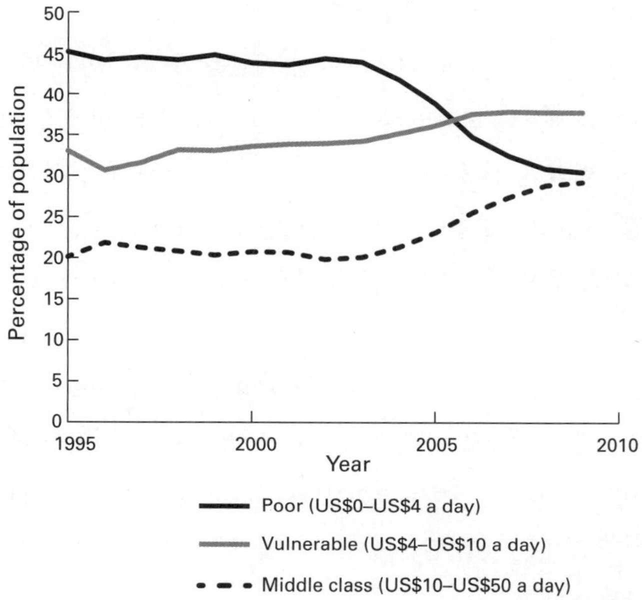

자료원 : Fetteira et al. 2012

켜야 하는 이중 부담에 직면하고 있다.[6] 대부분 중남미 국가들도 이와 유사한 문제점을 안고 있는데 정책적 대응은 제각기 상이한 상황이다.

중산층의 정치적 압력은 최근 들어 국내 및 해외 언론의 상당한 관심 대상이 되고 있다. 이러한 움직임은 종전에는 총인구의 60%에 달하는 빈곤층 및 취약 계층 지원에 집중해오던 각국 정부가 재정 지출과 정책 노력을 중산층에게도 관심을 기울이도록 방향 전환을 유도하는 효과를 거두고 있다.

5.2 빈곤 : 정의와 결과

빈곤 퇴치가 경제 개발의 핵심 목적이라는 데에 대해서는 광범위하게 컨센서스가 형성되어 있으나 빈곤을 어떻게 정의하느냐에 대해서는 거의 합의가 이루어져 있지 않다.

무엇이 빈곤인가? 무엇이 빈곤인가에 대해서는 단순하고 보편적인 설명이 없다. 왜냐하면 빈곤은 다차원적이고 상황에 따른 개념이기 때문이다. 중남미에도 이러한 개념이 적용되고는 있으나 정말 매우 다양한 개념이다.

진행 중인 빈곤에 대한 논란도 매우 모호한 개념을 가지고 있다. 빈곤에 대한 세계은행 보고서는 다음 내용을 고려 사항으로 말하고 있다: "가난한 사람들은 천부적으로 부여된 행동과 선택의 자유가 없이 살고 있다. 그들은 흔히 모든 사람들이 가치를 느끼는 삶을 누릴 수가 있는 조건들인 적절한 식량과 주거지, 교육 등이 결여된 채 살고 있으며, 또한 질병, 경제적 고립 및 자연재해에 대해 극도로 취약한 환경에 직면해 있다"[7]

앞서 언급한 바와 같이, 빈곤은 다차원적 현상이다. 또한 빈곤에 대한 견해나 논쟁은 기본적 윤리의 믿음을 전제로 하고 있다. 간단히 말하자면, 개인과 가계의 기본적인 욕구를 충족시킬 수 있는 가능성을 부인한다면, 특히 중남미에서는 대다수 인구가 제한된 소수가 누리고 있는 것과 같은 수준의 생활수준을 누리지 못하고 있어 비인간적인 환경에서 살고 있다.

그러나 중남미는 빈곤 문제와 관련 독특한 뭔가 다른 특징이 있는데, 바로 민주주의다. 20세기 상당기간 동안 식민지배하에 있었던 다른 개도국 지역들과 달리, 중남미는 19세기 초 독립을 달성하였다. 그 이후 지역의 정책 입안자들은 현재의 갈등을 직면해 왔다.

그러한 긴장은 농촌 빈곤층의 북부 비옥한 토지에 대한 소유 권리를 주장하는 소요 사태를 겪은 멕시코 혁명기를 비롯하여 19세기 남미 아르헨티나의 우육 가공 공장 근로자 등 도시 빈곤층의 저임금에 대한 항의에 이르기까지 다양한 형태와 모양으로 표출되어 왔었다. 이러한 빈곤층의 움직임은 자주 군부 정권 및 권위주의 정권을 불러왔다. 이제는 군부 정권이 보다 나은 생활수준에 대한 빈곤층의 요구에 대해 더 이상 위협이 되지는 않고 있으나, 대신 포퓰리즘은 심각한 위협이 되고 있다. 이에 대해서는 제6장에서 설명하기로 한다.

아직도 미성숙 단계의 민주주의에 머물고 있는 현대 중남미 지역의 빈곤 문제는 농촌 지역과 밀접하게 연결되어 있으며 도시와 그 주변 지역의 빈곤 문제를 야기하는 도시와 농촌 간 인구의 높은 이동이 사태를 악화시키고 있다. 정치 경제면에서 볼 때, 고도 경제 성장은 정책 담당자들에게 농촌 빈곤 문제를 보다 쉽게 해결할 수 있는 환경을 만들어 주고 있다.

이는 민주적 선거를 통한 선출직 정치인들의 정치적 목적과 잘 부합되며 대다수 국민의 욕구 또는 중간 투표층의 희망을 충족시키기 위해 노력을 기울이는 계기가 되고 있다.[8]

빈곤 퇴치에 관한 순수 경제학적 주장은 분명하다. 다음 주장이 그 좋은 예이다: 빈곤층은 재능을 갖춘 개인이다. 이들의 보건과 교육 접근성을 높이는 것은 생산적 노동력을 확대하는 것이다. 이는 중남미를 포함한 많은 신흥시장 경제권에 필요한 추가적 성장 동력이 된다.

또한 중남미에서 경제 성장에 필요한 생산성 증진은 지속적 구조개혁 없이는 불가능하다. 그리고 구조개혁에는 5.7에서 살펴보겠지만, 중산층의 지지가 필요하다. 이에 대해서는 본 장 섹션 5.7에서 다시 다룰 것이다.

빈곤 감축이 경제성장에 긍정적으로 영향을 미칠 수 있다는 논리의 새로운 접근법은 페리(Perry et al. 2006)가 잘 설명하고 있다. 페리는 바너지와 뉴먼(Banerjee and Newman, 1994)의 연구에 결정적인 기여를 했던 금융 규제에 대한 유명한 명제를 따르고 있다. 페리는 사회적 이동성과 경제 성장은 결정적으로 재능이 있는 대다수 빈곤층의 금융 시장에 대한 접근성 여부에 달려 있다고 주장하고 있다.

빈곤층이 겪고 있는 금융 규제를 제거함으로써 물리적 자본 투자뿐만 아니라 국민보건 및 교육에도 투자 증대가 기대된다. 그렇지만 여전히 중남미에서는 금융 부문 접근성 규제는 공통적인 현상이다. 논란의 여지는 있지만 소액 금융이 이에 대한 일종의 해결책이 되고 있다.[9]

이 부분을 정리하면서 소득 불평등의 빈곤 퇴치와 빈곤 완화를 위한 정치 경제적 및 순수한 경제적 논쟁들은 밀접하게 연계되어 있다는 점이 중요하다 :중남미의 높은 수준의 빈곤과 소득격차는 알레시나와 페로티(Alesina and Perotti, 1996)가 예측한 바와 같이 정치적 불안과 경제 성장 추락을 가져왔다.

실제로 지속적인 빈곤과 불평등은 수많은 중남미 정부들이 장기적인 경제 및 사회적 관점에서 견디기 힘든 결과지만 지속적으로는 수용이 불가능한 포퓰리스트 정책들을 채택하도록 자극을 해왔었다. 이와 관련 다음 장에서 상세하게 검토하기로 하고 여기서는 기본적인 방법론적 문제들을 논의하기로 한다.

5.3 측정

본 장의 서두에서부터 논의해 온 바와 같이, 빈곤의 범위와 심각성은 빈곤을 어떻게 정의하느냐와 아마 더 중요한 포인트가 되겠지만 어떻게 빈곤을 측정하느냐에 달려 있다.

빈곤의 측정은 경제 발전을 평가하는 것과도 밀접하게 연관되어 있다. 정부, 학술 연구 기관, 국내 및 국제기구들이 빈곤과 빈곤의 시차별 측정을 지원하기 위해 상당 규모의 자금을 출원하고 있다. 국제 개발원조도 그러한 시차별 측정과 부문별 교차 비교 분석이 원조 연구의 기초가 되고 있고 개발원조의 우선권이 부여되고 있다. 중남미 역내 정부들, 특히 중소득국에서는 사회적 프로그램과 빈곤 퇴치 캠페인 정책을 위해 각국의 상황에 맞춰 빈곤 측정을 추진하고 있다.

다음 부분에서는 실제로 직·간접 두 가지 방법의 빈곤 측정 방법을 살펴본다.[10] 직접 측정 방법은 빈곤층의 상태와 특징을 평가한다. 이때 지역 빈곤문제 전문가들이 미리 설정한 '기준'에 각 개인들이 얼마나 근접한 상태인지 살펴본다. 예컨대, 한 칸의 방에서 사는 구성원이 2명 이상인 가계는 밀집(crowding)이라고 부르는 기준을 충족하지 못한다.

반면에 간접 측정 방법은 예컨대 연령층에 걸맞은 충분한 물질적 소비 능력이 없는, 즉 기본적인 수요를 충족시킬 만한 충분한 소득이 없는 사람들을 빈곤층으로 분류한다. 이 접근 방법은 분류 대상 개인들이 소득임계점 이하로 미리 설정된 빈곤층이라 판정되는 빈곤선 개념을 사용한다.

중남미에서는 두 가지 빈곤 측정 방법을 다 사용한다. 직접 측정 방법은 미충족기본욕구(UBN : Unsatisfied Basic Needs)라고 알려진 방법이고, 간접 측정 방법은 기본욕구비용(CBN : Cost of Basic Needs) 방법이라고 알려진 방법이다. 양 방법은 지난 수십 년 동안 중남미의 빈곤 퇴치 정책 가이드로 사용되어 왔다.

5.3.1 미충족 기본 욕구(UBN : Unsatisfied Basic Needs)

이 방법은 1980년대까지 중남미의 빈곤층의 범위와 심각성을 추정하는데 가장 광범하게 사용하던 방법이었다. 그러나 1990년대 들어 복합적인 빈곤 문제에 대한 정책적 컨센서스 충족에 대한 논란이 복잡하게 엉키면서 주관적 계량에 지나치게 의존하였기 때문에 신뢰 기반을 상실했다.

예를 들면 앞서 언급했던 군중 기준의 다른 요소, 즉 한 가정 내의 평균 문자 해득률이 하나의 예가 되고 있다. 한 가계 내의 문자 해득률은 군중보다 우선순위가 부여되어야 할 것이다. 그렇다면 왜일까? 이 점은 중남미에서는 아직 명확하지가 않은 개념이다.

예컨대 영향력이 있는 페루 경제학자 소토(Hernando de Soto)는 군중이라는 개념이 무엇보다 가장 중요하다고 주장하다고 있다.[11] 그러나 이는 여전히 논란의 여지가 많은 주장이다.[12]

흔히 미충족 기본 욕구 접근 방법(UBN)으로 산출하는 빈곤층 숫자에 대한 혼란스러운 논란에도 불구하고 21세기 중남미에서는 계속 보완적 측정 방법으로 사용하고 있다. 왜냐하면 특히 극빈층이 누구냐를 확인하는 것과 관련 일부 유용한 관점이 적용되고 있기 때문이다.[13]

UBN 방법은 욕구와 연계된 빈곤의 정의에 기반을 두고 있다. 기본적인 전제는 무슨 문제가 복지에 가장 중요하며, 인간의 기본 욕구 또는 표준 욕구세트가 효과적으로 충족될 수 있을 것인가 등이다. 실제로 이 방법은 첫째로 기본 욕구의 정의, 둘째로 그러한 기본 욕구를 충족시키기 위한 임계값 설정 등이 요구되고 있다. 욕구의 충족은 한 개인이 더 이상 빈곤층이 아니라고 간주되는 기준이나 임계값을 상회하는 것을 의미한다.

설문조사 방법의 활용이란 예컨대 문자 해득력을 갖춘 그룹, 상수도 및 위생 시설 접근, 보건 서비스, 전기 및 주거지 등의 측정을 통해 사전에 설정된 임계값과 표준 지침에 의거 통계학자들이 기본 욕구 지표들을 수집하고 분석하는 것이다. 이 방법은 빈곤에 대한 혼란스러운 지표들을 제시하고 있다. 주어진 지표들은 기술적 어려움 때문에 기본적으로 수많은 지표들을 가지고 측정 작업을 하는 것이 어려운 일이다.

또한 이 작업은 핵심 지표들을 포함할 것이냐 말 것이냐를 결정하는 것이 어렵다. 예컨대, 미충족 기본 욕구 측정 방법은 중요한 취약 요소인 개인 소득의 변동성과 같은 중요 지표를 포함하고 있지는 않은데, 그 지표는 대다수 도시 지역 자영업자들과 농촌 지역의 계절적 취업 가장들에게 적용되는 지표이기 때문이다.[14]

UBN 방법에 포함되고 있는 관심 변수와 관련된 특성은 필요에 따라 사전에 결정된 규범적 임계값과 비교된다. 따라서 개인은 여자든 남자든 그러한 설정된 임계값보다 처질 경우 빈곤층이라 간주된다. 즉, 임계값에서 떨어지면 빈곤층, 더 떨어지면 극빈층으로 분류가 되고 있다.

UBN 방법의 주요 장점은 매개 변수와 함께 빈곤을 도식화할 수 있다는 점이다. 이 방법은 정책입안자들이 빈곤층 양상의 등급화, 지리적 빈곤층의 보호 및 그에 따른 사회 정책 플랜 기안 등을 할 수 있도록 도와주고 있다. 따라서 이 방법은 중남미 정부들에 정책 목표의 우선순위 화와 그 정책목표를 달성하기 위한 소요 예산 규모 추산 등을 가이드해 주고 있다.

5.3.2 기본 욕구 비용(CBN : Cost of Basic Needs)

CBN 방법은 현대 중남미의 빈곤 규모를 평가하기 위해 가장 폭넓게 사용하는 방법이다. UBN 방법과 비교해서 CBN 방법은 간접적인 방법이다. 왜냐하면 이 방법은 실제 소비나 지위 상태 등에 초점을 맞추고 있지는 않기 때문이다. 대신 필수품이라고 간주되는 물품 목록을 사용하며, 이를 통해 특정 지역의 소위 빈곤선이라 부르는 소득임계값을 산출하기 위한 비용을 추산하는 방법을 사용하고 있다.

필수품목의 목록은 빈곤 전문가들에 의해 지역의 소비 패턴에 기초를 두고 선택되고 있다. 특히, 빈곤선은 다음 두 단계로 구성되고 있다 : 첫째 필수식품의 추정. 이는 표준 최소 건강 기준을 충족시키기 위해 필요한 영양에 중점을 둔다. 필수 식품 목록이 설정되면 그 가격은 시장 유통 가격에 기초를 두고 추산된다. 이 방법을 통해 통계학자들이 필수식품을 구입하는 데 필요한 최저 임금을 산정할 수 있도록 한다. 둘째 비식품

요소 목록의 추정. 이 추정 방법은 건강, 교육, 의류, 공공요금, 교통 및 기타 등 비식품 제품 및 서비스의 취득을 위해 요구되는 임계 소득의 세분화가 요구된다.

통계학자들은 비식품 임계 소득 수준을 설정하기 위해 보다 쉬운 방법, 즉 지름길을 택하고 있다. 그 비용은 일반적으로 식품구입 비용에 투입되는 소득보다 몇 배에 달한다. 때때로 통계학자들은 비식품 비용 패키지를 세분화하고 식품비용을 추정하는 방법과 유사하게 소요 비용을 추산한다. 식품과 비식품 구성 요소의 비용을 추산한 다음에는 빈곤선에 해당하는 상품들을 구입하는 데 소요되는 최저 임계 소득을 얻기 위해 요구되는 임계 소득 수준을 설정하고 그 임계 소득 이하의 사람들을 빈곤층이라 했다.

중남미에 대한 세계은행의 최근 추산에 따르면, 1일 임계 소득을 US$ 4로 설정하고 개인의 소득이 임계 소득 이하인 경우 극빈층으로 분류하고 있다.[15] 1일 소득이 4달러에서 10달러 범위의 소득자들은 1일 임계 소득 4달러 미만으로 떨어질 수도 있는 취약 계층으로 간주했는데 총인구 중 약 10%를 이 범주로 분류를 하고 있다. 1일 소득이 10달러에서 50달러 범위의 개인 소득자들은 중산층으로 분류를 하고 있다. CBN 방법의 가장 큰 이점은 그 방법의 단순성이다. 또한 이해와 후속 조치도 용이하게 하고 시간을 갖고 사회 정책의 성공 여부를 평가하는 데도 도움이 되는 방법이다. 그러나 이 방법도 한계는 많다.

CBN 방법의 약점에 대한 심층 논의는 본 자료의 기본 범위를 벗어나는 내용이다.[16] 그러나 특별히 주목할 만 한 점은 다음과 같다. 첫째 빈곤선은 지역에 따라, 또 시간이 흐름에 따라 다르므로 비교가 어렵고 매우 부정확하다. 둘째 이 방법은 가치판단을 포함한다. 일반적으로 영양 기준과 수량 및 가격을 충족하는 식품을 선택하는 것이 대표적인 사례이다. 셋째 비(非)식품군 구성은 문제이다. 이 카테고리에 무엇을 포함시켜야 하는지 또 어떻게 가격을 매겨야 할지 등은 끊임없는 논쟁 대상이 되고 있다. 다양한 국가 및 국별 통계 기관 간 의견 불일치도 조정하기가 쉬운 문제가 아니다. 끝으로 CBN 방법에서 나온 빈곤선은 흔히 사회적 지원물자의 공공 조달과 관련 지역 간 서로 다른 차이점에 대해서는 중시하지 않는 입장이다.[17]

5.4 빈곤의 주요 결정 요소

빈곤이 소득과 결부된다는 점은 자명한 사실이다. 실제로 소득 증가와 빈곤 간의 중요한 상관관계를 보여주는 경험론적 증거는 많다; 다시 말하면 [그림 5.1]에서 보여 주듯이 보다 높은 소득 증가는 보다 낮은 빈곤을 가져온다.

최근의 경제적 분석은 빈곤의 원인에는 근본 원인(Fundamental causes)과 근접 원인(Proximate causes)이 있다고 제시하고 있다.[18] 근본 원인들은 간접적으로 소득 수준에 체계적으로 영향을 미치고 있다. 간접 원인들은 문화, 인종구성, 법치, 지리 및 기후 등을 포함한다. 반면에 빈곤의 근접 원인들은 저수준 인력, 물리적 자본, 기술, 효율성 및 보다 일반적으로 생산성 및 노동력 참여 등과 같은 직접적으로 소득에 영향을 미치는 요인들이다. 이러한 구별은 특히 중남미에 유용하다고 본다. 예컨대 불리한 기후나 지리 등 앞서 제1장에서 검토했던 빈곤의 근본적 원인들을 해결하기 위해서는 할 수 있는 게 많지 않다.

[표 5.1] 경제 성장과 빈곤 관계에 대한 경험적 연구

참고 자료	관계
Balisacan, Chakravorty and Ravago 2015	부정적 또는 없음
Lee et al. 2014	부정적 또는 없음
Tovar Jalles 2011	부정적
Perry et al. 2006	부정적
Gupta and Mitra 2004	부정적
Dollar and Kraay 2004	부정적
Bourguignon 2003	부정적
Minujin, Vandemoortele and Delamonica 2002	부정적
Lustig, Arias, Rigolini 2002	부정적
Heltberg 2002	부정적
Kakwani and Krongkaew 2000	부정적
De Janvry and Sadoulet 2000	부정적 또는 없음
Goudie and Ladd 1999	부정적 또는 없음
Mckay 1997	부정적
Ravallion 1995	부정적
Larrañaga	부정적
Ahluwalia, Carter, Chenery 1979	부정적

이어서 중남미의 빈곤 원인을 검토해 본다. 이에는 중남미가 빈곤층과 취약 계층의 요구를 충족시키기 위한 경제 성장 강화 정책 수단을 활용하기 위해 필요로 하는 민주적으로 선출된 정부에 의해 통치되는 고도로 도시화된 중소득 지역이라는 점 을 염두에 두고 대부분 빈곤의 직접 원인들을 포함하고 있다.

5.4.1 교육

일부 연구는 임금과 교육의 인과 관계를 보여주고 있다. 그들 중 하나가 인도네시아에 관한 듀플로(Esther Duflo, 2002)의 연구인데, 듀플로는 0.12년 교육연한 추가 효과가 임금의 1.5% 상승효과를 가져올 수 있다고 주장하고 있다. 그러나 중남미와 관련된 이와 유사한 연구는 없다.

비교적 정밀도는 떨어지는 편이지만 중남미 지역에 대한 연구도 같은 방향을 가리키고 있다. 특히, 대부분 분석은 교육이 소득과 긍정적인 상관관계를 가지고 있음을 보여주고 있다. 소득이 증가함에 따라 빈곤층이 될 확률도 감소하고 있다. 이러한 관계는 대부분 연구에서 통계적으로 유의미한 것으로 판명되고 있다.[19]

현대 중남미 경제에 특히 중요한 점은 초등 교육 이수자와 비교할 때 특히 교육 프리미엄이 높게 작용해서 고등 교육을 받은 근로자들에게는 높은 보상이 따르고 있다는 점이다.

예컨대 워든(Wodon et al. 2001)은 고등 교육을 받은 가장은 초등 교육만 받은 가장보다 약 97%가 높은 소득을 올리고 있다는 점을 밝혀냈다. 나아가서 페리(Perry et al. 2006)는 빈곤가정의 낮은 교육 수준은 교육 빈곤의 함정에 빠지게 되는데, 즉 교육 수준이 낮은 부모 밑의 아동들은 고등 교육을 받을 가능성이 낮고 대부분 저임금을 받을 가능성이 가장 높다고 지적하고 있다.

그러나 마나코르다(Manacorda), 파라모(Sánchez-Páramo), 차디(Schady)(2010)[20] 등은 초등 교육에 비해서 중등 교육 이수자들의 소득은 이수자들의 공급이 급증하면서 감소되어 왔다고 주장하고 있다. 이들은 이는 중등 과정 교육 후 직업 교육을 받은 사람들의 숫자가 멕시코를 제외한 모든 나라에서 중등 교육 과정 이수자들보다도 낮은 비율로 증가했기 때문이라고 주장하고 있다.

옌센(Jensen, 2010)의 최근 도미니카 공화국에 대한 연구 결과는 다음과 같다. (1) 초등학생들이 중등교육 이수의 보상을 과소 평가한다, 그리고 (2) 8학년생들에게 진학의 미래 보상에 대한 정보제공을 통해, 8학년 이후의 교육 보상에 대한 인식이 달라지고, 학생들이 교육비를 감당할 수 있다면 진학률이 높아질 것이다.

앞서 언급한 바와 같이, 니카라과와 아이티 등은 예외로 대부분 중남미국들은 중소득국으로 분류되고 있다. 그러므로 정책입안자들은 아동과 10대 청소년 노동을 금지시키는 방법을 통해 빈곤층 학생들의 중등 교육 비용의 지원이나 학생들이 교육 단계 사다리에 따라 등록하거나 진학할 경우 단계적인 보조금을 지원하는 방법으로 정책적 이니셔티브를 취해 나가야 할 것이다.[21]

그러나 노동법상 아동이나 10대 청소년 노동을 금지시키는 법률들이 존재하는 나라에서조차 동법 시행 수준이 빈약하거나 전혀 시행이 안 되고 있다는 문제점을 안고 있다.[22]

5.4.2 실업과 비공식 분야

이와 같이 교육을 소득 차원에서 지나치게 강조하였지만, 교육은 공식분야 고용과도 연계되어 있다. 놀랍게도 실직자나 비공식분야 근로자들은 아따나시오(Attanasio)와 세케이(Székely)(1999)와 같은 여러 학자들이 주장한 바와 같이 빈곤층으로 전락할 높은 위험에 직면하게 된다. 이러한 연구들은 직업 안정성이 빈곤 구제의 가장 중요한 노력이라고 주장하고 있다.

[그림 5.6]에서 보듯이, 대가족 구성이 빈곤을 완화시키는 요소가 되고는 있지만, 중남미에서는 빈곤이 실업과 강력하게 연계되어 있다는 것이 특히 우려스러운 점으로, 중남미는 유럽과 비교할 때 사회 복지 안전망이 구축되어 있지 않다. 국제 노동기구(ILO)의 통계로 2007년도와 비교할 때, 2009년도에는 중남미 실업률이 6.9%에서 7.5%로 높아진 것으로 추산되고 있다. 그럼에도 불구하고 위 표에서 보듯이 5분위 소득 계층 중 최상위 소득층은 실업률이 3.1%에서 3.4%로 약간 상승하였다가 다시

[그림 5.6] 중남미의 5분위 소득 계층별 15세 이상 연령층 실업률 추이

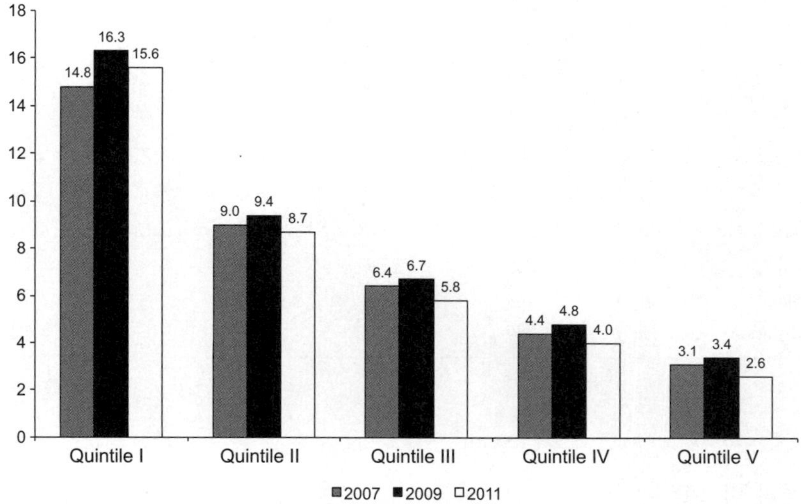

자료원 : ECLAC 2012

2.6%로 하강한 반면 가장 빈곤층은 14.8%에서 16.3%로 높아지고 이어 15.6%로 다소 낮아졌으나 고소득층과 비교 시 6배 정도 실업률 격차가 있음을 알 수 있다.

이 숫자는 2007년부터 2009년까지 진행되었던 글로벌 금융 위기 결과가 경제 성장을 약간 둔화시킨 점을 반영하고 있다. 저성장이 또한 실업과 빈곤과 중요한 상관관계를 가지고 있지만, 중남미의 노동 정책들 역시 중요하다. 고용 규정은 1940~1980년간의 보호주의시기에 만들어진 것으로 여전히 오늘날까지 여전히 고용 창출을 방해하는 역할을 하고 있다. 제11장에서 이 규제 환경에 대해서 추가로 논의하기로 한다.

대체로 중남미의 노동 참여는 공식분야에 한정되지 않는다. 특히나, 많은 수의 개인들은 비공식 분야에 종사하고 있다. [표 5.2]는 바로 비공식 분야의 범주를 보여주는데, 빈곤 및 불평등의 경우와 같이 국가별로 큰 편차를 보이고 있다. 비공식성과 빈곤의 관계는 오랜기간 광범위하게 분석되어 왔으며, 기존 연구들은 비슷한 결론을 도출하고 있다. 예컨대, 프라이블(Pribble), 허버(Huber) 및 스테펀스(Stephens; 2007) 등은 비공식 분야의 규모가 빈곤과 밀접한 관계가 있음을 규명하였다.

이러한 발견은 공식분야 근로자들은 더 높은 소득수준과 긍정적이고 유의미한 관계가 있음을 보여준 워든(Wodon et al. 2001)의 연구 결과를 증명하고 있다. 비공식 분야

[표 5.2] 중남미의 공식분야 및 비공식 분야 고용 비율

구분	비공식			공식		
	전체	남성	여성	전체	남성	여성
중남미 전체	32.7	34.6	30.3	67.3	65.4	69.7
아르헨티나	29.5	33.4	23.9	70.5	66.6	76.1
브라질	24.2	27.6	20.1	75.8	72.4	79.9
콜롬비아	50.4	51.0	49.6	49.6	49.0	50.4
에콰도르	34.6	36.0	32.8	65.4	64.0	67.2
멕시코	34.2	35.5	32.4	65.8	64.5	67.6
페루	49.2	44.7	54.4	50.8	55.3	45.6
베네수엘라	35.7	37.1	33.7	64.3	62.9	66.3

자료원 : ILO 2011

근로자들과 비교할 때 공식분야 근로자들은 소득 변동성이 상당히 낮아 일상적으로 보다 편리하게 소비생활을 영위할 수 있다. 반면 비공식 분야 근로자 및 가계들은 포괄적으로 보아 상당히 취약하다고 보인다.

비공식 분야 고용이 갖는 불이익을 감안할 때, 왜 근로자들은 공식분야에서 먼저 일자리를 구하지 않는 것인가? 이와 관련해서 중남미 노동 시장에 대해서 몇 가지 설명을 할 수 있을 것이다. 첫째, 정규직 취업은 숙련 노동력을 요구하는데 이는 교육 부족 문제를 다시 살펴보고 되고, 궁극적으로 정책 담당자들이 중등 교육 이상의 교육 및/또는 직업 훈련 프로그램 접근성 확대를 우선시하도록 요구하고 있다.[23] 둘째, 중남미에서는 아시아와 같은 지역에 비해 미숙련 노동력에 대해서 상대적으로 높게 지불하거나 엄격하게 최저 임금을 지불하고 있다. 이에 따라 기업들은 해외 인력과 계약하거나 코스타리카에서 니카라과 인력들을 선호하듯이 이웃 나라나 인근 지역에서 수입된 저임 노동력을 선호한다. 셋째, 부적절한 사회 보장이 따른다. 최근 미주 개발 은행(IDB) 조사에 따르면 급여 노동자 중 43% 정도가 국가연금 제도의 혜택을 받고 있지 못하며, 이는 근로자들의 공식분야 참여 의욕을 저하시킨다. 넷째, 공식 비즈니스를 출범하는 비용이 비공식 분야 기업에 비해 너무 과도하다. 지나친 관료주의와 세금이 주된 요인이다.

지금까지의 설명은 비공식 분야의 이점이 있다는 것을 보여준다. 첫째, 비숙련 노동

력은 비공식 비즈니스 출범이 비용이 덜 든다는 것을 알게 된다. 소규모 무역업자나 중소기업 등이 이런 경우이다. 그리고 중남미의 대부분 도시나 근교 도시에서 이를 많이 활용하고 있다. 둘째, 남성에 비해 여성은 정규 기술을 가진 인력이 드물고 가정 내 잡일 비중이 높다. 그래서 중남미의 여성 인력들은 집에 머물 동안 비공식 분야 활동 참여에 매력을 느끼기 쉽다. 왜냐하면 비공식 분야가 편리한 데다 사회적 통념과도 잘 맞기 때문이다.[24] 사회적 통념은 바뀌기가 어렵다. 고등 교육 및 기술 습득에의 접근성 부족, 조세, 사회 보장, 연금, 어린이집 제공 등에 대한 정부의 정책 실패가 비공식 분야 존속의 이유이다.

[표 5.3] 2012년 (또는 최신연도) 기준 직무별 평균 소득

구분	고용주	피고용자	자영업
아르헨티나	30.1	11.3	16.6
볼리비아	6.8	4.2	3.8
브라질	18.0	5.4	5.5
칠레	32.8	7.2	9.7
콜롬비아	8.7	5.1	2.8
에콰도르	13.4	4.3	3.2
과테말라	17.0	2.8	3.7
멕시코	6.4	2.9	2.1
페루	8.3	4.3	2.6
베네수엘라	11.5	2.7	4.7

자료원 : ECLAC 2013

5.4.3 고용 형태

기술이 부족한 비공식 분야 근로자들은 보통 자영업자들이다. [표 5.3]에서 보듯이 자영업자들의 소득은 정규직 고용주나 피고용자 개인들보다 상당히 낮은 수준이다. 이러한 현상은 중남미 대부분 지역이 비슷한 상황으로 자영업자들은 상대적으로 적은 소득을 올리고 있다. 그들의 불충분한 소득은 기본 욕구 비용 분류 방식으로는 종종 빈곤층으로 분류가 되고 있다. [표 5.3]에서 워든(2001)의 분석 따르면 자영업자는 육체노동자와 비교할 때 보다 낮은 소득을 올리고 있는 것으로 분류되고 있다.

자영업과 비공식 분야 고용은 연계되어 있다. 양 근로자 타입은 정규직 고용 근로자에 비해 빈곤층으로 전락하기가 쉬운데 그들은 물적 자본과 인적 자본의 부족이라는 약점 때문이다. 자영업은 많은 경우 경제 성장을 방해하는 저생산성과 동일한 의미의 케이스가 많다. 이 문제에 대해서는 제12장에서 다시 검토한다.

5.4.4 연령

중남미의 인구는 다른 신흥 시장, 특히 동구권과 비교할 때 아직 젊다. 젊은 층은 기술과 경험 부족, 그리고 비정규직 고용 부문에 속하기 때문에 빈곤층에 속하고 있다.

[그림 5.7] 2012년 기준 총 실업대비 15세 이상 중남미 도시 지역 실업률

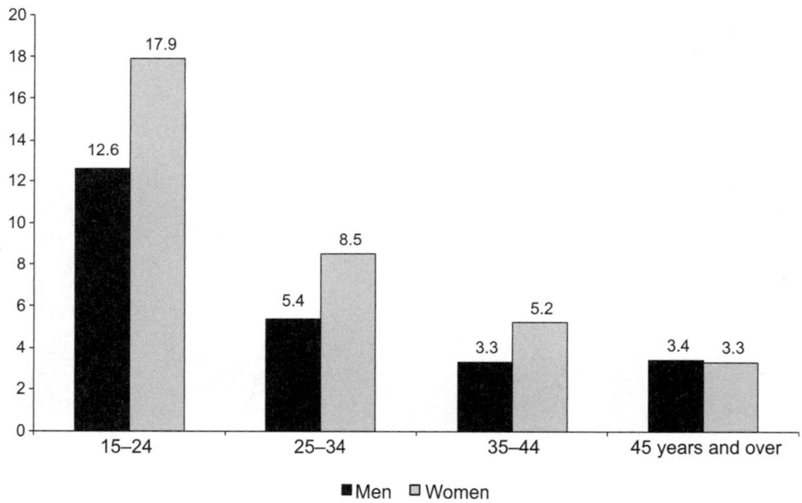

자료원 : ECLAC 2013

[표 5.7]에서 보듯이 중남미는 남녀 공히 젊은 층 인력이 노년층 인력보다 높은 실업률을 보이고 있다. 2012년 기준으로 볼 때 21세기 초부터 상황은 변하지 않고 있다. 특히, 워든(Wodon et al. 2001)은 젊은 가장들 중 빈곤층이 보다 많다는 점을 밝혀냈다.

5.4.5 성별

놀랍지도 않은 일이지만, 중남미는 잘 정리된 전 세계적인 문제점을 보여주고 있다. 일반적으로 남성에 비해 여성은 보다 더 가난하고 취약하다. 이 문제는 중소득 경제권에서 충분히 이해가 가능한 내용이며, 도시 지역 근로자보다 물리적 힘이 비교적 더 필요한 편인 농촌 지역과 준(準)농촌 지역에서 현저하게 나타나고 있는 현상이다.

[표 5.4]에서와 같이 현대 중남미에서는 도시와 준도시 지역에서 지배적 현상으로 성별로 여성 빈곤층이 많은 것은 성차별에 기인하고 있다. [표 5.7]에서 보면 급여의 성차별 수준을 보여주고 있는데 여성은 같은 학력에도 불구하고 남성보다 같은 직종, 같은 형태의 일을 하더라도 적은 임금을 받고 있다.

이러한 경험론적 현상은 여성 가장에 대한 심각한 의미로 작용하고 있으며, 빈곤층화가 보다 쉽게 될 가능성이 크다는 의미다. 즉, [표 5.4]에서 보여주듯이 여성이 가장인 가계는 남성 가장 가계보다 평균 10% 이상 급여가 적다는 것을 시사하고 있다.[25]

남성에 비해서 여성 인력 실업률이 더 높으며, 특히 젊은 여성 인력이 더 심각하다. [표 5.5]에서와 같이 남성에 비해 여성 인력이 비정규직 비율이 높다. 따라서 중남미에서 빈곤 대책을 수립할 때 성별의 고려 사항도 정책 결정 요소가 되어야 할 것이다.

특히 진행 중인 빈곤 퇴치 캠페인에는 적어도 다음 두 가지를 반영해야 할 것이다. 조건부 현금 이전(CCT)은 여성 가장에게 우선되어야 한다.[26] 또한 현금 지원 정책에는

[표 5.4] 중남미 주요국의 2012년 기준 교육연령에 따른 남성 대비 여성임금 비율

구분	0~5년	6~9년	10~12년	13년이상
아르헨티나	80.2	74.9	81.5	84.8
브라질	73.7	68.8	69.6	67.0
칠레	80.4	80.5	76.5	69.0
콜롬비아	81.4	76.9	77.7	79.2
멕시코	69.6	71.9	83.1	78.1
페루	70.6	72.7	72.2	78.0
베네수엘라	89.1	84.1	84.2	90.0

자료원 : ECLAC 2013
주) 수학연령별 여성/남성 임금 비율을 의미

여성에게 금융 서비스 접근 우대를 강화한 소액 금융 지원 제도를 포함시켜야 할 것이다. 실제로 소액 금융 제도 수혜자들 10명 중 8명은 여성이다.[27] 이 문제의 프로그램들과 효과성에 대해서는 다음 섹션 5.8 부분에서 심도가 있게 검토할 예정이다.

5.4.6 인플레이션

도시 빈곤은 흔히 극도의 재정 적자와 잘못 책정된 환율 정책 등에 의한 인플레이션에 의해 악화되고 있다. 중남미의 소수 부유층과는 달리, 빈곤층은 인플레이션에 대응 능력이 부족하다. 경험에 의하면 높은 인플레이션 시기에는 빈곤층은 구매력을 상실하고 점점 취약 계층화되어 왔다.

카르도주(Cardoso, 1992)에 의하면 1977년부터 1989년 기간 중의 인플레이션 가속화는 실질임금을 낮추고 빈곤층을 높였다. 21세기 들어서도 아르헨티나와 베네수엘라 등과 같은 중남미에서는 인플레이션 압력이 되살아나고 있다. 베네수엘라의 경우 인플레이션율이 2014년도에 60%대에 이르렀고 그 후 계속 상승압력을 받고 있다. 이러한 악성 인플레이션의 순환 조짐은 21세기 포퓰리스트 정책의 산물로써 제6장에서 중요한 이슈로 다룰 과제이다.

중남미 대부분 국가들은 인플레이션 통제를 위한 노력으로 환율 정책을 사용하고 있다. 21세기 들어 많은 지역에서 과대평가 환율을 사용했었는데 그러한 환율 과대평가는 수출 부문 경쟁력을 저해하고 고용과 경제 성장에도 부정적 영향을 미치고 있다. 이 문제에 관하여 본 자료 잔여 부문의 전반적 부분에서 다루게 될 것이다.

5.4.7 민족성과 인종 차별

앞서 제1장에서 인종이 빈곤의 근본적 원인임을 감지했지만, 빈곤 문제는 특히 당대 중남미 농촌의 극빈층 문제와 밀접한 관련이 있다. 세계은행의 2012년 기준 추산으로는 중남미 인구 중 약 13%가 원주민이다. 이들 원주민 인구 대부분은 멕시코, 페루, 과테말라 및 에콰도르에 밀집해 있다. 중남미 최대 경제국인 브라질 인구의 약 50%는 메스티소 또는 아프리카계 흑인들이다. 이들 인구의 대부분은 허술하게 건축된 주택과 기초 보건서비스의 접근 어려움, 식수, 위생 시설 및 적절한 학교 시설 부족 등 열악한 환경의 농촌에서 거주하고 있는데 이들의 빈곤은 특히 급격한 기후 변화에도 기인하고 있다.

고도의 도시화율과 도시와 농촌 간 높은 이주율 등은 민족과 연계된 빈곤의 범위와 정도를 완화시켜 나갈 수 있을 것이다. 그러나 도시 지역은 빈곤 속에 도시 외곽에서 살고 있는 메스티소, 아프리카계 흑인 등 다양한 인종 그룹으로 넘치고 있다. 그러한 도시 외곽 지역은 위생 시설, 보건 서비스 및 적정 학교 시설 등이 특히 저질이거나 없는 경우가 많다. 예상대로 경험론적 추정은 인종차별을 받는 종족 그룹은 빈곤을 경험하기가 쉽다고 말하고 있다.[28]

각국 정부와 비정부 기관(NGO)들은 수많은 국가에서 생활수준 개선과 기본인권 강화를 위해 투쟁해 왔다. 진행 중인 투쟁에는 흔히 주종 관계가 엄격했던 17세기 식민지 시대까지 소급되는 문화적 차별 문제가 포함되고 있다. 그러나 각국 정부의 원주민 권리 무시 기조는 빈번하게 사회적 분쟁과 종족투쟁을 야기해 왔다. 1994년 멕시코의 가장 빈곤 주(州) 중 하나인 치아파스에서 발생한 사파티스타(Zapatista)봉기가 대표적인 무시자세 때문에 발생한 사례이며 반복되는 무장투쟁을 야기하고 있다.[29]

5.5 노동 시장과 빈곤

중남미의 노동법은 자주 도시빈곤을 타개하기 위한 하나의 무기로 사용되어 왔다. 관련법의 수정 법률도 복합적인 결과를 가져왔다. 이 장에서 그런 노동법의 양태에 대해 논의하기로 한다.

5.5.1 최저 임금

대부분 현대 중남미국들은 육체노동자들의 임금 기반이 빈곤의 임계치 이하로 떨어지는 것을 보호하겠다는 원칙적 목표를 가지고 최저 임금 또는 최저 바닥 임금을 상향 조정해 왔다. 그러나 이러한 정책들은 비효과적이거나 비강제적이었다. 이유는 간단하다. 최저 임금 정책이 보호할 수 있는 임금은 이미 공식 채용된 근로자의 임금인 반면, 비공식 분야 근로자나 자영업자 대부분은 보호 대상이 못 되기 때문이다. 앞서 논의한 바와 같이 비공식 분야와 자영업자들은 정규직에 비해 낮은 소득을 얻고 있다.

선진국의 최저 임금에 대한 기본 논의는 높은 최저 임금과 실업 간 긍정적 관계를 제안하고 있는 기본적인 경제학 교과서에 근거를 두고 있다. 이러한 논의는 최저 임금법이 강제성이 없는 많은 중남미국에서는 다르게 적용되고 있다.

크리스텐센(Kristensen)과 커닝햄(Cunningham)(2006)은 최저 임금이 적용되는 경우 최저 임금은 평균 임금에 비해 낮을 수밖에 없는데, 왜냐하면 최저 임금이 낮을 경우 비공식 분야 근로자나 실업자 (여성, 청년 및 미숙련 근로자 등) 들이 보다 쉽게 공식 분야에서 일자리를 구할 수 있기 때문이라 주장하고 있다. 이러한 논리는 공식분야 채용 개인들은 비교적 빈곤을 겪게 되는 일이 적다는 앞서 논의한 우리의 논리와도 일치하고 있다.

5.5.2 해고 비용

해고된 근로자에 지급되는 보상금인 퇴직금은 중남미에는 실업 보험 제도가 없기 때문에 상대적으로 높다. 말하자면 중남미의 높은 해고 보상금은 어느 정도 정규직 고용 풀에서 낙오된 노동자 보호 보험 제도를 대신하고 있다. 2008년 세계은행 발간 보고서에 따르면, 중남미의 해고 비용은 해고 근로자 평균 약 53.9주분 급여 수준에 달하고 있는데 이는 OECD국의 근로자당 해고 비용이 25.8주 급여에 해당하는 해고 비용의 두 배 수준이다.

대부분 연구자들은 높은 해고 비용이 기업들이 공식분야 일자리를 제공하는 것을 막는 역작용을 낳고 있다고 지적하고 있는데, 왜냐하면 다음 부문에서 논의하겠지만 실업자, 비정규직 및 자영업자 등의 빈곤 발생률이 높기 때문이다.

우리는 잠재적 해결책으로 중남미 각국 정부들이 적절한 실업 보험 제도를 도입한다면 해결될 수 있을 것으로 본다. 그러나 실업 보험을 제공하기 위해서는 우선 적절한 재정 정책을 수립해야 할 것이다. 관련 재정 정책에 대해서는 제7장에서 논의하기로 한다.

5.5.3 급여세

중남미의 노령 연금, 건강 및 실업 보조금 등의 많은 사회적 보호 프로그램은 급여세를 재원으로 하고 있다. 이러한 기금은 강제적 연금 제도이다.

그러나 사회보장 분담금은 중남미 전 지역에서 인식이 좋지 못하다. 특히, 분담금을 세금으로 간주하고, 그 혜택에 대해서는 과소평가하는 것이다. 사회보장 분담금의 장기 혜택은 일반적으로 비용보다 많다. 그럼에도 불구하고, 근시안적인 정책 입안자들은 분담금의 세금적 성격만 강조하는 경향이 있고, 사회보장 분담금을 회피한다. 그럼에도 불구하고 중남미의 근시안적인 정책입안자들은 지나치게 세금구성 요소를 강조하는 경향이 있기 때문에 사회 보장 기여금을 기피하려는 성향을 가지고 있다.

중남미에는 개인의 퇴직금 계좌를 기반으로 하는 몇몇 기금 시스템이 있다. 칠레의 선구자적 기금 시스템은 후에 콜롬비아, 멕시코, 페루, 우루과이 및 기타 국의 좋은 선례가 되었다. 이러한 사회보장 제도는 고용된 개개인이 자신의 분담금을 세금이 아닌 그들 자신의 이익으로 인식할 수 있게 입증해야 한다.

더구나 많은 국가에서 급여에서 공제하는 분담금이 사회보장 적자를 줄이는데 사용되고 있다. 이것은 정말 세금으로서 결과적으로 공식분야 일자리 수요를 줄일 수도 있다. 조세 세금 수입이 어떻게 사용되는지 관점에서 바라보면, 세금은 잠재적으로 자영업과 비공식 고용을 증가시킬수 있고, 이는 빈곤과 상당한 상관관계를 갖게 된다.

중남미 인구는 노령화되고 있다. 그러므로 사회보장 개혁은 국민들의 권리 중에서 가장 중요한 부분이다. 그러나 사회보장 분담금 대신에 대부분 정부들은 노령 가족들에게 직접 현금을 지급하는 방법을 사용하고 있다. 이러한 정책들은 빈곤 감축 노력에는 도움이 될 수 있으나, 문제의 근본적 해결책은 되지 못한다. 즉, 공식 고용 접근 확대 및 모든 형태의 고용에서 사회보장 분담금이 납부되도록 하는 것이 필요하다.

5.6 빈곤 퇴치 목적 긴급 고용 창출

중남미는 빈곤 퇴치를 위한 다양한 조치 중 하나로 긴급 고용 프로그램을 창안해 왔다. 이들 프로그램들은 특히 경기 침체기에 실업 상태 빈곤층을 지원하고 있다. 그러나 이러한 프로그램들은 일반적으로 저생산성 일자리를 제공하고 항상 대정부 의존도의 증대 위험성을 가져오며, 지원 프로그램들도 항상 규모를 축소하기보다는 늘리기 쉬운 단점을 안고 있다. 간단히 말하면 긴급 고용책은 빈곤층의 소득 창출을 위한 능력을 높여 나가려는 안정적인 효과가 없는 단기 미봉책이거나 일시적인 정부 지원들이다.

여기서 우리는 중남미의 정책 담당자들이 빈곤 퇴치 대책으로 사용해온 두 가지 긴급 고용 프로그램에 대해서 논의하기로 한다. 두 프로그램은 모두 정부 보조금에 의존하고 있다. 첫 번째는 실업과 빈곤의 위험을 완화시키기 위해 긴급 일자리 창출에 나서는 것이다. 그러한 일자리는 단기의 비숙련 노동자용이며 직업 훈련과 기술 습득 과정을 제공하지는 않는다.

일반적으로 단기 취업은 도로 건설 같은 공공 부문 사회 간접 자본 건설 사업들로 중앙 및 지방 정부가 제공하고 있는데 그러한 프로그램들은 가장 기초적 빈곤 문제에 대한 단기 응급용 사업들이다. 더욱이 미숙련 근로자들에 의한 저생산성 공공사업에 시간 소모는 직업 훈련을 받은 장기 정규직 일자리를 구하고 있는 근로자들의 구직 시간 낭비를 줄여줄 수도 있다.

반면에 두 번째 프로그램은 빈곤에 시달리는 지역에 일자리 창출을 위한 긴급사회기금(ESFs) 조성으로 구성되어 있다. 이들 프로그램들은 빈곤 퇴치에 영향을 줄 수 있다. 긴급사회기금은 중남미국들 중 볼리비아, 니카라과, 페루 및 온두라스 등에서 도입되어 운영되고 있다.

일반적으로 이 기금은 공공사업을 위한 다자간 원조 기구에서 제공한 장기 정책 금융 라인을 통해 설치되고 있다. 이 기금의 특징은 수행하려는 공공사업의 형태에 대한 결정을 중앙집권적인 중앙 정부에 의해서 결정되는 것이 아니고 직접적인 수혜자가 될 지역사회 구성원들에 의해서 수행된다는 점이다.

긴급사회 기금은 중앙 정부에 의한 일자리 창출과 달리 일자리도 창출하고 동시에 건강, 교육 및 위생 등 부분에서 사회적 프로그램을 보조할 수 있다. 그러한 사회적 서비스에 대한 접근성 강화는 빈곤 퇴치에 중요하다. 그러나 이들 프로그램들의 진정한 효과를 조명하기 위해서는 긴급사회 기금에 대한 엄격한 영향 평가가 요구되고 있다.

5.7 소득 불균형 : 측정과 최근 추이

소득 불균형과 관련 표준 교과서적 전문 사항을 다루기 전에, 빈곤과 임금 격차는 기본적 건강 및 교육 접근에서부터 신용 및 저축 시설까지 포함한 다양한 채널을 통해 연결되어 있는 상이한 이슈들이라는 점을 분명히 하는 것이 중요하다.

그 위에 두 가지 이슈에 대해서 검토해 보면, 첫째 빈곤 문제와 달리 중남미의 소득 불균형 측정 관련 기존 논문들은 중남미의 빈곤층으로 분류되는 30% 이상과 비교해서 1% 미만의 최고 부유층들을 다루고 있다. 둘째 이러한 비교는 대체로 중산층을 과소평가하고 있다. 세계은행의 믿을 만한 자료에 따르면 중남미국 중 브라질, 멕시코, 페루, 아르헨티나 및 콜롬비아 등 인구가 밀집된 5개국은 중산층이 50%가 넘는 것으로 추계하고 있다.

이 두 문제는 단순하게 취급할 수는 없고 본 자료의 나머지 전 부분에 걸쳐 반복적으로 핵심 사항을 짚어 나갈 것이다. 이어서 전 세계적으로 소득 불균형에 대한 두 가지 표준 측정 방법인 소득 5분위 및 지니 계수에 대해서 검토하기로 한다.

5.7.1 소득 5분위 지수 및 지니 계수

가장 광범위하게 사용되는 소득 불평등 측정 방법은 Q5/Q1 5분위 지수와 지니 계수이다. Q5/Q1 지수는 최고 부유층(Q5)을 극빈층(Q1)으로 나누어 소득 비율을 측정한다. 기술적인 측면에서, 이 방식은 간단하다는 확실한 장점을 갖고 있다.

$$\frac{Q5}{Q1}\ \text{Index} = \frac{\text{Income } Q5}{\text{Income } Q1}$$

[그림 5.8] 로렌츠 커브

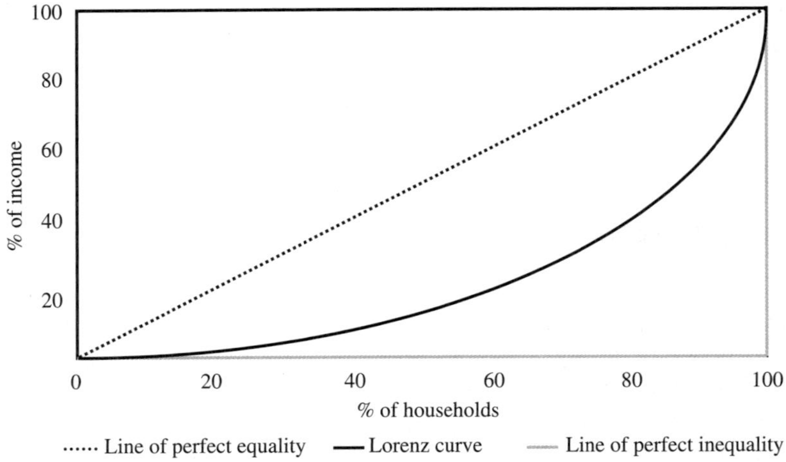

자료원 : Lorenz 1905 기반, 저자 재인용

그러나 비율은 시간이 지나도 일정할 수 있는데, 이점이 Q2, Q3, Q4 (소득 상승 순서로) 의 다른 분위 계층에서의 변화를 감지하지 못하는 단점이 있다. 이는 현대 중남미의 경우 더 문제가 될 수 있다. 왜냐면 앞에서 언급된 바처럼, Q2, Q3, Q4의 중산층이 더 활발하게 성장하는 추세가 목격되기 때문이다.

반면에 지니 계수는 Q5과 Q1분위만이 아닌, 전 국민을 포함해서 소득 불평등을 추정한다. 이 소득 불균형 측정 방법을 충분히 이해하려면 [그림 5.8]의 로렌츠 곡선 (Lorenz Curve)의 누적 소득 분배 개념을 이해해야 한다. 로렌츠곡선은 수평축은 좌에서 우로 소득의 저→고를 표시하고 수직축은 소득의 누적 분포를 아래에서 위로 표시하며 최적 소득분포는 45도 사선으로 표시한다.

반면 지니 계수는 완전 평등 아래 부분 영역, 즉 각 가계들이 얻는 총소득의 비율을 나타내는 점들의 연속선으로 나타난 완전평등선 아래의 삼각형 영역 비율의 추산을 통해 얻어지게 된다. 이러한 점들의 연속체는 로렌츠곡선의 U커브 형태로 나타난다. 분명한 것은 U 커브 형태의 크기는 소득 불균형의 증가와 지니 계수의 악화를 나타낸다.

지니 계수는 0과1 사이, 백분율 퍼센트로 나타낼 경우는 0과 100 사이의 숫자로 표기하며 숫자가 클수록 소득 분배는 더 불균형한 것을 의미한다. 지니 계수 집계를 보여

주기 위해, 다음의 예시를 들고자 한다. 각 가정의 가장들이 전체소득 또는 GDP에서 동일한 비율의 소득을 올린다고 가정해보자. 이 가상의 시나리오에서, 로렌츠 커브는 45도의 완전 평등선과 일치하게 된다.

[그림 5.9] 2000~2011년 중 중남미의 소득 불균형 지니 계수 개선 추세

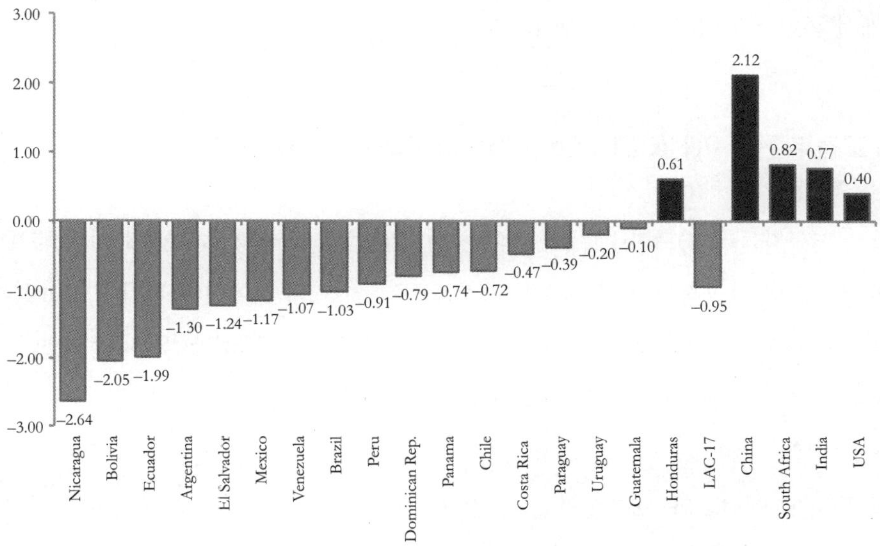

자료원 : Lustig, Lopez–Calva, Ortiz–Juarez 2013

지니 계수는 가설 상으로는 모든 가계의 소득이 완전 평등 상태일 경우는 "0"이 된다. 반대의 경우를 가정해 보면, 모든 국민 소득이 한 가계에 집중된다면 지니 계수는 완전 불균형한 "1"이 된다. 완전 불균형의 경우 곡선은 "L"자 형태를 취하게 된다. 따라서 지니 계수는 이 두 극단적 시나리오 사이에 위치하게 된다.

5.7.2 최근 불평등 추이

중남미의 최근 불평등 지수는 지니계수로 확인할 수 있다. 그림 5.3에서 보듯이, 중남미의 평균 지니계수는 약 0.50으로 전 세계에서 가장 불평등한 지역의 하나로 나타나고 있다. 그러나 2013년 세계은행이 발간한 자료는 중남미가 1990년대 말에는 지니

계수가 0.54였는데 2011년에는 약 0.48로 떨어졌음을 보여준다. 그림 5.9는 세계은행 연구자 데이터셋의 중남미 국가들 소득 불평등을 보여준다.

샘플의 17개국 중 온두라스만 지니 계수가 악화되었고 나머지 16개 국가에서는 지니 계수가 정도의 차이는 다소 있으나 개선되고 있음을 보여주고 있다. 조사 대상 중 21세기 첫 10년간 니카라과가 가장 큰 폭으로 지니 계수가 개선되었고 과테말라가 가장 개선 폭이 작았던 것으로 추계되고 있다.

5.8 조건부 현금 이전(CCT : Conditional Cash Transfer)

많은 연구자들에 따르면 21세기 들어 중남미의 소득 불균형은 중남미 최대 경제국들인 멕시코와 브라질의 지니 계수가 각각 1.17과 1.03씩 낮아진데 힘입어 낮아졌다. 피케티(Piketty, 2014)의 데이터에 아직 멕시코와 브라질이 포함되어 있지 않기 때문에 피케티가 채택한 불평등을 측정한 최신 접근법을 사용하는 대신 지니 계수 접근법을 사용했다.[30]

최근 들어 멕시코와 브라질의 소득 불평등이 낮아진 이유는 세 가지이다. 첫째, 1980~1999년 기간 중 이들 두 나라의 경제 성장은 세 가지 요인들에 의해 상승하였다. 둘째, 중남미 총인구 중 절반 이상을 가지고 있는 이들 두 국가의 고도성장은 중산층의 성장을 동반하였다. 셋째, 숙련과 미숙련 근로자 간 임금 격차, 즉 기술 프리미엄이 감소되어 왔다. 두 경제대국들은 중남미 전체와 비교해서 칠레 및 페루 등 중남미 평균 이상의 경제 활동을 수행한 국가들과 함께 지난 10년간 소득 불평등이 현저하게 개선되고 있다.[31]

본 장에서는 경제 성장, 중산층 증가 및 숙련 및 미숙련 근로자 간 임금 격차 감소 등에 의해 촉발된 소득 불평등에 대한 긍정적 효과를 과소평가하지 않고, 조건부 및 무조건부 현금 이전 규모가 빈곤 감축과 소득 불평등 감소를 가져온 영향에 대해서 검토하기로 한다.

5.8.1 멕시코의 Progresa / Oportunidades / Prospera Program

멕시코의 조건부 현금 이전 프로그램들인 Progresa /Oportunidades /Prospera 프로그램은 중남미와 전 세계 다른 지역 등에서 선구자적 빈곤 퇴치 캠페인 프로젝트이다.[32] 동 프로그램은 1994년~2000년간 통치한 세디요(Zedillo) 대통령 정부시 Progresa라는 이름으로 시작되었다.[33]

2000년도에 창립 70년을 맞이한 제도혁명당(PRI) 정권은 퇴진하고 국민행동당(PAN)의 폭스(Vicente Fox) 대통령이 집권하게 되었는데 이 정권에서도 이 프로그램은 승계되었다. 국민행동당 정권에서도 프로그램의 기본적인 내용은 변동이 없었으나 이름은 Oportunidades라고 개명을 하였다. 최근 재집권했던 제도혁명당의 니에토(Enrique Peña Nieto) 정부가 다시 Prospera로 개명을 하여 수행했다.

멕시코의 각 정권이 프로그램 이름을 Progresa /Oportunidades /Prospera 이라 선택한 것은 주로 의미론적인 선택이었으며 주력 조건부 현금 이전 프로그램에는 미세한 변화가 있었을 뿐이다.

더욱이 동 프로젝트는 당시 중도파와 중도우파를 대변하던 PRI당과 PAN당 간 효과적인 빈곤 퇴치 수단으로 합의가 되어 있던 것이었다. 따라서 본 자료에서는 앞으로 멕시코의 빈곤 퇴치 정책인 멕시코의 조건부 현금 이전 프로그램(MCCTP : Mexican Conditional Cash Transfer Program)의 이름을 비록 정권들이 순차적으로 Oportunidades와 최근에는 Prospera로 바꾸어 불렀지만 여기에서는 Progresa로 부르기로 한다.

빈곤에 시달리는 가계는 소외된 농촌이나 도시 외곽에서 살거나 빈곤조사 지침에 따라 빈곤 한계치 이하로 떨어졌을 경우 Progresa 프로그램 수혜 가정으로 결정된다. 최근 추산으로는 약 580만 가정이 약칭 MCCTP 라고 하는 Progresa 프로그램의 혜택을 받고 있는 것으로 집계되고 있다. 주로 식품구입, 아동과 수유모의 영양보충, 수혜가정의 아동으로 건강 보호 및 학교 등교와 관련 예방 조치를 받을 수 있는 조건의 아동보호 등 용도로 지정된 멕시코 여성에게 현금이 지급되고 있다. – MCCTP의 약자가 의미하는 바처럼, 수혜가정의 아동들이 예방 의료보호를 받고 학교에 출석하는 조건하에, 어린 아동과 수유모들의 식량 및 영양 보충제 구입을 위한 현금을 여성들에게 지급한다.

첫 수혜 자격 가정은 506개 마을을 대상으로 조사하기 시작했다. 엄격한 영향 평가를 위해 Progresa 프로그램 조사팀이 임의로 320개 마을을 선정하고 1998년 4월 수혜 자격 가정을 선발했다. 나머지 186개 마을에 대한 수혜 자격 가계의 선발은 1999년 11월에 이루어졌다.

1998년 4월 건강 예방 보호용 현금이 지급된 마을과 1999년 11월 지급된 마을간 18개월간의 수혜 자격 심사 기간 차이는 거틀러(Gertler)와 보이스(Boyce; 2001)가 아동의 인지 능력, 체중, 키 등과 같은 건강 관리 결과에 대한 영향 평가를 하는 데 활용할 수 있었다. 보다 많은 누적 현금 이전은 보다 양호한 건강관리 결과를 만들 수 있었다.

교육부문 지원과 관련해서 아따나시오(Attanacio), 메기르(Meghir) 및 산티아고(Santiago)(2012) 등은 멕시코의 현금 이전 프로그램(MCCTP)이 초등 교육 및 초등 교육 후 학교 등록과 중등 과정 진학 등에 잠재적으로 긍정적 영향을 미쳤다고 주장했다.

이 자료를 집필하던 시기에는 Progresa 프로그램이 가져온 인적 자본, 생산성 및 임금 등에 미친 영향을 종합 평가하는 것은 시기상조이거나 아니면 기술적으로 불가능했다고 생각한다. 논란의 여지없이 수백만 가난한 멕시코 가정이 동시에 더 많은 수입을 창출하고 미래 세대의 인적 자본에 투자하려고 할 때 더 낮은 부담을 갖게 했다.

또한 최근 행동 경제학 논문에 의하면 자녀들을 인적 자본 사다리에 올려놓기 위한 교육비 부담이 적을 경우, 가정의 가장들은 자신의 잠재적 소득 창출에 보다 집중할 수 있다고 말하고 있다.[34]

또한 MCCTP 수혜 대상 인구 중 중산층에 합류해 수혜 자격을 상실한 가계들은 "졸업"하게 된다. 본 자료의 저자 중 한명은 멕시코의 사회 개발 싱크탱크인 FOSIDES에서 증가하는 수혜 자격 상실 가계를 분류하기 위해 조심스럽게 빈곤층 가계를 평가하는 연구 작업을 수행하고 있다.[35] 끝으로 멕시코의 조건부 현금 이전 프로그램은 여성 가장에 유리하도록 짜여 있다.

첫째는 이전현금은 여성 가장에게 지급한다.

둘째는 학교 취학 학년수와 함께 이전 금액이 증가되는데 남자아이보다는 여자아이에게 더 많이 지급된다. 다시 말하면 중남미의 사례를 분석하는 것은 시기상조일 수 있으나, 대부분 계량 경제학 연구는 여러 곳에서 체계적으로 수행되고 있는데 여성 가장의 늘어난 수학 연한은 통계상 중요한 변수로 가계 소득과 인적 자산에 대한 투자 등에 긍정적 영향을 가져오고 있음을 보여주고 있다. 더욱이 일부 연구들은 여성 소득은 낮은 소득 불균형과 확실히 깊게 연계되어 있음을 보여주고 있다.[36]

셋째는 2000년대 Progresa 프로그램은 소액 금융 지원 프로그램도 포함되어 있는데 그 수혜자 대부분은 여성들이다. 최근 멕시코의 대표적 소액 금융 지원 프로그램에 대한 평가는 소액 금융이 투자와 다른 이자 소득, 신뢰와 인적 자본 육성과 같은 부문에도 긍정적인 효과가 있음을 시사하고 있다. 소액 대출에 대한 이자율이 낮을 경우 긍정의 사회적 효과는 더 커지게 될 것이다.[37]

소득 불평등에 대한 Progresa 프로그램 확대의 전반적인 효과는 추정된 것으로 러스틱(Lustig), 로페스-칼바(Lopez-Calva) 및 오르티스-후아레스Ortiz-Juarez, 2011) 등에 따르면 동 프로그램 시행 전후의 지니 계수를 비교할 때 Progresa 프로그램이 멕시코의 소득 불균형율이 18%나 떨어지도록 기여한 것으로 나타나고 있다.

5.8.2 브라질의 볼사 파밀리아 (Bolsa Familia) 및 지속적 현금 혜택(Benefício de Prestação Continuada)

브라질의 조건부 현금 지급 프로그램인 볼사 파밀리아(BF)는 세계에서 규모가 가장 큰 프로그램이다. 동 프로그램은 2004년에 시작되었는데 그 후 빠르게 규모가 커졌다. 2008년도까지 약 1,100만 브라질 가정이 수혜를 받았다. 멕시코의 선례와는 달리, 브라질의 볼사 파밀리아는 저소득 가정의 가족 수가 많고 부양 아동과 어린아이 숫자가 많은 가계에 현금을 지급해 주는 형태로 운영되고 있다.

달리 말하면 Progresa와 달리 Bolsa Familia는 직접적으로 건강이나 교육 문제를 타깃으로 삼지는 않으나 하부 프로그램으로 Bolsa-Escola Program (BEP)을 통해 간접적으로 인적 자본에 투자를 하는 형태이다. 이 프로그램은 수혜 대상 가족들이 부양하고 있는 어린이 숫자에 따라 현금을 수령하고 있어 아동에 대한 인적 자본 누적 투자비용은 낮다.[38]

2007년에는 브라질 정부가 학교 등교 기회비용을 낮춤으로써 명확하게 표적 아동들을 결정했다. 특히, 뒤늦게 아동 노동을 근절시키려는 목적으로 BF 프로그램의 일환으로 아동 노동 퇴출 프로그램(PETI : Programa de Erradicação do Trabaho Infantil)을 가동시켰다. PETI 프로그램의 주목적은 7세~15세 연령 아동을 가진 가족에게 직접 현금 지원을 통해 아동 노동을 중지시키려는 것이다.

아동을 가진 저소득 가계에 대한 추가 지원은 이외 학비, 가스 및 식품 지원 등이 포함되고 있다. 소득 불균형에 대한 BF 프로그램의 복합적 효과는 평가하기가 난해한 일이다. 그러나 최근의 분석으로는 BF 프로그램을 통한 아동건강 및 교육 부문 투자 목적의 간접적인 현금 지원이 최근 브라질의 소득 불균형의 하향에 미세하지만 긍정적 영향을 가져오고 있는 것으로 나타나고 있다.[39]

노년층과 관련하여 브라질 정부는 1996년부터 빈곤 퇴치 프로그램으로 지속적 현금혜택(BPC : Beneficio de Prestação Continuada) 프로그램을 시작했다. 그 프로그램은 65세 이상 노인을 부양하는 저소득 가계를 표적으로 삼고 있다. 페레이라(Ferrari et al, 2011)에 따르면 이 프로그램은 빈곤을 완화하는 데는 비효과적으로 밝혀졌다. 왜냐하면 21세기 들어 첫 10년 동안 식품 물가가 상당히 올랐기 때문이었다. 반면, 러스틱(Lustig), 로페스-칼바(Lopez-Calva) 및 오르티스-후아레스(Ortiz-Juarez, 2011)는 BF와 BPC의 복합 효과는 브라질의 소득 불균형을 20% 정도 낮췄다고 말하고 있다.

5.8.3 칠레의 윤리적 가족 소득(IEF : Ingreso Ético Familiar : Ethical Family Income)

빈곤과 싸우기 위한 가장 강력한 무기 중 하나는 칠레 정부가 2011년에 가동시킨 윤리적 가족 소득(IEF)이었다. 이 프로그램은 총인구 중 5분위 극빈층을 대상으로 조건부 및 무조건부 등 두 현금 지급 방법으로 구성되어 있다.

IEF 프로그램은 어려운 형편의 가정들이 소득 확보 및 기회를 가질 수 있도록, 취약 가계 및 계층을 대상으로 포괄적이고 지속적인 지원과 맞춤형 활동을 통해 운영되고 있다. 또한 IBF는 빈곤 가족들에게 힘을 실어주고 사회적으로 일을 하는 정규 부문 노동력 풀의 구성원에 포함시키려는 데 목적을 두고 있다.

IBF 프로그램 대상 가계는 축(axis) 프로그램에 참여하게 된다. 이 프로그램의 주요 목적은 우선 빈곤을 진단하는 것이고, 이후 정부의 개입 플랜을 설계하고, 최종 결과를 평가하는 것까지 이어진다. 수혜 자격을 갖춘 가계의 동의 이후, 정부의 개입은 심리사회적 프로그램을 포함하며, 이는 기술 습득, 사회참여, 노동 참여 가이드, 소득 창출 활동을 위한 교육 등을 포함한다.

이러한 활동과 함께, IBF 프로그램은 극빈 상태 삶을 살고 있는 가정에는 보너스와 조건부 현금을 지급하는 한편, 여성을 위해서는 취업 보조금도 지급한다. IBF는 존엄(dignity), 책임(duty)과 성취(achievement)라는 세 축을 기반으로 현금을 지급한다.

"존엄" 축은 극빈층 가족에게 즉각적인 구호를 제공하기 위한 목적으로 무조건적 현금 지급을 포함하고 있다. 금액은 가족의 특성에 따라 제공된다. "책임" 축은 조건부 현금 지급을 포함한다. 조건은 6세 이하 어린이는 건강검진을, 6세~18세 연령의 아동들은 최소 월별 85% 이상 학교 출석을 강제화하고 있다. 존엄과 책임 축 아래 현금 지급은 최대 기한이 24개월이다.

끝으로 "성취" 축은 가장 취약한 인구의 30%를 대상으로 하며, 보다 중요한 점은 25세에서 59세까지의 연령층의 여성이 성공적으로 일자리를 구했을 경우는 보너스를 지급하고 5학년 이상의 학생 중 학업성적이 우수한 30%에 대해서는 다른 보너스를 인센티브로 제공한다.

멕시코와 브라질의 빈곤 퇴치 프로그램들과 비교하면, IBF의 독특한 특징은 그들 스스로 가난에서 벗어나려는 노력을 하는 가족들에게 인센티브를 제공하고자 하는 점이다. IBF의 조건부 현금 지급 요소의 설계는 사회 심리적 프로그램과 결합되어 있고 취업 지원은 항구적인 정부 지원 의존경향을 피하려는 핵심 프로그램이다.

이 프로그램에 대한 빈곤 문제 전문가들의 종합적 학술적 평가는 아직 공식적으로 제기된 바 없지만, 이 프로그램은 유망하고 아이디어도 참으로 매력적이다. 멕시코와 브라질의 조건부 현금 지급 프로그램의 경우와 같이 아동과 노령층만이 아닌 성인과 아동을 포함한 모든 가족 구성원의 생활 여건을 개선해 보려는 노력에 대해 인센티브를 제공한다는 점이 특이한 프로그램이다.

칠레의 IBF 프로그램은 한 가족을 하나의 경제 단위로 간주하고 정부 지원에 대한 지속적으로 또는 지나친 의존도를 낮춰 나가려는 목적으로 각 가정 단위의 가족구성원 모두를 인센티브를 제공하는 대상으로 삼고 있다는 특징을 가지고 있다.

5.9 맺는말

대다수의 중남미인들은 여전히 가난하게 살고 있다. 경제 위기 시기, 스태그플레이션, 경제 개혁 및 1980년대 및 1990년대의 완만한 회복기 등에 비해 최근 들어 빈곤율이 점차 낮아지고 있는 것이 높은 경제 성장률과 연동되어 있음은 부인할 수 없는 사실이다. 21세기의 성장 가속화는 동일하지는 않지만 빈곤 감소는 경제 성장을 반영하고 있다.

본 장은 빈곤에 대한 대부분의 정의는 모호하고 혼란스럽다는 점을 설명하였다. 그럼에도 불구하고, 원조 기관들과 이 지역의 정책 담당자들은 두 가지 폭넓은 빈곤 대책을 실행하여 왔다. 이러한 조치들은 UBN과 CBN의 두 가지 서로 다른 측정 방법의 결과이다.

이들 방법들은 수많은 결점에도 불구하고, 그러한 추산은 높은 빈곤율을 체계적으로 전달하고 있다. 개략적 추정치로는 중남미의 빈곤 가계 중 50% 이상이 중남미 경제대국들인 멕시코와 브라질에 집중되고 있음을 보여주고 있다.

중남미 빈곤층의 대부분은 도시 및 도시 주변부에 살고 있는데, 실업, 비공식 근로자, 청년, 여성, 아프리카계 및 여타 종족 그룹들을 포함하고 있다. 중남미 인구 중 누가 더 빈곤에 빠질 가능성이 높은지 파악하는 것이 공식분야 일자리 창출, 성차별·인종 및 종족 차별 대처 정책, 그리고 보다 더 중요한 인적 자본 축적 등과 관련된 정책 수립에 중요한 의미를 갖는다. 숙련 노동력의 확대가 이 지역이 필요로 하는 성장 도모에 도움이 될 것이며, 또한 보완적 연금과 사회 보장 개편에서 발생하는 노년층과 재정 적자의 경제적 비용을 완화시켜 줄 것이다.

빈곤과 소득 불평등 두 가지가 중남미에서 동시에 나타나는 문제들이다. 중남미의 지속적인 소득 불평등은 아프리카만이 비교 가능한 수준이다. 그럼에도 불구하고 지니계수로 나타난 최근의 통계는 (앞에서 자세히 설명하였듯이) 불평등의 감소세를 보여주고 있다. 이제는 중남미의 소득 불평등 개선 중 어느 정도가 경제 성장에 기인한 것이며, 또한 어느 정도가 멕시코의 Progresa /Oportunidades /Prospera 등과 같은 사회적 재분배 프로그램들에 힘입은 것인지 정확히 분별하는 것이 향후 중요한 연구 주제가 될 것이다.

현대 중남미 소득 불평등과 관련하여 독특한 것은 정치경제적 측면에 있다. 중남미는 일찍이 분쟁과 정치소요가 많았는데, 이는 빈곤과 소득 불평등의 결과였다. 최근에는, 이 지역의 신생 민주주의 국가들에서 선출직 정책 담당자들이 빈곤 감축 및 성장세에 있는 중산층의 요구를 충족시켜야 하는 이중 목표에 직면한 것이 확인된다. 이 두 문제는 꼭 같이 조정될 수 있는 사안들이 아니다. 종족과 인종차별에 의한 빈곤은 환경의 영향을 많이 받는다. 따라서 이를 해결하기 위해서는 대상 선정과 디자인이 잘 된 빈곤퇴치 캠페인을 분권화를 통해 현지에 맞게 실행해야 한다. 이 측면에서 중남미는 좋은 성과를 보여왔다.

보다 폭넓은 맥락에서 볼 때, 사회 정책들은 빈곤 탈출뿐 아니라 중산층의 공고화를 위해서도 계속 시행되어야 한다. 그러므로 사회 정책의 재설계는 중산층 집단이 요구하는 사회 서비스의 세심한 분석에 기반해야 한다. 각종 분쟁과 정치적 충돌들이 빈곤과 소득 불평등에 의해 유발되었던 20세기와는 달리, 현재의 사회적 압력들은 중산층 현상으로 나타나고 있다. 현대 중남미 경제의 사회적 불안은 그 자체가 거시 경제적 포퓰리즘으로 발생한 것이며, 이는 다음 장에서 검토한다.

요약

- 중남미에서 가장 폭넓게 사용되는 빈곤의 측정 방법은 미충족 기본 욕구(UBN)와 기본 욕구 비용(CBN)의 측정 방법이 있다. 두 방법 모두 장점과 단점 양면을 가지고 있다. 두 방법은 서로 보완과 대체 방법으로 인식되어야 할 것이다.
- 사용된 측정값과 관계없이, 모든 증거는 중남미 경제의 21세기 초 높은 성장률이 빈곤율을 낮추었음을 보여준다.
- 그럼에도 불구하고, 중남미 전체 인구의 30% 또는 그 이상이 극빈층으로 추산되는데, 이들 중 다수가 중남미의 경제 대국들인 브라질과 멕시코에 거주하고 있다.
- 빈곤 퇴치 캠페인은 대부분 지역에서 빈곤 완화 노력에 기여하였다.
- 실업, 비정규직, 청년 및 여성 가장 가정 등 사이에 빈곤이 확산되어 있음을 인식하고 빈곤 퇴치 캠페인 프로그램들이 이에 맞게 설계되고 있다.
- 빈곤은 다차원적이지만, 실업 및 실직근로자들이 주요 타깃으로 보호를 받고 있으며 일자리 창출을 위한 긴급사회기금(ESFs)이 문제를 완화하는 데 도움이 되고 있다.
- 중남미의 급·만성 빈곤은 아프리카계, 농촌 및 주변부 거주 인종 그룹과 여성 등에 확산되어 있다. 이들 그룹은 특히 낮은 소득 수준, 보건 위생 및 교육에 대한 접근성 결여, 사회적 차별 등으로 고통을 받고 있다.
- 여성을 향한 지속적인 성차별도 가난과 연결되어 있다. 도시 지역에서 지배적인 현상으로서 동등 교육 수준을 가지고 있는 여성 정규직 근로자가 같은 조건의 남자 근로자보다 적은 임금을 받고 있다
- 중남미 지역의 유치 단계 민주주의는 증가세에 있는 중산층의 사회적 서비스 욕구를 과소평가해 왔는데, 이는 이제 새로운 정치적 분쟁과 사회적 불안 요소가 되고 있다.
- 소득 측면에서, 중남미는 소득 불평등 측정 방법으로 가장 널리 사용되고 있는 소득 5분위 지수와 지니 계수로 전 세계에서 가장 불평등한 지역 중 하나이다.
- 최근 통계로는 엘살바도르 외의 대부분 국가에서 소득 불평등이 개선되고 있다.
- 대부분 국가에서 소득 불평등 문제는 사회적 프로그램을 통해서 직접 대응해 오고 있는데 기본적 목적은 빈곤층의 지위를 중산층으로 상승시키는 것이다.
- 사회적 프로그램들은 대부분 조건부 현금 이전 프로그램이며 주요 타깃은 미래 세대를 위한 건강관리 및 교육 보조이다. 노년층에 대해서는 가계 소득 증대를 가져올 소득 창출 지원 방안을 통해 정부의 현금 지급 프로그램 등에 대한 의존도를 낮춰 나가는 데 목표를 두고 있다.

- 대부분의 사회적 프로그램은 여성을 타깃으로 하고 있다. 멕시코와 브라질은 입증된 결과와 함께 빈곤 퇴치 사회적 프로그램의 선구자 역할을 해왔다. 브라질과 멕시코의 프로그램과 비교하여 칠레의 사회적 프로그램은 보다 포괄적이며 전망이 밝은 것으로 극빈층 가정의 구성원들이 스스로 고질적인 빈곤으로부터 벗어나려는 자구 노력을 하도록 하는 인센티브 부여에 집중하고 있는 점이 특징이다.
- 당대 중남미 대부분 국가에서 빈곤과 소득 불평등이 낮아지고 있는 것은 한편으로는 높은 경제 성장률과 사회 프로그램에 힘입고 있다. 그러나 아직 민주주의가 미성숙한 중남미의 경제 성장과 사회적 프로그램으로부터의 혜택 추적은 여전히 앞으로의 연구 도전 과제로 남아 있다.
- 모든 당대 중남미 국가들은 빈곤 구제 노력과 성장하는 중산층의 공고화 지원을 위한 재정 마련의 이중고에 놓여 있으며, 점점 더 사회적 서비스에 대한 접근강화 욕구가 높아지고 있는 추세이다.

주목해야 할 포인트

1. 중남미에서 빈곤 측정 방법으로 가장 광범위하게 사용되고 있는 두 방법의 유·불리점은?
2. 중남미 지역 빈곤의 주요 특징은 무엇인가?
3. 중남미에서 극빈국으로 분류되는 3개국과 상대적으로 덜 빈곤하다 분류되는 3개국에 대한 간략한 설명은?
4. 21세기 들어 중남미의 빈곤이 낮아지고 있다. 간단하게 "왜"를 설명하고 민주주의가 제 역할을 하고 있는지 여부를 설명한다면?
5. 빈곤의 근본 원인과 가까운 원인이 무엇이며 어떻게 싸워나갈 수 있을까?
6. 왜 여성들이 남성보다 제도적으로 빈곤한가? 그리고 무슨 정책이 성차별에 가장 적절한 대책이 되는가? 중남미의 구체적인 사례를 들어 설명한다면?
7. 중남미의 빈곤 및 소득 불균형의 퇴치 노력 규모를 축소해야 할 정도로 중국의 경제 성장세가 둔화될 것으로 예상하는가?
8. 멕시코, 브라질 및 칠레의 대표적인 빈곤 퇴치 캠페인을 간략히 설명하시오. 어떤 방법이 가장 효과적으로 보이는지 그 이유를 설명하시오.
9. 브라질 빈곤 퇴치 캠페인의 중요한 특징은 노년층을 타깃으로 한다는 점이다. 왜 이러한 브라질

프로그램이 효과적이라 입증되고 있는가?

10. 노년층에 대해 직접 현금 지급 방법과 포괄적 연금 개혁으로 대체하는 방안 중 어느 대책을 선호하는가?

11. 중남미의 빈곤층과 중산층 중 어느 계층이 중국의 경기 침체로 보다 고통을 받는다고 생각하는가?

추가 자료

○ 빈곤선 문제 : Amartya Sen(1976)

○ 포괄적인 빈곤선 측정 관련 설명 : Martin Ravallion(1998)

○ 중남미의 빈곤 정책 : World Bank Research (2013)

○ 중남미의 중산층 부상 및 향후 전망 등 : Francisco Ferreira et al.(2012)

6 중남미 발전의 정치 경제

앞 장에서 다루었던 가장 광범위한 주제 중 하나는 경제 성장 강화 정책과 제도 관계였다. 앞서 중남미가 농촌 지역이었던 식민지 시대까지 소급해서 소득 불균형과 장기 성장궤도에 초점을 맞췄던 첫 장에서와 대조적으로 본 장은 제3장의 ISI 정책 시대의 국가 개입 정신에 가장 가깝다. 특히 이 장에서는 거시 경제적 포퓰리즘이 장악하고 있던 농촌 지역에서 부상했던 포퓰리스트 정치 경제의 기초를 분석해 본다. 그러한 현상은 새로운 것이 아니다. 중남미의 포퓰리즘은 1920년대로 소급된다.[1] 최근 중남미에서는 유럽계와 메스티소 그리고 원주민과 비(非)원주민 인구 간 인종차별 문제를 강조하는 정치 경제 이슈가 포퓰리스트적 토픽 중 새로운 이슈로 추가되어 왔다.

포퓰리즘은 정확하게 정의하기가 어렵다. 그러나 중남미에서는 포퓰리즘의 의미를 정의하는 것이 조금은 덜 어려운 문제이다. 경제학자의 관점으로부터, 그리고 20세기 중남미 상황에 영감을 받은 돈부시와 에드워드의 중요한 저술을 인용하자면, 거시경제 포퓰리즘은 성장과 소득 분배를 강조하고, 반면에 인플레이션과 적자 재정의 위험, 그리고 공격적 비(非)시장 정책들에 대한 경제 주체들의 반응은 경시하는 경제적 접근을 의미한다.[2]

제4장과는 반대로 1980년대와 1990년대의 구조 개혁에 초점을 맞추고 바라보면 거시 경제적 포퓰리즘은 과거의 유령이 아니다. 다른 형태와 형상의 포퓰리즘은 21세기

중남미의 현실이다. 포퓰리즘은 소득 불균형이 낮아지고 있음에도 불구하고 몇몇 국가, 지역 또는 소지역들에서 다시 등장하고 있다. 제5장에서 살펴본 바와 같이 사실 소득 불균형은 단지 몇 개국에서 감소되어 왔다. 빈곤과 소득 불균형의 감소와 함께 부상하고 있는 중산층의 비중이 높아지고 있다. 아직 아르헨티나, 볼리비아, 에콰도르 및 베네수엘라와 같은 국가에서는 포퓰리스트적 수사와 정책들이 회귀하고 있다.

석유 부국 베네수엘라는 극단적인 사례이나[3] 다른 국가, 지역 및 소지역들에서도 포퓰리스트 정치지도자들은 반제국주의 사상의 베일 속에서 시장지향 개혁에 저항하고 있다. 그러한 포퓰리스트 부활의 뿌리는 무엇인가? 포퓰리스트 수사학의 부재가 모든 주요 기득권 이익단체들을 감추어 주고 있으며, 이것이 이 지역 신생 민주주의 발전에 위협이 되고 있는가?

멕시코와 같은 중남미국들에는 당대에 적어도 세 가지 새로운 도전 과제들이 나타나고 있다. 첫째, 민간 독점 및 과점자의 자기 이익 방어 능력이 뛰어나다. 둘째, 공공 부문 근로자들과 노조는 시장 지향적 개혁에 자주 저항하는데, 이는 시장에서 소외된 자들을 희생시켜 내부자들을 보호하기 위함이다. 또한 이 과정에서 외국인 투자 유입은 감소하고 생산성 향상도 저해되는 결과가 나타난다. 셋째, 분권화는 국가 및 시 단위에서 이해당사자 그룹에 의해 지방이 장악되도록 하였다. 분권화된 공공사업 및 사회 프로그램들을 위한 지출이 이와 관련된 공통적 사례들이다. 어떤 방법으로 정책입안자들이 효과적으로 제도적 장악에 대처하고, 익히 알려진 모든 부패 형태와 싸울 수 있을 것인가?

본 장의 다음 섹션 6.1에서는 1920년대로 소급해서 포퓰리즘에 대한 간략한 개관을 보여준다. 이어 섹션 6.2에서는 1980년대와 그 이후 시기의 거시 경제적 포퓰리즘의 구체적 사례들을 제시한다. 섹션 6.3에서는 1990년대 구조 개혁으로 발단된 거시 경제적 포퓰리즘의 퇴조를 논의한다. 섹션 6.4에서는 중남미의 다양한 지역에서 포퓰리스트 정책의 지속과 부활을 분석해 본다. 이 부분에서는 21세기 아르헨티나, 볼리비아, 에콰도르 및 베네수엘라 등의 포퓰리스트 움직임을 살펴보기로 한다. 섹션 6.5에서는 민영화 이후 민간 부문 독점의 규제 포획 주제를 들여다보기로 한다. 섹션 6.6에서는 국영 기업과 최근 일부 지역의 국유화 파도를 논한다. 섹션 6.7에서는 요약과 일부 맺음말을 제시한다.

6.1 포퓰리즘 : 역사적 배경

코니프(Conniff, 2012, 2014)는 정치학적 접근법으로 중남미 포퓰리즘의 역사적 근거를 수집하고 있다. 그는 포퓰리즘을 수많은 유권자들을 선거운동에 끌어 들이고 사망 후에까지 무한한 충성을 유지하도록 하는 화려하고 매력적인 정치인들의 확대된 선거운동이라 정의하고 있다.[4]

포퓰리즘은 19세기 말까지 중남미에서 가장 경제적 선진국이었던 아르헨티나에서 처음 나타났다. 그 당시 아르헨티나는 국민 1인당 GDP가 전 세계 상위 5개국에 속했던 국가였으며, 아르헨티나의 당시 성장 전망은 호주의 전망과 비등했다. 반면 호주는 최근 통계에 의하면 현재 세계 5위의 부국에 랭크되어 있는 국가이다.[5] 참고로 최근 아르헨티나는 전 세계에서 60위 수준에 위치하고 있다.[6]

포퓰리즘은 20세기 들어 아르헨티나 경제가 추락하는데 기여한 원인 중 하나였다. 아르헨티나의 첫 포퓰리스트 리더는 이리고엔(Hipólito Yrigoyen)으로 1916년에 민주적으로 당선된 바 있다. 당시 아르헨티나 헌법은 이리고엔에게 1922년에 재선에 나서는 것을 허용하지는 않았으나 그는 후계자를 성공적으로 지명할 수는 있었다.[7] 그의 정책은 쇠고기 포장 플랜트를 건설함으로써 중남미 남미 남부 지역 국가에서 첫 공업화의 발자취를 남기며 그를 농촌 노동자 계급 출신 엘리트로 인식시켰다.

아르헨티나는 중남미에서 가장 활발한 노동운동을 통해 중산층으로부터 지지를 받았던 후안과 에비타 페론(Juan and Evita Perón) 정부가 1940년대에 ISI 정책을 시작했던 국가이다. 페론의 정책과 전술은 키르츠네르(Néstor Kirchner)와 그의 부인으로 2007년과 2011년에 각각 대통령으로 당선되었던 크리스티나 페르난데스(Cristina Fernández de Kirchner)에 의해 재현되었다. 그러나 2015년 대통령 선거에서 마크리(Mauricio Macri) 대통령 정부로 바뀜에 따라 13년간의 키르츠네르주의(Kirchnerism)도 막을 내렸다(섹션 6.4에서 다시 상세하게 설명한다).

20세기 대부분 시기 동안 애국주의 수사학이 아르헨티나 뿐만 아니라 전반적인 포퓰리즘의 주요 특징이었다. 멕시코가 카르데나스(Lázaro Cárdenas) 정부 치하인 1938년부터 석유 산업의 국유화를 단행한 이래 중남미 전체에서 정치지도자들이 반외국인 투자 기치를 내걸었었다.[8] 최근 니에토 정부가 석유 산업과 다른 부문의 외국인 투자를 받아들이기로 결정해 멕시코 경제 개발을 위한 전략적 개혁이라고 간주되었던 에너지 개혁은 과거 중도우파 PRI당 멤버들이었던 ISI 사고방식의 계승자들로부터 극렬한 반대에 부딪혔다.[9]

베네수엘라에서는 1940년대 좌익 대통령이었던 베탕쿠르(Romulo Betancourt) 치하에서 민주행동당(AD ; Acción Democrática)과 그의 유지에 따라 민주적으로 선출된 리더나 군부출신 리더들이 국가 정책 수립, 특히 외국인 투자 관련 정책 수립 시 업계 대표들에게 불간섭을 약속했다.[10] 페레스(Carlos Andres Perez) 정부 아래서는 1976년 "위대한 베네수엘라 플랜"을 통해 베네수엘라석유회사(PDVSA)를 국유화시키고 ISI 정책 아래 산업 생산 다변화를 추진하였다. 차베스(Hugo Chavez) 대통령은 1999년에 PDVSA와 다른 산업에 대한 국가 개입을 강화하면서 석유 수입의 막대한 부분을 사회 프로그램에 할당하도록 조치했었다. 우고 차베스는 아르헨티나의 페론주의자들의 정책이나 멕시코의 에체베리아 스타일의 PRI 정책과 같이,[11] 베네수엘라의 현 마두로(Nicolás Maduro) 대통령을 후계자로 지명하였다.

마두로 대통령을 통해 진행형인 차베스 정책은 세계 7번째 석유 수출국 경제를 완전 카오스 상태로 만들어 놨다. 베네수엘라의 GDP는 IMF의 최근 공식 통계로는 2014년에는 −4%, 2015년에는 −7% 이상 마이너스 성장을 기록했고, 동시에 인플레이션도 2013년에는 40% 이상, 2014년도에는 62%, 2015년도에는 약 40%를 기록한 것으로 알려지고 있다.[12]

브라질의 전임 룰라(Luis Ignacio Lula da Silva) 대통령은 21세기 포퓰리스트 정치가로는 알려지지 않았지만 2003년도부터 베네수엘라 차베스 대통령 정부와 비즈니스 목적이라고 말은 하고 있지만 밀접한 관계에 있었던 대통령으로 알려지고 있다.[13] 여기에는 브라질 북동부 지역에 건설하려던 베네수엘라 석유 공사(PDVSA)와 브라질 석유 공사(Petrobras) 간 140억 불 규모의 정유 공장 건설용 차관 제공도 포함되어 있었다. 그러나 2016년까지 브라질을 통치했던 룰라 대통령 후임 호세프 대통령은 베네수엘라와 다소 거리를 두고 합작 정유 공장 건설 계획도 취소시켰다.

중남미 모든 나라의 포퓰리스트의 이념과 실제를 다루는 것은 본 장의 한계를 넘는 일이다. 그러나 차베스의 포퓰리즘 유산이 21세기 중남미 다른 지역의 포퓰리즘 행태에 벤치마크가 됐다는 설명은 충분하다. 드레이크(Drake, 2012)에 따르면 칠레는 일찍이 정치학자들이 정의했듯이 중남미에서 포퓰리즘이 자리를 잡지 못한 몇몇 국가 중 하나이다. 그러나 일부 경제학자들은 이에 동의하지 않고 있다. 예컨대 라레인(Larrain)과 멜(Meller)(1990)은 아옌데 정부는 분명히 사회주의-포퓰리스트 자취를 남긴 정부였다고 주장하고 있다.

드레이크(Drake, 2012)는 21세기 칠레에 관하여 포퓰리즘을 막는 것은 정당이 전통적인 지도력을 되찾고 대중을 다시 정치 활동에 통합시키면서 노동자 계급의 불만을 충족시켜 나가는 능력에 달려 있을 것이라 경고하고 있다.

6.2 거시 경제적 포퓰리즘

돈부시(Dornbusch)와 에드워드(Edwards)는 확대 재정 정책 관련 거시 경제적 포퓰리즘이 대규모 예산 적자를 야기하고 경제 성장 수준 이상의 재분배 정책에 우선순위를 부여하는 정치인들에 의해 시작된 것으로 이는 급속하게 경기 침체를 야기한다고 정의하고 있다.[14]

돈부시와 에드워드는 1990년대까지 20세기 동안 중남미는 여러 번 경기 후퇴의 고통을 겪었다고 분석하고 20세기 후반기 포퓰리즘과 경기 침체 간 연결고리 관련 예리한 분석을 제시하고 있다. 특히, 1970년대 아옌데(Salvador Allende)의 통치 시 칠레의 역사적 경험과 1980년대 가르시아(Alan Garcia) 대통령 시절의 페루 경험을 통해 포퓰리스트 정책과 그 결과들을 예시하고 있다.

1970년대 칠레의 경우, 아옌데 정부의 궁극적 목적은 경제 성장을 재점화하고 총인구 중 5분위 극빈층에 대해 경제 성장 혜택을 재분배하며, 인플레이션을 완화시키려는 목적이었겠지만, 아옌데의 주요 경제 정책들은 국유화, 재정적자, 확대 재정정책 및 물가 통제정책 등이었다(Larrain, Meller 1990).

제3장에서 설명한 바와 같이 ECLAC의 프레비시(Prebisch), 푸르타도(Furtado) 및 싱어(Singer) 등의 ISI 전략의 이념적 영향을 받은 구조주의 정책이라고 불리는 이러한 정책들은 다음의 5가지 가정에 근거를 두고 있다. 첫째, 경제는 초과 능력을 가지고 있다. 둘째, 초과 능력은 불균형한 소득과 소비의 분배와 연계되어 있다. 셋째 제조업 부문은 과도하게 높은 자본장비율(자본/노동) 아래 대부분 사치품 생산을 하고 있다. 넷째 인플레이션은 통화 현상이 아니고 기초 공산품의 저조한 생산, 임금 경직성과 독점적 가격 구조에 의해 유발된 것이다. 다섯째, 수출은 환율의 변동에 관계없이 더욱 다변화될 수 있다.

이러한 가정 아래 경제 성장보다 재분배 우선 순위화의 당면 목표를 가지고 아옌데 정부는 1970년 선거의 후속 조치로 대규모 농장의 국유화를 통해 공격적인 농업 개혁을 약속하고 미국 투자자들과 공유해 오던 동광 소유권의 국유화를 배후 조종하였다. 국유화 계획은 은행과 제조업 부문까지 포함되었다. 대규모 국유화 프로젝트들과 더불어 저임금 근로자들에 유리하게 국영 기업의 급여가 인상되었다. 이러한 임금 인상은 민간 부문 노조근로자들의 임금 인상 요구에 벤치마킹 자료로 활용되었다.

늘어난 정부 지출은 공공 부문 근로자 급여에 국한되지 않았다. 정부 지출 증가는 건설, 농업 및 사회 보장 부분에 대한 지출 증가가 요인이었다. 대부분 지출은 확대 재정 정책에 의해 중앙은행으로부터의 차입으로 이루어졌다. 아옌데의 재분배 정책 패키지에는 확대 재정 및 금융 정책을 포함하고 있었는데 강력한 물가 통제 정책으로 보완을 하고 있었다. 그 결과 개혁 1차년도 후 경제 성장이 재개되었고 실질임금과 소비도 증가되었으며 실업도 감소했고 노동자에 대한 GDP 분배 몫도 커지고 개선되었다.

그러나 칠레 경제는 일 년 후부터 정체되기 시작하여 1972년에는 경기 침체에 빠졌고 1973년에는 경제가 완전히 붕괴되었다.[15] 그리고 인플레이션도 폭발적으로 상승하였다. 다음에는 민간 부문 기업의 불만이 높아지고 주요 국영 기업들의 생산성이 추락하면서 중간재와 최종재의 생산 규모도 감소되었다. 그 결과 인플레이션이 전례가 없는 세 자릿수에 이르자 실질임금이 개혁 이전 상태보다 더 떨어지게 되었다.

다음에는 지하 경제가 발전하는 사태로 번졌다. 상품과 서비스 거래는 세금을 피해 암시장에서 거래가 되고 재정적자는 더욱 확대되었다. 끝으로 당시 안정화 정책 패키지의 핵심 요소는 실질환율 고평가가 포함되어 있었는데, 이는 한편으로는 외환 보유고 감소를, 다른 한편으로는 수출 감소를 가져왔다. 이러한 상황은 아옌데의 정치 기반이었던 인민연합(Unidad Popular)을 혼란스럽게 만들었고 급기야 1973년 9월에는 군부 쿠데타를 불러왔다. 아옌데의 남은 대통령 임기는 피노체트(Augusto Pinochet)장군의 17년 군부 독재 정치가 뒤를 이었다.

페루의 알란 가르시아(Alan Garcia) 대통령도 일부 유사한 재분배 정책들을 법제화했다. 가르시아의 정책들은 1980년대 중반에 그 실체가 드러났다. 그 당시는 중남미의 80년대 잃어버린 10년 중 최악의 시기 가운데에 있었던 때였다. 페루 경제는 1980년부터 1985년까지 GDP 성장률이 연평균 마이너스 4.2% 이상 떨어지는 고통을 겪었고 연간 인플레이션율도 250%에 달했다.[16] 그의 정책은 비정통파 정책으로 분류되었는데 그 이유는 재정 적자 감축과 인플레이션 억제에 우선권을 부여하는 물가 정책을 강조하는 IMF의 정책 처방을 따르지 않았기 때문이다.

가르시아의 비정통파적 정책 패키지는 다음 4가지 가정 아래 만들어진 것이었다.

첫째, 정상적인 임금 규제는 불필요하다. 왜냐하면 노동자들이 구매력을 상실하고 이에 따라 생산과 GDP 성장 강화를 위해 필요한 국내 수요가 감소한다.

둘째, 더 많은 재정 적자 감축도 불필요하다. 과잉 생산 능력을 가지고 있는 국내 경제의 수요를 감축시키기 때문이다.

셋째, 환율 평가 절하는 무역 적자를 감축하는 데 불필요하다. 왜냐하면 평가 절하는 생산의 중간재 수입 비용을 증가시키고 이에 따라 생산을 더 감축시키기 때문이다. 이와 비슷한 논쟁이 이자율에도 적용되는데 이자율은 임금과 달리 생산비 하락을 위해 규제되었다.

넷째, 유동성, 즉 통화와 생산량에 대한 자금 수요를 키우려면 확대 통화 정책이 필요하다.[17]

아옌데와 가르시아의 거시 경제 정책들은 아주 유사했다. 이 두 가지 사례는 초과 생산 능력 조건의 가정 아래, 내수가 재정 및 통화 확장 정책에 의해 증가될 것이라 기대하고 있었다. 즉 내수의 부양은 ISI 이론에 따라 일어날 것이라고 기대를 하고 수출의 촉진보다는 내수 시장 부양에 우선순위를 두고 있었다.

한 가지 핵심적인 차이점은 1985년 1기 가르시아 행정부(1985~1990, 2006- 2011) 아래서는 국유화 계획이 즉각적으로 추진되지는 않았다는 점이다. 또 다른 점은 만성적인 하이퍼인플레이션을 진정시키고 국내 통화의 신뢰도를 회복시키며 경제의 달러화를 피하고, 페루의 화폐 솔(Sol)화를 1000대 1 비율로 명목 절하를 시키며 인띠(Inti)화로 대체시켰다는 점 등이다. 1991년 가르시아 대통령의 후계자인 후지모리(Alberto Fujimori; 1990~2000) 시절에는 인띠화를 다시 1백만 대 1 비율로 명목 절하시킨 누에보 솔(Nuebo sol)화로 교체되었다. 또 다른 점은 전 정부로부터 막대한 외채를 넘겨받은 상태로 가르시아 정부는 연율 6%대의 경제 성장을 추진하기 위한 목적으로 외채 상환을 수출 소득의 10%로 제한하였다. 그러나 경제 성장 목표는 1985년도 실제 성장률의 거의 4배에 달하는 것이었으며 이를 1년 내에 달성해 보겠다고 과욕을 보였던 것이다.

외채 이자 지불액의 대폭 감축은 가르시아 프로젝트 성공에 핵심으로 여겨졌다. 왜냐면 이를 통해 한편으로 외환을 확보하여 국제수지 적자 압박을 완화시킬 수 있고, 다른 한편으로는 더 이상의 실질임금 삭감이 당시에 정치적으로 가능하지 않은 선택안이었기 때문이다. 외채의 감축이 없다면, 평가절하와 인플레이션 급상승이 임박한 상황이었다. 그리고 그러한 인플레이션 압력은 명목임금 통제를 통해 억제할 수 있는 것이 아니었다. 더군다나 명목임금 상승을 제한하는 것은 정치적으로 불가능했다.

대체로 가르시아의 이질적 정책들의 효과는 즉각적으로는 성공적이었다. 인플레이션율은 급격히 떨어졌고 고용과 실질임금도 상승했으며, 1985년에는 약 2.5%였던 경제 성장률이 1986년에는 9.5%로 상승했다.[18]

그러나 가르시아는 해외로의 자본도피를 통제하기 위해 은행 부문의 국유화를 목적으로 한 플랜을 발표했는데, 이를 계기로 정부가 다른 분야도 국영화할 것이라는 추측이 난무했다. 대규모 자본 유출도 계속해서 일어나고 민간 부문 투자자들의 국유화 공포로 인해 외환 보유고가 급격히 감소되었다. 이어서 인띠화의 대규모 평가 절하와 인플레이션의 유발을 촉진하게 되었다. 또한 기초 생필품과 서비스에 대해 정책적인 가격 통제가 가해졌으며 생산 보조금 지급도 계속되었다.

그러나 보조금은 재정 적자를 증가시켰고 그 결과 인플레이션 압력이 높아지게 되었다. 더욱이 평가 절하와 대규모 재정 적자로 인한 인플레이션은 올리베라-탄지 효과(Olivera–Tanzi effect) 때문에 통제권을 벗어나고 있었다. 다시 말하면 높은 인플레이션 발생 시에는 조세 수입의 실질 가치가 떨어지게 되는데 재정 적자가 악화되면 그 결과로 인플레이션이 더욱 악화되게 된다. 이 때문에 1989년의 인플레이션은 7,000%를 기록했다.[19] 그렇게 초 하이퍼인플레이션 속에 모든 재정수익을 잃게 되었다. 무엇보다도 실질임금의 하락과 실업 증가는 정치적 불안과 빛나는 길(Sendero Luminoso : Shining Path)이라 알려진 게릴라 집단의 폭력을 유발했다.

1990년 들어 가르시아 정부는 부패와 인권유린 책임이 따랐던 알베르토 후지모리(Alberto Fujimori)가 이끄는 권위주의적 정부에 의해 승계되었고 가르시아는 1992년 인근 콜롬비아로 정치적 망명을 떠났다. 돈 부시와 에드워드(1989) 외에 앞선 논의에서 빌려온 삭스(Sachs, 1989)의 논문은 1950년대 아르헨티나의 후안과 에비타 페론 치하의 거시 경제적 포퓰리즘과 1980년대 사르네이(José Sarney) 시대의 브라질 내용을 담고 있다.[20]

6.3 개혁과 거시 경제적 포퓰리즘의 추락

20세기에 중남미에서 포퓰리즘의 재발을 가져온 근본적인 문제점이 소득 불균형이라는 점은 누구도 부인할 수 없다. 소득 불균형은 특히 저성장과 경기 침체 시기 동안 포퓰리스트 정책의 등장 상황을 만든다.

1990년대 글로벌화를 배경으로 한 성장강화 개혁은 당대의 중남미 경제를 이해하는 데 핵심 내용이다. 간단히 말해서 제4장에서 논의한 바와 같이 1980년대와 1990년대의 시장지향 구조 개혁은 안정화, 민영화 및 무역 자유화의 세 가지 핵심 구성 요소를 포함하고 있었다. 안정화와 관련, 1990년대 실패한 안정화를 설명하려 할 때 경제 위기의 다른 지역으로의 전염 효과가 가장 중요한 요인으로 알려졌지만, 재정 적자가 인플레이션 유발의 핵심 요인이라는 인식이 널리 퍼져 있다. 이에 대해서는 제8장에서 다시 검토한다.

본 장에서는, 성공적인 물가 안정화의 영향에 대해서 토론하고, 핵심적인 물가 안정화 수단들을 포함한 구조 개혁에 대한 종합적인 정책에 대한 이해가 없이는 대부분 국가에서의 거시 경제 포퓰리즘의 몰락을 이해할 수 없음을 논의한다. 21세기 들어 가속화된 성장으로 빈곤율이 급격히 떨어졌고 거시 경제 포퓰리즘의 핵심인 소득 불균형도 대부분 국가에서 느리기는 하지만 개선되어 왔다.(제5장 참조)

중산층의 부상이 21세기에 새로운 포퓰리스트의 등장 조짐을 부추기고 있지만, 민주적 제도가 취약한 중남미의 자원부국에서 역작용을 가져올 수도 있을 것이다. 사실 천연자원의 풍부는 일반적으로 자원의 저주라고 널리 알려져 있는 권위주의 정권들의 영구화 도모, 만연된 공무원들의 처벌받지 않는 부패 등이 중남미 통치에 불리한 영향을 미칠 수도 있다. 이에 대해서는 섹션 6.3.3 부분에서 다시 검토하기로 한다.

[그림 6.1] 1980~2014년 기간 중 중남미의 인플레이션과 GDP 성장

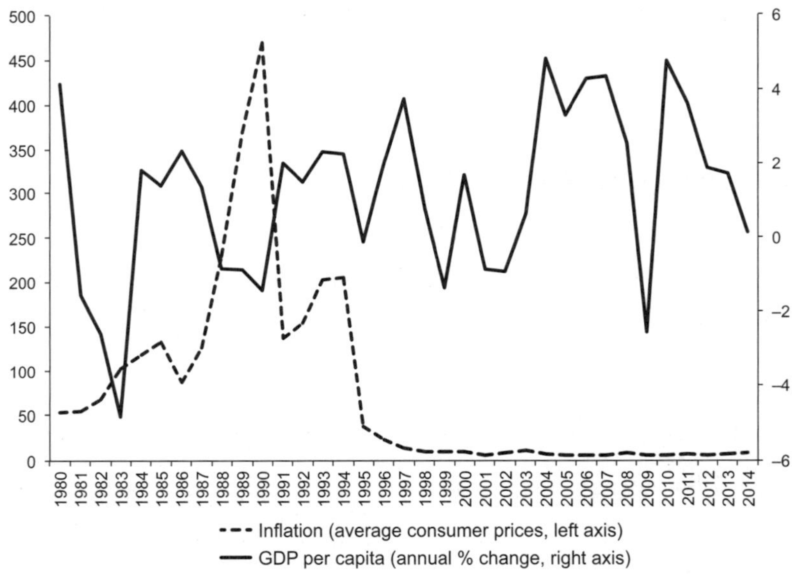

자료원 : IMF 2015

6.3.1 성공적인 인플레이션 안정화와 경제 성장의 영향

[그림 6.1]은 20세기 말 중남미 안정화 정책들의 특별한 영향을 보여주고 있다. 1990년 베를린 장벽의 붕괴 이후 동구권 신흥부상 시장 경제국들의 인플레이션 관리

와 경제 성장의 재활성화 등 성공이 특히 인상 깊었었는데, 이에 대해 중남미의 정책 담당자들이 자주 자문을 구하고 있다.

1986년부터 1996년까지의 중남미의 소비자 물가 지수로 표시한 연평균 인플레이션율은 약 200%였다. 대조적으로 1997년부터 2006년까지의 연평균 인플레이션율은 8%로 떨어졌다. 이러한 이례적인 성공은 대부분 국가에서 안정화 정책으로 통화 정책과 재정 정책의 융합 정책을 펴 온데서 비롯된 결과였다.

인플레이션의 안정은 제5장에서 논의했었던 빈곤 감축 노력을 뒷받침하고 있다. 간단히 말해서 중남미가 점진적 도시화 확대와 그에 따른 통화량 증가에 따라 대다수 빈곤층이 인플레이션의 상승으로 구매력을 상실하고 있다. 그러므로 인플레이션이 예상될 경우 매뉴얼에 따른 비용 감축과 생산성 증대와 같은 인플레이션과의 싸움은 그 자체로도 중요하다.[21]

특히 중남미 정치 경제를 위해서는 도시 빈민 대다수가 정책 입안자들에게 요구할 수 있는 기본 식품 및 비식품 품목에 대한 그들의 최저 생계 기준 가치가 보호되어야 한다는 점을 고려하는 것이 중요하다. 우리에게는 놀랍지도 않지만 옵서버들은 인플레이션이 진정되면서 도시 지역의 갈등과 개혁 노력을 주도하는 정책입안자들에 대한 불만이 줄어들었다고 보고 있다.

[표 6.1] 중남미 주요국의 개혁 전과후의 노동자 불만

구분	경제 개혁 전	과도기	개혁 후
볼리비아	5.44	3.08	0.78
칠레	27.83	...	0.575
콜롬비아	...	0.643	0.599
코스타리카	0.582	0.644	0.725
에콰도르	1.08	0.88	0.190
엘살바도르	0.819	0.445	0.627
과테말라	0.395	0.221	0.247
자메이카	2.12	2.52	3.03
멕시코	0.889	0.825	0.105
페루	3.34	1.43	−.105

자료원 : Kurtz 2002

[표 6.1]에서 보듯이, 도시 지역에서는 개혁에 대한 노동자 시위와 같은 공개적 불만 표출이 매우 낮은 수준을 보였다. 이는 해고, 공공요금 및 사회적 서비스 요금 상승과 고통스러운 구조 조정 등 광범위한 개혁을 감안할 때 흥미가 있는 사실이다.

1990년대 초 조사 시에는 중남미인들이 그들의 평균적인 생활에 영향을 미치는 가장 심각한 문제점이 무엇인가?'라는 질문에 대한 답변이 '인플레이션'이라고 답했다.[22]

대부분 중남미인들은 외부적 충격에 대처하기 위한 안전망으로 작용하는 대가족 네트워크 내에서 살고 있다. 그러나 인플레이션은 빈곤층 가계의 구매력에 총체적 쇼크를 준다. 특히 하위 소득 5분위의 극빈층은 5분위 부유층과는 달리 인플레이션에 대응하기 위해 쉽게 자신의 보호막을 구축할 수가 없다.

[표 6.1]에서 보다 놀라운 점은, 시위 사태가 조금씩 증가해 온 코스타리카와 자메이카를 제외하고, 1982년-2000년간의 구조 조정 기간이 중남미가 군부정권이나 권위주의 정권에서 민주주의로 전환했던 시기와 일치하고 있다는 점이다. 따라서 [표 6.1]은 노동자 운동의 탄압은 반영하지 않고 있으며, 보다 경험론적 조사는 중남미의 인플레이션과 사회적 갈등 간의 관계를 충분히 이해하는 것이 필요하다는 것이다.

중남미의 인플레이션 퇴치 방법은 각국 스스로가 적절한 물가 안정화 정책을 수행해 온 결과라 보아야 할 것이다. 각국의 케이스를 분석하는 것은 이 책의 범위를 벗어나는 것이다. 그러나 제8장에서 조금 더 상세하게 다룰 것이다. 특히 칠레와 멕시코 두 케이스는 주목할 만한 가치가 있다.

칠레는 중남미에서 보다 일찍 안정화 정책을 시작했고, 멕시코는 1982년부터 물가 안정화 정책을 시작했다.[23] 칠레는 정통 개혁을 수행한 반면, 멕시코는 비정통파 정책을 폈다.[24] 두 경우 모두, 개혁 이전 기간과 비교했을 때 인플레이션이 진정되었다. 사회 불안과 안정화 정책 간의 인과 관계는 경험적으로 추정하기가 어려운 과제이다. 왜냐하면 안정화 정책은 2004년부터 시작된 빈곤 및 불균형 감소에 기여한 역할이 확실하고 2004년에 시작된 지속적 고도 경제 성장이 성공을 거둔 것도 시장지향 개혁 정책의 한 부분이었기 때문이다.

6.3.2 중산층의 부상 : 사회적 안정 또는 불안?

칠레나 멕시코뿐만 아니라 중남미 대부분 국가에서는 중산층 그룹에 속하는 국민의 비중이 21세기 전환기부터 상당히 증가하고 있다. 버드샐(Birdsall, 2012)은 [그림 6.2]에서 보듯이 중남미의 21세기 중산층의 부상은 정치적 불안을 막는 데 중요한 역할을 하였다고 주장했다. 그녀는 중남미 경제사회 데이터베이스에서 중남미 인구 중 중산층 규모를 추정해 냈다. 세계은행은 1990년대 중남미 관련 조사 결과를 제시했는데, 몇몇 예외를 제외하고는 중남미의 중산층은 21세기 들어 10년 동안 거의 두 배로 증가한 것으로 나타났다.

중산층의 중요성 증대 역시 안정적이고 효과적인 통치와 법치를 뒷받침할 교육을 받은 인력의 증가를 반영하기도 한다. 이러한 중산층 인구의 증가는 경제 성장주도 개혁을 보다 확고하게 뒷받침하게 될 것으로 기대되고 있다.

[그림 6.2] 1992~2009년 중 일부 중남미국의 중산층 부상 추이

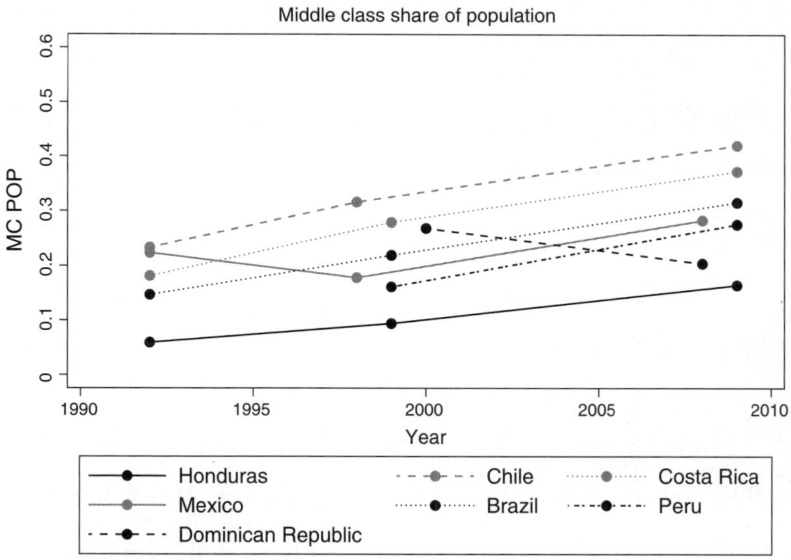

자료원 : Birdsall 2012

나아가서 최근 연구에 따르면 소셜 미디어 사용의 증가 추세는 현대 중남미 경제에서 대중적 토론에 더 많은 참여를 유도하고 민주주의를 강화시킬 수 있다고 제시하고 있다.[25]

1990년대 중반 이후 중산층이 점진적으로 증가해온 멕시코와 같은 국가에서는 개혁 정책 중 일부 부문은 이들 중산층을 대상으로 하고 있다. 예컨대, 기초식품인 토르티야(tortilla)와 기초 서비스 보조금 등 도시 서민을 위한 정부 보조금은 감소했었다. 동시에 1990년대 중반에 시작된 Progresa /Oportunidades /Prospera 등 빈곤 퇴치 프로그램들은 고등 기술 교육을 희생해서 초등과 중등 교육에 혜택을 부여했는데, 이러한 정책들 때문에 중산층의 이익이 위협을 받는다는 인식을 주게 되어 불리한 영향을 미치게 되었다.

일부 옵서버들은 빈곤층에 유리한 자원 배분을 두고 중산층이 위기의식을 느꼈고 사회 계층의 이동 범위도 보다 제한적임을 알게 되었다. 결과적으로 2000년대에 들어 70년간 멕시코를 집권해온 제도혁명당(PRI)의 몰락과 국민행동당(PAN)의 부상을 가져왔다.[26]

칠레도 일자리 창출, 높은 임금, 윤리적 가족 소득(IEF ; Ingreso Ético Familiar)을 포함한 빈곤 퇴치 프로그램 등을 통한 빈곤 감축 노력과 함께 2011년 중산층의 불만의 목소리를 경험하게 되었다. 시위자들은 주로 무상 교육을 요구하는 중산층 학생들이었는데 칠레에서 중산층은 가장 중요한 사회적 계층으로서 중간층 투표권자로 인식되는 계층이다.[27]

6.3.3 자원부국 이면의 좌파

대부분 중남미국들은 주요 1차 산품 생산 수출국들이다. 콜리어(Collier, 2010a, 2010b)는 중남미 자원부국의 정치 경제 양상을 연구했었다. 그의 자원부국 경제 연구 결과는 민주주의의 안정과 사회적 안정을 위한 견실하고 바람직한 통치와 관련해서는 비관적이다.

콜리어는 정치적 의도를 가지고 폭력과 정치적 불안을 일으키는 농촌 게릴라 반란군

집단이 처음에는 마약 생산과 밀매를 이용하다가 전리품 추구와 군자금 마련을 위해서 약탈 또는 절도 등을 저지를 수도 있다고 주장하고 있다. 그러한 현상의 전형적인 사례로 콜롬비아 무장 혁명군(FARC) 사례를 들 수 있다. 게다가 자원부국 정부들은 책임감이 부족해 취약한 민주주의 제도를 위협하고 대중의 불신과 사회적 혼란을 야기할 수도 있다.

일부 중남미국에서 부존자원과 천연자원의 개발이 새로운 포퓰리즘 파동을 야기한 적이 있었는가? 이러한 의문에 대해서 저자들의 견해로는 천연자원의 횡재는 특히 취약한 경제적 및 정치적 제도들을 보유하고 있는 국가에서 새로운 포퓰리스트가 등장하기 쉬운 환경을 제공했었다고 보고 있다. 특히, 1990년대 중남미의 많은 국가에서는 경제 성장 기조가 회복되지 않았고, 약 10년간의 개혁은 중남미를 적대적이고 암울한 지역으로 만들었다. 이에 포퓰리스트 지도자들은 모든 빈곤과 불평등에 대한 비난을 석유와 광업 부문의 천연자원을 쥐고 흔들었던 부패한 정치인, 소수 권력자 및 다국적 기업들에게 퍼부었다.

따라서 시장지향 개혁 자체가 몇몇 학자들로부터 의문시되었다.[28] 그럼에도 불구하고 대부분 중남미 지도자들은 개혁 압력에 저항은 했으나 불만의 대열에는 참여하지 않았다. 안정화, 민영화 및 무역 자유화를 기반으로 하는 워싱턴 컨센서스라는 이름을 작명한 존 윌리엄슨(John Williamson)은 2003년까지 중남미 사람들의 가슴에 복잡한 감정을 남겼다. (제7장에서 워싱턴 컨센서스를 상세하게 분석하기로 한다).

윌리엄슨(2006)은 한편으로 21세기 중남미는 우수한 시장 친화적 제도를 가지고 있었는데, 이는 중남미의 혜택받지 못한 가계들을 빈곤으로부터 구해내기 위한 최선의 방법이었다고 주장하고 있다. 그러나 다른 측면에서 윌리엄슨은 많은 국가의 여론이 1980년대와 1990년대의 시장지향 개혁에 대해 얼마나 적대적이고, 그러한 적대감이 포퓰리즘으로 전환되어 그 결과 잘 알려진 바처럼 중산층과 빈곤층이 타격을 입게 되었는지 목격한 바 있다.

6.4 21세기 포퓰리즘의 재등장

실패한 포퓰리스트가 장기간 반복되는 스태그플레이션에 대처하려는 시도는 21세기에 매우 독특한 형태의 중남미형 포퓰리즘을 불러왔다. 물가 안정이 통제되면서 중남미의 카리스마적 지도자들은 1980년대의 10년의 잃어버린 장기간 동안 높은 인플레이션과 하이퍼인플레이션을 견뎌낸 대다수 시민들을 더 이상 통치 대상으로 삼으려 하지 않았다. 대신, 그러한 지도자들은 1차 산품 붐이 일어나기 이전인 1998~2004년 기간 동안 저성장과 취업 기회 고갈을 경험했었던 매우 이질적인 국민 층으로부터 지지를 이끌어내려 하는 것 같았다.

본 장에서는 연대 순서로 중남미 포퓰리즘의 재탄생을 검토하기로 한다. 우선 1999년 베네수엘라의 우고 차베스의 볼리바르혁명(Bolivarian Revolution)을 분석해 본다.

그리고 네스토르 키르츠네르와 크리스티나 키르츠네르 부부의 2003년부터 정치 경제적 통치에 영향을 주었던 아르헨티나 케이스의 포퓰리즘을 다시 들여다본다. 다음으로는 2006년도에 집권한 볼리비아의 에보 모랄레스(Evo Morales) 케이스를 살펴본다. 끝으로 2007년부터 라파엘 코레아(Rafael Correa)가 영향력을 행사했었던 에콰도르 케이스를 논의하기로 한다. 각국이 고유의 특징을 보이고 있지만, 해당국들은 1차 산품 생산과 수출국들이며, 그들의 반 세계화 수사학은 반미주의에 기반하고 있다는 공통점을 보인다.

6.4.1 베네수엘라

베네수엘라 경제는 지나치게 석유 부문에 의존하고 있다. 베네수엘라는 석유의 생산에서는 쿠웨이트와 나이지리아 사이 순위인 12위에 위치하고 수출국으로는 9위에 올라 있다. 석유 수출은 베네수엘라 총수출의 90%를 차지하고 있어 세계 유가 변화에 지나치게 의존하고 있다.

대부분 중남미 국가들과 같이, 베네수엘라도 1980년의 잃어버린 10년과 그 이후에 많은 고통을 받아왔다 1980년대 말까지 베네수엘라도 스스로 중남미 대부분 국가들과 같이 일련의 구조 개혁을 추진했었지만 즉각적인 경제성장이나 산업생산 증가 등 결과는 나타나지 않았고, 있었다면 소득 불균형과 빈곤문제의 악화를 초래했을 뿐이었다.

1991~1992년 기간 중에 일시적으로 미국의 이라크 군사개입 덕택으로 GDP가 고성장을 기록했다. 1990년 8월의 개입은 사막의 폭풍 작전이라 불렸는데 덕분에 유가가 배럴당 약 17불에서 36불선까지 두 배가 올라 베네수엘라 GDP 성장률이 약 8%로 중남미의 평균 성장률보다도 높은 성장을 기록하였다.

그러나 1993년 국내정치 위기가 발생하고 국내 시판 유가의 자유화로 일반 시민의 평균 생활비와 대중교통 요금의 상승을 가져와 심각한 영향을 미쳤다. 그러한 국내유가의 급등은 수도 카라카스의 시위사태 발생(El caracazo)에 이어 광범위한 정치적 불안을 야기하였다. 또한 국고 횡령 혐의로 당시 문제의 대통령 페레스(Carlos Andrés Pérez)가 강제 사임하였다.

베네수엘라는 1993년부터 1998년까지 최악의 정치적 위기를 겪었다. 깔데라 임시대통령의 선거 승리와 병행하여 실시된 국회의원 선거의 낮은 유권자 투표율과 수십개 정당으로 구성된 누더기 의회 구조에 대한 정체성에 의문을 제기하며 볼리바르 혁명을 내세우던 우고 차베스(Hugo Chavez)가 좌파운동을 주도하며 승리하였다.

차베스는 1998년 대선에서 예일대를 졸업한 경제학자 로메르(Enrique Salas Romer)에 승리하여 대통령에 당선되었다. 차베스는 1999년에 취임하여 2013년에 사망하였다. 차베스의 후계자인 마두로 정부의 운명에 대한 정치적 불확실성이 증가하는 한편, 2015년 의회 선거에서 중도우파 야당에 패배하여 다수당 위치를 상실함으로써 대체로 베네수엘라의 차베스주의(Chavism)가 종말이 왔다고 인식하게 만들었다.

차베스 정권의 특징은 국유화 및 몰수, 석유 수출 수익으로 얻어진 재정 수입을 사회적 프로그램에 대대적으로 투입했던 점이었다. 대부분 차베스의 통치 기간 동안 반미정책은 점차 대치국면으로 악화되었다. 쿠바와의 강력한 연대로 불붙은 베네수엘라의 볼리바르 혁명은 온정주의 정권으로 바뀌어 ISI 기간 동안 국가의 간섭 차원을 뛰어넘게 되었다. 반면 긍정적인 측면에서 보면, 일부 사회적 지표들은 상당 수준으로 개선이 되었다.[29]

그러나 평균 인플레이션은 여전히 20% 이상을 기록하여 중남미 지역 평균보다 상대적으로 높았다. 인플레이션을 억제하기 위한 고정 환율 제도는 베네수엘라 통화 볼리바르화의 과대평가를 가져왔다. 자본 통제와 수입 규제는 대규모 자본도피와 우유, 밀가루 및 의약품 등 생활필수품의 심각한 부족난을 야기하였다. 더 심각한 국면은 최근 유가의 급격한 하락이 차베스식 경제 모델을 더 이상 지속하기 어렵게 만들고 있는 것이었다.

부정적인 추세는 계속될 것으로 보인다. 베네수엘라의 인플레이션은 앞서 언급한 바와 같이 세계에서 가장 높다. 경제는 심각한 경기 침체에 빠져 있다. 이 책을 집필하던 시기에는 2014년 2월에 시작된 사회적 불안이 계속 악화 추세를 보이고 있었다. 현재 혼란스러운 상황은 결국 2018년 대통령 선거 이전에 주요 정치적 변화를 가져올 수도 있을 것이다. 이러한 상황은 역사적으로 베네수엘라의 차베스/마두로 정권이 실패한 포퓰리스트 정권으로 기록될 것으로 보인다.

6.4.2 아르헨티나

1980년대 외채 위기에 따른 아르헨티나의 시장 친화적 개혁은 전 세계적인 인정을 받았다. 최소 10년간의 인플레이션과 실패한 안정화 시도를 깨고 아르헨티나는 1991년 통화위원회 제도를 채택했다. 그러한 법적 개정은 인플레이션 기댓값을 낮추어 1989년에는 약 3,000%에 달했던 인플레이션율을 1994년에 들어 3.4%로 대폭 낮추게 되었다. 동시에 경제 성장률은 1991년부터 1998년 기간에는 약 6.5%로 높아졌다.

통화위원회는 중남미뿐만 아니라 다른 신흥 경제국을 몇 번의 경제 위기 전염으로부터 구제하였다.[30] 그러나 20세기 말까지 통화위원회에 대한 비판이 고조되었다. 아르헨티나의 페소화는 과대평가가 되고 대부분이 1차 산품이지만 수출입은 감소되기 시작하였고 성장률도 떨어졌다. 2001년 말 통화위원회가 붕괴되어 아르헨티나 페소화의 대규모 디플레이션이 발생했고 이로 인해 10년간 지속되어 온 고정 환율 제도가 완전히 폐기되었다.

2001년 들어 전국적인 폭동과 정치적 격변으로 데라 루아(Fernando de la Rúa) 대통령이 사임하고 2003년 대통령 선거까지 임시 정부 체제가 유지되다가, 2003년 중도 좌파 페론주의자 키르츠네르(Nestor Kirchner)가 대통령으로 당선되었다. 그는 복지와 보조금 지출 증액, 특히 미국이 이니셔티브를 취했던 미주자유무역지대(FTAA) 추진에 반기를 들며 반제국주의 등 민족주의적 수사를 통해 인기를 얻었다. 그는 대신 브라질과 여타 메르코수르(MERCOSUR) 회원들과의 무역 자유화를 선호했다. 룰라(Luiz Ignacio Lula da Silva) 대통령 치하의 브라질과의 관계강화는 무역을 넘어 투자 프로젝트의 협력에까지 확대되었다.

이데올로기가 중요한 역할을 하였다. 룰라나 키르츠네르나 모두 이념적으로 차베스 치하의 베네수엘라의 반제국주의와 가까웠다. 그러나 아르헨티나와 차베스의 연대는 룰라와의 연대 수준을 뛰어넘는 수준이었다. 사실 베네수엘라는 2001년 아르헨티나의 재정 위기 시 아르헨티나 국채를 사준 유일한 국가였다. 베네수엘라와 아르헨티나는 농산물, 석유 개발 및 기술 관련 양자 협정도 체결했다. 또한 두 나라는 산업 생산의 모든 단계에, 특히 금융 시스템과 관련 국가의 개입 시스템을 채택했다.

초기 단계에는 키르츠네르의 정책들은 성과를 올리는 것으로 보였다. 탄탄하고 지속적인 경제 성장이 2003년도부터 시작되어 2007년 임기 말까지 평균 8% 이상 성장률을 기록했다. 논란거리가 되겠지만 경제 회복은 전례가 없는 원리금 65% 삭감을 포함한 외채 재협상, 급격한 평가 절하와 국제 두류 가격 급등의 결과였으며, 이로 인해 수출증가와 국내소비 증가를 촉진시켰다. 2003~2007년 키르츠네르 집권 기간 중 인플레이션율은 연평균 10% 수준이었으나 중남미 지역 평균보다는 높은 수준이었다.

그의 부인 크리스티나 페르난데스(Cristina Fernandez de Kirchner)는 2007년에 남편의 후계자로 대통령에 당선되었는데, 이 두 키르츠네르는 같은 보호주의, 국가 개입주의 및 반제국주의 입장을 공유했다. 높은 경제 성장과 발전에도 불구하고 페르난데스는 불안한 정치 환경을 상속받았다. 인플레이션 및 당시 아르헨티나 경제와 정치적 전망을 주도하고 있던 농민들의 농산물 수출세 30%대 인상에 저항하는 시위 등으로 불안한 환경이었다.

정치적 환경은 정부가 사회적 지출 재원 마련을 위해 특히 두류와 해바라기씨 기름 등 농산물 수출세를 인상하려 한 이후부터 더욱 악화되었다. 아르헨티나 석유공사(YPF)의 외국인 소유지분에 대한 국유화 조치로 외국인 투자자들의 불만도 높아졌다.

인플레이션은 거의 30%대로 계속 상승하였다. 2000년부터 2013년까지 10여 년간의 건전한 지속 성장 이후 2015년의 성장률은 IMF의 추정에 따르면 −0.3%로 급강하했다.

2015년도의 대통령 선거에서 중도 우파 마우리시오 마크리(Mauricio Macri) 후보가 당선되어 키르츠네르주의(Kirchnerism)는 12년 만에 종료되었다. 그러나 키르츠네르 추종자들에 의해 남겨진 포퓰리스트 주의와 경제 환경의 혼란스러운 악화는 심각한 도전 과제를 남겨주어 마크리 행정부의 통치 성공 여부는 공개된 의문으로 남아 있다.

6.4.3 볼리비아

케추아(Quechua)족 원주민이 주류로 살고 있는 볼리비아는 21세기 중남미에서 국내 및 국제적으로 인종 문제가 중심부에 자리를 잡고 있는 유일한 국가이다. 볼리비아의 에보 모랄레스(Evo Morales)는 볼리비아의 첫 번째 원주민 대통령으로 기록되고 있다. 중남미에서는 그가 19세기 중반기에 약 20년간 멕시코를 통치했던 같은 원주민 혈통의 대통령 베니토 후아레스(Benito Juarez)와 비교되고 있다.

국제적으로 모랄레스는 유럽계 후손인 소수의 백인 엘리트 지배계층에 대항하여 탄압과 차별을 받아오던 농촌 지역 원주민 주민의 권리를 보호하기 위해 투쟁해 온 것을 칭송받아 왔다.[31] 모랄레스는 농촌 거주민, 특히 코카인 재배업자들을 위한 수많은 투쟁에서 승리를 하며 시장 친화적 도시인들에 강렬하게 대항하여 투쟁하였다. 그는 사회주의운동당(MAS ; Movimiento al Socialismo)을 이끌면서 2005년 대통령 선거에서 승리하는 한편, 볼리비아 의회에서도 다수 의석을 차지하며 압승하였다.

모랄레스는 베네수엘라의 전임 대통령 차베스나 아르헨티나의 키르츠네르와 비슷한 분명하고 강력한 통치스타일과 반(反)제국주의적 수사 등을 통해 2006년 집권 초기에 볼리비아의 천연가스 및 광업 등 추출 산업, 전기 및 철도 등 부문의 국가 개입 강화 등으로 국제사회의 대단한 주목을 받았다. 그는 처음에는 불법 산업들에 대해 국유화와 몰수로 위협했으나 점점 더 외국인 투자자들에 대해서도 볼리비아 정부의 국유화 압력 목소리를 높여 나갔다.

실제로 국유화시킨 유일한 산업은 수익성이 높았던 가스 추출 산업이었다. 이는 모랄레스 정부의 공공 재정 능력을 강화할 수 있게 만들었고 오지에 사는 원주민 마을에 도로, 수로 및 전력 등을 공급하기 위한 정부 사회 간접 자본 투자용 재정 수입을 증대하는 데 기여하였다.

또한 브라질과 아르헨티나와 양자 간 가스 공급 협정을 체결하여 가스 수출을 증대시키고 외국인 투자자들을 끌어들였다. 21세기 들어 2000~2013년간의 1차 산품 붐 기간 동안 이룩한 고도 경제 성장은 세수 증대를 통한 볼리비아의 공공 재정을 더욱 탄탄하게 만들었다.

베네수엘라와 아르헨티나에 비하여, 볼리비아는 막대한 외환 보유고를 축적해왔다. 이는 모랄레스가 주장하는 반제국주의, 특히 조직적으로 반미 대치 입장에 힘입은 결과일 수도 있지만, 외환 보유고 축적은 볼리비아가 한편으로는 잠재적인 IMF의 정책 간섭을 막을 수 있었고 다른 한편으로는 인플레이션의 상승을 예방할 수도 있었다.

2014년에 들어, 모랄레스는 제3기 임기가 시작됐다. 그는 8년 이상 연임하는 유일한 볼리비아 대통령이다. 그는 원주민 후손들이 대부분인 볼리비아 대중을 대상으로 국민투표를 통해 그의 주장을 호소하는 방법을 펴고 있다.

6.4.4 에콰도르

에콰도르 경제는 총수출액의 절반 이상을 차지하는 석유 수익에 크게 의존하고 있다. 1990년대의 광범위한 시장 친화적 개혁에도 불구하고 에콰도르는 1999년에 심각한 금융 위기로 고통을 받았다. 이 위기는 국내의 강력한 개혁 반대로 인한 정치적 불안과 페루와의 국경분쟁인 세네파 전쟁(Cenepa War) 등에 의해 야기되었다. 더욱이 에콰도르는 주변국들과는 달리 1990년대 중반 멕시코의 테킬라 위기의 전염 효과에 대응할 만한 능력이 없었다. 왜냐하면 부분적으로는 유가 급락이 원인이다. 아마 보다 중요한 점은 에콰도르 중앙은행이 신뢰도를 잃고 개혁 정책을 통해 재정규율을 뒷받침하지 못했기 때문이다.[32] 생산량이 급격히 줄어들고 인플레이션이 급등하면서 새로운 개혁의 물결이 다가왔다.

가장 중요한 개혁 중 하나는 2000년에 국내 통화 수크레(sucre)화를 포기하고 미국 달러화를 법정 통화로 채택한 일이다. 경제의 달러화로 인플레이션이 역사적인 수준으로 낮아졌고 경제 성장을 촉진하는 데 도움이 되었다. 2002년부터 2006년까지 연평균 성장률은 약 5% 정도였는데 이는 에콰도르가 최근 25년간 경험하지 못했던 높은 성장세였다.[33] 그러한 고율 경제 성장과 달러화를 통한 물가 안정에도 불구하고 에콰도르는 1996년 이후 4년 임기를 채우는 대통령이 없었을 정도로 정치적 불안이 계속되었다. 국민들을 가장 분노하게 만들었던 것은 심각한 전염병인 부패였다.[34]

2006년에 들어 카리스마 좌파 정치인 코레아(Rafael Correa ; 2007년 1월~2017년 5월 기간 집권)가 에콰도르 중산층으로부터 등장했다. 그의 정치적 자산 중에는 에콰도르에서 광범하게 사용되고 있는 케추아어를 사용하는 원주민 사회, 특히 에콰도르의 저소득층에 대해 영향력이 있었다. 모랄레스와는 다르게, 꼬레아는 중남미에서 표준 수준 이상의 고등 교육을 받은 인물이다. 그는 미국 일리노이 주립대학교 얼바나 샴페인 캠퍼스에서 경제학 박사학위를 받았음에도 불구하고 반미 및 반(反)글로벌화를 지향했던 인물이었다.[35]

당선된 후 코레아는 경제성장과 빈곤 퇴치를 최우선 정책으로 삼았다. 또한 그는 반제국주의 노선을 견지하고, 특히 사회적 프로그램에 석유 수입을 사용하는 데 강경한 입장을 보였다. 더욱이 코레아는 외채 상환을 디폴트시키고 석유 수출 수입과 중국으로부터 도입한 차관 등 정부 재정 지출 중 막대한 금액을 사회적 프로그램과 사회 간접 자본 투자에 투입했다.

최근 세계은행의 추산에 따르면 정부 총재정 지출의 GDP 대비 비율이 2002년 21%에서 2012년에는 41%로 급증했다. 빈곤층은 약 12% 포인트가, 극빈층은 8% 포인트 이상 낮아졌다. 최근 통계에 따르면 에콰도르는 중산층이 증가되고 소득 격차도 줄어들고 있는 것으로 나타나고 있다. 지니 계수로 표시한 소득 불평등 지수도 54에서 48로 낮아졌다.

코레아 대통령은 2010년 첫 번째 당선에 이어 2013년 재선되었다. 그의 소득 재분배 정책들의 지속 가능 여부는 대외 불안정성, 무엇보다도 최근 들어 점차 하향세인 유가가 가장 큰 문제이다. 모랄레스와 달리 코레아는 일반적으로 포퓰리스트로 인식되고 있다. 코레아 치하의 에콰도르는 차베스 치하의 베네수엘라와 공통적인 특성을 갖고 있었다.

6.5 규제 포획(Regulatory Capture)

포퓰리즘은 극빈층 및 중간 저소득층의 지지를 받기 위한 낭비적, 사회적 지출 아이디어와 밀접하게 연결되어 있다. 그러나 포퓰리즘은 정치적 아젠다를 추구하는 데 있어 국내 민간 기업 부문의 지원이 필요할 때는 다른 모습을 보인다.

중남미는 1990년대 구조 개혁에 이어 대규모 국영 기업 민영화를 단행했다. 1999년까지 전체 개발도상국에 발생했던 민영화 중 절반 이상이 중남미에서 이루어졌다.[36] 공기업의 민영화 이면에 작용하는 동력은 민간 기업들에 비해 공기업들이 매우 비효율적이라는 논리이다.[37] 이러한 논리의 주된 배경은 책임감 결여, 경영 및 근로자 인센티브 결여, 경쟁력 결여, 정부 관리들의 부패와 정치적 목적을 위한 공기업 악용 등이 포함되어 있다.[38]

민영화에 대한 지속적인 논쟁은 복지 관련 고려 사항을 분리해서 생각할 수가 없다. 그러나 민간 독점은 이윤 극대화를 위해 예를 들면 가격 인상, 품질 악화, 농촌 및 농촌 주변 지역의 희생을 기반으로 부유한 도시 지역에 상품과 서비스를 집중하는 것 등이 허용되었다. 따라서 민영화에 이은 민간 부문의 독점은 반드시 효과적인 규제가 필요하다는 인식을 갖게 되었다.[39]

이와 관련, 라폰트(Jean-Jacques Laffont)와 2014년 노벨상 수상자 티롤(Jean Tirole)(1993)은 선구자적인 저서에서 민간 독점 기업들이 정부의 관련 통제 기관들을 조종하게 된다는 것을 증명하였다. 이 현상은 규제 포획(regulatory capture)으로 알려져 있다.

대부분 학자들은 공기업의 민영화 전에 효과적인 규제 방안이 설계되어야 한다고 믿고 있다. 단, 효과적인 규제는 경제 활동 과정에 참여하고 있는 주역들의 책임을 명확하게 정의하려는 데 목적을 두어야 한다. 특히, 효과적인 규제 방안은 국가 규제 기관, 정부 부처, 광역 및 시군 규제 기관 간의 조정과 명확한 분업이 필요하다.

규제 관련 세계은행의 보고서(세계은행 2013a)에 따르면, 중남미의 경험은 매우 다양하다. 예를 들면 페루는 통신 시스템 부문의 감독 및 관리에 투명성이 확립되어 있는 나라로 평가된다. 그러나 세계은행 보고서는 그 반대의 예로서, 아르헨티나의 가스 규제 당국의 과도한 재량권 행사에 따른 극도의 투명성과 예측 가능성 결여를 지적하고 있다. 투명성 결여는 투자와 생산성을 저해하고 복지에도 영향을 미치게 된다.

국가가 수시로 정책을 바꾸어 에너지 공급에 악영향을 미쳤기 때문에 대다수는 적정 가스 가격을 예측조차 할 수 없는 상황이 되었다. 예컨대 1999년에 아르헨티나 국가 전력 관리청이 국내 민간 전력업체들에게 소비자 요금 미납 패널티를 기존 10%에서 1.2%로 낮출 것을 명령한 바 있다. 이때 민간 기업들은 정부가 기존 합의된 룰을 계속 바꾸어와 앞으로 정책변경이 어떤 영향을 미칠지 두렵다고 공개적으로 주장하였다. 따라서 합의된 규칙의 변경은 차례로 민간 부문의 사회 간접 자본 투자를 방해하고 있었다.

멕시코의 경우 1938년 카르데나스(Cárdenas) 정부시 제정되었던 수정 헌법에는 27, 28조의 에너지 부문이 포함되어 있었다. 동 조문들은 석유, 가스 및 전력 부문에 민간 부문의 참여를 금지하였다. 이들 산업 부분에 대한 투자 부족과 비효율성은 수십 년 동안 멕시코 경제에 부정적 영향을 미쳐 왔다. 최근 페냐 니에토 대통령 정부에 들어서야 다행스럽게도 관련 헌법 조문의 개정이 성공적으로 이루어졌다. 그 과정에서 개혁이 향후 무위로 돌아갈 수도 있다는 불확실성을 보여주는 입법부 내 극한 분열과 대립이 있었지만 헌법 수정은 마무리되었다.

잘 기획되고 투명하게 운영되는 효과적 규제는 최소한의 복지 손실로 효율성은 증진시킬 수 있는 가능성을 열어둔다. 그러나 중남미의 은행 부문을 포함한 규제틀은 여전히 기초 단계에 있다. 이러한 관점에서, 중남미 지역은 규제 포획과 관련해 심각한 도전에 직면해 있다. 적절한 규제 환경의 결여는 중산층에게 민간 부문의 독점에 대한 분노와 부정적 감정을 촉발시키고 있다.[40]

관련 전문가의 부족, 취약한 투명성와 감사, 불분명한 권한 분립, 비효율적인 로비 그리고 부패는 현행 규제틀이 EU와 같은 선진국의 규제틀로 전환되는 데 걸림돌이 되고 있다. 반면 긍정적인 측면은, 중남미 경제의 개방과 교류 확대가 진행되는 과정에서 민영화 이후 국내 독점기업들의 해외기업과의 경쟁 강화로 인해 규제 포획의 확산이 줄어들 수 있다는 점이다.

6.6 국영 기업(SOE)

경험 측면에서 볼 때, 민간 기업과 국영 기업의 효율성을 비교하는 것은 매우 어려운 일이다. 왜냐하면 동일 국가에서 영업 중인 민간 기업과 공기업들을 정확하게 비교한다는 게 쉽지 않기 때문이다. 그러나 연성 예산 제약(soft budget constraints)에 관한 논문들은 많은 국영 기업들이 재정 적자를 악화시킨다고 주장하고 있다.[41] 예산 적자와 이에 따른 인플레이션에 관계없이, 중남미의 일부 국들은 애국과 보호주의 수사, 노동자 권리 및 평등 기치 아래 국유화의 새로운 파동이 시작되었다. 예를 들어 2006년에 볼리비아의 모랄레스 대통령은 국민들에게 '평등한' 서비스를 제공한다는 명분하에, 스페인 민간 투자자로부터 전력시설 Ibedrola의 국유화를 발표했다.

[표 6.2] 20세기 및 21세기 중남미의 석유 및 가스 국유화 추이

국명	국유화 연도
아르헨티나	1922, 1924, 1930, 2004
볼리비아	1937, 1969, 2006
브라질	1953
칠레	1932, 1950
콜롬비아	1851
에콰도르	1972, 1974, 2006
멕시코	1938
페루	1968, 1986
우루과이	1931
베네수엘라	1976, 2001

자료원 : Berrios, Marak, Morgenstern 2010

그리고 2012년에도 모랄레스는 천연자원과 기본 서비스의 회복을 위해 싸워 온 노동자와 볼리비아인 들에게 경의를 표하기 위해서라는 명분을 내세워 역시 스페인 민간 투자자로부터 Red Eléctrica사의 자산을 국유화시켰다.[42]

그러한 국유화 관련 핵심 문제는 대부분의 경우 국내 산업주의자로부터 공공 부문

근로자 및 노동조합 등을 포함하는 국내 엘리트들을 보호하기 위한 목적이다. 대부분 중남미인들의 눈에는 국유화가 1980년대에 붕괴된 ISI 시대와 포퓰리스트의 수사로의 회귀로 보인다. 그러나 옵서버들의 시각으로는 [표 6.2]에서 석유와 가스 케이스를 보면 중남미는 ISI 시대에 앞선 국유화 역사를 가지고 있었다.

이러한 배경에 반하여, 최근 베네수엘라, 에콰도르, 볼리비아 및 아르헨티나의 국유화 물결은 이들 국가뿐만 아니라 중남미 전체에서 외국인 투자자들의 투자의욕에도 영향을 줄 수 있다. 왜냐하면 중남미는 아시아에 비해 국내 저축률이 낮기 때문에, 거시경제적 포퓰리즘의 회귀는 부족한 사회 간접 자본과 연구 개발 확대를 위한 재원 마련을 위해 외국인 투자 유치에 적극 나서고 있는 중남미 다른 국가들의 대대적인 노력에 역작용을 가져오고 있다.

6.7 맺는말

본 장은 거시 경제적 포퓰리즘에 대한 선행 연구들을 검토하는 것부터 시작했다. 우리의 주장은 소득 불평등과 광범위한 빈곤이 20세기 중남미에서 포퓰리스트가 부상하게 된 근원이라는 것이다. 포퓰리스트 정부들은 자국 경제가 초과 생산 능력을 가지고 있다고 가정하고 확대 재정 및 금융 정책을 폈다는 특징을 가지고 있는데, 결국 과도한 재정 적자와 인플레이션을 가져왔고, 그 결과 포퓰리스트 지도자들이 우선적으로 지켜주겠다고 주장해온 노동자들의 이익도 훼손되게 되었다.

20세기 전환기의 성공적 안정화는 중남미 전 지역의 인플레이션의 안정을 가져왔었다. 이 주요 성과의 핵심은 앞으로 8장에서 심도 있게 논의하겠지만 제대로 정의된 지침을 갖춘 중앙은행 독립의 법제화에 의한 것이었다.

물가 안정화 노력의 결실은 2004~2013년 중의 1차 산품 붐 기간 동안 고도성장에 유리하게 작용한 대외적 환경이 도움이 되었다. 경제 성장이 높아짐에 따라 빈곤과 소득 불균형 지수도 개선되었다. ISI 정책이 사라짐에 따라 이러한 환경 변화는 차례로 대부분 지역에서의 포퓰리즘의 몰락을 설명해 주고 있다.

그러나 베네수엘라에서 차베스가 등장함에 따라 중남미가 21세기형 포퓰리스트 정권으로 오염되게 되었다. 그런 정권들의 두드러진 특징은 낭비적인 사회적 지출을 위해 21세기 초 1차 산품 붐의 초과이윤을 활용한 것이다. 왜냐하면 최근 들어 1차 산품 가격의 하락과 악화되고 있는 정치사회적 격변으로 인한 불가피한 지출 비용 증가로 포퓰리스트 정권의 사회적 지출이 급격히 감소되고 있기 때문이다.

이미 베네수엘라 같은 국가에서는 인플레이션이 급속도로 악순환을 보이고 있어 우리들에게 20세기 거시 경제적 포퓰리즘 개념을 고민하도록 하고 있다. 아르헨티나, 볼리비아, 에콰도르 및 베네수엘라 등에서도 포퓰리스트 사이클의 종말에 가까워지고 있다.

정치 경제적 관점에서 볼 때, 베네수엘라의 2015년 국회의원 선거에서 야당 측이 대승을 거두어 20년 가까이 지속되어 온 차베스주의(Chavismo)가 종말을 고할 수도 있을 것이다. 2015년 아르헨티나에서도 마우리시오 마크리(Mauricio Macri)의 대통령 선거 승리로 키르츠네르주의(kirchnerismo)의 종말이 왔다. 에콰도르와 볼리비아에서 포퓰리스트 정권이 비슷한 운명을 맞을 것인지는 의문으로 남아 있다. 그러나 우리가 콜롬비아, 칠레 및 페루 등 남미의 비(非)포퓰리스트 국가들과 비교해서 알고 있는 것은 20세기에 재정 금융 제도가 법제화되었고, 포퓰리스트 정권들의 경제지표들이 훨씬 어둡다는 점이다. 포퓰리스트 국가의 저소득층의 생활수준은 포퓰리스트 정권 사이클의 종말까지 현저하게 악화되고 있다. 포퓰리스트 국가와 지역들에서 국가의 역할에 대한 재정립은 오랫동안 지체되어 온 금융 및 재정 제도의 정립을 요구하고 있다.

민영화 물결은 다른 지역에서 국가의 역할을 재 정의하는 데 도움이 되었다. 민간 독점은 규제 포착을 예방하기 위하여 여전히 적절한 규제가 필요하다. 확고한 경험적 증거가 부족하다 하더라도, 일부 국가들의 사례 연구는 규제틀이 EU와 비교해서 비효율적인데 이를 개선시키기 위한 방법으로는 독점을 국제경쟁에 맡기고 국영 기업들에 외국인 투자자들에 의한 민간참여를 허용하는 방법이다.

현재 중남미 전 지역은 멕시코를 제외하고 여전히 1차 산품 쇼크에 취약한 상태에 있다. 대부분 국가에서 경제 성장이 상당히 후퇴하고 있으며, 중산층의 더 나은 사회간접자본과 사회적 서비스를 요구하는 소리를 충족시키기 위한 과도한 현행 사회적 지출 수준은 지속하기 어려울 것이다. 빈곤 완화는 둔화 추세를 보일 것으로 예상되나 완전히 중단될 수 있으며, 각국 정부들은 정치 경제적 고려사항들을 위해서 재정 건전성을 포기하려는 유혹을 받을 수도 있다. 이 경우 인플레이션이 거시 경제적 포퓰리스트 사이클의 근간이 되고 있는 소득 불균형을 악화시킬 수 있기 때문에 다시 싸워야 할 과제가 될 수도 있다.

요약

- 중남미의 거시 경제 포퓰리즘 역사는 20세기 초까지 거슬러 올라간다.
- 포퓰리즘 시기에 카리스마 정치 지도자들은 소득 재분배에 우선순위를 두고 핵심 가정들을 한다. 핵심적 가정 중 하나는 초과 생산 능력인데, 이것이 과다 지출, 재정 적자 악화, 인플레이션의 악순환을 야기해 왔다.
- 포퓰리즘 지도자들이 도입한 재분배 정책들은 초기에는 임금 상승 및 상품 및 서비스의 내수 증가를 동반하는 성장 및 고용 증대를 가져왔다. 그러나 호황이 짧은 수명을 다한 후 포퓰리스트 정권들은 결국 통화 발행을 통해 재정 적자를 충당하고 이는 초고 인플레이션율을 촉발했다. 이러한 높은 인플레이션율은 실질임금에 불리하게 영향을 미쳐 노동자 계급의 생활 수준도 낮추고 악화시켰다.
- 20세기에 중남미의 포퓰리스트 지도자들은 경제적 혼란과 사회적 불안 속에 쿠데타로 퇴출되었다.
- 1990년대 경제 개혁과 특히 물가 안정화 정책으로, 정치는 단기적으로나마 안정되고 포퓰리스트들은 거의 나타나지 않았다.
- 그러나 고질적 소득 불균형은 장기간 개혁과 반제국주의 이념 등으로 중남미 동남부 지역에 새로운 포퓰리즘 파고를 촉발시켰다.
- 우고 차베스 치하의 베네수엘라는 1차 산품 수출로 얻어진 수입을 사회적 지출 재원으로 이용하는 독특한 형태의 새로운 포퓰리스트 파동을 일으킨 국가다.
- 반제국주의 수사는 역시 가스와 전기 등 핵심 1차 산품 부문의 국유화 형태를 취했다.
- 다른 나라의 경우는 자연 독점이 거의 규제되지 않았고, 결국 규제포획으로 이어졌다. 이러한 독점사업자들은 공급 가격을 인상하고 수익성이 없는 외딴 지역의 수요는 수용하지 않으려는 경향이 있다.
- 소득 과세 능력의 결여로 중남미는 세계 1차 산품 가격 변동에 의존하고 있다. 최근 중국 경제 성장의 둔화로 인한 소득 감소는 기존 사회 지출을 위협하고 있고, 이는 점차 정치적 혼란과 포퓰리스트적 수사 및 정책의 회귀로 귀결될 수도 있는 상황이다.

주목해야 할 포인트

1. 20세기 중남미의 포퓰리스트 사이클의 독특한 양태에 대해 간략히 서술하시오. 왜 알란 가르시아 치하의 페루는 집권 초기 단계에는 높은 성장률을 경험했고 또 그러한 고율 성장은 단기에 그쳤는가?
2. 왜 물가 안정화가 20세기 말 포퓰리스트 정권의 몰락을 설명하는 데 핵심 기준이 되고 있는가?
3. 우고 차베스 치하의 베네수엘라에 포퓰리즘의 급상승을 간략히 설명하고, 왜 그런 포퓰리즘이 15년 이상 계속되고 있는지 그 근원을 설명할 수 있는가?
4. 에보 모랄레스 정권하의 볼리바르 혁명을 포퓰리스트 체제로 특징지을 수 있을까? 본인의 의견을 설명하시오.
5. 에콰도르의 코레아 포퓰리스트 정권은 빈곤층에 어떤 방식으로 혜택을 베풀었나?
6. 다음 서술의 올바른 점을 간략하게 설명하시오: 세계 1차 산품 가격의 급락은 중남미 남미 남부 지역에 새로운 포퓰리스트 파도의 몰락을 촉발할 수 있을 것이다.
7. 중국 경제의 점진적 성장 둔화가 중남미에 제3의 포퓰리즘 파도를 불러 올 수 있을까?
8. 멕시코는 중남미에서 수출입을 다변화시키는 데 성공한 유일한 국가이다. 이는 멕시코가 앞으로 포퓰리즘의 등장을 피할 수 있는 필요충분조건인가?
9. 1980년대와 1990년대 구조 개혁 아래, 중남미에서 국가의 역할은 더 작은 국가에서 더 현명한 국가로 이전되었지만, 여전히 규제 포획이 중남미의 신생 민주주의를 위협하고 있다. 그 이유를 설명하시오.
10. 베네수엘라, 아르헨티나, 볼리비아 및 에콰도르의 포퓰리즘 유산이 20세기 포퓰리즘의 결과와 동일하리라 예상하는가?

추가 자료

- 21세기 중남미 좌파 및 좌익 정부에 대한 포괄적 견해: Seligson(2007)
- 베네수엘라 차베스 포퓰리스트 정권에 대한 분석: Marcano and Barrera (2005)

III편

21세기 중남미 거시 경제

7 발전을 위한 재정 정책

재정 정책은 중남미의 경제 문제 토론에서 맨 먼저 제기되는 과제이다. 중남미가 ISI 정책에 빠져 있던 시절에는 국가의 역할이 현저하게 확대되었다. 국가 개입은 수입 관세나 보호주의 형태로만 국한된 것이 아니다; 국가는 생산용 중간재에 대한 특혜 관세, 특혜 금융 및 직접 지원금 등을 통해서 민간 기업들에게 영향을 미친다.

반면에 국영 기업들은 일부 경제 부문에 참여를 확대하면서 막대한 재정 적자를 야기하여 고통을 안겨준다. 또한 공기업들은 부실 속에 살아남기 위해서 재정 지원을 필요로 한다(제3장 참조). 결국 1980년대 말까지 대부분 중남미에서는 정부 재정 지출 규모가 무제한적으로 확대되어 재정 적자의 급증을 가져왔다. 이러한 재정 적자는 하부 기관인 중앙은행을 통한 통화 증발로 이어져 결국 인플레이션 압력이 높아지게 되었다.

중남미의 재정 정책에 대한 연구는 대부분 재정 적자 징후들과 연계되어 있다. 이들 중 가장 많은 연구는 재정 적자와 인플레이션 간의 관계다. 이는 중남미의 장기적인 어두운 인플레이션 기록 관점에서 이해가 가능하다. 그러나 본 장에서는 인플레이션의 배경 대신 관련 정책의 영향에 대해서 초점을 맞추고자 한다.

본 장에서는 다음 몇 가지 의문점들을 살펴보고자 한다; 왜 중남미에서는 확대 재정 정책이 오랫동안 자리를 잡고 있었는가? 대규모 재정 적자는 어느 부문에서 왜 발생한 것인가? 경제 발전을 위한 재정 제도와 경기 역행적 재정 정책에 도움이 되는 제도 개혁으로부터 무슨 교훈을 얻을 수 있는 것인가?

앞장들에서 중남미는 중산층이 증가되고 있지만, 당대의 중남미는 여전히 높은 소득 불균형과 빈곤 상태에 놓여 있다고 말하고 있다. 그 결과 중남미는 지속적인 포퓰리스트 파도가 일고 제6장에서 살펴본 바처럼 근시안적 재분배 정책과 재정 적자로 인한 통화 증발, 높은 인플레이션과 경제적 혼란 등을 가져왔다.

대조적으로 20세기 말 개혁 주도 세력은 국가의 역할과 대규모 재정 적자 규모의 제한 등에 초점을 맞춘 제도적 개혁을 출범시켰다. 핵심 개혁에는 세제 개혁, 재정 제도, 연금 개혁 및 국부펀드 조성 등이 포함되고 있다.

섹션 7.1에서는 제3장에서 검토했던 ISI 기간 중 확대 재정 정책에 대해 간단히 서술하고, 섹션 7.2에서는 1980년대 잃어버린 10년 기간 중 재정 정책 변화를 분석해 보며, 섹션 7.3에서는 1980년대와 1990년대의 제도적 개혁과 전 중남미 지역에서의 재정 적자에 대한 개혁 효과를 검토해 본다.

섹션 7.4에서는 재정 차원에서 빈곤과 소득 재분배에 관해서 논쟁을 소개하고, 섹션 7.5에서는 앞으로의 재정 개혁과 도전 과제를 검토하는 한편, 끝으로 섹션 7.6에서는 결론을 맺어본다.

7.1 1980년대 경제 위기 이전 공공 부문 성장

라틴아메리카의 ISI 기간 (1940년대부터 1982년까지) 중 논란의 여지가 없는 특징은 경제 활동에서 국가의 과도한 역할이다. 이 기간 중 산업화 목적의 보호주의 정책들은 부실 공기업에 대한 지속적인 고액 보조금 지원, 고관세 및 수출세(제3장 참조) 등을 포함한다. 우리는 두 개의 기간으로 구분해서 살펴본다.[1]

첫째, ISI 기간 중 1970년대 중반까지는 정부 지출은 대부분 세수로 재원을 확보해 정부의 재정 적자 폭은 GDP의 1~2% 내외로 그렇게 크지 않았다.[2] 이는 그렇게 놀라운 일은 아니고 1930년대 대공황으로 인한 채권 디폴트 이후 중남미는 세계은행이나 IDB 그리고 무역 금융 등으로부터 도입한 대규모 차관들을 제외하고는 국제 금융 시장에서 배제되고 있었다. 동시에 중남미 정부들은 국내의 저개발 상태 금융 시장 조건으로는 국내에서 차입을 할 수가 없었고, 통화 증발로 인한 경제 혼란의 원죄를 갖고 있는 정부는 국내에서 자국 통화로 국내 채권을 발행할 수 없다는 소위 원죄원칙 때문에 국내에서 차입을 할 수 없었다.[3]

둘째, 주요 재정 정책 변경은 1973년 유가가 급등한 후 시작되었는데, 이는 산유국들이 초과이윤의 석유 수출 소득을 국제 상업은행들에 예치했고, 이들 상업은행들은 중남미 및 다른 지역에 차례로 장기저리 자금 대출을 제의해 왔기 때문이다. 당시 대부분 중남미국은 재정 지출을 확대하기 위해 차관 도입이 필요했었다.

대부분의 연구에 따르면 이러한 재정 지출은 비생산적인 투자, 소비 및 자본도피 등에 사용되었다.[4] 특히 1970년대 10년이 대규모로 재정이 확대된 시기였다. 1970~1982년 기간 중 중남미 대부분 국가에서는 공공 부문 지출이 거의 배로 증가하였다. [표 7.1]에서 보듯이 칠레만이 예외였는데, 칠레는 1970~1972년 기간 중 공공지출이 급격히 증가했으나 그 다음부터는 감소한 사례이다.

재정 확대는 재정 수입이 거의 증가하지 않음에 따라 높은 재정 적자로 나타났다. 선진 경제권이 수십 년에 걸쳐 조세원 기반이 확대되는 동안 점진적으로 재정 지출이 증가된 것과는 달리, 중남미의 재정 지출은 특히 1970년대 10년간 대규모 확대된 것이 특징이다.

중남미의 사실상 재정 확대는 1970년대에 발생한 대외쇼크 때문이었다. 1973년 10월 시리아와 이집트가 이스라엘을 공격한 욤키푸르 전쟁의 발발 때문이었다. OPEC은 중동전쟁에서 이스라엘을 지원한 미국과 다른 나라들을 대상으로 석유 수출 엠바고를 발동하고 나중에는 생산 감축과 대대적인 유가 인상을 단행했다.

이에 따라 세계 대부분 국가가 경기 침체에 빠진 반면, 산유국들은 대규모 외환 소득의 횡재를 누렸다. 이들은 이 여유 자금을 국제 상업은행에 예치하여 관리했는데 이를 오일 달러라 불렀다.

이러한 현상은 개발도상국을 상대로 대대적인 장기 저리 차관제공 남발을 가져왔다. 동 자금들은 장기 저리로, 심지어는 실질금리가 네거티브 조건으로 제공하기도 했는데, 이로 인해 개발도상국들은 유동성 확보가 용이해져 외채 급증의 원인이 되었다.

[표 7.1] 1970~1982년 기간 중 주요국의 공공 부문 재정 지출 추이(%/GDP)

구분	아르헨티나	브라질	칠레	멕시코	페루	베네수엘라
1970	38.62	35.92	41.27	22.30	24.50	28.70
1971	37.76	34.44	49.93	20.50	27.10	29.10
1972	37.00	35.19	56.05	23.00	31.20	33.50
1973	40.52	33.96	49.39	25.70	38.60	32.80
1974	47.06	38.81	43.17	27.00	45.10	29.50
1975	46.40	42.74	40.44	31.90	46.10	38.90
1976	43.46	44.17	37.82	32.00	45.80	44.00
1977	43.01	42.04	40.74	30.30	48.40	50.50
1978	48.92	47.56	34.57	31.40	47.60	52.60
1979	45.88	54.45	31.65	33.00	48.40	49.40
1980	49.06	52.66	31.58	35.00	60.10	53.30
1981	53.30	42.70	34.11	41.40	57.40	54.00
1982	49.16	46.06	39.84	46.40	60.20	57.60

자료원 : Larraín and Selowsky 1991

국제 상업은행들은 대외 대출 위험도를 무시하고 제대로 통제가 되지도 않는 은행 부문 프레임워크 내에서 부주의하게 자금을 제공하였다.

다른 한편으로 1975년 이후 글로벌 거시 경제 환경의 개선은 국제 1차 산품의 가격 상승을 가져왔다. 차례로 개발도상국의 수출 소득도 빠르게 증가했고, 중남미도 대부분 1차 산품 수출에 크게 의존하고 있었기 때문에 외국 상업은행들이 중남미의 차관 계약상 상환 의무 이행을 의심하지 않고 대출을 확대한 것이다. 비슷한 이야기가 다른 지역에서도 발생할 수 있었던 시기였다. 1973년부터 전반적으로 대(對) 개발도상국 대출이 급증하였다. 그러나 외채 구조는 전 개발도상국이 같지는 않았다. 대부분 외국 정부, 국제 금융 기관과 원조 기관이 공여한 외화 표시 공적 대출을 받은 아프리카와는 달리, 중남미의 외채는 대부분 미국계 상업은행과 다소 작은 규모의 유럽계 상업은행들과의 계약을 통해서 도입한 것이었다.

국내 요인들도 역시 공공 지출의 급증을 유발시켰다. 중남미 천연자원의 대부분은 국가가 관리하고 있었으며 이데올로기가 중요한 역할을 했다. 특히, 대부분 중남미 정부들은 민족주의적 입장을 취했다. 그들은 외국인 투자에 문호를 개방하는 것보다 외국 차관을 강력히 선호했는데, 왜냐하면 외국인 투자는 국내자원의 관리를 외국인에게 넘겨주는 것을 의미하였기 때문이다. 중남미 정부들은 국내 민간 투자자들도 역시 신뢰하지 않았다. 그 당시 각국 정부들이 가지고 있었던 인식은 민간 부문은 단기 투자에 집중하고 중남미의 경제 개발 전략상 핵심이 되는 장기 프로젝트에 대한 투자는 기피하고 있다고 생각하고 있었다.

정치 경제적 요구사항들 역시 경제 발전에 영향을 주는 요인이었다. 저렴한 이자의 외국 차관 도입이 용이했던 국가들은 추가 세금 인상이 없이 또는 높은 인플레이션으로 발생하는 비용 부담의 증가 고통을 받으면서도 공공 지출을 증가시켰다. 이러한 선택은 대규모 재정 적자를 가져왔고 석유 수입국들의 소비자들은 국제유가의 상승이 국내 물가로 전가되는 것을 강력하게 반대했다. 간단히 말해서 외국 차관은 복지나 경제적 고려 사항을 기본으로 하는 기준에 따르는 대신, 정부의 정치적 필요나 선거구의 요구 등 정치적 수요를 충족시키기 위해 사용되었던 것이다.

채무국들의 확대 재정 정책과 대규모 재정 적자의 중요한 원인은 이 자료 제6장에서 논의했던 포퓰리스트 정책을 수행하기 위한 것이었다. 몇몇 포퓰리스트 정부는 민중의 지지를 얻어내기 위한 의도로 지속적으로 유지될 수가 없는 확대 거시 경제 정책을 추구하고 있었다. 고도의 소득 불균형을 안고 있는 국가에서 과도한 재정 지출 압력이 강력한 경향을 띠고 있었는데, 이는 중남미 대부분 국가의 공통적인 양상이며 이 자료에서 반복적으로 거론되는 주제이다.

중남미에서는 빈곤층이 국민 소득에서 차지하는 비중은 작은 반면, 총인구 대비 비중은 높다. 이는 바로 공공 지출 수요의 증가를 야기하고 동시에 세금 수입을 증대시키거나 세금납부, 특히 고소득 계층의 소득세 자진 납부를 유인하는 능력의 부족이 문제를 악화시켰다. 대조적으로 동아시아 지역은 보다 공평한 지역이었으며, 따라서 재분배 정책에 대한 압력도 낮고 재정 적자도 매우 낮은 수준이었다.

그러나 공공 부문 확장의 또 다른 구조적 요인은 정부가 기댓값을 설정한 후 이에 맞춰 재정 지출을 확대해 나가는 독특한 방식일 수 있다. 합리적인 가정이나 수용 가능한 기댓값 대신에, 공공 부문은 “최선의 기댓값” 이론에 의해 통치하는 것처럼 보인다: 석유 수출국 정부들은 그들의 고유가 교역 조건이 영원할 것처럼 기대하고, 이러한 기대에 의거 공공 지출 규모를 확대해 나갔다.

반면에 석유 수입국들은 오일 쇼크가 잠정적이기를 기대하며 고통스러운 구조 조정 대신 해외 차입을 통해 상승하는 원유 수입 비용에 대한 자금 조달을 결정하고 있었다. 이러한 오일 쇼크가 영원하기를 기대하는 석유 수출국들과 오일 쇼크가 잠정적이기를 기대하는 석유 수입국들 간의 대칭적인 입장은 특히 아프리카와 중남미 등을 포함한 대부분의 개발도상국들의 외채 누적 악순환을 악화시켰다.

1970년대에 가혹하게 느껴졌던 공공 부문에 대한 문제 중 하나는 에이전트 문제였다.[5] 공공 부문은 단일하지 않으며, 통일된 방식으로 행동하지 않는 여러 에이전트들로 구성되고 있다. 공공 부문의 관리자는 민간 부문 에이전트들처럼 행동하지 않는다. 왜냐하면 정부는 관리자를 제대로 감독할 수 없거나 때로는 관리하지 않고, 공기업은 연성 예산 제약을 받기 때문이다. 또한 주주들은 분산되어 있다.

[그림 7.1] 1970~1988년 중 1차 산품 가격의 폭락 추이

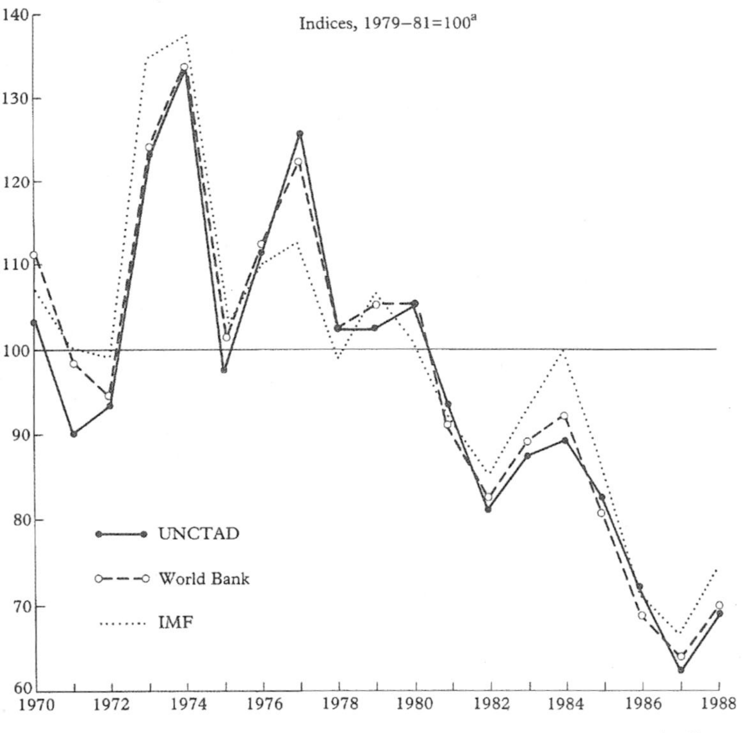

자료원 : Maizels 1992

민간 기업들은 경영진이 이익의 극대화를 추구하는 주주들을 상대하는 데 반해, 공기업의 관리자들이나 정부 공무원들은 종종 자신들의 일자리들을 보전하거나 집권 중 정부가 계속 집권하도록 돕거나 또는 통제 아래에 있는 자원 규모를 증대시키는 등 국가 제도상 다른 목표를 추구한다.[6]

7.2 강력한 공공 부문 감축

1980년 초 세계 거시 경제 환경 속에 중남미 재정 정책에는 두 가지 큰 변화가 왔다. 첫째는 1차 산품 수출의 급격한 감소, 둘째는 세계 금리의 급격한 상승이었다. 이 두 사건들은 각각 [그림 7.1]과 [그림 7.2]에서 보여주고 있다.

[그림 7.2] 미국 3개월 물 재무성 채권 기준 이자율 급등 추이

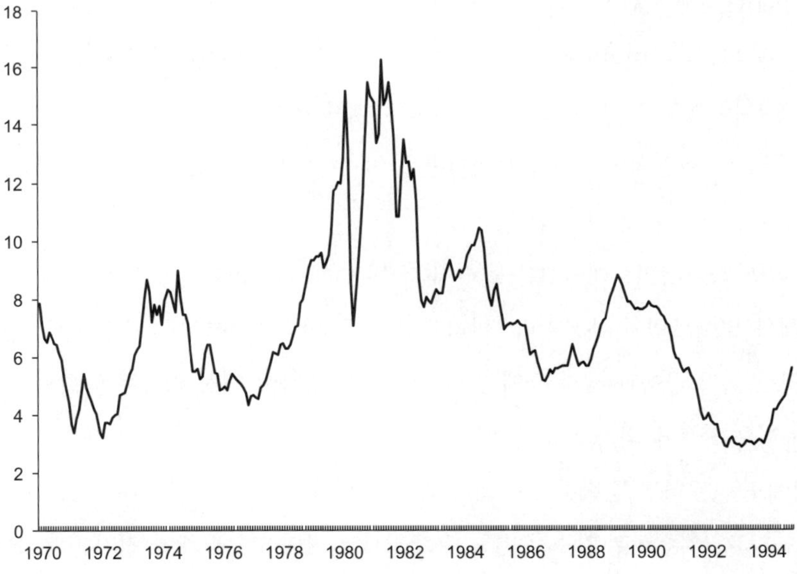

자료원 : FRB 데이터베이스(www.federalreserve.gov) 기준 저자 작성

세계 거시 경제상 복합적인 불리한 사건들은 1982년 8월 멕시코의 디폴트 사태를 야기했다. 콜롬비아를 제외한 모든 중남미 국가들이 같은 사태에 빠졌다. 채권의 디폴

트 사태가 재정 적자를 충당하기 위한 자금 조달에 결정적인 영향을 미치게 되었다. 이러한 환경에서 재정 적자 감축은 불가피한 것이 되었다.

경제 위기의 발발과 함께 해외 채권단은 국가별 차별을 두지 않아 채무국 정부는 두 가지 문제점에 직면하게 되었다. 그 어려움은 실질 이자율의 급등과 예기치 못한 외채 상환 부담의 급증뿐만 아니라 대외 자금 차입조차 더 이상 불가능했던 점이었다.

긴축 재정 정책을 펴야 했고 공공부문의 지출 규모를 감축해야 했던 칠레조차 금융 긴축에 타격을 받아야 했다. 콜롬비아는 비교적 위기의 영향을 덜 받았는데, 1982년 GDP 대비 외채 비율이 26.9%로 낮았고 1980~1981년간 변동 환율로 계산한 외채 비중이 총 GDP 대비 39.2%로 미치는 재정취약도가 낮은 수준이었기 때문이었다.[7]

대외 자금 조달의 부족으로 재정 구조 조정을 위해 국내 자금 조달 의존도가 높아지게 되었다. 또한 대부분 중남미 각국 정부는 역사상 가장 높은 인플레이션을 겪게 되어 국내 통화 증발과 추가 공채 발행에 의존하게 되었다. 당시 중남미의 평균 인플레이션율은 1990년도에 496%로 최고점을 기록하였다(제8장 참조).[8]

일부 채무국은 하이퍼인플레이션에 고통을 받았는데, 볼리비아의 경우로 설명할 수 있다. 정부는 재정 적자를 충당하기 위해 화폐를 찍어내는 데 의존하여 통화 증발로 1984년~1985년간의 하이퍼인플레이션을 야기하였는데 이는 악순환의 시작일 뿐이었다.

왜냐하면 하이퍼인플레이션은 올리베라-탄지(Olivera-Tanzi) 효과에 의해 세수의 실질 가치를 떨어트렸기 때문이다. 말하자면 높은 인플레이션은 조세 기반을 잠식하고 납세 의무 고지 금액과 징수 금액 간의 차액이 발생하여 재정 적자는 악화되고 인플레이션은 더욱 불붙게 되기 때문이다.[9]

그럼에도 불구하고 강력한 긴축의 결과 볼리비아 중앙 정부의 세수는 1984년도에는 GDP의 1.3% 수준으로 감소하였다. 구체적으로, 1983년에 재정 적자는 감소했으나, 1984년도에는 다시 적자가 증가하였고, 이는 인플레이션을 유발하는 금융확대로 이어졌다. 물가는 계속 올랐고, 1985년에 종합 안정화 정책이 시행되고서야 물가상승이 멈추었다.

재정 수입은 올리베라-탄지 효과의 역작용으로 빠르게 증가되었고, 정부 재정 수입의 핵심 원천이었던 에너지 가격이 국내에서 인상되었다. 이러한 하이퍼인플레이션 사례는 외채 위기가 공공 재정에 미치는 재앙에 가까운 결과를 보여준다.

다시 말하면 이번 장에서는 재정 적자 문제의 결과로서 중남미 전 지역에서 상이한 형태와 모양으로 나타났던 인플레이션에 대한 견해를 강조하고 있다. 잘못 관리되는 예산은 일련의 사태에 의해 재정 위기로 돌변하였던 것이다. 중남미의 교역 조건 악화와 함께 여러 나라에서 수출지향형 공기업들의 수입이 감소되면서 재정 수입도 감소되었다.

다른 한편으로, 급격한 경기 침체와 비효율적인 조세 행정이 조세 수입 감소를 가져오기도 했다. 더욱이 일부 국에서는 많은 민간 기업들도 재무 구조 위기에 빠졌고 정부는 대외부채와 금융 손실의 일부 또는 전부를 공공 부문 부채로 떠맡아야 했고 이는 공공부문 부채 증가로 이어졌다. 아르헨티나, 칠레, 콜롬비아, 멕시코, 페루, 우루과이 및 베네수엘라와 같은 국가들은 이 시기에 비싼 대가를 치르면서 은행 부문 위기를 겪었고 정부의 재정 적자도 악화되었다.[10]

채무국들이 직면한 또 다른 문제는 실질 환율의 절하 문제였다. 통화 가치의 하락이 무역 수지 개선과 대외 조정에 도움이 되었지만, 외채 원리금 상환 부담은 점점 극도로 높아졌고 그 결과 재정 상황도 점차 악화되었다.

조세 수입은 많은 중남미 국가에서 그렇게 빠르게 증가되지도 않았고, 외채 위기 발

[표 7.2] 교육 및 보건 위생 부문 공공 지출(%/총지출)

구분	교육		보건 위생	
	1972	1988	1972	1988
아르헨티나	20.0	6.9	...	2.1
볼리비아	31.3	18.4	6.3	1.9
칠레	14.3	12.0	8.2	6.3
엘살바도르	21.4	17.1	10.9	7.1
멕시코	16.4	7.4	4.5	1.1
페루	23.6	15.3	5.5	5.8
우루과이	9.5	7.1	1.6	4.8
베네수엘라	18.6	19.6	11.7	10.0

자료원 : Larrain and Sachs 1993

발 이후 경제의 취약성 및 때로는 조세 행정과 행정 능력의 부족 때문에 조세 수입이 상당 기간 정체되거나 감소하였다. 따라서 취약한 조세 수입과 재정 조정의 부담은 정부 지출 감소로 이어졌다.

공공 지출은 [표 7.2]에서 보듯이 특히 아르헨티나, 볼리비아, 칠레 및 멕시코와 같은 국가에서 투자, 서비스망과 결합된 사회적 프로그램과 공공 부문 임금 등 부문에서 집중적인 지출 감축이 이루어졌다. 이에 따라 중남미 인구 중 빈곤층에 불리하게 작용하여 상당한 정치 사회적 긴장이 조성되었다.

7.3 국가의 경제적 역할 재정의

외채 부담의 완화는 필요했으나 채무국의 경제 성장 촉진에 충분조건은 아니었다. 외채 구제와 함께 심층 구조 개혁의 이행이 필요했다. 베이커와 브래디의 외채 탕감 플랜을[11] 지원하기 위해 요구되었던 채무국의 핵심 개혁은 워싱턴 컨센서스에 요약되어 있다.

동 내용은 IMF, 세계은행 및 미국 재무성 등 워싱턴에 본부를 두고 있는 기관들이 지지하던 일련의 10개조 개혁안으로, 위 기관들이 합리적 수준의 이행이 필요하다고 합의하는 사항들이다.[12] 워싱턴 컨센서스 목표 중 재정 부문과 관련 있는 5개는 다음과 같다.

1) 재정 규칙: 중남미국들은 GDP의 일정 규모에 달하는 대규모 재정 적자를 지속적으로 안고 있었다. 재정 적자는 실제로 고율의 인플레이션, 수지 불균형 위기, 자본도피 등 형태로 거시 경제 혼란의 주요 원인으로 인식되고 있다. 따라서 권고 사항은 가용 가능한 재원을 통한 합리적인 공공 지출로 균형에 가까운 예산을 유지할 것을 요구하고 있다.

2) 공공 지출 방향 재정립: 이 개혁의 주요 목적은 가솔린, 빵 또는 농업용 지원 금융 등과 같은 부문의 무차별적 보조금을 줄이려는 것이었다. 동시에 기본 인프라의 강화 활동과 건강 및 교육 등 사회적 서비스 제공에 대한 정부의 재정 지출 지침을 지도하기 위함이다.

3) 조세 개혁: 재정 적자 감축은 조세 수입의 증가가 필요하다. 제안된 개혁은 조세원의 확대를 요구하고 있으며, 한계 세율은 온건한 수준이어야 한다. 이는 조세 수입을 상대적으로 적은 수의 납세자가 부담해야 하는 세율을 급격히 인상하지 않으면서도, 조세 수입을 늘릴 수(특히 직접세의 경우) 있도록 세금의 탈루를 막고 탈세를 제거하는 것을 의미한다.

4) 민영화: 이는 개혁의 또 다른 축이다. 일반적 인식은 민간 기업이 공기업보다 효율적이라는 점이다.

왜냐하면 민간 기업의 관리자들이 공기업보다 더 직접적인 이해관계가 있거나 맡은 일에 책임감을 갖고 있기 때문이다. 따라서 기업이 민영화되면 비효율성이 제거될 것이다.

5) 규제 완화: 이 개혁의 핵심 목적은 신규 기업의 진입을 막고 경쟁을 저해하는 과도한 규제를 제거하기 위한 것이다. 규제 완화는 안전이나 환경피해와 관련된 특별한 케이스에 대해서 권고하는 것은 아니다.

워싱턴 컨센서스 개혁의 결과에 대해서는 논란이 계속되어 왔다.[13] 위의 내용 중 이 장과 가장 관련이 깊은 개혁은 처음 3개이고 민영화와 규제 완화는 비중이 작다. 나머지 두 개의 개혁 내용은 그렇게 많은 논란이 계속되고 있는 주제가 아니다.

민영화는 그 자체가 공기업의 부실경영 손실의 재정 부담을 직접 구제하는 방안이 아니고, 민영화의 실제 실행 방법도 때로는 불명확하기 때문이다. 규제 완화와 관련하여 중남미 기업들이 과도하게 규제를 받고 있다는 점을 아무도 부인할 수는 없다.

다만 규제 대상 기업을 외국과의 경쟁에 노출시키는 것만으로도 대부분의 경우 개선을 할 수 있다고 생각하고 있었다. 또한 외국과의 경쟁이 되면 기업들이 사유화되어야 하는지 아닌지에 대한 논의가 이루어지게 된다.

이러한 권고에는 공공 부문의 역할에 대한 아이디어의 심층적 변화를 포함하며 국가는 민간 부문이 효율적으로 할 수 없었던 일만을 수행해야 한다는 원칙으로 이어진다.

재정 적자를 낮추는 데 목적을 둔 구조 개혁이 성공적으로 수행되기 위해서는 공공부문의 제도적 변화를 추진해야 할 필요가 있다. 당시의 기존 제도상 주요 문제점들 중 하나는 중앙은행으로부터 제한이 없이 차입을 할 수 있는 정부의 권한 문제였다.

그러나 중앙은행에 독립성이 부여되어 있을 때는 통화 당국이 행정부에서 요청한 통화량 확대 요구 사항을 거부할 수도 있었다. 이 문제에 관해서는 제8장에서 상세하게 더 논의하기로 한다.

7.4 재정 정책의 재분배 효과

워싱턴 컨센서스는 소득 재분배에 대한 재정 정책의 영향을 명확하게 인식하고 있었다. 외채 위기 후의 재정 지출 조정이 가져온 재앙에 가까운 결과를 고려할 때, 빈민 구제나 경제 성장 촉진 방법상 공공 지출은 방향의 재정립이 필요했었다.[14]

재정 정책은 공공 사회 정책을 통해서 또 조세 정책을 활용한 공적 이전 자금 재원 마련 방안을 통해서 고소득층으로부터 저소득층 가계로 재원의 이전 정책에 의해 소득 재분배 효과가 있을 수 있다. 그러나 뒤에 다시 논의하겠지만, 재정 정책은 소득 5분위 저소득층에 혜택을 부여하는 경제 성장 강화 정책을 통해서도 간접적인 소득 분배 효과를 가져올 수도 있다.

사회적 공공 지출은 1990년대 초부터 상당히 확대되어 왔고 총 공공지출에서 차지하는 비중도 [그림 7.3]에서 보듯이 상승해 왔다. 소득 재분배에 대한 공공 지출의 역할에 관해서는 몇 가지 고려해야 할 사항들이 있다.

예컨대, 빈곤 가계에 대한 현금 이전은 일반화된 물가 보조금과 같은 간접적인 방법보다 좋은 방안이다. 왜냐하면 특정 대상의 보조금이 필요한 사람들에게 직접 전달되고, 이는 공공재원에서 부담도 낮추는 효과가 있다. 그럼에도 불구하고 표적화는 비용이 발생하고, 조심스럽게 설계되어야 할 것이다.

분배 관점에서만 바라보면, 조세 부담은 주로 소득세 등 직접세에 기반해야 한다. 그러나 [표 7.3]에서와 같이 중남미의 신흥 시장 경제권을 포함한 개발도상국들은 간접세, 특히 재화 및 용역에 대한 일반세 또는 부가 가치세(VAT) 등에서 높은 비중의 재정 수입을 의존하는 경향이 있다. [표 7.3]은 중남미 각국의 직접세와 간접세에 대한 간략한 내역을 제공하고 있다. [그림 7.4]에서와 같이 OECD와 비교할 때 중남미는 낮은 조세 부담을 지고 있으며 공공 지출 재원의 대부분을 간접세를 통해 조성하고 있다. 여기에는 1인당 소득 격차를 포함한 여러 이유가 있다.

[그림 7.3] 중남미의 공공 사회적 지출 비중 추이

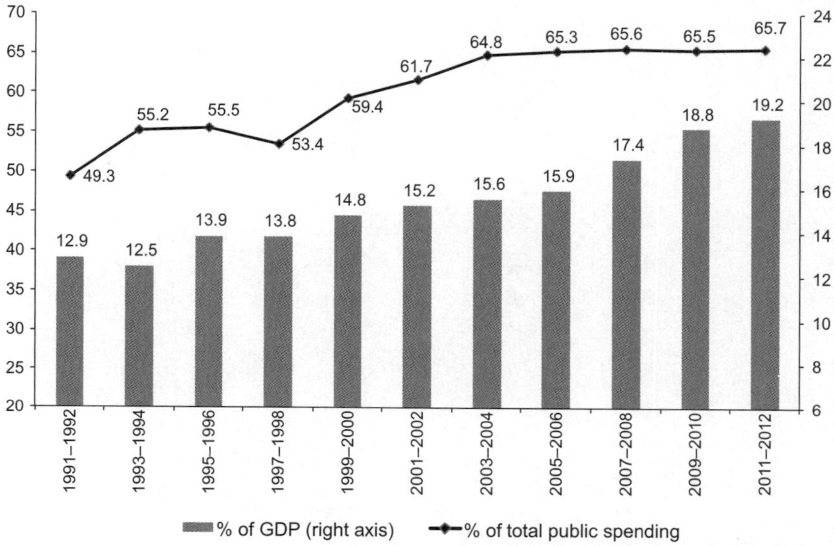

자료원 : ECLAC 데이터베이스 2014(www.cepal.org) 기반 저자 작성

[표 7.3] 2013년 기준 중남미 조세 수입 구성(%/총 조세 수입)

구분	직접세	간접세	기타세	사회적 기여
아르헨티나	25.3	36.8	2.6	35.3
브라질	36.7	27.5	0.1	35.6
칠레	37.4	54.0	0.7	7.9
콜롬비아	50.9	37.4	0.2	11.4
과테말라	34.2	61.8	0.9	3.0
멕시코	51.7	32.0	1.6	14.7
니카라과	27.7	48.3	0.1	23.9
페루	39.8	43.8	5.5	10.9
베네수엘라	29.2	64.2	0.0	6.6

자료원 : ECLAC 데이터(2015) 기반 저작 작성

[표 7.4] 중남미 주요국의 부가 가치세 및 소득세 탈세 수준

구분	부가 가치세(VAT)		소득세(Income Tax) 추정 탈세율			
	연도	추정탈세율	연도	총계	개인	기업
아르헨티나	2006	21.2	2005	49.7	–	–
볼리비아	2004	29.0	–	–	–	–
칠레	2005	11.0	2003	47.4	46.0	48.4
코스타리카	2002	28.7	–	–	–	–
콜롬비아	2006	23.5	–	–	–	–
에콰도르	2001	21.2	2005	63.8	58.1	65.3
엘살바도르	2006	27.8	2005	45.3	36.3	51.0
과테말라	2006	37.5	2006	63.7	69.9	62.8
멕시코	2006	20.0	2004	41.6	38.0	46.2
니카라과	2006	38.1	–	–	–	–
파나마	2006	33.8	–	–	–	–
페루	...	37.7	2006	48.5	32.6	52.3
도미니카(공)	2006	31.2	–	–	–	–
우루과이	2006	26.3	–	–	–	–

자료원 : Gómez and Jiménez 2012

[그림 7.4] GDP 대비 조세 부담률 비교(%/GDP)

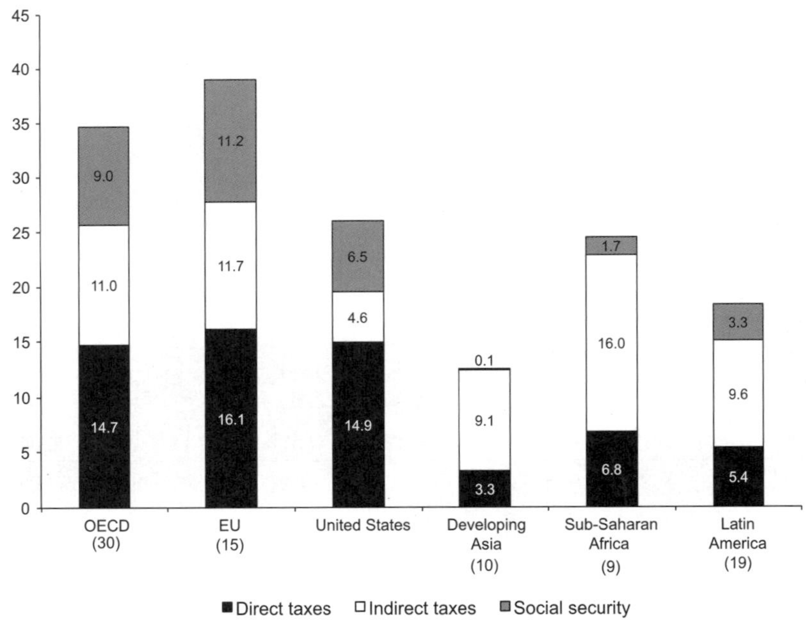

자료원 : Jimenez and Lopez 2012, OECD, IMF, ECLAC 데이터 기반 가공

국가가 부국이 될수록 GDP 대비 조세 부담 수준은 증가된다고 널리 인식되어 왔다. 세금은 수입 관세를 비롯한 간접세의 징수가 보다 쉽다는 것도 사실이다. 중남미 입장에서 볼 때 낮은 소득세 역시 높은 탈세 수준의 결과물이다[7.4 참조]. 더욱이 중남미 인구의 대부분은 개인 소득세 과세 대상에서 면제되고 있는데, 왜냐하면 면제 수준 하한이 높게 책정되어 있기 때문이다. 이는 소득 수준이 높은 중소득국에서도 마찬가지이다.

실제로 중남미에서 재정정책의 재분배 효과가 낮은 편이다. 고니(Goñi), 로페스(López), 세르벤(Servén)(2011)등이 중남미 6개국의 재정 정책의 효과를 EU 15개국과 비교 분석하였다. [그림 7.5]에서와 같이 중남미 재정 정책의 소득 재분배 효과는 유럽과 비교할 때 상당히 낮은 수준이다. 중남미는 지니 계수 감소 효과가 미미한 편인 반면, 유럽의 경우 과세 및 공적 이전이 완료된 후 지니 계수 감소 효과가 상당히 크게 나타나고 있다.

[그림 7.5] 상이한 소득정의에 따른 지니 계수

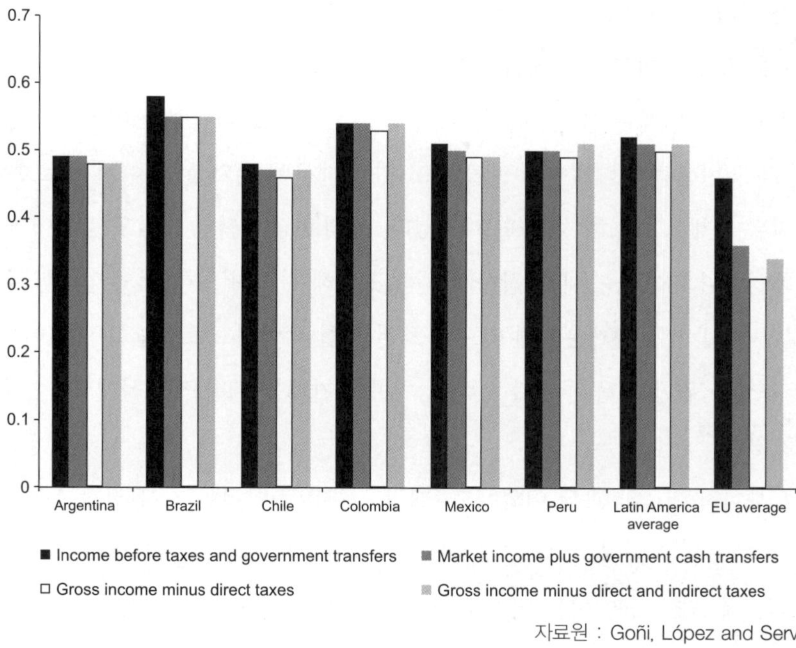

자료원 : Goñi, López and Servén 2011

[그림 7.5]는 또한 유럽국들의 소득 불평등을 낮추려는 대부분 시도들이 정부 현금 이전에 의해 이루어지고 세금을 통한 정책은 상대적으로 비중이 작음을 보여주고 있다. OECD(2012)가 얻은 결론도 총 명목소득과 조세 및 이전 조치 후 가처분 소득 간의 불평등 감소 효과의 75%는 현금 이전에 의한 것이고 단지 1/4 정도만 조세감면에 의한 효과라는 결론을 얻고 있다.[그림 7.6 참조]

이와 같은 내용의 연구로 가스파리니(Gasparini), 크루세스(Cruces), 토르나롤리(Tornarolli) 및 로페스-칼바(Lopez-Calva)와 러스틱(Lustig)(2010)과 같은 학자들은 우호적 거시 경제 환경에서 사회적 지출, 특히 조건부 현금 이전을 활용한 공공 지출 정책은 앞서 5장에서 검토한 바와 같이 21세기에 들어 중남미의 소득 불평등 감소를 위해 중점적으로 시행되어야 한다고 주장한다.

IMF(2014b)와 다른 국제기구들은 전체 인구에게 제공되는 혜택과는 대조적으로, 더 낮은 비용으로 재분배 목표를 달성하기 위해 소득에 따라 적격 또는 혜택 수준을 제한하는 현금이전 대상 수급자격 조사를 권고하고 있다. 특히 IMF는 그러한 현금 이전 정책은 노동 시장에 미치는 역효과를 피하는 방법으로, 예컨대 소득이 증가함에 따라 혜택도 점차 사라지는 방법으로 이행할 것을 제안하고 있다.[15]

수급자격 조사가 어려운 곳에서는 태킹(tagging)을 권장하고 있다. 그러나 "태그"와 수급자의 필요는 연계가 불완전하여, 이 방법은 빈곤층을 완벽하게 커버하지 못할 수도 있고 비(非)빈곤층에 혜택이 누출될 수도 있기 때문에 추가 현금 이전 프로그램들을 통해 소외된 가계를 보호해야 할 필요가 있다. 그리고 효과적인 인식표 작업이 되기 위해서는 개인이나 가계가 쉽게 조작하지 못하도록 해야 하며 또한 쉽게 입증할 수 있어야 할 것이다. 반면에 세계은행에 따르면 조건부 현금 이전 프로그램은 어린이들의 인적 자산 육성을 위한 교육 투자가 빈약한 빈곤층 가계를 대상으로 설계되어야 한다고 주장하고 있다.[16]

그러나 사회적 지출과 과세 이외에도, 재정 정책은 전반적인 거시 경제 환경을 통해 소득 분배 효과를 거둘 수 있다. 고도의 거시 경제 취약점은 저소득층 가계에 피해를 입히게 되는데, 왜냐하면 이들 빈곤 가계들은 금융에 대한 접근이 제한적이므로 시간이 흘러도 쉽게 소비를 조절할 수가 없다. 빈곤층은 또한 경기 침체 중에는 실업을 경

[그림 7.6] 가계 소득의 재분배 효과

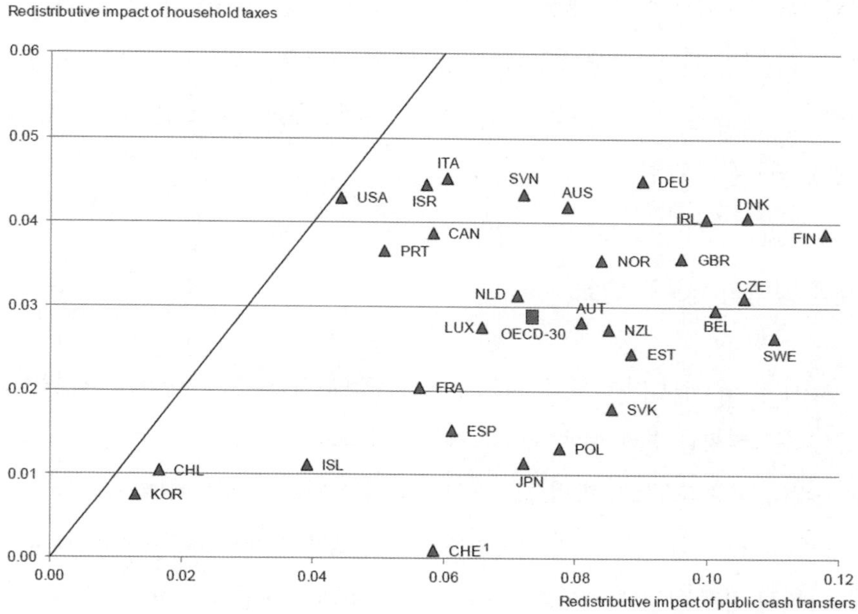

자료원 : OECD 2012

험하기도 쉽고 소득 변동이 심한 비정규직으로 일을 하는 것이 강요되고 있다.(제11장에서 노동 시장에 대해서 상세하게 논의하기로 한다)

따라서 보다 높은 거시 경제의 취약성은 소득 불평등과 밀접하게 연관되어 있다. 칼데론(Calderon)과 예야티(Levy Yeyati)(2009)가 제시한 증거는 생산의 취약성이 지니 계수 및 소득 5분위 분류 소득 비율로 측정한 소득 불평등과 깊이 연계되어 있음을 보여준다.

나아가 추가적 변동성은 비대칭, 비선형 효과를 갖게 된다. 즉, 저자들은 급격한 경제의 침체는 실업, 빈곤, 불평등에서 예측보다 더 큰 타격을 양산하고 이는 이후 급격한 경기 회복으로도 충분히 커버되지 못하는 결과를 낳는다는 점을 밝혀냈다. 이러한 변동성과 부정적인 소득 충격의 바람직하지 않은 결과는 국가 특성에 따라 실질적으로 크게 다르게 나타난다. 예컨대, 1인당 국민 소득, 공공 지출 수준 또는 노동자 보호법 등이 경기 주기와 과도한 변동성으로 인한 부정적 비용을 완화시킬 수도 있다.

소득 불평등의 관점에서, 재정 제도는 안정적인 거시 경제 환경을 조성하는 데 중요한 지원 역할을 할 수 있다. 재정 정책은 거시 경제 침체기 동안 취약한 가계를 위한 보호와 사회 안전망을 보장해야 한다. 중남미의 일부국은 강력한 재정 제도의 법제화를 통해 이러한 도전 과제를 충족시키기 위한 노력을 기울여 오고 있다. 이어서 이 문제에 관해 연구하기로 한다.

7.5 재정 정책의 제도적 변화

1980년대 경제 위기 이후 중남미의 대부분 국가에 적용되었던 구조 개혁안은 일부 국가들이 글로벌화와 경제 성장 혜택을 거두는 데 도움이 되었다. 몇몇 정부는 책임감을 갖고 비(非)포퓰리스트적 방법으로 재정 정책을 운영할 수 있도록 제도적 기반을 구축할 수 있었다. 특히, 일부 중남미국들은 이러한 정책과 제도들이 국가 경제의 자산이 되고, 거시 경제 안정에 기여를 하도록 재정 정책과 제도를 설계할 수 있었다. 그래서 1990년대 말기와 특히 2000년대에 중남미는 2008~2009년간의 서브프라임 경제 위기 시 효과를 보여주었듯이 불리한 거시 경제 쇼크에 대처할 수 있는 기반을 단단히 구축할 수 있게 되었다[표 7.5 참조].

경제 펀더멘탈이 현저하게 개선되었음에도 불구하고, 대부분 중남미국들은 여전히 매우 취약한 상태에 놓여 있다. 그 주된 이유는 앞장에서 검토했듯이 중남미가 19세기 말부터 1차 산품 수출에 과도하게 의존해왔기 때문이다. 경제 성장률은 급격하게 하락하고, 세계 1차 산품 가격도 파동을 일으켜 재정 수입도 따라서 요동을 치는 상황이었다. [그림 7.7]에서 보듯이 중남미의 재정 수입은 고소득국에 비해서 중소득국이 보다

[표 7.5] 중남미의 과거 경제 위기 기간 중 거시 경제 펀더멘탈

구분	1980~1981	1997~1998	2007~2008
인플레이션(평균, %)	53.9	11.8	6.7
경상 수지(%/GDP)	−4	−4.7	−1.1
외채(%/GDP)	29.4	34.5	21.6
재정 적자 폭(%/GDP)	−2.6	−1.8	−0.1

자료원 : IMF(www.imf.org)와 ECLAC 데이터(www.cepal.org) 2014 기반 저자 작성

더 취약함을 보였다. 멕시코를 제외하고 그러한 고도의 취약성은 [표 7.6]에서 보듯이 재정 수입이 몇몇 1차 산품 수출, 즉 대부분 금속, 석유 및 농산물 등에 의존하고 있기 때문이다.

[그림 7.7] 1980~2008년 중 사회 보장세 제외 중남미와 선진국의 조세 수입 취약성 비교(2000년 US$ 기준 소득 증가 표준편차)

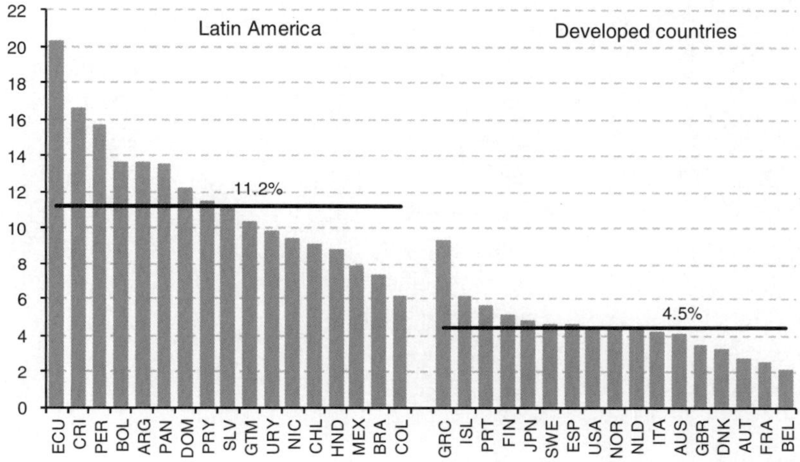

자료원 : Jiménez and Kacef 2011

다시 말하자면 1차 산품에 대한 과도한 의존도 때문에 재정 수입이 매우 취약한 것이다.

특별한 문제점은 경기 침체기 동안 재원이 부족하게 되면 사회적 공공지출이 감소하기 때문에 빈곤가정이 가장 큰 타격을 받는다는 점이다. 게다가 재정 지출의 경기 순응성이 경기 침체기 동안 침체를 더 악화시킨다.

베네수엘라, 에콰도르, 볼리비아 및 칠레와 멕시코조차 재정 수입의 상당 부분을 1차 산품에서 창출되고 있다. 이러한 모습은 다음 [그림 7.8]에서 확인할 수 있다. 예산 당국들은 어떻게 특정 산품에 지나친 의존도 문제에 대해서 대응해 나갈 수 있을까?

그 답은 부분적으로 확고한 재정 제도를 구축하는 것이다. 이에 관해 칠레가 선구자 역할을 해오고 있다. 2000년도에 칠레는 경기 조정형 (또는 구조적) 균형 규칙을 법제화해 2001년도부터 재무부에 의해 시행에 들어갔다. 칠레의 재정 규칙 기준은 생각보다 간단하다.

[표 7.6] 2009년 기준 중남미의 1차 산품 수출의존도

국명	주요 수출 1차 산품	1차 산품/ 총수출(%)
아르헨티나	콩, 원유, 밀, 옥수수	68.0
볼리비아	천연가스, 아연, 주석, 은	92.9
브라질	콩, 옥수수, 설탕, 철광석, 원유, 커피	60.9
칠레	구리, 과일, 어류, 종이 및 펄프	88.2
콜롬비아	원유, 커피, 석탄, 니켈, 에메랄드	72.8
코스타리카	파인애플, 커피, 멜론	37.6
에콰도르	바나나, 원유, 새우	90.9
엘살바도르	커피, 설탕	47.0
과테말라	커피, 설탕, 원유	66.3
온두라스	커피, 바나나	66.5
멕시코	원유, 은, 구리, 토마토	24.9
니카라과	커피, 가축	90.9
파나마	바나나, 새우, 설탕	90.7
페루	구리, 금, 아연	87.8
우루과이	쇠고기, 밀, 옥수수, 낙농 제품	74.8
베네수엘라	원유	92.7
파라과이	콘, 면화, 쇠고기	92.1

자료원 : Green and Brandford 2013

[표 7.7] 중남미 주요국의 1차 산품을 통한 재정 소득 추이(%/GDP)

구분	1990~1992	1999~2001	2007~2009
아르헨티나	0.5	0.0	2.9
볼리비아	7.9	5.1	10.6
칠레	2.8	0.6	4.5
콜롬비아	0.9	1.2	2.6
에콰도르	9.8	7.2	11.2
멕시코	6.3	6.1	8.0
페루	–	0.2	2.1
베네수엘라	17.2	8.7	11.6

자료원 : Jiménez and López 2012

[그림 7.8] GDP 대비 1차 산품으로부터 재정 수입 비중(%)

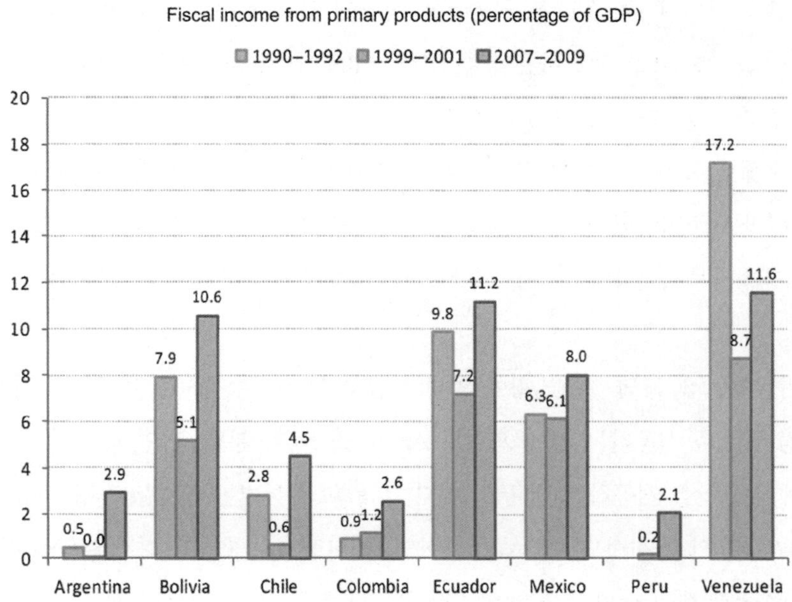

자료원 : Jiménez and López 2012

이 규칙은 정부가 현재 경상 수입을 기반으로 지출하는 것이 아니라, 구조적 또는 고정 수입에 기초하여 지출해 나갈 것을 지시하고 있다. 두 독립적인 전문가 패널이 이 규칙이 보다 효과적이고 투명하게 집행되도록 참여하고 있는데, 한 팀은 잠재적 경제 성장률에, 다른 팀은 장기 구리가격 전망을 담당한다.

이들 요소들은 예산 책정 과정의 기초 참조 요소들인데, 왜냐하면 이들 요소들이 구조적인 재정 수입을 결정하기 때문이다. 이러한 정보를 토대로 지출 수준은 구조적인 재정 균형 목표에 맞춰 결정될 수 있다. 이는 사전적이고 신뢰도와 정통성 양면을 충족하는 잘 알려진 기준이다.

2006년에는 구조적 재정 규칙이 재정책임법으로 공식화되었다. 이 법은 모든 재무장관 지명자는 지명된 후 3개월 이내에 재정 책임법에 맞춰 재정 정책의 기본 틀을 제시하도록 요구하고 있다. 동 법은 또한 두 국부펀드의 법제화와 동 펀드의 운영을 위해 필요한 기본적 제도 규정을 제정할 수 있도록 했다.

이를 통해 조성된 것 중 하나인 경제사회 안정화기금(ESSF: Economic and Social

Stabilization Fund)은 대외적 경제적 쇼크의 역풍 때문에 발생하는 재정 적자에 대비하기 위한 기금이다. 이 기금은 공공부채 상환에 사용할 수도 있고 연금 기금(PRF : Pension Reserve Fund)으로도 사용할 수 있다. PRF 기금은 저소득 가계의 연금 기여금을 위한 공적 보증 기금으로 창설되었다.

2010년 들어 재무부는 재정 정책 기본 틀과 재정 규칙의 개선안을 분석하고 만들기 위해 위원회를 소집하였다. 이 위원회는 경기조정 재정 균형법을 재정비하고 여러 변화들 중 재정자문위원회의 창설을 제안했다. 칠레 정부는 이 중 많은 제안들을 채택하였다.[17]

재정위원회는 2013년 5월 법령에 의해 창설되었는데, 주목적은 예산안에 경기조정 균형재정 규칙을 적용하는 것에 관련된 사안들을 토론, 분석, 제안하는 데 협력하여 재무부에 권고안을 제공하는 데 두고 있다. 위원회의 특별한 임무는 잠정 GDP 및 구리 가격 위원회에 옵서버 자격으로 참여하여, 예산청에서 준비한 경기 상황에 따른 조정 세입 추산과 재정 균형 안에 관한 의견을 제시하고, 관계 당국이 제시한 재정 규칙에 경제 전망 변화에 대한 관찰 의견과 재무부의 요청에 따라 재정 정책 문제에 자문을 제공하는 것이다.

중남미 지역의 다른 두 나라도 최근 재정 규칙을 제정했다. 콜롬비아는 2011년에 제정했다. 그리고 페루는 2012년에 제정하기는 했지만 2013년에 동 규칙 적용을 중단시켰다. 과거에는 다른 중남미국들도 재정 지출과 당해 연도 균형 재정에 (구조적 균형에 반하여) 관한 규칙을 제정한 적이 있었다. 뒷부분에 수록한 [표 7.7]에서 일부 중남미국들의 재정 규칙안을 살펴볼 것이다.

그러나 때때로 구조적 재정 규칙의 세부적 수립 내용이 분명하지 못하다. 특히 구조적 수입 결정은 핵심 매개 변수의 정확한 정의를 요한다. 칠레는 장기 구리 가격에 초점을 맞추고 있다. 콜롬비아는 유가에, 베네수엘라와 에콰도르 등 다른 국가들은 국제 유가를 벤치마킹하면서 투명한 재정법을 제정할 수 있었다. 반면 브라질과 코스타리카는 옵션이 불분명한 편이다.

그러나 모든 국가들은 자국의 특성에 기초하여 구속력 있는 재정 규칙을 수립할 역량을 가지고 있다. 모든 경우 재정 규칙은 다음 두 가지 목표를 갖고 있다: (1) 중장기 전망에 기반한 재정 규칙 집행, (2) 원만한 재정 지출을 통한 거시 경제 안정화.

칠레의 재정 제도는 확실히 거시 경제 안정에 기여하고 있다. 선진국보다는 신흥 경제권 시장에서는 재정 정책이 보다 경기 순응적인 경향을 보였다는 점을 고려할 때 이는 대단한 업적이다. 사실상 클렘(Klemm, 2014)에 따르면 재정정책은 중남미에서 평균적으로 경기 순응적이었으나 선진국의 경우는 경기 조정형이거나 경기 중화적이다.

그러나 아르헨티나와 우루과이는 경기 순응적인 재정 정책의 운용증거가 더 강력하다. 클렘의 연구보고서는 최근 들어 발생한 다양한 변화를 분석하면서 브라질, 칠레, 콜롬비아, 엘살바도르 및 멕시코 등이 보다 경기 조정형 정책을 지향해 왔었다는 것을 밝히고 있다. 라레인(Larrain)과 파로(Parro)(2008)는 칠레가 엄격한 재정 규칙을 도입하면서 GDP 성장의 변동성을 상당 부분 완화시켜 오고 있다는 연구 결과를 내놓았다.

7.6 맺는말

중남미의 공공 부문 적자는 1970년대 들어 급격히 확대되었다. 1970년대 1, 2차 오일 쇼크로 막대한 무역흑자를 축적하던 석유 수출국들은 이 흑자 자금을 차곡차곡 국제 상업은행에다 저축해 놓고 있었다.

이들 상업은행들은 이 자금들을 개발도상국 특히 중남미의 중소득국들 대상으로 장기 저리 조건의 대출에 사용하였다. 중남미 각국은 전례없이 용이한 국제 자본 시장 접근 기회를 얻게 되자 어렵게 국내 조세 기반을 마련하고 확충할 필요가 없이도 재정 지출 확대를 단행할 수 있었다. 그 결과로 공공 재정 적자가 급증하게 되었다.

1980년대 외채 위기는 중남미국들에게 구조 조정을 강요하게 되었다. 특히, 각국 정부들은 재정 적자를 충당하기 위해 국제 금융에 계속 의존할 수가 없었다. 불가능하지는 않지만 심각하게 나빠진 경제 상황에서 추가세금을 올리는 것은 어렵다는 것이 입증되었다. 1980년의 예산 조정 대부분이 공공 지출 삭감, 특히 투자 프로젝트, 사회적 프로그램의 삭감과 이로 인한 빈곤층 타격 초래 등의 형태로 조정이 되었다. 그러나 재정 적자는 쉽게 해결되지 않았다. 그러한 복잡한 시나리오에서 일부 국들은 통화 발행 증가에 의존하게 되었고 이는 1980년대에 중남미 지역 대부분 국가에 놀라운 인플

[표 7.7] 중남미의 재정 규칙

국가	브라질
규칙 형태(시행년도)	재정 지출 규칙(2000), 채무 규칙(2000)
법적 기반	법령
적용 범위	전체 정부 또는 확대
규칙의 핵심 요소	ㅇ 재정 지출 및 채무 규칙 (1) 개인적 지출은 연방 정부 경상 수입의 50%로 제한하고 주와 시·군은 60%로 제한 (2) 항상 지출은 항상 수입이 없이 지출의 증가 또는 감축 금지 (3) 상원은 모든 정부 수준의 채무 한도를 제한, 그러나 현행 제한은 주 및 시군에 한정. 상원은 주와 시·군의 연간 예산 차입 한도 설정. 정부는 당해 연도 및 차기 2년간 목표 등 균형 예산, 지출 및 채무 등을 위한 다년 목표를 설정

국가	칠레
규칙 형태(시행년도)	예산 균형 규칙(2001)
법적 기반	법령
적용 범위	중앙 정부
규칙의 핵심 요소	ㅇ 예산 균형 규칙 – 구조적 예산 균형 규칙 아래, 만약 (1) 경제가 최대한의 잠재력이 발휘되고, (2) 구리와 몰리브덴 가격이 장기 수준에서 결정된다면 정부 지출은 사전에 구조적 수입, 즉 달성 가능한 수입에 맞춰 예산 책정 – 2001~2007년간은 GDP 1% 흑자 범위의 불변 가격 구조적 균형 예산으로 한계 책정 – 2008년에는 GDP 0.5% 흑자 예산을 불변 가격 목표로 설정 – 2009년에는 목표를 구조적 흑자를 0로 책정하되 면책 조항을 경기 조정형 조치를 수용하기 위해 사용 – 2010년부터 2014년까지는 2014년까지는 GDP 1% 범위의 구조적 적자를 허용하는 세분화된 목표 경로 책정

국가	콜롬비아
규칙 형태(시행년도)	재정 지출 규칙(2000), 예산 균형 규칙(2011
법적 기반	법령
적용 범위	중앙 정부
규칙의 핵심 요소	ㅇ 예산 균형 규칙 – 중앙 정부를 위한 구조적 균형 예산 규칙은 구조적 적자 규모를 2014년에는 GDP의 2.3%로, 2022년에는 1% 적자를 한계치로 책정 – 또한 동 규칙은 경제 성장률이 최소한 2%로 예상될 경우는 확대 재정 허용. 경제 성장률이 저조할 경우는 천연자원 수출 수입을 비축하기 위해 국부펀드(SWF: Sovereign Wealth Fund) 조성. 연간 목표는 중기 재정 프레임에 맞춰 결정 ㅇ 재정 지출 규칙 : 중앙 정부의 경상 지출 증가율 관련 규칙

국가	코스타리카
규칙 형태(시행년도)	예산 균형 규칙(2001)
법적 기반	법령
적용 범위	중앙 정부
규칙의 핵심 요소	o 예산 균형 규칙 – 코스타리카는 차입 예산은 투자진출 자금으로만 사용하는 "Golden Rule" 형태 규정 도입 – 이 규칙은 재정운영법 제6조에 포함 – 실제 현금계정의 사용은 차입을 허용함에 따라 순투자가 아닌 총투자 재원확보 시에 수정한 golden rule을 적용할 수 있도록 허용

국가	에콰도르
규칙 형태(시행년도)	재정 지출 규칙(2010)
법적 기반	법령
적용 범위	중앙 정부
규칙의 핵심 요소	o 재정 지출 규칙 – 동 규칙은 영구 지출이 영구 수입보다 높을 수 없음을 말하고 있으나 불분명한 정의 – 예외적인 상황 아래, 비영구적 수입은 만일 정부가 필요하다고 간주하면 영구적 지출을 위해 사용 가능 – 이 규칙은 법령에 기초하여 사용하고 강제화하지 않고 또는 정부 외부에서 모니터링하지는 못함 – 2010년에 채택하고 2011년과 2012년에 적용을 시작 – 2002년 재정 책임, 안정 및 투명화법에 재정 적자 상한 설정 : 중앙 정부의 지출 증가율은 자본 비용을 제외한 실질 조건으로 연간 3.5% 이상 초과 불허 : 재정 적자는 매년 석유 수입을 제외한 GDP의 0.2%씩 감축해야 하며 공공부채는 GDP의 40%를 초과 불허 – 재정 규칙법 및 관련 규칙은 2010년에 제정된 재정 규칙법(FRL: Fisical Rule Law)으로 통합 대체

국가	멕시코
규칙 형태(시행년도)	예산 균형 규칙(2006)
법적 기반	법령
적용 범위	중앙 정부
규칙의 핵심 요소	o 예산 균형 규칙 – 예산의 균형은 관련법에 의거 현금 기준으로 책정 – 연방공공 부문에 적용하며, 중앙 정부, 사회 보장 및 PEMEX(멕시코 석유공사), CFE(연방전력위원회) 등 핵심 공기업이 대상 – 적용공식 설정을 위한 참고 가격으로 석유 수출 가격과 2009 회계연도부터 시작된 석유 안정 기금을 포함한 4개 안정 기금을 포함 – 지출 개념에는 국영 기업 PEMEX의 투자 지출은 제외 – 개념의 변화는 PEMEX의 모든 투자 프로젝트를 정부 투자 예산에 포함하여 투자를 촉진하기 위한 목적

국가	파나마
규칙 형태(시행년도)	예산 균형 규칙(2012), 채무 규칙(2009)
법적 기반	법령
적용 범위	일반 정부 및 확대 적용
규칙의 핵심 요소	o 예산 균형 규칙 – 수정 사회 예산 책임법(2012.6월)과 파나마 저축 기금법(2012) 등 법적 한도가 설정된 비(非)재정성 공공 부문(NFPS: Nonfinancial Public Sector)의 조정 균형 예산 개념 도입 – NFPS의 조정된 균형 예산은 총예산에서 새로 창설된 파나마 저축 기금(FAP)에 예치한 금액을 제외한 금액으로 정의 – 2015년부터는 파나마 운하청의 매년 기여금 중 GDP의 3.5%를 초과하는 예산은 FAP에 이전 예치 – 예치금이 3.5% 이하로 떨어졌으나 3% 이상일 경우는 정부가 차액을 차입 허용 – 2012~2014년 중에는 동 규칙이 비(非)조정 균형예산에 적용, 왜냐하면 FAP적립 2015년에 개시 – 새로운 예산 적자 한도는 2012년에는 GDP 대비 2.9%, 2013년 2.8%, 2014년 2.7%, 2015년 2.0%, 2016년 1.5%, 2017년 1.0%, 2018년 0.5%로 책정 – 국가 위기 사태 및 경제 침체 대비 새로운 Escape Clause 도입 o 채무 규칙 : 2017년까지 공공채무 GDP 대비 40% 이하로 감축

국가	페루
규칙 형태(시행년도)	재정 지출 규칙(2000), 예산 균형 규칙(2000)
법적 기반	법령
적용 범위	중앙 정부
규칙의 핵심 요소	o 예산 균형 규칙 : 비(非)금융 부문의 예산 적자 한도 설정 – 적자 한도 : 2000~2003년 2.0%/GDP, 2001~2004년 1.5%, 2005년 이후 1.0% o 재정 지출 규칙 – 경상 지출 증가 한도 설정 : 2000~2002년 2%, 2003~2008 3%, – 지출 한도 적용 중지 가능 (1) 실질 GDP 성장률이 침체될 경우 재정 적자 폭 GDP의 2.5%로 상향 조정, 이후 매년 0.5%씩 감축해 1.0% 수준이 될 때까지 감축. (2) 행정부의 요청에 의해 의회가 긴급 사태를 선언할 경우, 행정부는 예외 기간 및 한도 등을 적시해야 하며 또한 매년 0.5% 씩 감축 계획 고지 의무 – 2012년 4월 경상 지출 한도에서 사회 간접 자본 유지 관리, 사회적 프로그램, 군 및 경찰 장비 등은 한도에서 제외 조정 – 1차 산품 가격 통제 조건 점정 구조 조정 균형 예산 제도를 도입하고 궁극적으로 중기에는 균형 도달 조건 GDP 대비 0.25% 연율 조정 – 2012년도에는 구조 조정 균형 예산 도달 성공, 2013년에는 재정 조정 조건 연계 해제, 2013년 재정목표는 전반적 무적자, 균형 예산 운영 목표

레이션 폭발을 가져온 배후 요인이 되었다.

중남미의 공공 재정은 관련 시장 지향적 개혁에 힘입어 상당 부분 개선되었다. 밀레니엄 전환기까지 정부의 재정 수입은 세계 1차 산품 붐 덕택으로 급격히 증가되었다. 또한 일부 국들은 중요한 구조적 재정 관리 개혁을 단행했다. 가장 주목할 만한 것은 칠레가 처음 도입하고 최근에는 콜롬비아와 페루가 택했던 구조적 균형 재정 규칙을 도입한 것이었다. 이 규칙들은 보다 강력한 재정규율과 경기 조정형 재정 정책들을 받아들였다.

브라질과 아르헨티나 같은 연방 정부 체제를 가지고 있는 중남미 국가들은 재정 제도 관련 주요 도전에 직면해 있다. 잘 알려진 문제 중 하나는 중남미의 지방 정부들이 분명한 예산제약을 받지 않고 있다는 점이다. 그럼에도 불구하고, 중남미 지방 정부들에게 재정 책임을 높이기 위한 일부 규칙들이 있다. 실효적으로 자율적인 중앙은행의 존재가 필수적이며, 그러한 은행은 지방 정부에 신용 창출을 거부할 수 있는 능력이 요구되고 있다.

또한 중앙 정부가 지역 또는 지방 부채에 대한 담보를 제공하지 않는다는 점도 중요하다. 원칙적으로 정부는 단지 국채만을 보장해야 한다. 그렇지만 실제로는 공공 부문이 때때로 지방 정부와 심지어 민간 채무자까지 구제해야 할 필요도 있다.

끝으로 점점 모든 중남미 국들이 IT를 활용하여 공공 부문 관리를 개선하는 것이 불가피하게 되고 있다. 한편으로 국가는 경제 전반에 정보 기술을 확산시켜야 하는 역할을 가지고 있다. 다른 한편으로 정부는 정부 조달 과정, 인적 자원 관리, 정보의 제공 및 조세 행정 등에서 이러한 정보의 필수 사용자이다. 반대로 공개 구매 및 조달이 재량으로 수행되는 경우 부패의 범위가 확대될 우려가 있다. 제대로 수립되고 시행 가능한 재정 규칙에 따라, 정보 기술이 효율성과 투명성 제고 측면에서 대부분의 중남미 국가에 중요하게 기여할 수 있다.

요약

- 1970년대에 중남미국들은 외국 상업은행들을 통해 대규모 재정 적자를 충당할 재원을 조달할 수 있었다.
- 1980년대 초에 해외 차입이 중단되어 거의 모든 중남미국들은 디폴트 상태에 빠졌고 재정 적자를 충당하기 위해 통화량 증발에 의존하고 있었다.
- 전례없는 인플레이션과 과세표준 확대 불가능이 재정 적자 규모를 확대시켰다.
- 평가 절하가 재정 위기를 완화시켰으나, 실질적인 평가 절하로 얻어진 경상 수지 흑자는 국채 상환 자금으로 대부분 사용되었다.
- 대부분 정부들이 재정 지출을 감축해야 했다. 특히 인적 자본 투자, 보건 및 교육 부문 등이 재정 지출 삭감의 타격을 받았다.
- 베이커와 브래디 플랜을 통한 외채 채무 재조정 및 워싱턴 컨센서스 개혁안으로 인해 중남미의 재정 적자 압박이 완화되었다.
- 1990년대에 외채 리스트럭처링과 개혁이 본격화되었고, 중남미 지역이 직접세 조세원을 확대할 능력이 없었음에도 불구하고 재분배적 재정 정책들로 빈곤층에 대한 현금 이전이 시행되었다.
- 안정화와 민영화를 포함한 광범위한 개혁이 재정에 많은 영향을 미쳤다. 21세기 들어 중남미는 강력한 거시 경제 펀더멘털과 고성장에 기반하여, 2007~2008년의 서브프라임 금융 위기를 무사히 넘길 수 있었다.
- 중남미의 대부분 국가들은 1차 산품 수출국들로 급격한 경기 변화에 타격을 입기 쉬우며 경기 조정형 재정 정책들을 필요로 하고 있다.
- 경기 조정형 재정 정책들은 강력한 재정 제도들이 요구되나, 대부분 국가들은 아직도 갖추고 있지 못하다.
- 칠레는 구조적 재정 규칙을 채택한 선도 국가이다. 최근 들어 주변국들의 칠레 사례를 도입하려는 시도가 결실을 맺고 있는 것으로 보인다.

주목해야 할 포인트

1. 1970년대 중남미의 공공 재정 적자의 특징은 무엇인가?
2. 왜 중남미국들이 1980년대에 재정 위기를 겪게 되었는가?
3. 1980년대 고도 재정 적자의 주요 영향은 무엇이었고, 왜 그러한 재정 적자들이 악순환의 뿌리가 되었나?
4. 중남미 국가들은 어떻게 1990년대에 재정 위기를 풀어 나갔나?
5. 중남미 지역의 제한된 직접세 세원의 한계에도 불구하고 왜 재분배 재정 정책을 펼치는가?
6. 중남미 대부분 국가에서 왜 직접세 과세가 어려운 실정인가?
7. 중남미의 재정 상황이 2003년 이후 왜 개선되었는가?
8. 경기 조정형 재정 정책이 무엇이며, 왜 중남미 국가들이 동 정책들을 수행할 필요가 있는가?
9. 칠레의 경기 조정형 재정 정책을 수행하기 위한 강력한 재정 구조의 수립과 관련 경험이 주는 교훈은 무엇인가?

추가 자료

- 1990년대 중반 이후 중남미 재정 규칙의 목적 및 집행력: Berganza 2012, IMF 2015 Latin American Fiscal Policies, Celasun et al.(2015)
- 중남미의 재정 정책: Celasun et al.(2015)
- 신흥 시장 경제국들의 건전 재정 규칙: Gutierrez and Revilla(2010)

8 인플레이션 퇴치

인플레이션은 전반적 물가 상승을 지칭하며 경제 왜곡, 효율성 상실, 역진적 소득 재분배 효과 등을 수반하는 만연한 현상이다. 중남미는 긴 인플레이션 역사를 갖고 있다. 중남미는 1975년부터 1995년까지 20년 동안 치명적인 혼란 시기를 견디어 내면서 1990년대 들어서는 대부분 국가에서 인플레이션이 안정되었다. 어떻게 중남미의 정책 담당자들은 세기 전환기에 인플레이션을 진정시켰을까?

1975년부터 1990년 사이에 중남미 일부 국들은 인플레이션율이 연 20% 이상인 인플레이션 위기나 인플레이션율이 월 50%를 초과하는 하이퍼인플레이션으로 고통을 받았다.[1] 인플레이션은 1990년 최고치에서 급격히 하락했는데, 중남미의 연간 인플레이션율이 1000% 이상에서 1995년에는 주목할 만한 연 26%로 하락했다. 인플레이션율은 1999년에는 연율 약 9%대로 더욱 하락했으며 21세기 들어서도 계속 하락하였다.

1970년대, 1980년대, 1990년대의 인플레이션 상승 악순환의 원인은 무엇이었을까? 중남미 지역에서 치른 대가는 무엇일까? 세계 거시 경제 환경은 어떤 방식으로 중남미가 낮은 인플레이션 지역으로 자리를 잡는 데 도움을 주었을까? 어떻게 중남미 정책 담당자들은 21세기로 전환에 앞서 거의 20년간 지속되어 온 하이퍼인플레이션을 진정시켰을까? 1차 산품 가격 변동에 따라 인플레이션을 조절할 수 있을까? 이러한 의문점들이 이 장에서 다룰 과제들이다.

어떻게 인플레이션을 진정시켜 나갈 것인가에 대한 우리의 이해는 오늘날 베네수엘라와 같은 일부 국가에 만연된 인플레이션 퇴치를 위해 적용 가능한 다양한 경험으로부터 도출할 수 있는 교훈뿐만 아니라, 인플레이션이 여전히 중남미국 전체에 실제 위협으로 남아 있기 때문에 중요하다.

전체 중남미 지역은 현재 자본의 유입 및 유출의 변동폭이 큰 상태이며, 이는 환율에 지대한 영향을 미칠 수 있다. 대부분 국가들은 1차 산품 수출국들이며 아시아 지역 수입 수요 급증의 혜택을 보고 있다. 그러나 1차 산품 가격은 급격한 경기 변동의 대상이다.

실제로 최근 들어 전 세계 1차 산품 가격은 급격히 하락해 왔다. 더구나 다른 신흥시장으로부터의 경제 위기 전염이 붐과 버스트, 외환 파동, 그리고 국제 수지 위기를 일으키기가 쉬운 지역이 중남미이다.

중남미의 물가 안정에 대한 풍부한 경험은 정책 결정자들이 2013년 이후 현재까지 중국의 경기둔화와 전례 없는 1차 산품 가격 하락으로 인해 취약해진 자본 흐름 변동에 대처하는 데 도움이 되었을 것이다.

본 장의 섹션 8.1에서는 1975년부터 1990년까지의 물가 상승을 소개하며, 이를 통해 현대 중남미 인플레이션의 원인이 밝혀질 수 있을 것이다. 섹션 8.2에서는 경제 성장과 인플레이션 간의 부정적 상관관계와 소득 불균형과 인플레이션 간의 관계를 설명하고, 섹션 8.3에서는 정통 및 비정통파 안정화 정책의 배경과 이론적 근거, 그 영향 및 중앙은행과 재정 당국의 역할에 대해 상세히 설명한다. 섹션 8.4와 8.5에서는 각각 인플레이션을 적절히 관리하기 위한 중요한 수단으로서 중앙은행 독립과 신중한 재정 정책 등의 중요성을 강조한다. 섹션 8.6에서는 인플레이션과 환율 간의 관계를 분석하고, 섹션 8.7에서는 최근의 고율 인플레이션 시대로 회귀에 대한 두려움의 이유를 살펴본다. 끝으로 섹션 8.6에서는 중요 포인트들을 요약하고 결론을 제시한다.

8.1 인플레이션의 주요 원인

기본적인 거시 경제의 정체성에 대해서 논의를 시작한다.[2] 저축(S)은 투자(I)와 동등하다. 그러나 저축은 국내저축(Sn)에 해외저축을 합한 것이며, 해외저축은 경상수지(CA) 적자와 같다. 따라서 CA = Sn−I이다. 그러나 국내저축(Sn)은 정부부문 저축을 합해야 한다; Sg = T−G, Sg는 정부부문 저축이며 T는 조세수입, G는 정부부문 지출(공공 지출)을 의미한다. 그러므로 CA = Sp+Sg−I = Sp−I−(G−T)이다. 여기서 Sp는 민간 부문 저축이고, G−T는 공공적자를 의미한다.

1차 산품 가격의 급락에 따라, 특정 국가는 (a) 민간저축 증대와 (b) 민간투자 감소 및/또는 (c) 공공 재정적자 감축 등을 통해 경상수지 적자를 줄여 나갈 수 있다. 경상수지와 공공부문 적자 간의 밀접한 관계는 흔히 양 적자가설(twin deficit hypothesis)이라고 말한다.[3] 국가들은 종종 정치적으로 악화된 경상 수지를 개선하기 위해 공공부문 적자를 신속하게 축소(7장에서 말했던 강력한 수축 의미)하려는 것이 어렵다는 것을 알고 가끔

[그림 8.1] 1967~2013년 기간 중 중남미의 인플레이션 변동 추이

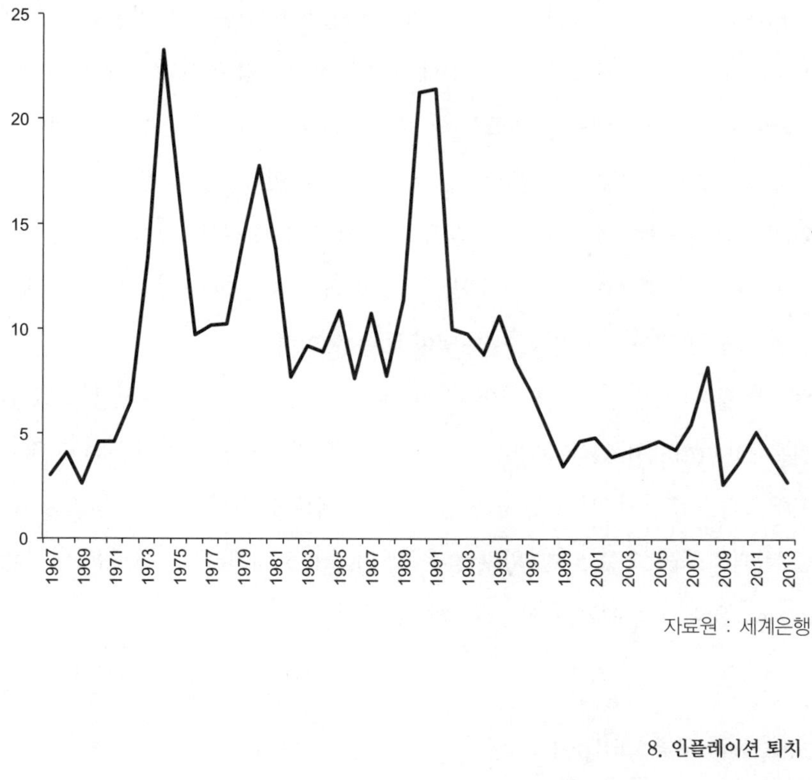

자료원 : 세계은행 2014b

중앙은행으로부터 차입하는 방법을 통해 공공 적자를 시뇨리지로 해결하려는 방법을 사용한다.

보다 일반적으로 각국 정부들은 국내 채권발행(국내 차입용)이나 해외 차입, 시뇨리지(화폐 발행) 또는 자체 외환보유고 인출 등을 통해 공공적자를 충당할 재원을 마련할 수도 있다.

앞서 논의한 바처럼, 당대 중남미 경제는 계속 대외쇼크에 취약하여 경상 수지에 즉각적으로 영향을 미치고 있다. 따라서 외환 보유고도 그에 따라 변동을 하고 있다. 1970년대의 세계 1차 산품 가격, 특히 유가는 1973년에 3배 상승에 이어 1979년에도 다시 상승하였다.

이는 중남미의 해외 자본 유입 규모, 즉 외채 증가를 가져왔다. 오일 달러 유입은 외채 급증과 함께 중남미 각국 정부들이 이들 유입자금을 대규모 공공 적자를 충당할 정치 자금으로 사용하는 데 기여했다.(제4장과 제7장 참조) [그림 8.1]에서 보여 주듯이 대규모 공공 적자 충당용 외자 도입은 통화량 증발을 가져오며 인플레이션을 자극하여 1960년대의 한 자릿수 인플레이션율이 1970년대는 두 자리 단위로 상승했다.

이러한 관찰 결과는 새삼스러운 것은 아니다.[4] 중요한 의문점은 1970년대에 각국 정부들이 유가 상승과 오일 달러 유입으로 인한 인플레이션 압력을 어떻게 대응해야 했는가의 문제다. 만일 재정 상황이 제3장에서 검토한 ISI 정책 아래서와 같이 불안정한 경우, 자본 유입과 1차 산품 붐으로 인한 수익의 갑작스러운 급증은 인플레이션을 피하기 위해 신중한 재정 정책을 필요로 한다. 다시 말하면 갑작스러운 자본 유입이나 재정 수입의 급증에 대한 적절한 정책 대응은 경기 조정형 재정 정책을 펴나가는 것이다.[5] 그러나 2000년도부터 칠레를 예외로 중남미의 유치 단계 민주주의 체제에서는 경기 조정형 재정 정책이 인기가 없어 채택이 적은 편이다.

1980년대 들어서는 중남미가 하이퍼인플레이션으로 고통을 받았던 시기였다. 문제의 근원은 잘 이해되고 있다 : 자본 유입의 갑작스러운 중단은 1차 산품 가격의 폭락과 일치하였다.[6] 정부가 채권 발행을 통한 재정 지출용 자금 조달이 불가능해지고 1차 산품 가격의 하락으로 인한 외환 보유고의 급감 사태 등으로 대부분 국가의 원죄(original sin)[7] 의식 때문에 실행이 가능하지 않았다.

[표 8.1] 주요국의 시뇨리지 추세

구분	인플레이션(%)			세수 대비율(%)			GDP 대비율(%)		
	1980년대	1990년대	2000년대	1980년대	1990년대	2000년대	1980년대	1990년대	2000년대
볼리비아	1382.84	10.52	5.06	129.09	5.17	8.41	5.46	1.19	2.59
페루	481.28	807.88	2.60	43.72	11.69	3.57	4.73	1.40	0.59
브라질	328.10	854.78	6.90	113.00	17.84	2.47	2.80	2.30	0.55
파라과이	20.33	16.49	8.26	23.87	8.94	8.71	2.15	1.35	1.45
남아(공)	14.67	9.90	6.13	3.03	2.04	2.07	0.71	0.50	0.55
필리핀	14.17	9.64	5.24	9.60	7.01	7.39	1.29	1.24	1.17
과테말라	12.30	14.97	7.03	13.14	14.24	11.66	1.16	1.22	1.42
한국	8.40	5.74	3.12	19.31	20.57	13.07	3.57	3.77	2.87
캐나다	6.51	2.20	2.12	10.79	6.72	15.07	1.65	1.14	2.37
미국	5.55	3.01	2.57	1.92	2.42	6.17	0.34	0.44	1.03
스위스	3.27	2.34	0.95	0.07	0.64	3.10	0.02	0.19	0.97
싱가포르	2.77	1.94	1.49	6.87	5.19	12.46	2.03	1.73	2.67

자료원 : Larrain and Sachs 2013

시뇨리지(seigniorage)는 대다수 중남미인들이 소유하고 있는 화폐 가치가 급격히 상실되는 것을 알면서도 지불한 인플레이션성 세금의 근원이다. 반면에 중요한 공공 부문 재정 투자의 축소는 피할 수가 없었다.(제7장 참조)[8]

[표 8.1]에서 보듯이 인플레이션과 시뇨리지(정부 세입 대비 및 GDP 대비 %로 표기) 간의 비율이 다른 시기에 비해 1980년대에 매우 높았다. 특히 시뇨리지는 하이퍼인플레이션을 겪고 있었던 볼리비아의 경우는 정부 세입 대비 129%에 달할 정도로 높았다. 같은 [표 8.1]에서 보듯이 중남미는 재정 정책이나 통화운영 제도가 강력하고 재정법이나 중앙은행 독립법이 행정부가 공공 적자 자금을 조달하기 위해 차입할 수 있는 한도를 명시하고 있는 미국이나 스위스 같은 선진국과는 비교할 수 없는 막대한 수치이다.

1990년대는 중남미 최대 경제국 브라질 등 일부 국가들은 여전히 높은 인플레이션을 기록하고 있었다. 멕시코 및 아르헨티나 등 일부 국과 같이 브라질은 1998년도에 발생했던 경제 위기를 야기했던 통화의 과대평가에 의지하는 환율 기반 안정화 정책을 선택했는데, 이는 화폐 고평가와 함께 1998년도에 시작된 경제 위기의 원인이 되었다. 그럼에도 불구하고 1980년대에 비해 상대적으로 낮은 평균 인플레이션을 유지했는데 왜냐하면 부분적으로 아르헨티나, 브라질 및 멕시코 등 경제대국들이 통화 발행에 의존하지 않고 단기외채 조달을 통해 재정 적자 충당 자금을 확보할 수 있었기 때문이다.[9]

미숙한 재정 및 통화 정책 대응과 함께 발생한 취약한 자본 흐름의 급격한 변동이 지난 세기 마지막 25년간의 외상성 인플레이션의 유일한 근본 원인은 아니다. 환율 정책 역시 중요한 역할을 하였다. 이에 대해서는 제9장에서 다시 검토할 것이다. 칠레나 콜롬비아 같은 일부 국을 예외로 하고 대부분 중남미국들은 안정적인 환율 정책 유지에 실패했다. 크롤링 페그 환율 시스템하에서 심각한 평가절하가 종종 경상수지 위기와 맞물려 대규모 자본 유출을 유발하였다.

높은 인플레이션의 조절 불가능은 임금과 물가의 지수화로 점점 더 복잡해졌다. 특히 중남미 정부들은 노동자들은 더 높은 임금을 요구하고 기업들은 보다 높은 임금과 수입 중간재 가격의 상승 등 생산 비용의 상승으로 제품의 판매 가격을 인상하려는 환경에서는 금융 긴축과 긴축 재정 정책을 자신있게 추진할 수가 없었다.

신뢰할 만한 약속을 제시해야 할 정책입안자들의 무기력은 관성적인 인플레이션으로 더욱 악화되었다; 즉, 경제 활동 주체들은 과거와 현재의 인플레이션율을 기초로 그들 자신들의 인플레이션 전망을 내놓고 있었다. 이를 토대로 관성적으로 내린 자체 인플레이션 예측도 높았지만 실제 인플레이션율이 높아 정책 입안자들의 예상을 크게 벗어난 악순환이었다.[10]

1980년대와 1990년대 높은 인플레이션 시기에는, 인플레이션 역시 올리베라-탄지(Olivera-Tanzi) 효과로 처리하기가 쉽지는 않았다.[11] 왜냐하면 납세 의무 발생 시점과 실제 세금을 납부해야 하는 시점 간의 시차가 있어 납부 금액이 커지기 때문이다. 그래서 높은 인플레이션은 조세의 실질 가치를 상실하게 하고 공공 적자를 확대시키며 나아가 인플레이션을 더욱 자극하는 악순환을 초래한다.

8.2 인플레이션 비용

표준 거시 경제 교과서는 예상한 인플레이션과 예상치 못한 인플레이션의 비용을 구분한다.[12] 인플레이션이 예상되는 경우는 경제는 의식주 비용에 의해 효율성의 상실을 경험하게 된다.[13] 동시에 경제 활동 주역들은 자신들의 자산 가치를 보전하기 위해 상대적으로 부동산과 같은 안전 자산에 투자를 하고, 장기 투자 또는 잠재적으로 보다 생산적인 투자 프로젝트들은 기피하는 성향을 가지고 있다.

중남미는 통화 위기, 급격히 반복되는 평가 절하 및 거시 경제 불안 등을 야기하며 반전을 거듭하는 자본 유입과 함께 인플레이션 위험도 견디어 왔다. 이러한 부작용의 조합은 경제 성장과 고용에 부정적 효과를 야기하고 생산적 투자에도 도움이 되지 않는 환경을 조성하고 있다.

인플레이션이 완벽하게 예측되지 않을 경우, 부정확한 예측은 소득과 부의 독단적인 재분배로 이어진다(부정확한 인플레이션 예측에 근거한 대출 계약은 대출자의 비용으로 차입자들에 이익을 가져올 수도 있다).

마지막으로 인플레이션의 소득 재분배 효과는 흔히 빈곤층을 고통스럽게 한다. 특히 실제로 중남미에서는 사실이다. 소수의 부유층들은, 예를 들어, 달러 등 경화 저축이나 첨단 금융상품 이용을 통해 인플레이션에 대해 보다 쉽게 대응할 수 있으나 빈곤층은 대처할 능력이 없기 때문이다.

역으로 빈곤층의 소득은 이미 인플레이션으로 침식되어 저축의 한계 범위를 벗어나 있고 경화로의 거래나 소유도 부유층이 부담하는 비용에 비해 상당히 높은 게 현실이다.

8.3 정통 및 비정통 안정화 정책

최선의 인플레이션 및 하이퍼인플레이션 대책은(앞으로는 안정화 정책이라 부름) 통화주의자(Monetarist)와 구조주의자(Structuralist)들의 구분을 조명해 보는 방법이 가장 이해하기가 쉽다.

시대를 소급해서 밀튼 프리드먼(Milton Friedman, 1963)의 유명한 저서 "통화주의자(Monetarists)"는 생산증대에 비해 과도한 통화 발행은 인플레이션을 가져온다고 주장하고 있다. 핵심적인 가정은 과잉 생산능력이 없고 통화의 유통속도가 안정적일 것을 전제로 하고 있다. 특히 1980년대 겪었던 사례와 같은 통화 증발을 통해 재정적자 재원을 조달하려는 경우, 인플레이션을 완화하기 위한 정책 처방은 재정 적자를 감축하는 것이다. 재정 적자 감축과 정통 인플레이션 완화 정책은 IMF의 정책 처방과 동일하다.

반대로 유명한 ECLAC의 셀소 우루타도(Celso Hurtado)와 같은 구조주의자들은 "통화 증발을 가져오는 재정적자는 중요하지만, 인플레이션을 유발하는 유일한 요인은 아니다."라고 주장한다. 생산 요소의 공급애로 또는 부족난이 심각한 역할을 한다. 특히 물가와 임금이 하향하면 실업을 유발하게 된다. 임금과 물가 지수로부터 유발된 인플레이션은 점점 특유의 관성적인 인플레이션을 야기한다.[14] 구조주의자들은 인플레이션과 싸우기 위한 주요 수단으로서 임금과 물가의 통제를 옹호하고 있다. 임금 정책 등 통제 수단들은 소위 비정통파 정책의 핵심 요소들이다.

중남미에서의 정통과 비정통 안정화 정책의 경계가 흐려지고 있는데 이는 다양한 혼용과 시도가 순서대로 또는 종종 동시에 사용되기 때문이다. 결국, 1990년대 들어 재

[그림 8.2] 1970~1994년간 중남미 정부의 재정흑자 추이(표준편차선)

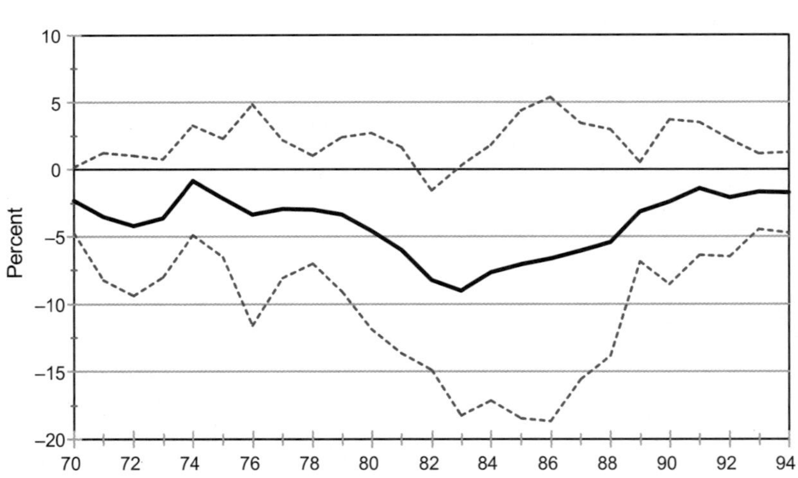

자료원 : Alesian et al. 1999

정, 통화 및 환율 정책의 우선순위 지정과 관련하여 폭넓은 컨센서스가 이루어졌다. 역내에서 수행된 성공적인 안정화 정책은 위 세 정책이 혼용되었음은 부인할 수 없지만, 외채 구조 조정도 핵심적인 역할을 하였다. 특히, 대부분 국가들이 외채 이자 지불의 감소 또는 지연을 통해 공공 재정 적자를 완화시키려 하였다.

[그림 8.2]에서 보듯이, 1975년부터 공공 적자는 전체 중남미의 GDP 대비 비중이 1983년까지 감소했다. 그 비중은 (a) 재정 긴축 또는 강제 감축, (b) 외채 모라토리엄, (c) 성공적인 외채 구조 조정 등의 결과로 떨어지기 시작했다. 1994년까지의 1차수지 흑자는 거의 1974년 평균 수준으로 회복되었다.

멕시코, 에콰도르 및 칠레 등 일부 국들은 평균적으로 수지흑자를 기록하고 있는 반면, 브라질, 페루 및 베네수엘라 등 여타국들은 20년이 넘도록 여전히 적자 상태로 남아 있다.[15]

반면에 종합적 제도의 통화 측면에서 대부분 개혁은 거의 개인 재산을 몰수하는 것과 같은 성격이었다. 예컨대, 1980년대 아르헨티나의 아우스트랄 플랜과 브라질의 크루자두 플랜은 재정 적자 완화 등 경제 기초 여건은 개선도 하지 않고 기존 통화를 새 통화로 바꾸는 것으로 구성되었었다. 뒤늦게 깨달았지만, 이제는 그러한 정책들이 신뢰할 수가 없다는 것이 명백해졌다.

통화 개혁의 여파로 통제되지 않은 인플레이션은 대부분 금융 자산 및 임금 가치를

[그림 8.3] 금융 위기 발생 전날 기준 GDP 대비 저축률(%) 비교

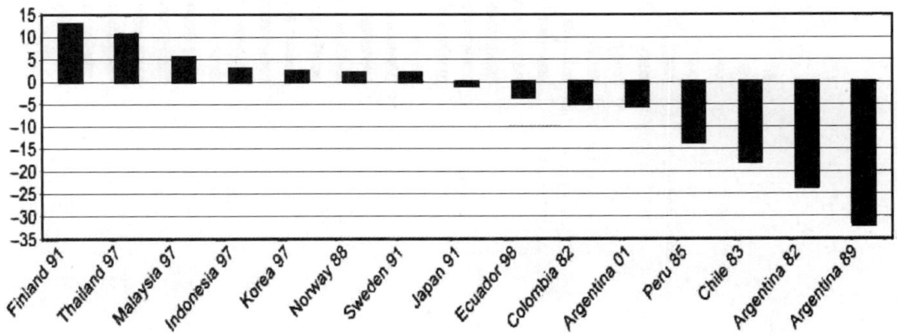

자료원 :Rojas–Suarez and Weisbrod 1995, IMF 2002

보존하는 데 실패한다. 모든 자산 및 채권 가액이 국내 통화로 지정되어 있을 경우 인플레이션은 그들의 가치를 상실하게 한다.

대표적인 사례가 상업은행의 자산이다. 그 자산의 가치는 인플레이션의 상승에 따라 하락했다. 이에 따라 광범한 은행 파산 위험도 커졌다. 파산에 대한 공포로 대부분의 중남미국에서 예금 원금 보호 보장이 안 되기 때문에 예금 감소의 원인이 되었다.

이는 다른 많은 나라들과 비교할 때 금융 위기 발생 전날 저녁 중남미의 금융 부문은 특히 취약하다는 사실을 말하고 있다. 특히 아시아 신흥 경제국 등 다른 지역 국가들과 비해서 [그림 8.3]에서와 같이 중남미 일부 국들은 위기 발생 직전의 예금 잔고들이 급격한 감소를 보였다.

다른 경제권들과 비교 시 중남미의 금융 부문의 파산 구제를 위한 재정 지출 규모가 훨씬 높았던 것으로 나타났다.

[그림 8.4] 여러 국가의 GDP 대비 금융 위기처리 재정비용 비교

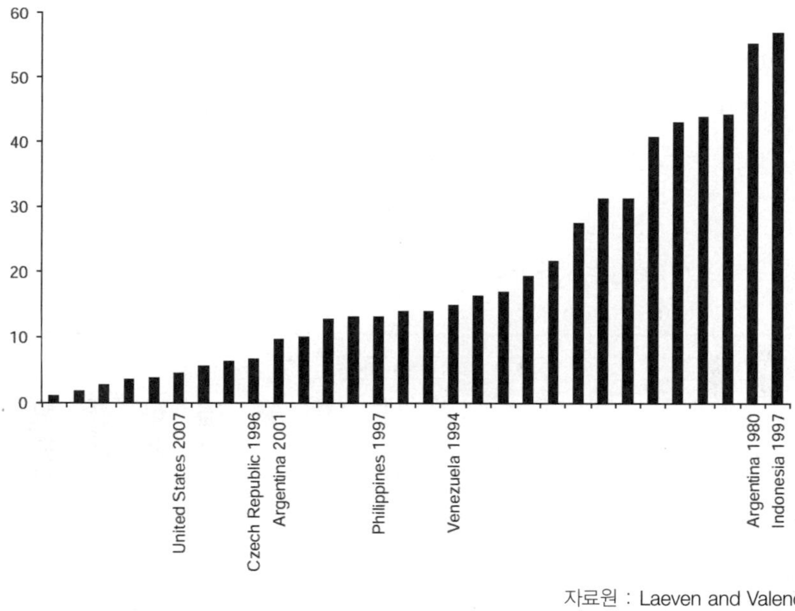

자료원 : Laeven and Valencia 2013

[표 8.2] 1981~2003년간 중남미와 타 지역의 연평균 성장률 비교

구분	1981~1990	1991~1997	1998~2003
중남미	–0.6	2.5	–0.1
선진국	2.5	1.4	1.8
여타 개발도상국	1.9	2.6	3.3
아시아	4.8	6.5	4.8
동구 및 중앙아시아	1.2	0.7	2.6
중동	–1.3	1.3	1.8
사하라 이남 아프리카	–0.6	–0.5	0.7

자료원 : IMF 데이터

특히 아르헨티나, 칠레, 에콰도르, 멕시코 및 우루과이 등은 GDP 대비 20%에서 55%까지 범위의 자금을 투입한 것으로 나타났다. 다양한 안정화 시도는 명백하게 인플레이션에 영향을 미친다. [그림 8.1]에서와 같이, 중남미의 경우 1980년대 말 위기 시는 평균 496%에서 2006년도에는 불과 5% 수준으로 떨어졌다.

반면 경제 성장은 6년간 회복을 기록했다. [표 8.2]가 보여 주듯이 아시아 등 다른 지역과 비교해서 중남미는 1997년까지는 급속 성장을 한 후 1998~2003년 기간은 다시 경기 하강을 경험하였다. 이 시기 중남미의 경제 성장 후퇴는 1997년과 1998년에 각각 아시아와 러시아의 외환 위기의 전염이 부정적 영향을 미친 것인데 그럼에도 불구하고 인플레이션은 여전히 평균적으로 낮게 유지되고 있었다.

1980년대의 상대적으로 높은 인플레이션 시기에 비해 1990년대 전 중남미 지역의 산업 생산 취약성은 약간 낮아졌다. 그러나 [그림 8.4]와 같이 국가 간에는 큰 차이가 나타났다. 잃어버린 10년에 비해 칠레, 브라질 및 멕시코의 생산 취약성은 낮아졌으나 베네수엘라와 아르헨티나는 실질적으로 더 높아졌다. 이어서 인플레이션 예방을 위해 사용했던 제도적 강화 측면을 살펴본다.

8.4 중앙은행 독립성

19세기에 중남미는 우루과이를 제외하고는 중앙은행이 없었다.[16] 1920년대에 법제화되면서 중앙은행의 임무는 "핵심" 부문에 자금을 조달해주고 경제 성장을 촉진하는

것이었다.

[표 8.3] 1989~2002년 중 중남미 신(新)중앙은행법

국가	신법 제정년도	국가	신법 제정년도
칠레	1989	멕시코	1993
엘살바도르	1991	볼리비아	1995
아르헨티나	1992,2002	코스타리카	1995
콜롬비아	1992	우루과이	1995
니카라과	1992,1999	파라과이	1995
베네수엘라	1992,1999,2002	온두라스	1996,2004
에콰도르	1992,1998	과테말라	2001
페루	1993	도미니카(공)	2002

자료원 : Carstens and Jácome 2005

1950년대에 ISI 정책이 대두되면서 중앙은행의 역할은 경제 개발을 촉진하기 위한 자금 지원과 이자율 통제를 위한 역할이 강화되었다. 이러한 상황은 중앙은행 독립법이 채택되었던 1980년대까지 대부분 국가에서 지속되었다. 1989년 들어 칠레의 중앙은행 독립법이 법제화된 후 주요 중남미국에서도 중앙은행 독립법이 채택되어 주 임무가 인플레이션 관리로 제한하게 되었다.

일부 학자들은 중앙은행의 독립 수준과 인플레이션 간에는 중요한 상관관계가 있다고 주장해 왔다.[17] 그러나 [표 8.3]에는 보이지 않는 브라질은 1995년 에는 인플레이션율이 급격히 떨어졌지만, 2015년에는 평가 절하로 약 9%로 상승했다. 브라질은 아직도 법률상 독립된 중앙은행을 가지고 있지 않다.

브라질 중앙은행 총재는 정해진 임기가 없고 행정부에 의해 언제든지 해고될 수 있다.[18] 일부 아르헨티나나 베네수엘라 같은 다른 국가들도 사실상 독립된 중앙은행을 가지고 있지 않다.

[표 8.3]과 [그림 8.5]에서 제시하듯이, 중요하기는 하지만, 법적 독립이 인플레이션을 진정시키기 위한 유일한 사전 조건은 아니다. 대신 책임감, 투명성, 인플레이션 목표 설정 및 재정책임법 이행 등 조건들이 무엇보다 중요하다.

이들 제도적 변화는 21세기에 들어 아르헨티나와 베네수엘라, 가장 최근에는 브라

[그림 8.5] 1980~2014년 중 브라질의 평균 인플레이션율 추이

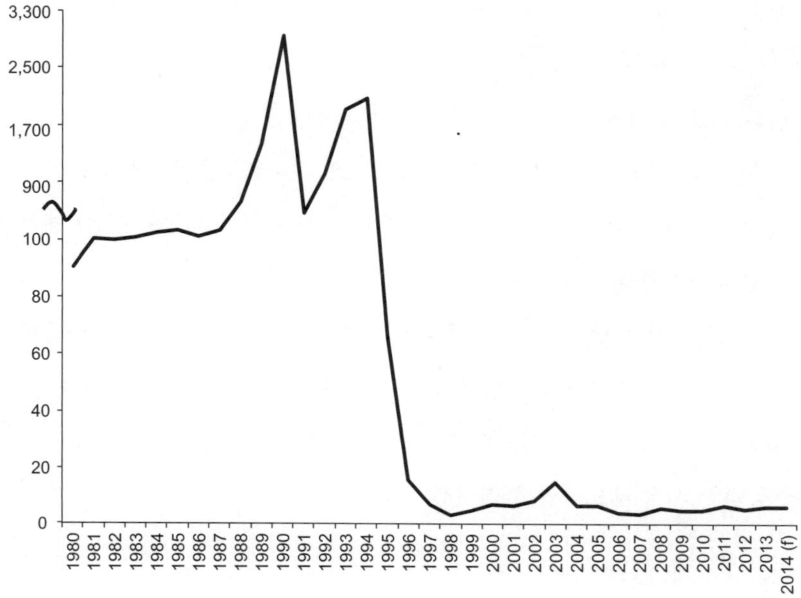

자료원 : IMF 2015

질 등을 제외한 중남미가 낮은 인플레이션을 유지할 수 있는 열쇠이다. 인플레이션 목표 설정은 상당히 최근 현상이다. 공식적인 추이는 일부 국에서 서브프라임 위기 후 2009년에 시작되었다.

그 후 브라질, 콜롬비아, 멕시코 및 페루가 인플레이션 목표 관리에 따랐다. 칠레는 2000년 초에 시작하였다. 슈미트(Schmidt)—헤벨(Hebbel)(2011)에 따르면, 이들 5개국은 인플레이션율이 중남미 평균보다 낮았다. 더 중요한 점은 여타 중남미국들과 비교 시 인플레이션 목표 관리 국가들은 경제 규모가 크고 중앙은행의 독립성과 통화 및 책임감 지수면에서 우수했다.

환율 정책에 관해, 1990년대의 개혁은 원래 에콰도르 등과 같이 이미 달러라이제이션을 단행한 국가들을 제외하고 중앙은행에 대외쇼크에 취약함을 반영하는 수지 불균형 위기에 대처하기 위해서 완전 고정 또는 반(半)고정 환율제 유지를 요구하기 위한 것이었다.

21세기 들어 중남미 중앙은행들은 인플레이션 기대치를 잠재우기 위해 반 고정 환

율 제도로 전환하였는데, 이를 통해 다른 지역에서 발생한 위기에 노출을 줄이고, 환율의 과대평가를 낮추고, 금리를 낮추는 기반으로 삼고 있다. 환율 제도에 대해서는 제9장에서 다시 상세하게 검토할 것이다.

2008년의 글로벌 금융 위기 이후 중남미 주요국의 중앙은행들은 위험 감수와 도덕적 해이를 통제할 목적으로 국제기준에 맞게 금융 규제 및 상업은행 감독을 개선하기 위한 개혁을 활발하게 추진하였다. 동시에 은행부문에 대한 외국인 투자 제한을 자유화시키고 경쟁력을 증대시켰다.

각 국가의 금융 감독 당국 역시 자국 내에서 영업 활동을 하고 있는 외국은행을 감독한다. 그러나 이들 은행들은 간접적으로 그들 은행 출신국의 경영진에 책임을 지고, 그들 경영진들의 행동은 다른 신중하고 규범적인 제도들에 의해서 강력하게 감독을 받게 된다. 강력한 재정 제도와 인플레이션 간의 연계는 바로 이어서 검토하기로 한다.

8.5 재정 제도 및 재정 건전성

1990년대 초부터 대부분 중남미국들은 그들이 재정 제도들을 개선할 목적으로 일련의 개혁에 착수했다. 예산 관리 및 통제권을 장관에게 위임하고 투명성, 감독 및 책임감을 높이기 위한 법률이 제정되었다.

헌법상의 적자 재정 지출에 대한 제한 및 목표 역시 재정규율 개선을 위한 개혁의 일부였다. 이러한 개혁과 함께 대부분 중남미 정부의 입법부는 예산안 승인 및 수정, 예산 집행에 대한 면밀한 조사, 성과 모니터링 역량 제고 및 책임을 요구하는 옵션 등을 승인하였다.[19]

재정 수입 측면에서도 일련의 조세 개혁이 이루어졌다.

부가 가치세, 개인 및 법인 소득세, 소비세 및 기타 조세원을 확대하기 위한 개혁 등 중남미의 재정 적자와 높은 인플레이션으로 인한 통화 증발을 회피하기 위한 노력에 기여하였다.

이러한 개혁은 신뢰도 증진과 인플레이션 기대치를 낮추는 데 도움이 되었으나, 앞서 언급한 1990년대 재정 적자 감축을 위한 개혁은 여전히 의문 상태에 있다. 왜냐하

[그림 8.6] 1970~2003년 중 중남미의 1차 재정 적자/흑자 추이

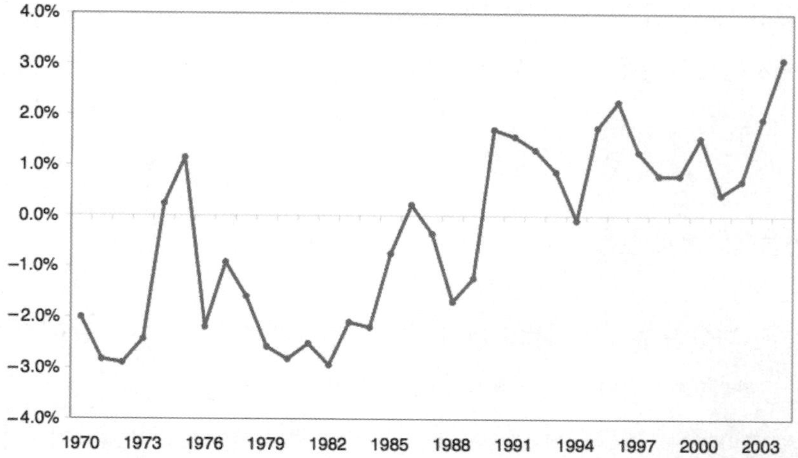

자료원 : IMF 2004

면 재정 개혁은 국채 구조 조정 및 환율 정책과 같은 다른 개혁 조치와 병행하여 추진되었기 때문이다. 그럼에도 불구하고, [그림 8.6]과 같이 1970년대와 1980년대의 만성 적자에서 1994년에서야 예산의 흑자로 획기적인 변화를 보였다.

재정 제도의 개선 노력에도 불구하고 도전 과제는 무한하다는 점을 숙지하는 것이 중요하다.

첫째, 중남미의 유치 단계 민주주의에서는 법률상과 사실상의 개혁 이행 차이는 여전히 해결해야 할 문제로 남아 있다. 예컨대, 개혁을 위한 투명화 법들은 건전하지만, 몇몇 국가에서의 투명화에 대한 공적 인식 수준은 여전히 빈약한 상태로 남아 있다.

둘째, 경직성과 사전 공약 등은 2000년부터 칠레와 최근 들어서는 콜롬비아 및 페루 등을 제외한 대부분 국가에서 경기 순응적 재정 적자를 가져오는 경향이 있다. 그러한 경직성이 우선 지출 부문을 보전하려는 데 목적을 두고 있다는 사실에도 불구하고, 재정 지출 분배를 개선하려는 중남미 국가들을 방해하고 있다. 이는 특히 여전히 국제 시장 가격이 항상 요동을 치는 1차 산품 수출에 의존하는 국가의 공공 재정에 해로운 영향을 주고 있다.

최근의 1차 산품 가격 추락은 전체 중남미 남동부 지역의 또 다른 하나의 도전 과제

가 되고 있으며, 중남미 지역 국가들의 통화도 이미 달러화가 되어 있는 에콰도르나 엘살바도르와 파나마를 제외한 대부분 국가에서 상당 수준 평가 절하가 되고 있다. 이들 국가들에서는 무역 부문들이 변동 환율제를 사용하고 있는 국가들에 비해서 상당히 고통을 받고 있다.

8.6. 인플레이션과 환율

중남미는 다양한 환율 체제를 유지해 왔다. 즉, 고정 환율 제도와 1990년대 아르헨티나의 통화위원회나 2000년 이후 에콰도르 경우와 같은 완전 달러화 등을 들 수 있다. 다른 극단적인 반대 측 예로는 칠레, 콜롬비아, 멕시코, 페루 및 우루과이 등과 같은 국가의 완전 변동 환율제를 들 수 있다. 그러나 1990년대 환율 제도의 선택은 본질적으로 고정 환율 또는 반(半)고정 환율 제도의 신뢰도와 변동 환율 제도의 경쟁력 균형과 연결되어 있었다.

본 장에서는 1980년대 말 인플레이션이 특히 높았던 국가들과 완만하게 높았던 국가들을 비교하여 환율 기반 안정화 정책에 대하여 조명해 본다. 그러나 21세기 들어 중남미의 환율 제도에 대한 본격적인 연구는 제9장에서 진행 하기로 한다. 구체적으로 1980년대 인플레이션이 특히 높았던 국가들에서는 고정 환율 제도가 인플레이션을 신속하게 진정시킬 수 있었다. 중남미 경제 대국들 중 3개국이 이를 보여주었다. IMF의 추계에 따르면, 1988년에 멕시코의 인플레이션율은 180%에 달했다. 같은 해에 체결된 "경제 연대 협약" 아래, 안정화 종합 정책의 중심축은 반고정 환율 제도의 도입이었다.

멕시코 페소화는 미국 달러에 소폭 환율 밴드 범위 내에서 연동을 허용하였다. 1989년 4월까지, 단 1년 후에 인플레이션율은 20%로 떨어졌다. 아르헨티나에서는 1991년 추산 인플레이션율이 약 700%에 달했을 때 통화위원회가 도입되었다.[20] 2년 정도 경과된 1994년 초에는 인플레이션율이 10% 미만으로 떨어졌다.

1994년 브라질의 인플레이션율은 3,000%에 달했다. 같은 해에 구(舊)통화 크루제이루(cruzeiro)화는 신(新)통화 헤알(real)화로 교체되었다. 신 화폐는 아르헨티나 방식으로 미국 달러화에 고정시키지는 않고 거의 1대1로 연동시켰다. 그 결과 2년 후인 1996년 들어 브라질의 인플레이션율은 한 단위 숫자로 떨어졌다.[21]

반면에, 콜롬비아는 1990년대 대부분 기간에 걸쳐 약 10%의 낮고 안정된 인플레이션율을 유지하고 있었는데, 1999년까지 정통 안정화 정책이 인플레이션율을 한 단위 이하로 끌어내렸다. 한편 칠레의 인플레이션율은 1990년에는 약 25% 수준에 있었지만 5년 후인 1994년 말까지도 한 단위로 낮아지지 않고 있었다. 이들 대표적인 변동 환율제 국가들의 환율에 대해서는 제9장에서 다시 논의하기로 한다.

이러한 경험들은 환율의 안정화가 인플레이션 기대치에 빠르게 영향을 미치게 된다는 것을 말해주고 있다. 사실 1990년대 중남미 경제 대국들의 평균 인플레이션율의 전반적 하락은 환율의 안정화 덕택이었다.

그러나 고정 환율제 유지를 통한 실질적인 신용도의 향상은 지역 국가들의 경쟁력 및 지역경제가 외부 충격 (예를 들면 교역 조건 변동 충격 등)에 대응할 수 있는 능력을 떨어뜨리게 되었다. 세계화 속에서 성장을 촉진하기 위한 핵심 요소인 경쟁력과 외부충격 대응능력의 하락은 수출을 촉진하기 위해서는 환율의 고평가를 피하는 것이 가장 중요한 점이라는 것을 보여준다.

밀레니엄 시대로 전환하면서 인플레이션이 통제되고 나서, 브라질, 칠레, 콜롬비아, 과테말라, 멕시코 및 우루과이 등도 변동 환율 제도를 채택하고 인플레이션 목표 관리 제도를 수용하였다.

8.7 21세기 자본 유입

1990년대 중반까지 그리고 국제 금융계에서 고립된 지 10년 후에 중남미는 다시 순자본 유입 지역이 되었다. 1970년대 국제 상업은행들을 통한 자본 유입 시대와는 달리 1990년대의 신(新)자본 유입 흐름은 성격이 달랐다. 중남미로의 자본유입은 주로 단기 및 장기 주식 투자와 외국인 투자로 구성되었다.

IMF의 추산으로는 순자본 유입 규모는 1,120억 불에 달했는데, 이는 1970년대 유입됐던 자본의 두 배 이상이 되는 규모였다.[22] 글로벌 거시 경제 환경의 변화가 중요한 역할을 하였지만, 구조 개혁과 특히 재정 적자의 엄격한 관리와 낮은 인플레이션 환경 역시 투자자들의 중남미에 대한 신뢰도 회복에 기여하였다.

[그림 8.7]이 보여 주듯이, 최근의 중남미 거시 경제 불안과 1980년대의 높은 인플레이션 기록에도 불구하고 1991년 초부터 외국인 투자 자본 유입이 현저하게 증가하기 시작했다. 아울러 자본 유입의 상승 추이는 21세기에도 2007년~2008년 중 서브프라임 위기를 넘어 지속되었다.

그러나 자본 유입의 중요 특징 중 하나는 항상 매우 취약한 모습을 보이는 것이다.[23]

[그림 8.7] 1975~1998년 중 중남미의 자본 유입(1990년 US$ 10억)

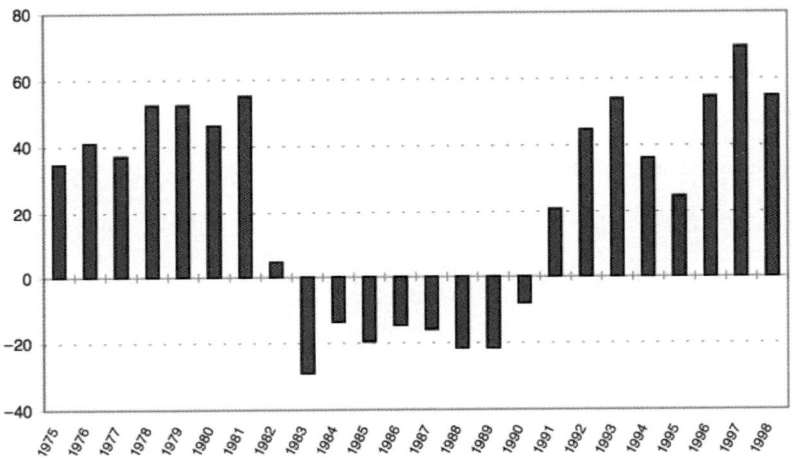

자료원 : ECLAC 1999

자본 유입의 취약성에도 불구하고 중남미는 고도 경제 성장, 강력해진 경제 기초체력과 어떤 면에서는 21세기 경기 순환적 재정 정책 등의 덕택으로 서브프라임 위기를 잘 넘겼다.

인플레이션 상황에서 자본의 유입이 가져오는 영향은 바로 국내 통화량 수요를 증대시키게 되는데 이로 인해 중남미 통화가 평가 절상되는 추세에 있다. 이로 인한 환율의 물가로의 전가 효과는 인플레이션을 낮추는 디플레이션 효과를 갖게 된다.[24]

반면, 자본 유출은 평가 절하 효과를 가져와 인플레이션 압력이 높아지게 된다.[25] 이

점이 정확하게 중남미가 2013년부터 중국의 경제 성장이 저조해지면서 1차 산품 가격이 급격하게 하락하는 등의 경험을 하게 된 것이다.

이러한 추세는 인플레이션 목표 설정 방법을 통해 중화시킬 수 있다. 사실 칠레, 콜롬비아, 멕시코 및 페루 등 중남미 일부 국들은 중앙은행의 독립적인 인플레이션 목표 관리 정책을 통해 자본 유입의 인플레이션 압력을 중화시켜 나가는 데 성공을 해왔다.

환율의 물가로의 전가는 낮추어져 왔지만, 부분적으로는 인플레이션과 인플레이션 목표가 낮기 때문에 (a) 충격의 정도, (b) 인플레이션 목표 관리를 하는 중앙은행이 외환 보유고 비축 수준, (c) 경기 조정형 재정 정책을 추진할 수 있는 재정 제도의 역량 등에 따라서는 하이퍼 인플레이션 시기로 되돌아갈 수도 있다.

일부 국가들은 자국 통화의 과대평가를 피하기 위해 달러화에 고정시켜 왔었다.[26] 그러한 국가들의 한 가지 문제점은 수입 인플레이션이다. 예를 들면 멕시코에서는 특히 미국의 확대 통화 정책이 수입 인플레이션과 화폐의 고평가를 야기할 수 있다. 최근 수년간 멕시코는 페소화의 평가 절하를 통한 경상 수지 적자를 완화시키려는 시도로 인플레이션이 상승해 왔다.

아울러 변동 환율 체제 아래 높은 취약점 외에도 베네수엘라와 아르헨티나 같은 개혁안에 인플레이션이 포함되어 있던 일부 국가들은 법적으로는 인플레이션 안정책을 펴는 것처럼 되어 있으나 사실상은 그렇지 않은 상태였다.

말하자면 이들 국들은 문서나 말로는 인플레이션 안정화 정책을 폈으나 행동으로는 이행치 않는 국가들이었다. 이들 국에서는 포퓰리스트 정부를 지원하기 위해 확대 재정 정책이 일반화되어 있었으며 두 자리 인플레이션 상태였다.

그 결과 자본 유입이 중단되었고 높은 인플레이션율로 저성장 또는 마이너스 성장 상태의 스태그플레이션 상태로 회귀하고 있는 상태였다. 아르헨티나는 상황이 바뀔 것으로 보였는데 새로 당선된 마크리 대통령이 10년 이상 지속되어 온 키르츠네르의 정책들을 정상으로 복귀시키려 하였기 때문이다.

8.8 맺는말

본 장에서는 20세기 말 중남미의 고율 및 하이퍼인플레이션이 확산되어 있던 시기의 경상 수지 적자, 재정 적자 및 인플레이션 간의 연관 관계를 분석했다. 또한 1990년대 안정화 정책의 효과도 분석했다. 재정 지출의 감축을 통한 신(新)재정 제도, 중앙은행 독립법과 다소 낮은 수준이지만 조세원의 확대 등 기반은 20세기 말까지의 안정화 정책을 위한 것이었다.

중남미의 경제대국들인 브라질과 멕시코의 인플레이션은 비교적 높았었지만, 환율 기반 안정화 정책을 도입한 이후 세 단위 인플레이션율이 한 자릿수로 급격히 안정되는 효과를 가져왔다. 반면에, 1990년 초에는 비교적 낮은 인플레이션으로 시작했던 정통파 정책을 폈던 콜롬비아 같은 국가는 두 자릿수 인플레이션을 한 자릿수로 낮추는 데 보다 더 장기간이 소요되었다.

전반적인 중남미의 인플레이션율이 1980년대에는 전례가 없는 연 500%대에서 1990년대에는 약 6%대로 떨어졌다. 그러나 환율 기반 안정화 정책은 일부 국가 통화의 과대평가를 야기했고, 부분적으로 1994년 멕시코, 1998년 브라질, 2001년 아르헨티나의 통화 위기를 야기한 원인이 되었다.

낮은 인플레이션은 1990년대 전반기의 경제 성장에 기여했음은 부인할 수 없으나 이 성장은 짧고 매우 취약했었다. 왜냐하면 구조 개혁에도 불구하고 중남미는 다른 신흥 시장, 특히 아시아, 러시아에서 각각 1997, 1998년도에 발생한 경제 위기에 전염되어 불리한 영향을 받았다. 이들 경제 위기는 경제 성장에 부정적 영향을 가져왔으나 평균 인플레이션율은 1980년대에 비해 여전히 낮은 수준을 유지했다.

본 장의 핵심적 교훈의 하나는 인플레이션의 안정은 법률적으로나 사실적으로 건전한 통화 및 재정 제도의 수립을 요구한다는 점이다. 베네수엘라, 아르헨티나 및 부분적으로는 브라질 등의 경우 그러한 제도들이 아직도 법제화되지 않고 있다. 결과적으로 인플레이션 상황으로 복귀하고 있다. 인플레이션은 정치적으로 더 낮은 재정 적자를 실행하기 어려운 다른 국가들에게 피해를 입히고 있다. 또한 경상 수지 적자는 중국의 경기 후퇴 영향으로 증가되고 있으며 최근 들어 1차 산품 가격도 급격히 하락하고 있다.

낮아지고 있는 인플레이션은 유동 자산을 현지화로 소지하고 있는 대부분 중남미 사람들을 대상으로 한 담세율을 낮춰주는 효과가 있다. 특히 빈곤층들은 소득의 대부분을 유동 자산으로 가지고 있는데, 이에 따라 인플레이션의 안정은 비교적 덜 부유한 대다수 가정에 높은 혜택을 주게 된다.

대체로 중남미 지역은 중앙은행이 독립 기관이고 인플레이션 목표 관리를 하고 있기 때문에 환율의 낮은 인플레이션 전가를 경험할 수 있다. 그러나 주요 선진국의 확대 통화 정책으로 인한 수입 인플레이션이 문제가 될 수 있다. 가장 긴급한 문제는 1차 산품 가격의 하락과 자본 유입의 역전 등인데, 이는 높은 1차 산품 가격을 통한 뜻밖의 횡재를 누리며 재정 적자를 충당할 재원을 확보할 수 없게 됨을 의미하기 때문이다.

다시 말하면, 최근 들어 중국 경제의 후퇴와 1차 산품 가격의 하락은 중남미의 전 지역에 인플레이션 압력을 가져왔다. 환율 평가 절하의 재발에 따른 수입 물가의 상승은 베네수엘라와 아르헨티나뿐만 아니라 브라질과 같은 역내 다른 국가들에 보다 높은 인플레이션 압력을 유발하고 있다. 1차 산품 가격하락에 대처해야 하는 국가들의 능력과 그 결과로 발생하는 경상 수지 적자 등은 그들 국가들의 GDP 대비 외채 비율 또는 칠레와 같은 국가의 국부펀드에 많은 영향을 미치고 있다.

칠레, 콜롬비아, 멕시코, 페루 등 변동환율제를 운영하고 통화제도들이 잘 구축되어 있는 국가들은 인플레이션을 관리할 수 있을 것이다. 에콰도르, 엘살바도르, 파나마와 같은 달러라이제이션 국가들은 인플레이션을 완벽하게 통제할 수 있겠지만, 상대적으로 큰 폭의 경기위축을 감내해야 할 수 있다.

요약

- 1970년대 인플레이션율은 대규모 자본 유입에 대해 정책 담당자들이 경기 조정형 재정 정책을 통해 대응하지 않았던 결과로서 발생했다.
- 1980년대 중남미 경제는 심각한 경기 침체에도 불구하고 재정적자를 통화발행을 통해 충당한 결과로서 전례 없는 고율 인플레이션을 겪어야 했다
- 정통과 비정통파 안정화 정책들은 1990년대 인플레이션의 안정에 기여했다.
- 그럼에도 불구하고 관성 인플레이션은 여전했으며, 주요국들은 환율기반 안정화 정책들을 통해 인플레이션을 억제하고자 했다.
- 1990년대 중남미의 안정화 정책들은 일시적 성공에 그쳤다. 왜냐면 휘발성 자본 유입과 타 신흥경제권의 위기가 이 지역에 국제수지 위기를 불러왔기 때문이다.
- 그럼에도 불구하고, 일부 중남미 주요 경제국들은 독립된 중앙은행과 건전한 재정 규칙 등을 법제화했고 그 결과 중남미는 고율 인플레이션 퇴치에 필요한 기반을 잘 구축하고 있다. 이는 각국 정부들이 제한적으로만 시뇨리지를 통해 재정적자 증가가 가능하게 되었기 때문이다.
- 인플레이션은 여전히 위협으로 존재하고 있다. 그리고 최근의 중국의 경기 후퇴가 이 지역 국가들에게는 통화 평가절하로 인한 수입재 가격 상승 및 인플레이션으로 이어질 우려가 있다. 이는 베네수엘라와 아르헨티나 뿐 아니라 다른 국가들에게도 마찬가지이다.
- 보다 일반적으로 말하자면, 독립된 중앙은행을 설치하지 않고 구체적으로 인플레이션 목표 관리를 하지 않거나 법적 및 사실상 재정 규칙을 가지고 있지 않은 국가들은 고율 인플레이션을 다시 초래하기가 쉬울 수 있다.
- 인플레이션을 관리할 수 있는 체제를 잘 구축한 국가들은 변동 환율제, 인플레이션 목표 관리제도를 지향하는 중앙은행 그리고 강력한 재정 관리제도 등을 통해 인플레이션을 통제하게 될 것이다.

주목해야 할 포인트

1. 1980년대 중남미의 전례가 없는 고율 인플레이션의 근원은 무엇인가?
2. 중남미의 경상 수지 적자, 공공 적자 및 인플레이션 간의 연계점은 무엇인가?

3. 고율 인플레이션의 비용은 무엇인가?

4. 1990년대 중남미 정부들은 어떻게 인플레이션을 한 자릿수로 관리하였나?

5. 독립적 중앙은행과 재정 제도들은 거시 경제 안정화에 무슨 영향을 미쳤나?

6. 낮은 인플레이션을 목표로 하는 고정 환율의 유·불리 점은 무엇인가?

7. 중남미의 낮은 인플레이션의 주요 효과는 무엇인가?

8. 왜 취약한 자본 유입인가? 그런 유입은 인플레이션에 무슨 결과를 가져오는가?

9. 왜 중남미 주요 경제국들은 변동 환율제와 중앙은행의 인플레이션 목표 관리 체제로 전환하고 있는가?

10. 어떻게 중앙은행의 인플레이션 목표 관리 체제는 경상 수지 적자가 증가할 때 인플레이션 효과를 완화시킬 수 있을까?

11. 왜 최근 중국 경제의 경기 후퇴와 1차 산품 가격의 급격한 하락이 일부 중남미국들의 고율 인플레이션 회귀를 위협하고 있는가?

추가 자료

ㅇ 중남미 경제; Latin America's Economy: Diversity Trends and Conflicts, Eliana Cardoso, Ann Helwege (1992)

ㅇ 안정화 정책; 1980년대와 1990년대 중남미 통화 정책 개혁– IMF 1995, 최근 중남미의 인플레이션 진정 및 구조 개혁 – Carstens and Jácomo 2005a, 2005b

9 고정, 중간 단계, 변동 환율 제도: 환율 관리

중남미의 경제사는 다양한 환율 제도 관련 경험을 보여준다. 중남미는 1950년대와 1960년대에 브레튼우즈 체제 아래서 고정 환율 제도를 폐기한 이래 미국 달러화에 연동된 환율 체제를 구축했다. 그러나 대부분 국가들은 두 가지 극단적인 환율 체제, 즉 달러화와 통화위원회와 같은 강력한 고정 환율 체제와 완전 변동 또는 변동 환율 체제 사이에서 오락가락하고 있었다. 이러한 극단적인 경험들이 말하고자 하는 것은 무엇일까?

바로 앞장에서 높은 인플레이션 시기에 적어도 멕시코, 브라질 및 아르헨티나 등 중남미의 3개 경제 대국들이 1990년대에 인플레이션을 한 자릿수 수준으로 안정시키기 위해 신속하고 효과적인 신뢰도 구축 방안으로 고정 환율 제도로 복귀하였었음을 설명하였다.

그러나 3개국의 경험은 불행하게 끝났다. 멕시코는 1994년에 소위 테킬라(Tequila) 위기 후 고정 환율 제도를 포기하였다. 브라질의 헤알 플랜은 사실상 미국 달러화에 고정시켰었으나 1997년, 1998년에 발생한 아시아와 러시아의 위기 후 포기하였다. 끝으로 아르헨티나의 널리 알려졌던 통화위원회도 2001년에 붕괴되었다.

본 장에서 우리는 먼저 두 극단적인 서로 다른 환율 체제를 살펴보고 외부 충격으로부터 경제를 완충하고 투자 및 성장을 위한 안정적이고 경쟁적인 환경을 보존하는 데 있어 효과가 유리하다는 점에서 상황별 장점과 단점을 간략히 평가한다. 또한 중남미는 강력한 재정 및 통화 제도를 요구하는 변동 환율제를 주로 채택하고 있는데, 이는 인플레이션과 실업에 영향을 미치는 통제 불가능의 파동을 피하기 위한 것이다.

섹션 9.1에서는 1970년대, 1980년대 및 1990년대의 다른 환율 체제의 특징을 상세히 정의해 본다. 섹션 9.2에서는 그들 환율 체제를 분석한다. 섹션 9.3에서는 변동 환율과 급격하고 장기간의 주기적 파동을 피하기 위해서 매우 필요한 제도적 지원에 대하여 조명해 본다. 섹션 9.4에서는 21세기 당대 중남미의 통화 위기를 피할 수 있는 새로운 메커니즘을 조명하기 위해 경험으로부터 추론해 본다. 끝으로 섹션 9.5에서는 본 장의 주요 내용을 요약하고 맺는말을 제시한다.

9.1 상이한 환율 제도의 특징

IMF는 유연성의 수준에 따라 환율 제도를 분류하고 있다.[1] 한편, 특정 국가가 법정 통화로 외국화폐를 사용하는 경우 완전한 고정 환율 체제가 된다. 즉 경제의 완전 달러화가 그러한 제도의 가장 생생한 사례이다. 중남미에서는 에콰도르, 엘살바도르 및 파나마가 바로 이 카테고리에 해당한다. 이들 세 나라와 같이 국내 경제 체제가 달러화된 국가의 중앙은행들은 자국의 통화 주권에 관한 권한을 미국 중앙은행, 즉 연방준비이사회(US Fed)에 전적으로 위임하는 격이 된다.

파나마는 콜롬비아로부터 독립을 얻은 직후 자국의 통화 발보아화를 포기했다. 중남미의 다른 케이스들과는 달리 파나마의 달러화는 고율 인플레이션 기간이나 인플레이션과 싸우기 위한 과정을 밟지 않고 진행되었다. 역사와 지리적 전략적 위치가 중요한 역할을 하였다.

파나마는 1903년부터 1914년까지 선진국 미국과의 강력한 연대 아래 미국의 자금 지원으로 파나마운하를 건설하였다. 이것이 파나마가 자국의 법정 통화로 미국 달러화를 채택하도록 만든 중요한 계기였다. 파나마 운하는 계약으로 1999년까지 미국에 의해 운영되었고 발보아 화는 20세기 및 그 이후도 완전하게 배제되었다. 그러나 발보아 화의 지폐들은 사용되고 있지 않으나 동전들은 여전히 하위 센트 계산 단위로 사용되고 있다.

교환 화폐로 달러의 사용은 파나마 거시 경제의 안정에 크게 기여하였으며, 인플레이션율도 미국의 인플레이션율이 높았었던 1970년대를 제외하고는 한 세기 동안 한 자릿수를 유지했다. 그러나 대부분 중남미국들과는 달리, 파나마는 1차 산품 수출국이 아닌 서비스 경제국이다. 연간 GDP의 3/4이 운하 운영과 은행, 보험 및 관광 산업으로부터 나오고 있다. 이러한 특징은 중남미 여타 국들과 비교해서 거시 경제의 안정성에 중요한 기여 요인들이 되어 왔다.

파나마와는 달리, 에콰도르는 주로 원유에 의존하는 1차 산품 수출국이다. 에콰도르는 20세기 말 지난 10년 동안 자국의 통화 수크레(sucre)화 안정화에 실패했다. 안정화 시도 실패는 2000년도에 에콰도르 경제를 완전히 달러화하는 계기가 되었다. 특히 우선적으로 수크레화의 포기를 결정했다. 왜냐하면 에콰도르의 재정 및 통화 제도가 취약한 데다 승계한 정부들이 신뢰를 얻으려고 노력하지도 않았기 때문이다.

1970년대에는 외채가, 1980년대에는 국채가 급증한 데다 1990년대의 불안한 자본 유입이 국가 재정 안정을 침식했다. 더욱이 갑작스러운 유가 파동은 외환 보유고의 감소를 가져왔고 이어서 급격한 평가 절하가 일어났다. 또한 불안정한 환율, 수지 불균형 위기 재발, 인플레이션 상승 등이 예외적이라기보다는 지배적 환경이었다.[2]

2000년도의 달러라이제이션 이후, 에콰도르는 국가의 안정화 노력이 성과를 거두었다. 국제 금융 시장에서 차입이 재개되었고 외국인 투자도 유지되었다. 달러라이제이션 이후 에콰도르의 경제 성장률도 마이너스에서 플러스로 바뀌었고, 21세기 들어 경제 성장률은 연평균 3.5%를 기록했다.

그러나 에콰도르 경제의 과도한 석유 의존과 취약한 재정 제도들은 현재의 중국 성장 둔화 및 저유가 상황에서 에콰도르의 경제 성장, 공공 지출 및 달러라이제이션 자체에 대한 우려를 불러일으키고 있다.

엘살바도르의 달러라이제이션은 조금 달랐다. 특히, 엘살바도르의 미국 달러화의 도입은 상대적으로 안정적인 거시 경제 환경 조성 맥락에서 취하게 된 것이었다. 1993년부터 2000년까지 사이에 엘살바도르는 자국 통화 콜론(colón)을 미국 달러에 고정시켰다. 덕분에 인플레이션은 낮게 안정이 되었고 경제는 성장하였다. 그러나 2001년경

콜론화를 폐지하였다. 그 결정은 엘살바도르의 핵심 교역파트너인 미국과의 무역연계 강화와 낮은 거래 비용 그리고 국내 이자율 인하를 도모하기 위함이었다.

보다 중요한 점은 달러화가 엘살바도르의 가장 큰 자본 유입원인 해외송금의 유입을 원활화하는 점이다. 법정 통화로 미국 달러화의 채택은 지금까지 엘살바도르를 잘 보살펴 오고 있다. 특히, 고정 환율과 완전 달러화 체제 아래 엘살바도르는 연평균 2.5%의 경제 성장을 기록하고 있다. 이웃 중미 다른 국들에 비해 이자율도 상당히 낮다.[3] 그러나 엘살바도르도 미국 경제의 대외쇼크로부터 영향에 면제를 받고 있는 것은 아니다. 2007~2008년간의 서브프라임 위기 시에는 GDP 성장률이 급락했었으나 송금과 수출은 최근에 들어 다시 증가하기 시작했다.

통화위원회는 보다 융통성이 있는 제도이다. 이 제도의 주요 특징은 외화에 대해 미리 정해진 고정된 수준으로 국내 통화의 가치를 유지하려는 명시적인 입법 약속이다. 통화위원회의 전형적인 예는 아르헨티나가 1991~2001년 기간 중 운영했던 통화위원회이다. 아르헨티나의 통화위원회와 그 기구의 물가 안정에 미친 영향에 대해서는 다음 섹션에서 검토해보기로 한다.

고정 환율 제도는 소폭의 변동 마진 내에서 환율을 고정시키는 제도를 말하는데, 이들 제도에서는 중앙은행 등 금융 당국이 직접 외환 시장에 개입을 해서 사고팔고를 통해 환율을 고정시키고 있다. 아르헨티나와 브라질은 인플레이션을 진정시키기 위해 1980년대 중반에는 고정 환율 제도를 사용했다. 이러한 방식으로 환율을 고정시킬 때는 명목 앵커라고 부르기도 한다.

이 제도의 변형은 밴드 제도인데 일반적으로 사전에 결정한 1~2% 범위의 좁은 변동 폭의 하위 및 상위 밴드로 되어 있는 수평 밴드로 고정된 중앙 환율을 지정하는 게 특징이다. 이 제도는 칠레가 1984년경 시도한 안정화 정책 초기 단계에 사용했었다.

크롤링 페그 시스템(Crawling Peg System)은 20세기에 중남미에서 가장 광범위하게 사용되었던 환율 제도이다. 크롤링 페그 제도 아래서는 중남미의 주요 교역 파트너인 미국의 달러화와 국내 통화의 가치가 주어진 비율로 소액 범위 내에서 주기적으로 조정이 된다.

이러한 조정은 전형적으로 과거의 인플레이션 또는 인플레이션 목표와 예상 인플레이션의 차이와 같은 선택적이고 정량적인 지표에 대응해서 이루어진다. 콜롬비아는 1960년도에 크롤링 페그 제도를 도입했는데 1980년대 그 이후의 외채 위기 시까지 이 제도를 운영하였다.

브라질은 소위 브라질의 기적 시대라 부르는 1960년대 말에 크롤링 페그 제도를 채택하였다. 그리고 1970년대 초 대부분 기간동안 아르헨티나, 칠레 및 우루과이는 크롤링 페그 제도를 물가안정 수단으로 사용하였다. 통화의 점진적 평가 절하율을 사전 예고하는 방식을 통해 통화 당국은 자국 인플레이션 수준이 세계 인플레이션율에 수렴하기를 희망했다.[4]

관리 변동 환율(Managed Floating Exchange Rate) 제도는 대부분 주요 교역 파트너국의 외국 통화와 점진적으로 융통성 있게 환율을 조정해가는 제도이다. 대부분 중남미에서는 최근 10여 년간 미국이 중국의 급부상으로 기반을 상실하고 있지만 여전히 미국 달러화가 계속해서 핵심 외화의 위치를 차지하고 있다.

이러한 체제 아래서는 통화 당국이 구체적인 목표가 없이 차별적으로 개입하고 있다. 사실상 독립적인 중앙은행이 없이는 정치적 목적으로 관리 변동 환율 체제가 오용될 수가 있다. 최근의 아르헨티나의 경우가 바로 그러한 대표적 사례이다.

독립적 변동 환율(Independent Floating) 체제는 정부의 최소 개입 아래서 시장이 환율 결정 기능을 가지는 경우다. 이 시스템 아래서는 통화 당국들이 갑작스러운 통화 파동을 피하기 위해서 예방적 목적으로 개입을 하는데 오히려 불안정해질 수도 있다. 최근 수십 년간 중남미에서는 칠레, 콜롬비아 및 멕시코가 대표적인 독립적 변동 환율 제도를 사용했던 국가들이다. 중앙은행들의 시장 개입은 새로운 것은 아니고 앞으로 이를 계속 검토해 나갈 것이다.

9.2 중남미의 환율 제도 운영 경험

제4장에서 이미 검토했듯이, 1970년대 오일 쇼크는 중남미에 전례가 없는 대량 자본 유입을 가져왔다. 중남미 일부국의 통화 당국은 이러한 대량 유입 자본을 안정시켜 고정 환율을 유지하는 데 실패하여 경상 수지 위기의 재발을 야기하였다.[5]

전형적인 사례는 멕시코다. 고정 환율 제도는 페소화의 대규모 절상을 가져왔고 심각한 수지 불균형 문제를 야기하였다. 특히, 멕시코는 1976년 들어 갑작스럽고 전례가 없는 통화 평가 절하를 겪었다. 그 결과 인플레이션율이 1979년에는 20%에 달했다.

또한 고율 인플레이션은 대규모 재정 적자로 인한 통화량 증발의 결과이기도 하다. 대부분 중남미 국가들은 “tablitas”라고 부르는 크롤링 페그 시스템을 통해 활발하게 환율 기반 안정화 정책을 폈었다.[6] 이 시스템은 1980년대에 유행해 아르헨티나, 칠레 및 우루과이 등 남미에서 사용했었는데, 주변 국가들도 이들의 뒤를 이었었다.

이 시스템에서는 환율의 점진적 평가 절하를 통해 인플레이션을 안정시켜 나가려는 목적으로 환율 평가 절하가 사전 예고되고 있었다. 이 시스템은 구매력 평가(PPP)에 의해 물가에 직접 영향을 미치고 인플레이션 기대치를 낮추는 역할을 하기도 한다. 간단히 말해서 “tablitas” 시스템 아래서 크롤링 페그 시스템은 명목적 조정 수단으로 환율을 이용했다. 기본적인 가정은 평가 절하율을 낮추면 인플레이션을 빠르게 낮추게 될 것이라는 것이었다.

그러나 이 시각은 다음 두 가지 중요한 결점을 가지고 있었다. 첫째, 관성적 인플레이션은 주로 노동과 임대차 계약들에 내재되어 있었다. 둘째, 1970년대 중반 민간 자본 유입의 증가는 일반적으로 통화량 및 총수요의 증가를 가져왔다. 그 결과 환율은 단계별로 과대평가되어 1970년대 전반에 걸쳐 만성적인 경상 수지의 적자를 가져왔다.

유가는 1979년 2차 오일 쇼크로 더욱 상승하였다. 이 쇼크는 1986년까지 크루제이루 통화의 평가절상을 피하기 위해 고심했었던 브라질 경제를 포함한 중남미 모든 국가에 영향을 미쳤다. 1979년 쇼크에 이어 과대평가된 크루제이루 통화는 경상 수지 적자를 유발하였는데, 이 쇼크는 특히 대외 경제 부문에 취약했던 브라질 경제뿐만 아니라 1980년대 전 중남미 경제를 황폐하게 만들었다.

1980년대 초의 국채 위기 시기 동안, 대부분 중남미국들은 안정화를 위한 기반으로서의 환율을 무시하였다. 칠레를 제외하고 중남미국들은 1970년대부터 이미 크롤링 페그 시스템과 고정 환율 제도를 통해 인플레이션을 진정시키려 노력해 왔었다. 그 다음 1984년과 악성 경제 위기시에 칠레는 크롤링 밴드 시스템을 도입했는데, 상하 밴드

폭 범위 내에서 통화의 평가 절하를 허용하는 시스템이었다. 그 범위는 초기 단계에는 협소했으며 주목적은 좁은 밴드 내 평가 절하 조정을 통해 자본계정의 흑자를 창출하기 위한 것이었다.

1980년대 말까지 크롤링 밴드 범위가 상당히 확대되었는데 이로 인해 변동 환율 제도와 유사해졌다. 간단히 말해서, 칠레의 1980년대 크롤링 밴드 제도는 초기 단계에는 명목적 앵커 제도로서 환율을 사용했으나 그 후에는 점차 자유로운 변동을 허용하는 체제로 바뀌어 갔다.

칠레의 크롤링 밴드 제도의 변동 환율제로 점진적 전환은 흔히 1990년대 상당한 경제 성장을 가져온 성공사례로 얘기되고 있지만, 칠레는 국제 금융 제도의 지원 혜택을 받았음도 중요한 사실이다. 1984년 중남미의 초기 단계 개혁 추진국으로서 GDP 대비 외채 비율이 높은 칠레를 지원하기 위해 많은 차관이 제공되었다.

그 결과 1990년대의 급속한 경제 성장이 크롤링 밴드 제도에서 변동 환율 체제로 전환되는 데 전적으로 기여한 것은 아니지만, 칠레의 점진적 접근은 다른 중남미국들에게 선례를 제공했다.

반면에, 멕시코의 1988년 연대협정(Solidarity Pact) 아래 외채 위기에 대한 접근 방법은 비교적 유동적이었다.[7] 멕시코는 우선 고정 환율 제도를 택했었는데 후에 크롤링 페그 제도로 전환한 후, 나중에는 밴드 제도로 바뀌었다. 이 밴드는 고정된 하한을 가지고 있었는데, 상한 밴드는 융통성이 있었다. 왜냐하면 고정적인 하한과 임의의 좁은 상한선을 부여한 밴드 시스템은 고정 환율 체제에 가까워 인플레이션율을 신속하게 한 자릿수로 안정시키는 데 도움이 되었다.

그러나 정치적 혼란 와중에 과대평가 환율이 1994년 급격한 평가절하를 촉발시켰다. 이 사건은 흔히 테킬라(Tequila) 위기라고 말하고 있다. 간단히 말하면 집권 제도혁명당(PRI) 대통령 후보 콜로시오(Luis Ignacio Colosio의 암살과 남부 치아파스주(州)에서 일어난 원주민 폭동 등으로 인한 투자자들의 공포와 정치적 불안에 따른 투기 수요 등이 페소화의 50% 이상 평가절하를 야기하며 은행권 내 외환보유고의 고갈을 일으켰다. 1995년부터 멕시코 페소화는 변동 환율제를 사용하고 있다.

아르헨티나는 1991년에 보다 엄격한 고정 환율 제도를 채택하였다. 이 시스템은 법률에 의해 아르헨티나 페소화를 미국 달러화와 완전 1:1 고정 태환 제도하의 통화위원회 제도라고 잘 알려져 있다. 통화위원회의 주목적은 인플레이션 기대치를 낮추는 것이었다. 통화위원회 제도는 아르헨티나가 3년 내 인플레이션율을 한 자릿수로 진정시키는 데 도움이 되었다. 통화위원회 제도는 1994년 테킬라 위기의 전염 위기로부터는 살아남았으나, 이웃 브라질의 통화위기와 함께 닥친 1997년과 1998년의 아시아와 러시아 등의 통화 위기로 인해 경기 침체를 가져와 1998년 중에는 GDP가 전년비 약 20% 가까이 감소하였다. 과대평가된 아르헨티나 페소화는 외환 보유고의 파탄을 야기하여 2001년도에 들어 외채 상환 디폴트와 태환 시스템의 완전 붕괴를 가져왔다.

밀레니엄 전환기의 극단적인 고정 환율 제도 케이스는 통화 제도의 달러화이다. 앞서 언급했듯이 파나마, 에콰도르 및 엘살바도르는 자국 통화를 포기하고 경제의 미국 달러화를 채택했다. 에콰도르의 달러화는 최근 에콰도르의 가장 주요한 외화 수입원인 유가의 하락 속에 계속 존속할 수 있을 것인가가 의문으로 남아 있다.

왜냐하면 에콰도르 경제의 달러화 성공 여부는 그리스와 같이 옛 통화를 다시 사용하는 여부를 두고 여전히 고민 중인 유로 존 국가들에게 교훈을 줄 수 있기 때문이다. 그럼에도 불구하고 국제적인 지원이 없이, 사실상 평가 절하와 인플레이션의 폭등이 없이 에콰도르의 옛 통화인 수크레를 재사용하는 것은 상상하기가 어렵다.

온건하거나 극단적인 환율 시나리오의 급격한 변화 속에, 21세기 들어 중남미는 독립적인 변동 환율 제도에 유리한 하나의 컨센서스가 무르익어 왔다. 이들은 다시 검토하겠지만, 강력한 재정 및 통화 관리 제도들이 뒷받침될 경우에만 성공이 가능한 제도들이다.

9.3 변동 환율 제도에 대한 컨센서스

[표 9.1]에서는 중남미국들의 통화 관리 추이를 보여주고 있다. 1980년대에 비해서, 조사 당시에는 고정 환율 제도를 사용하던 국가들이 84%였으나 2004년에는 50%로 감소했다. 반고정 환율 및 크롤링 페그 제도의 중간 단계 제도를 사용하는 국가들은 1980년에는 불과 6% 수준이었다.

이 비율은 1990년대에 들어서는 급격히 증가했다가 최근 들어 약간 감소했다. 달리 보면, 변동 환율 제도를 채택하는 국가의 수가 증가 추세에 있다. 변동 환율 제도를 채택하고 있는 나라들의 비중이 1980년대에는 9% 수준이었으니 2004년에는 거의 3배인 28%로 증가했다.

[표 9.1]은 인구의 관점에서 이를 바라볼 수가 있다. 특히, 이제 약 4억 명 중남미 인구의 거의 70%가 변동 환율 또는 유연한 환율 시스템 아래에 있다. 그러나 중남미의 변동 환율 제도에는 인플레이션 목표 관리 중앙은행들이 포함되고 있음을 주목해야 한다. 멕시코는 1999년에 이자율을 정부가 결정하는 정책을 포함하는 통화 정책의 사용을 시작했다. 브라질, 콜롬비아 및 칠레 등이 멕시코의 뒤를 뒤따랐다. 페루도 2002년도에 인플레이션 목표 관리 변동 환율국 대열에 가세하였다.

[표 9.1]이 보여주듯이 변동 환율에 대한 컨센서스 확대는 중남미에 국한된 것은 아니다. 전 세계에서 고정, 반고정 또는 완전 고정 환율 시스템을 사용해 오던 많은 개발도상국 및 부상 시장 경제국들이 서서히 1990년대 중반 이후 변동 환율 제도로 이동하고 있다. 또한 [표 9.1]은 1976년에는 42%에 달했던데 반해, 1998년에는 불과 12%의 개발도상국들만이 자국 통화를 미국 달러화에 고정시키고 있음도 보여주고 있다.

글로벌화는 의심할 바 없이, 무역과 금융의 증가되는 흐름에 대한 이야기의 한 부분이다. 중남미의 경우, 대부분 국가들이 이제 많은 수의 교역파트너들을 가지고 있고 이에 따라 대부분 국가들이 자국 통화를 미국 달러화, 유로화 및 엔화와 같은 다른 주요 경화 통화 간의 환율 변동에 연동을 시키는 미국 달러화 고정 환율 시스템을 유지하고 있다.

중남미의 신흥 경제국들 역시 점점 자본 유입의 갑작스러운 반전에 노출되게 되어 살아남기 위해서는 고정 환율을 유지하기가 거의 불가능하게 되고 있다. 그러한 반전의 대표적인 사례로 1990년대 말 아시아와 러시아의 경제 위기 시 브라질과 아르헨티나 같은 일부 중남미 주요 경제 대국들이 직접적 영향을 받았다.

변동 환율 채택 여부에 대한 강력한 논쟁은 대부분 남미 공동 시장 국가들과 관련되어 있다. 이들 국가들이 천연자원에 지나치게 의존하고 있고, 그에 따라 대규모 1차 산품 가격 파동에 쉽게 쇼크를 받을 위치에 놓여 있어, 쇼크를 완화하기 위해 통화 정책의 활용이 관건이 되고 있다는 점이다. 즉 미국 연방준비이사회(FRB)가 통화 정책을 포기한다는 것은 말이 안 된다는 얘기이다.

[표 9.1] 1976~1998년 중 개발도상국들의 환율 제도(%/전체 조사 대상)

구분	1976	1981	1986	1991	1996	1998
고정 환율	**86**	**75**	**67**	**57**	**45**	**41**
미국 달러	42	32	25	19	15	12
프랑스 프랑	13	12	11	11	11	9
기타	7	4	4	3	4	8
SDR	12	13	8	5	2	3
혼합	12	14	18	20	14	9
제한적 변동	**3**	**10**	**5**	**4**	**3**	**2**
단일	3	10	5	4	3	2
복합	–	–	–	–	–	–
보다 변동	**11**	**15**	**28**	**39**	**52**	**57**
지표 설정	6	3	4	4	2	–
관리 변동	4	9	13	16	21	33
독립 변동	1	4	11	19	29	24
조사 대상국 수	**100**	**113**	**119**	**123**	**123**	**159**

자료원 : IMF

[그림 9.1] 1980~2004년간 중남미의 실질 환율 배분

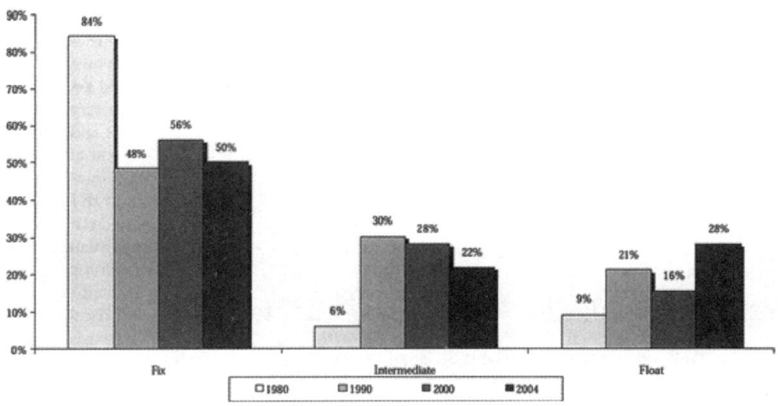

자료원 : Levy Yeyati 2006

논쟁의 이론적 근거는 환율을 미국 달러화에 고정시키는 것은 통화동맹(curency union)과 유사하다고 주장한 1961년 먼델(Mundell)에까지 소급되고 있다. 먼델의 주장 핵심은 통화동맹은 다음 조건하에서 복지를 개선한다는 것이었다. 즉, (1) 자본 및 노동 등 생산 요소들의 이동이 자유롭고, (2) 국가들이 경제 충격의 동일한 영향하에 있고, (3) 대상 국가들의 경제 구조가 서로 유사할 것 등이다.[8]

중남미의 경우, 노동자들은 미국 내에서처럼 특정 국가에서 다른 국가로 자유롭게 이동할 수가 없다. 경제적 쇼크도 서로 연관성이 없고, 중남미의 경제 구조도 매우 다양하여 정확하게 말하면 서로 관련이 없다.

예컨대 세계 구리 가격은 세계에서 가장 큰 구리 생산국이며 수출국인 칠레한테는 막대한 영향을 미치고 조금 낮은 수준으로 페루에는 영향을 미치나, 세계 두류 가격에 의존하고 있는 아르헨티나에게는 영향이 없다. 콜롬비아는 석유와 석탄 그리고 커피 가격에 크게 의존하고 있다. 이제 중남미 전체를 볼 때, 1차 산품 가격 파동은 남미 대부분 국가에게는 심각한 영향을 미치고 있지만, 미국 경제에는 거의 영향을 미치지 않고 있다.

그러면 왜 중남미는 첫 단계에 고정 환율제나 중간 단계 환율제를 채택했을까? 답은 잘 알려져 있듯이 당시 중남미 국가 대다수가 국민의 신뢰를 얻는 것이 필요했었기 때문이다. 특히, 중남미 각국 정부들은 과거의 느슨한 재정 및 통화 정책을 회피하기 위한 사전장치로서 고정 환율제 또는 반고정 환율제를 사용했다. 그러나 그렇게 함으로써 통화 당국들은 일반적으로 대외쇼크에 대응하기 위한 재량권을 상실하였고 특히 자본의 유입 및 유출을 통제할 만한 권한을 상실하였다. 주목할 만한 점은, 전염효과 등으로 인한 국제수지 적자의 상황이 도래하면, 중남미 국가들은 화폐의 평가절하를 선택시 시장의 신뢰를 잃게되고 이는 위기를 더 가중시킨다는 점이다.

대부분 정책옵서버들은 모든 신흥 경제권, 특히 중남미는 높은 인플레이션 때문에 한편으로는 변동 환율 제도 아래 대외 경제적 쇼크에 보다 더 쉽게 대응할 수 있는 유연성을 확보하는 방안과 다른 한편으로는 고정 환율 제도 아래서 통화 및 재정 제도 운용을 통한 신뢰를 얻는 방안 간의 교환 거래(trade-off)에 직면하고 있다 지적하고 있다. 이 교환 거래는 여전히 형식상 독립적인 중앙은행과 건전한 재정 규칙을 상실한 많은 중남미 국가에 여전히 남아 있다.

경험적 관점에서 볼 때, 하이퍼인플레이션의 극단적인 경우를 제외하고 변동 환율 제도가 고정 환율보다 빠르게 경제를 침체에서 이끌어내고 경제 성장을 촉진할 수 있는 기회를 제공한다는 견해를 뒷받침할 만한 많은 근거를 가지고 있다.[9]

금 본위제가 고정 환율 제도의 가장 대표적인 역사적 증거라고 잘 알려져 있다.[10] 보다 최근의 논쟁은 2009년의 유로 존 경제 위기 발생 후에 되살아났었다.[11] 변동 환율제의 영국에 비해 유로 존 국가, 특히 그리스 등 남구 국가들이 더 악성의 경제 위기를 겪었다. 이는 단일 통화가 다양한 지역의 여러 국가에 적용되는 데 따른 중요한 경제적 문제점을 적나라하게 보여 주었다.

특히 중남미의 경제적 및 제도적 통합 수준은 유로 존 국가들의 통합에 비해 미미한 것이나, 중남미 공동 통화의 등장은 생각도 할 수 없는 일이다. 더구나 지난 10년간에 걸친 유로 존 국가들의 장기 경기 침체의 유쾌하지 못한 경험은 중남미뿐만 아니라 다른 지역들이 공동 통화 체제 채택을 완전히 단념시키도록 했다.

정치 경제적 고려 사항은 중요한 역할을 한다. 적어도 중남미에서는 앞서 언급한 고정 환율 제도 아래의 재정 및 통화 제도의 신뢰도와 변동 환율 제도 아래의 경쟁력과 효율성 간의 타협 필요성은 피할 수 없는 일이다. 이 교환 거래는 베네수엘라와 아르헨티나 같은 국가에 강력하게 필요하다. 칠레, 콜롬비아, 멕시코 및 페루 등의 선두권 경제 국가들은 경쟁력과 효율성을 우선시하는 이면에서 이루어진 교환 거래에서 출발했을 가능성을 시사해 오고 있다.

라레인과 벨라스코(Larrain and Velasco ; 2001, 2002)는 변동 환율 회의론자들과 관련 몇몇 논점을 강조해 왔다.[12]

첫 번째 초점은 임금 연동제에 관한 것이다. 통화 평가 절하가 순수하게 명목적이라 할지라도 근로자들은 더 높은 임금을 요구할 것이고 인플레이션을 자극하게 될 것이다. 이는 결정적으로 노동 시장의 특수성과 관련된 정치 경제적 고려에 달려 있다. 정규직 고용에서 비정규직 고용으로의 흐름이 큰 환경에서는 이 두 노동 시장 사이의 임금 격차는 크지 않을 수 있으며, 이 경우 (그리고 다소 역설적이지만) 비정규직은 임금 연동제의 위험을 낮추는 완화 역할을 한다(노동 시장 문제는 제11장에서 다시 다루기로 한다).

둘째, 초기 조건들은 과거의 인플레이션 기록으로 인해 국가가 막을 수 없었던 인플레이션 악순환을 일으키지 않으면서 일회성의 화폐 공급을 시작하지 못하게 할 수도 있습니다. 이는 칠레, 콜롬비아 및 멕시코 등과 같이 20년 이상 인플레이션을 통제 하에 관리해 왔던 일부 국가들의 경우만이 아니고 대부분 중남미 국가들의 경우가 될 수 있다.

변동 환율에 대한 회의론자들의 견해를 짚어보는 다른 방법은 소위 전가 (pass-through)의 시각을 통하는 방법이다. 즉, 평가 절하가 가격 상승에 미치는 영향 정도를 말한다. 제8장에서 인플레이션 관련 언급한 바와 같이 전가의 정도가 낮기를 바라는 것이다. 그러나 이 주제 관련 경험론적 논문은 전가 수준은 수많은 요소들, 즉 시장 구

[표 9.2] 1985~2014년 중 중남미의 환율 제도 변화

구분	1985	2000	2014
현재 인플레이션 목표 관리 중 국가			
브라질	중간	변동	변동
칠레	중간	변동	변동
콜롬비아	중간	변동	변동
과테말라	고정	변동	변동
멕시코	변동	변동	변동
파라과이	고정	변동	변동
페루	중간	변동	변동
현재 인플레이션 목표 관리를 하지 않는 국가			
아르헨티나	변동	고정	중간
볼리비아	고정	중간	중간
코스타리카	변동	중간	중간
에콰도르	변동	고정	고정
엘살바도르	변동	고정	고정
온두라스	고정	중간	중간
니카라과	고정	중간	중간
파나마	고정	고정	고정
우루과이	변동	중간	변동
베네수엘라	고정	중간	고정

자료원 : IMF 2008

조와 개방 수준 등에 달려 있다고 주장하고 있다. 가장 중요한 점은 몇몇 연구자들이 전가의 수준은 단지 높은 인플레이션 환경에서 높다는 주장을 하고 있다는 것이다.[13]

이는 더 이상 21세기 중남미의 대부분 국가들은 해당되지 않는 것 같다. 사실 고쉬(Ghosh, 2013)는 밀레니엄 시기로 접어들면서 중남미에서는 평가 절하로 인한 인플레이션 상승을 가져오는 전가 현상이 감소하고 있음을 보여주고 있다. 이 현상이 1차 산품 가격이 떨어지고 있는 새로운 환경에서도 맞는 논리일지 여부는 공공연한 의문으로 남아 있다.

[표 9.2]는 중남미의 변동 환율에 대한 공포를 보다 분명하게 보여 주고 있다. 1980년대에 비해서 대부분 중남미 국들은 고정 환율이나 반고정 환율 등 경직된 입장에서 변동환율 제도로 전환하고 있다. 결국, 이론적 예측과 경험적 증거가 지원하는 것처럼 변동 환율 체제가 선순환을 촉진하는 정도는 재정 및 통화 제도 양측에 달려 있다.[14] 라레인과 벨라스코(2001)가 주장하듯이 변동환율 그 자체로는 충분하지 않을 것이다.

최적의 통화 및 환율 정책의 조합은 변동환율 제도와 더불어 중앙은행의 독립성과 인플레이션 목표 관리 등을 포함하고 있다. 중남미 주요 경제대국들은 [표 9.3]에서 보듯이 이 방향으로 이동을 해왔다. IMF의 환율 제도와 관련된 2014년 보고서를 기초로 만든 [표 9.3]은 중남미국 중 사실상 변동환율 제도를 사용하고 있는 7개국(브라질, 칠레, 콜롬비아, 멕시코, 페루 과테말라, 우루과이)에 대한 환율 및 통화조정 제도를 분류하고

[표 9.3] 현대 중남미의 환율 제도 및 통화 조정

구분	환율 조정			
통화 정책 프레임워크	통화 정책 프레임워크	변동	법정 통화, 통화위원회 또는 전통적 고정 환율	중간 혼합 제도/ 기타 환율 조정
	인플레이션 목표 관리	브라질, 칠레, 콜롬비아, 멕시코, 파라과이, 페루	–	과테말라
	총통화 목표 관리	우루과이	–	–
	대미 달러 환율 고정	–	에콰도르, 엘살바도르 파나마, 베네수엘라	온두라스, 니카라과
	기타	–	–	아르헨티나, 볼리비아, 코스타리카

자료원: IMF 2014a 자료 기반 저자 작성

있다.

이들 국가들의 중국의 경기 침체와 관련된 최근의 경제 상황을 어떻게 평가할 수 있을지 여부는 여전히 좀 더 지켜봐야 할 것 같다.

중남미 국가들 중 변동 환율 제도를 사용 중인 일부 국들은 이미 2011~2012년 기간 중 심한 평가절상 압력으로 고통을 받은 바 있다. 이는 높은 1차 산품 가격과 함께 미국의 양적 완화(QE) 정책이 복합되어 발생한 결과이다.[15] 타격을 받은 국가들은 칠레, 콜롬비아, 멕시코, 및 페루이다. 이러한 압력들은 1차 산품 가격이 하락하고 2014년 10월부터 미국의 양적 완화 정책이 공식적으로 종료되면서 반전되어 왔다.

9.4 21세기 통화 위기의 극복

중남미는 자주 통화 위기 국가들로 거론되고 있는데 20세기에 발생한 역사적인 통화 위기 사실이 이를 입증해 주고 있다. 1930년대, 1980년대 및 1990년대 등 제4장에서 이미 논의한 바처럼 대부분 중남미국들은 이 시기에 국채 위기로 고통을 받았다. 이 세 외채 위기의 공통점은 무엇일까?

대규모 자본 유입이 물론 핵심적 요소이다. 중남미는 1930년대에는 글로벌 황금기와 1920년대 기간 동안 도입되었던 국채의 디폴트 사태를 겪었다(제2장, 제4장 참조). 그리고 1980년대에는 1970년대의 오일 달러 붐 시기 동안 전례가 없는 규모의 자본 유입으로 발생한 외채 위기를 겪었다. 끝으로 1990년대에는 경제 개혁이 시작되어 결실을 거두기 시작하며 중남미 시장에 대한 전 세계 민간 투자자들의 투자 구미를 당기게 한 시기였다.([표 9.4] 참조)

[표 9.4]에 언급한 7개국 중 멕시코, 브라질, 아르헨티나 및 베네수엘라 4개국이 통화 위기를 경험했다. 전염 효과를 배제할 수는 없지만, 환율 정책이 중요한 역할을 하였다. 문제의 4개국은 고정 환율 또는 반고정 환율 제도를 시행하고 있었다.

1982년 멕시코가 경제 위기의 첫 징후가 나타난 국가였다. 뒤늦게 멕시코의 1994년 테킬라 위기는 반고정 환율 메커니즘이 원인이었다. 적용했던 경제 정책과 국제 금융기구 및 미국 정부의 구제 금융 패키지 덕분에 멕시코의 1994년 경제 위기는 단기에 끝나고, 중남미는 1997년과 1998년 아시아와 러시아의 경제 위기까지 외국 자본 유입의 혜택을 받게 되었다. 그러나 신흥 시장 경제국에서 느끼는 투자자들의 일반적인 두려움이 중남미 전체 지역에서도 심각하게 느껴져 자본 유입이 다시 한번 고갈되자 브라질과 아르헨티나는 심한 통화 위기를 겪었다.

[표 9.4] 중남미 주요국의 자본 유입

구분	집중 유입 기간	누적 유입액/GDP (집중 유입 기간)	연간 최대 유입/GDP
아르헨티나	1991~1994	9.7	3.8
브라질	1992~1995	9.4	4.8
칠레	1989~1995	25.8	8.6
콜롬비아	1989~1995	16.2	6.2
멕시코	1989~1994	27.1	8.5
페루	1990~1995	30.4	10.8
베네수엘라	1992~1993	5.4	3.3

자료원 : 세계은행 1997

[그림 9.2] 중남미의 공공부채 및 외채(%/GDP)

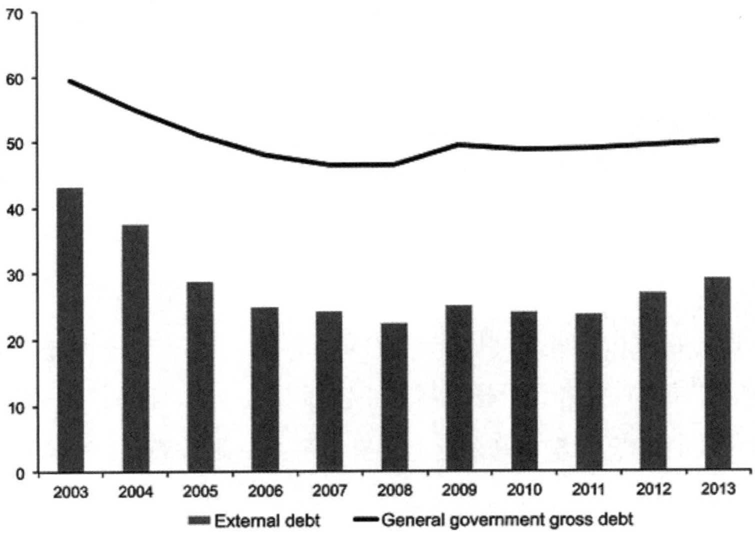

자료원 : Jiménez and López 2012

칠레는 경기 침체를 겪었으나 심각한 경제 위기를 겪지는 않았다. 이에 대해 많은 학자들은 칠레의 강력한 재정 정책 및 통화 제도와 채택하고 있던 변동 환율 제도의 덕택이라 말하고 있다.[16]

무슨 요인들이 통화 위기의 원인이었을까? 에스퀴벨(Esquivel)과 라레인(Larraín)(2000)은 1975년부터 1997년까지 기간에 걸쳐 대부분 국가들을 경험론적으로 분석을 하고, 대규모 경상 수지 적자, 통화량 증발 정책 과용 및 급격한 통화절상 등이 문제의 원인들이라 결론을 내렸다. 그들은 또한 중요한 전염 효과; 즉, 지역 경제파트너가 위기에 처할 때 통화 위기가 발생할 가능성이 높아진다고 보고 있다.

다른 저자들은 자본 유입의 통화 위기 촉발에 미치는 역할을 분석하고 있다. 밀레니엄 보고서 중 하나는 이 문제를 40년에 걸쳐 중남미의 케이스를 경험론적으로 분석했다.[17] 저자들은 대출 붐이 경제 발전과 금융 활성화의 자연스러운 결과일 수도 있지만 갑작스럽고 예기치 않은 반전으로 장기적으로는 위험할 수도 있다는 것이 입증되었다 주장하고 있다.

한가지 중요한 사실은 세계의 다른 지역 대비, 중남미는 외채 차입 붐의 결과로 국가들의 취약성이 증가하고 국제수지 위기 대처가 더 어렵다는 점이다. 아울러 차입 붐과 통화 평가절상의 긴밀한 연관성도 확인되었다.

[그림 9.3] 중남미의 EMBI+(기본 포인트)

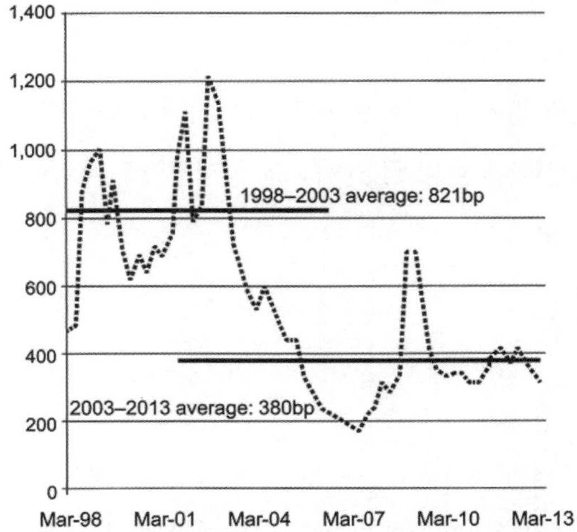

자료원 : Ortiz 2014

최근 들어 퍼세리(Furceri), 귀차드(Guichard) 루스티첼리(Rusticelli)(2012) 등은 1970년부터 2007년까지 선진국 및 신흥국의 패널 데이터 작업을 한 바 있었다. 그들은 대규모 자본 유입은 실질적으로 차후 2년 동안 은행 또는 통화 위기가 발생할 확률이 크게 증가한다는 것을 보여 주었다.

그러나 지난 10년 동안 중남미의 취약성이 많이 개선되었다. [그림 9.2]에서와 같이 2003년까지 공공부채와 외채가 상당히 감소하였다. 특히 오르티스(Ortiz, 2014) 는 중남미가 신흥 시장 채권 지수 (EMBI+: Emerging Markets Bond Index Plus)의 평균 스프레드로 표현되는 외채 취약성이 2003년 이후 현저하게 감소했다고 주장하고 있다.

특히, [그림 9.3]에서 보듯이 EMBI+의 평균 스프레드가 1998년부터 2003년 까지는 800포인트 이상에 달했다. 대조적으로 2003년부터 2011년까지 EMBI+의 평균 스프레드는 약 380포인트였다. 즉 절반 이하 수준이었다. 오르티스는 중국의 경제 성장이 후퇴되고 1차 산품 가격도 떨어지고 있는 현재 상황에서, 중남미가 만약 경기 조정형 재정 정책과 인플레이션 목표 관리를 하는 중앙은행에 의해 인플레이션 예상치를 잠재우기 위해 변동 환율제를 유지한다면 경제 위기를 예방할 수 있을 것이라 주장하고 있다.

IMF의 2015년 세계 경제 전망에서는 중남미 경제 성장률이 2014년 1.3%에서 2015년에는 0.5%로 떨어질 것으로 전망하였는데 주요인은 중국의 경제 성장률의 후퇴이다. 이는 중남미가 중국 경제의 후퇴로 불리한 영향을 받고 있으며, 환율의 평가절하로 1차 산품 가격이 급격히 하락하는 데서 타격을 입을 수 있다는 주장이었다.

그러나 그러한 평가 절하가 인플레이션을 유발하지 않을 수 있을지 여부는 의문으로 남아 있다. 이는 강력한 재정 및 금융 제도를 법제도화한 국가들에서는 가능할 것이라 믿고 있다.

9.5 맺는말

이 장에서는 1980년대 및 1990년대 동안 안정화 노력에서 환율이 가장 중요했다고 강조하고 있다. 특히 인플레이션이 높았던 국가에서는 다른 형태와 모양의 고정 환율이 중남미 주요 경제대국들의 신뢰도 구축과 한 자릿수 수준의 낮은 인플레이션으로 신속하게 안정되는 데 도움이 되었다.

멕시코, 브라질 및 아르헨티나 등은 주요 통화 위기를 경험했다. 이들 통화 위기들은 중남미의 경제 선두주자 국가들에게 글로벌화가 가속되고 있는 세계에서 경제 위기의 전염과 자본 유입 취약성 등이 변동 환율 제도를 요구한다는 점을 가르쳐 주었다.

더욱이, 멕시코를 제외한 대부분 국가들의 주요 수출 품목은 1차 산품들이다; 예컨대 아르헨티나의 수출 중 1차 산품 비중이 76%에 달하고 있고 실질적으로 농산물에 집중되고 있다. 브라질은 수출 중 약 50% 정도가 금속과 농산물이었고, 칠레의 경우 페루보다 약간 높은 수준인 약 60%가 금속이었다. 콜롬비아는 주로 원유와 석탄을 수출하고 있고, 베네수엘라는 거의 100%를 원유 수출에 의존하고 있다.

세계 1차 산품 가격이 급변하고 있기 때문에 변동 환율 제도가 적절하다. 그러나 이론적 예측에 반하여 회의론자들의 견해로는, 여전히 신뢰를 얻고 있는 국가들이나 신뢰를 잃고 있는 일부 국들에게는 변동 환율이 위험하다고 본다.

따라서 고정 환율 체제하의 신뢰도와 변동 환율 체제하의 경쟁력과 대외쇼크에 대한 조정 능력 간에 트레이드오프가 나타나고 있다. 이 트레이드오프는 재정 및 통화 제도가 강력한 일부 국가에서는 나타나지 않고 있는데, 불행하게도 이는 중남미 지역 전체에 해당되는 케이스는 아니다.

2003~2011년 기간 중 중남미의 주요 경제국들은 상당한 발전을 이루었지만, 미래는 특히 중국의 성장 둔화, 원자재 가격의 급격한 하락 등으로 불확실하다. 그럼에도 불구하고, 중남미는 과거 경제 위기들로부터 배워왔기 때문에 선진국에서 발생한 과거의 경제 위기 시보다 2008년에서 2009년간의 경기불황과 그 여파를 훨씬 더 잘 극복할 수 있었다.

많은 국가들은 변동 환율 제도, 중앙은행 독립, 인플레이션 목표 관리 및 보다 나은 재정 관리제도 등으로 전환되어 왔다. 이는 중남미 지역이 2014년에 1차 산품 붐의 종료 후, 보다 잘 대응해 나갈 수 있을 것이라 기대되고 있다.

요약

- 1945년 브레튼 우즈 협정이래, 대부분 중남미국들은 하드 페그와 변동환율제도의 두 극단적 환율 체제를 옮겨 다녔다.
- IMF는 변동성 수준에 따라 환율 제도를 분류하고 있다. 이러한 분류에는 완전 고정 환율 제도, 통화위원회 협정, 고정 환율 제도, 중간 단계 환율 제도, 관리변동 환율 제도 및 독립적 변동 환율 제도 등이 포함되고 있다.
- 1970년대 오일 쇼크 기간 중 중남미로의 전례없는 대규모 자본 유입으로 인해 지역 전체에 걸쳐, 특히 아르헨티나, 칠레, 우루과이에서 고 인플레이션이 발생하게 되었다.
- 고정 환율은 중남미 일부 주요 경제국들이 신뢰를 얻고 인플레이션율을 세 자릿수에서 한 자리수로 낮추는 데 도움이 되었다.
- 멕시코 테킬라(Tequila) 위기의 여타 중남미 국가에 전염효과, 아르헨티나의 통화위원회 제도 실패 및 글로벌화된 세계 속에 자본 유입의 취약성 등 경험들은 신흥 시장에서 변동 환율 제도에 대해 유리한 컨센서스 형성을 유인했다.
- 변동 환율 제도의 필요성에 대한 증거로는 중남미의 1차 산품 수출에 대한 의존도, 그에 따른 높은 자본 유입 및 유출, 그리고 1차 산품 가격 변동성에 대한 취약점 노출 등이다.
- 고정 환율 제도를 통한 신뢰 구축과 변동 환율 제도를 통한 경쟁력 및 효율성 확보 간의 트레이트 오프가 존재한다. 그러나 이 교환 거래는 브라질, 칠레, 콜롬비아, 멕시코 및 페루 등 중남미 경제 리더들의 경우는 더 이상 사실이 아닌 것 같다.
- 그럼에도 불구하고 회의론자들은 변동 환율은 위험하다고 본다. 임금 연동제, 통화량 공급 증가에 따른 인플레이션 악순환 위험과 전가효과 등이 그러한 견해를 뒷받침하는 이유들이다.
- 중남미는 대규모 자본 유입으로 설명되는 몇 차례의 통화 위기를 경험하였다. 그러나 2003~2011년 기간 후에는 중남미는 비교적 덜 취약해졌고 또 2016년까지의 밀레니엄 기간에 중요한 제도적 발전을 가져왔음도 보여주고 있다.
- 향후 많은 도전들이 앞에 놓여있다. 중국의 성장 둔화에 따른 잠재적 위기가 중남미에 위험하다는 것이 증명되고 있다. 전 지역은 환율과 관련된 많은 경험에 기반하여, 현재의 경기 둔화를 헤쳐나가기 위해 조심스럽게 평가절하에 착수해야 할 것이다.

주목해야 할 포인트

1. IMF의 환율 제도 분류는 어떠한가?
2. 1980년대와 1990년대 기간 동안 무엇이 인플레이션의 안정화와 경제 성장 촉진을 위한 환율의 역할이었나?
3. 무엇이 "tablitas" 시스템인가? 왜 시스템을 채택하였고 나중에는 포기하였나?
4. 1990년대에 아르헨티나의 통화위원회의 주목적이 무엇이었으며, 통화위원회는 왜 붕괴되었나?
5. 왜 대부분 중남미국들은 변동 환율 제도로 전환하고 있는가?
6. 무엇이 회의론자들의 관리 변동 환율 제도의 채택이 위험하다는 논리인가?
7. 왜 취약한 자본 유입이 중남미의 주요 외채 위기의 원인이 되는지 이유는?
8. 왜 신뢰도와 경쟁력간 트레이드 오프가 전 중남미 지역에 적용되지 않는가?

추가 자료

○ 1960년대 이후 중남미의 환율 제도: Frenkel and Rapetti (2010)

○ 중남미와 신흥부상 시장의 변동 환율 제도 추이: Levy Yeyati (2006)

○ 아시아 지역 대비 중남미의 취약점: Lederman, Olarreaga, Perry (2009)

IV

IV편

21세기 중남미의 경제 성장 및 발전의 토대

10 무역 자유화와 금융 자유화

20세기에 국내 산업 보호와 제조업 및 산업 발전 촉진을 위해 법제화되었던 관세 및 비관세 장벽의 해체가 중남미가 외채 위기 후 추진했던 핵심 개혁 요소의 하나였다. 시장 가격과 잠재 가격 사이의 격차를 줄이려는 것, 그것이 무역 자유화를 통한 효율적인 자원 배분, 보다 높은 소득 창출과 보다 빠른 경제 성장을 촉진하려는 바램이었다.[1]

각국이 경쟁우위를 점했거나 빠르게 발전할 수 있는 부문으로 자원이 이동함에 따라, 수출이 증가하여 수지 불균형을 개선하고 더 높은 수준으로 발전된 기술의 수입에 접근할 수 있게 되었다.

국제 무역의 개방 외에도, 1980년대 중반에 시작된 시장지향 개혁은 또한 금융 시장 자유화도 수반하였다. 금융 자유화는 무역 부문 이상으로 다른 맥락에서 다른 조치를 의미하며, 때로는 같은 맥락에서 다른 사람들에게도 의미가 있다. 일부는 멕시코의 경우처럼 은행 부문의 민영화를 의미한다. 다른 경우는 금융 거래의 원활화를 위한 환율 통제의 완화나 외국인 투자에 대한 장벽을 제거하는 것을 의미한다. 일반적인 기대의 하나는 개혁으로 인해 금융 시스템의 심층화가 이루어지고, GDP 대비 보다 많은 여신 제공이 가능하게 되는 것이었다. 보다 많은 자본에 접근이 가능해짐으로써, 개혁이 보다 빠른 경제 성장에 기여할 것이라 기대하는 것이다.

이 장에서는 이러한 각 정책 개입에 대한 이론적 근거를 검토하고, 그 뒷받침하는 이론을 어떻게 실행할 수 있었는지, 아니면 그 이론을 실행하지 않을 수 있었는지를 분석하고 주요 무역 및 금융 자유화 정책의 결과를 평가한다.

섹션 10.1에서는 중남미의 무역 자유화 흐름의 특징을 서술한다. 섹션 10.2에서는 양자 무역 협상과 지역 무역 통합의 긍정 및 부정적 효과를 평가한다. 섹션 10.3에서는 아시아의 무역 파트너, 특히 중국의 중요성을 강조하고 중남미의 태평양동맹이 보다 야심적인 대서양 동맹을 위한 플랫폼 역할을 할 수 있을지를 논의한다. 섹션 10.4에서는 1990년대의 금융 자유화를 분석하고, 수출 주도 성장과 물가 안정화 간 균형 추구의 어려움을 논의한다. 또한 지난 세기 금융의 흐름과 그 추세 및 경향을 논의한다. 끝으로 섹션 10.5에서는 요약과 맺음말을 정리한다.

10.1 일방적 무역 자유화 파도

자유로운 국제 무역의 장점을 강조하는 것은 새삼스러운 것이 아니다. 18세기 아담 스미스의 저서 이후 경제학자들은 자유 무역이 모든 국가에서 복지증진을 위한 자원 배분을 이끌어 낼 수 있다는 아이디어를 즐겨 이야기해 왔다.

무역의 리카르도 모델과 헥셔-올린 정리 등은 자유방임하의 무역 패턴을 예측한 것이다. 그 이론에 따르면 각국은 비교적 풍부한 생산 요소를 활용한 상품 생산에 특화하고 수출하는 무역을 통해 이익을 얻을 수 있다고 말한다. 역으로 각국은 상대적으로 희소한 생산 요소를 사용한 상품의 수입을 통해 이익을 얻게 된다.[2]

이러한 배경에 반하여, 1940년대 발표한 프레비시-싱어 가설은 남북 교역이 불평등 교역을 야기한다고 주장하였다. 선진국은 공산품의 생산과 수출에 특화하려는 경향이 있다. 반면 개발도상국은 여전히 저생산성의 1차 산품의 생산에 집착하고 있다. 앞서 제3장에서 살펴보았듯이 ECLAC과 밀착되어 있는 프레비시-싱어 가설은 ISI 정책 이면에서 강력한 영향력이 있는 이론이 되었으나, 1980년대와 1990년대에 들어서는 퇴색되었다.

개발도상국의 신생 산업이 여전히 경제 발전에 중요한 것으로 인식되었지만, 산업이 더 이상 우선순위로 간주되지는 않았다. 성장을 다시 시작하는 것이 가장 중요한 것이며, 국가는 제조업과 산업이 언젠가는 세계적 경쟁력을 갖추리라는 희망하에 비효율적인 부문에 무제한으로 보조금을 지급하는 것을 지속할 수 없었다.

당시 정책 입안자들이 보호주의 정책에 심각하게 의문을 제기한 가장 중요한 이유는 비교우위 성과였다. 동아시아의 수출 주도 경제국들은 1965년부터 1980년까지 연평균 7.2%의 성장을 기록했었다. 같은 기간 중 중남미는 연평균 6%의 성장을 기록했었다. 그러나 아시아는 1980년대부터 1990년대까지 약 7%의 성장률을 기록했다. 대조적으로 중남미는 같은 기간 연평균 성장률이 1.6%로 급격히 후퇴했다.[3]

중남미의 잃어버린 10년 동안 양 지역의 대조적인 경제적 성과는 동아시아의 대외 지향적 성장 전략에 기인한 것이었다. 특히, 잃어버린 10년 이전에 동아시아의 수출은 1965년부터 1980년까지 기간 연평균 10%씩 증가해 왔다. 같은 기간에 중남미의 평균 수출 증가율은 약 마이너스 1%였다.

동아시아의 뛰어난 성과에 비추어, 중남미 국가들은 더 이상 보호주의가 대외 지향 전략보다 나은지 나쁜지에 대한 논쟁이 아니라, 시장접근을 개선하고 수출을 증대시키기 위해 무역을 어떻게 자유화시켜야 되는지를 논의해야 했다. 사실 프레비시-싱어의 보호주의이론에 기반을 둔 유명한 기관인 ECLAC조차 적절한 경제 발전 경로는 무역 개방 전략을 따라야 한다고 인식하게 되었다. 이 논리가 1990년대 들어 많은 빈곤국들이나 신흥 국가들에게는 맞는 말이었으나, 중남미의 무역 자유화는 고려해야 할 특유의 특성을 가지고 있었다.

중남미를 위한 하나의 옵션은 1948년부터 존재해 온 GATT(무역 및 관세에 관한 일반협정)의 후신인 WTO(세계무역기구)로 알려진 다자간 자유무역기구에 가입하는 것이었다. 사실 브라질, 멕시코 칠레, 콜롬비아, 쿠바, 페루 및 우루과이 등은 이미 오래전부터 회원이었다. 브라질과 쿠바와 같은 국가들은 1948년 창립 회원이었다.

그러나 중남미국들이 수출 증대를 통해 외환 소득을 창출할 필요성을 절실히 느끼고 있었던 1980년대 후반기의 일반적 인식은 'WTO의 우산 아래 다자간 협상은 번거롭게 오래 지속되고 결과는 거의 없거나 아예 없을 것'이라는 것이었다.

WTO 아래 우루과이라운드 다자간 협상은 1986년부터 1994년까지 기간에 걸쳐 섬유, 의류 및 농산물 등의 중남미 수출상품에 대한 시장접근강화 조건이 완만한 성공을 거두면서 진행되었다.

그러나 대부분 협상은 구속력이 없었다. WTO 우산 아래 다자간 협상의 후속 조치도 기대 밖의 결과를 가져왔다. 2001년도부터 협상이 시작되었으나 아직 결론이 나지 않고 있는 도하라운드 역시 이질적이며 지리적으로 떨어진 국가 간의 부적절한 협상무대임을 보여주고 있다.

그럼에도 불구하고 도하 협상은 국제적으로 무역 분쟁의 해결을 위해서, 특히 일부 중남미국들을 포함한 양자 간 협상을 통해 이미 무역 장벽을 제거한 국가들을 위해서 유용한 협상 플랫폼을 제공하고 있다.

[그림 10.1] 1985~2003년간 중남미의 평균 관세율 추이

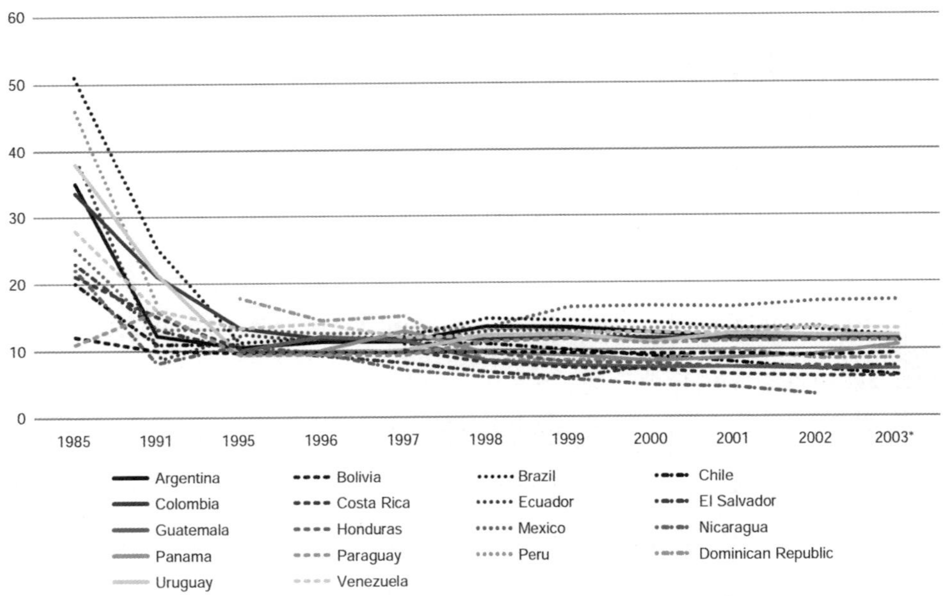

자료원 : Ventura–Dias 2010

1980년대 중반 이후 주요 금융 위기 시까지, 중남미국들은 ISI 정책에 의해 대두되었던 반(反)수출 편향성의 편견을 제거하기 위해, 특히 생산용 중간재 수입과 관련된 일방적인 무역 및 비(非)무역 규제들을 완화하는 것이 쉬울 것으로 생각되었다.[4]

정치경제적 고려사항들은 무역자유화에 중요한 역할을 했으나, 정책담당자들은 정

치적으로 상호성이 없이 일방적인 무역자유화를 단행하는 것은 어렵다는 입장을 취했었다. 그러나 이해당사자 그룹과 여론 등의 강력한 반대에도 불구하고 대부분 중남미국들은 일방적으로 관세율을 상당히 낮췄다.

[그림 10.1]에서 보듯이 중남미국의 관세인하 폭은 상당히 높은 수준이었다. 1985년부터 1992년까지의 첫 무역 자유화 파동 기간 동안 관세가 평균 약 35% 포인트가 인하되었고, 1992년부터 2003년까지의 2단계에서는 추가로 3% 포인트가 인하되었다.[5]

경제성장에 대한 관세인하 효과는 동시에 진행된 다른 개혁들과 분리하는 것이 어렵기는 하지만, 대부분의 연구자들은 초기 무역자유화 국가인 칠레는 일반적인 시장지향 정책, 특히 무역자유화 정책 때문에 1990년대 중남미의 평균 성장률보다 훨씬 높은 실질적인 성공을 거두었다고 지적하고 있다.

사실, 칠레는 조기 개혁추진 국가였다. 무역 자유화는 1976년 피노체트 군사독재 시절에 시작하였고, 1980년 초 외채 위기 발생으로 자유 무역 개혁은 잠시 후퇴하였으나, 1985년부터 관세인하가 재개되어 1992년까지 22% 포인트가 인하되었고 밀레니엄 전환기에는 추가로 5% 포인트가 인하되었다.

무역 자유화는 관세 장벽의 해체뿐만 아니라, 어떻게 보면 더 중요한 수입허가, 쿼터제, 행정적 및 독재적인 각종 절차 지연 등 비관세 장벽의 해체와 관련이 있다. UNCTAD(1994)의 추정에 따르면, 칠레의 비관세장벽은 1980년 중반에 이미 중남미에서 가장 낮은 국가였다.

예를 들면 이웃 아르헨티나와 비교할 때 아르헨티나의 관세보호 비중 대비 비관세 보호 비중은 44%에 달했으나 칠레의 경우는 16% 수준이었다. 1993년까지 평균적인 비관세 보호 조치는 칠레의 경우는 0.4%가, 아르헨티나는 14.3%가 감축되었다.

[표 10.2]는 관세 및 비관세 장벽 제거를 고려한 무역 자유화 개혁의 심도 추정치를 보여주고 있다. 흰색 동그라미는 1986년, 어두운색 동그라미는 1999년, 검정색 막대그래프는 2009년을 표시하고 있다. "0"에서 "1"가지의 범위 내에서, "0"은 가장 높은 무역 장벽을 가리키며, 1은 완전 무역 자유화를 나타낸다. 표는 모든 표본 국가들이 관세 및 비관세 장벽을 낮추었다고 표시하며(대부분 국가들의 2009년 지표가 1999년

과 1986년보다 높았다), 무역 개혁의 범위와 정도가 폭넓게 변화하고 있음을 보여주고 있다.

[그림 10.2] 1986, 1999 및 2009 년 중남미의 무역 개혁 지수

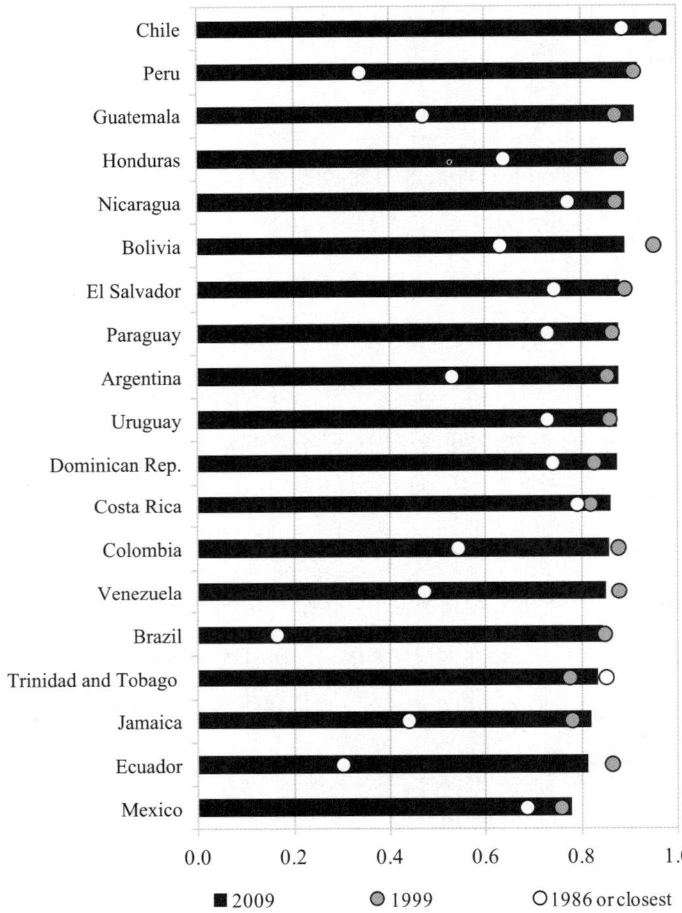

자료원 : Lora 2012

대부분 무역 자유화가 1986년부터 1999년 기간 중 이루어졌으나, 볼리비아와 에콰도르의 경우는 1999년 이후 10년간 규제가 강화된 역전 사례도 발생했다. [그림 10.2]와 같이 무역 자유화는 칠레가 조기 시장개방국으로서 선구자였으나, 1985~1999년간의 개혁 시기에는 페루, 과테말라 및 온두라스 등이 무역 자유화의 상위국 대열에 참

여하였다.

반면에 멕시코와 브라질 등 중남미 거대 경제국들은 하위 그룹 국가들이었음을 보여주고 있다. 그러나 브라질은 MERCOSUR의 주도국이었으며 멕시코는 미국, 캐나다 등과 NAFTA를 체결하였음도 고려해야 한다. 다음 [10.2] 절에서 이들 무역 블록에 대해 심도가 있게 다룰 것이다.

[그림 10.3] 칠레와 중남미 및 세계와의 경제 성장율 비교

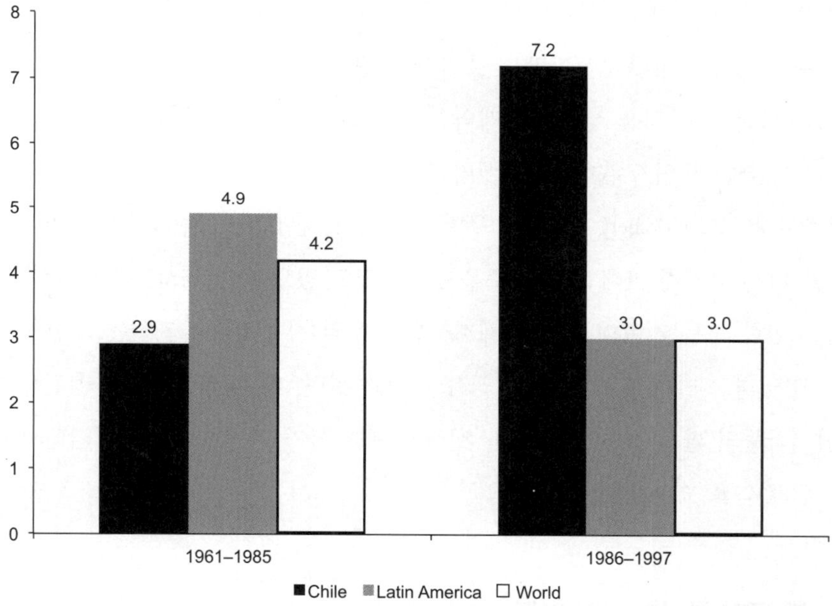

자료원 : 세계은행 및 칠레 중앙은행 자료 기반 저자 작성

경제 활동에 관한 일방적 무역 자유화의 인과관계 효과는 풀기가 어려운 과제다. 왜냐하면 무역 자유화는 매우 이질적인 중남미 지역에서 유형과 순서가 다르게 채택되었던 개혁의 한 부분이었기 때문이다.

그럼에도 불구하고, 세계은행의 추산은 무역 자유화의 결과로 중남미의 수출이 증가하였음을 보여주고 있다. 앞서 언급한 바와 같이, 1965~1980년간 중남미의 연 수출 증가율은 네거티브 상태였다. 반면에 1981~1989년 중에는 연 수출 증가율이 3.6%를

기록했다. 칠레와 관련 사실은 무역 자유화가 잠재적으로 경제 성장의 핵심동력이 될 수 있음을 보여주고 있다.

특히, 칠레의 1976년 이후 일방적인 대외 무역 개방은 여러 연구에서 칭송을 받아왔다.[6] 1986년부터 1997년까지 기간 중 여타 중남미는 성장이 정체 상태였던 반면, 20세기 조기 무역 개방국인 칠레는 연간 약 5.7%의 1인당 GDP 성장률을 기록했다.[7]

[그림 10.3]에서와 같이 1986년-1997년 중 칠레는 다른 중남미국이나 세계 경제성장에 비해서 특별한 성과를 거두었다. 참고로 칠레는 1961~1985년 기간 중에는 평균 이하의 성장률을 기록했었다. 대조적으로 1986~1997년 기간 중에는 다른 중남미국이나 세계 평균에 비해 현저하게 높은 경제 성장을 기록하였다. 1986~1997년 기간 중 칠레가 거둔 경제 성장 성과는 칠레의 기적이라고 지칭되고 있는데, 이러한 이례적 반전은 상당 부분 무역자유화의 덕택이라 말하고 있다.

나아가서 프리쳇(Pritchett, 1996)의 무역 개방도 분류에 따르면, 칠레만 중남미에서 유일하게 다른 국가에 비해 모든 표준을 충족시키고 있으며, 민영화, 규제 완화 및 안정화를 포함한 모든 개혁의 핵심에 체계적으로 무역 자유화를 유지하는 모범 국가의 위치에 서 있다고 말하고 있다. 또한 금융 개혁과 관련, 제8장과 제9장에서 검토한 주변 중남미국들의 환율 정책과는 달리, 칠레는 빠른 물가 안정화는 희생시키면서 수출 증대를 위해 환율 고평가를 회피하였다.[8]

10.2 양자 무역 협정과 무역 블록

세계무역기구(WTO) 체제하의 다자간 무역 협정을 통해 선진국 시장에 더 폭넓게 접근할 수 있는 협상 능력의 부족에 좌절한 일부 중남미국들은 신속하게 양자 및 지역 내 무역 통합 블록을 동시에 추진하였다.

다자간과는 대조적인 양자 무역 협상의 잠재적 혜택에 대해서 다양한 이론적 연구가 있다.[9] 간단히 말해서, 다자간 무역 협정의 미 준수에 대한 보복 조치는, 만일 발생할 경우, 더욱 광범하고 장기간 실행이 되는 것이 사실이다. 또한 중남미는 다자간 협상이 너무 지루하게 진행되는 것으로 인식하였다. 예를 들어 중남미에게는 우루과이와 도하 협상 라운드의 협상 결과는 시행하기가 어렵다고 인식되었다. 다국적 환경에서 볼 때, 양자 베이스로 비(非)무역 장벽을 감축하여 타 국가들을 차별하는 국가를 발견하고 이를 국제법정에서 처벌하는 것은 어렵다. 최혜국 대우 원칙으로 알려진 위의 특혜 무역을 감축하는 것도 WTO의 주요 원칙 중 하나이다. WTO가 인정하고 있는 이 원칙에 대한 유일한 예외는, 두 개 또는 그 이상의 국가 간 포괄적 자유 무역 협정이다.

다른 나라 시장에 대한 접근은 양자 협상으로 해결하는 것이 더 용이하게 보이고 이면 혜택도 다자간 협상보다 더 효과적으로 보였다. 양자 협상을 통한 잠재적인 효율성의 획득 또는 상실은 국제 무역 관련 논문에서 잘 알려진 내용이다.[10]

특히, 양자 무역 협정은 무역을 창출할 수도 전환할 수도 있다. 무역은 양자 협정이 기존 산업들을 대체하여 보다 효율적인 산업을 허용할 경우 창출되는 것이다. 그에 의해서 회원국들에게 수출하고 타국으로부터 더 많은 수입을 하도록 하게 되는데, 왜냐하면 국제적으로 더 많은 경쟁을 할 준비가 되기 때문이다.

회원국 간 합의된 저(低)관세 영향으로 보다 효율적인 비회원국으로부터의 수입이 줄어들게 되어 교역은 비회원국으로부터 회원국으로 전환 효과를 갖게 되는데, 이에 따라 회원국 소비자들은 효율적인 생산자 및 수출국이 포함되는 경우에 비해서 더 비싼 가격을 지불해야 하는 상황에 놓이게 된다. 단일 국가의 입장에서 볼 때 무역 창출이 무역 전환보다 더 클 경우 무역은 잠재적으로 유리하게 된다.

그러한 고려사항은 특혜 무역 협상 시에는 거의 토론이 안 되고 있었다. 중남미 정부들은 정치 경제적 상황으로 해외 시장에 대한 접근 강화가 시급하다. 특히 해외 시장 접근 획득은 무역 자유화 개혁에 대한 조정을 포함한 광범위하고 고통스러운 경제 개혁으로부터 일종의 보상으로 인식되었기 때문이다.

간단히 말해서, 정책 담당자들은 중남미의 양자 무역 협정이 의미가 있었다고 생각했다. 왜냐면 일방적인 관세 및 비관세 장벽 해체가 아닌 상호주의는 무역의 글로벌화에 따른 정치적 비용을 줄여주었기 때문이다.[11]

10.2.1 MERCOSUR

1985년 초에, 브라질과 아르헨티나는 양자 무역 협정을 체결하였는데, 이를 기초로 1991년 아순시온 협약을 체결하고 MERCOSUR라 부르는 무역블록이 발족하였다. 여기에 주변 파라과이와 우루과이 등이 참여하였다. 최근에는 베네수엘라가 2012년에 회원국으로 가입하였고, 2015년에는 볼리비아가 가입하였다. 동 협약은 회원국 간 역외 비회원국에 대한 공동 통상 및 관세 정책을 시행하는, 사실상 관세동맹 형태를 취하고 있다.

[그림 10.4] 1990 및 1995년 MERCOSUR 국의 평균 관세율 비교

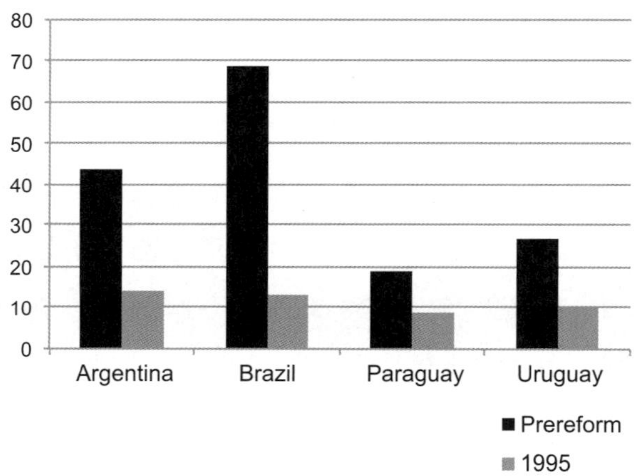

자료원 : IDB 1996

MERCOSUR는 소규모 상설 사무국을 우루과이의 수도 몬테비데오에 설치하고 있는데, 약 2억 6천만 명의 인구를 포용하여, EU, NAFTA 및 ASEAN 다음의 세계에서 4번째 중요한 무역블록이다.

MERCOSUR는 다음 5가지 주요 기능을 가지고 있다.

첫째, [그림 10.4]에서 보여주듯이, MERCOSUR 발효 이전과 1991년 아순시온 협정 발효 4년 후인 1995년의 관세율 격차는 매우 컸다. 특히 통합체 내 최대 교역국인 브라질의 경우가 그러하다. 1995년에 MERCOSUR 회원국간 관세율이 46 퍼센트 포

[그림 10.5] 1985~1996년 기간 중 MERCOSUR 회원국 역내 교역 추이

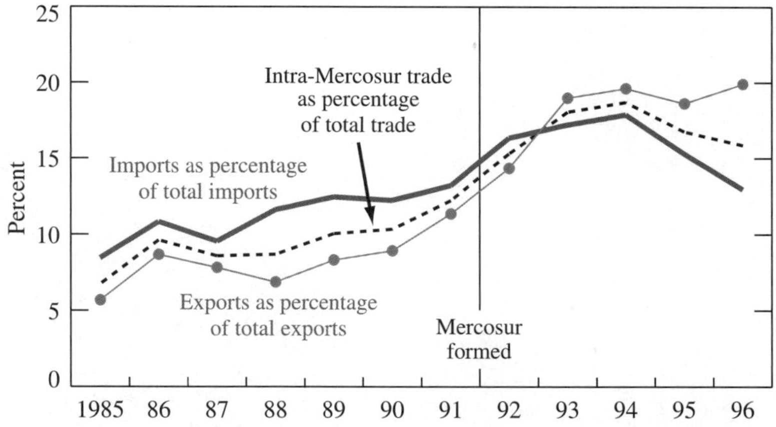

자료원 : Federal Reserve Bank of New York 1999

인트가량 하락하였다. 그러나 그러한 MERCOSUR 회원국내의 관세 인하는 일방적인 관세 인하와 비교할 때 상대적으로 소폭의 것이었다.[12]

둘째, [그림 10.5]에서 보듯이, MERCOSUR 회원국 무역량은 급격히 확대되었다. 그러나 수출 증가 폭이 수입 증가 폭보다 더 컸었는데 이는 아르헨티나와 브라질의 과대평가된 환율에 기인한 것으로 추정되고 있다. 왜냐하면 이들 두 나라는 1990년대 무역 개방 이상으로 국내 물가 안정에 우선권을 부여했었기 때문이다(제9장 참조). 특히, 과대평가된 환율은 메르코수르 회원국들에게 보다 저렴하게 수입을 할 수 있게 작용했을 수 있기 때문이다.

셋째, 회원국 내 수출은 특히 창설 주도국들인 아르헨티나와 브라질 두 나라 간 무역이 급증했다. 이는 이들 두 나라 간 특혜 무역 협정은 메르코수르 무역블록이 등장하기 6년 전에 이미 가동이 되었을 뿐만 아니라, 브라질과 아르헨티나는 다른 회원국에 비해 경제 규모가 훨씬 큰 국가들이기 때문이다.

브라질은 주로 석유화학, 전기 제품 및 자동차를, 아르헨티나는 두류 및 옥수수, 밀 등 주로 농산물 및 천연자원 제품 중심으로 수출을 하고 있다. 아르헨티나의 수출 1/3이 브라질로 향하고 있고 브라질은 EU 다음으로 아르헨티나의 두 번째 수출 대상국에 올라 있다.[13]

[그림 10.6] 1981~2005년 기간 중 MERCOSUR의 역내외 농산물 교역

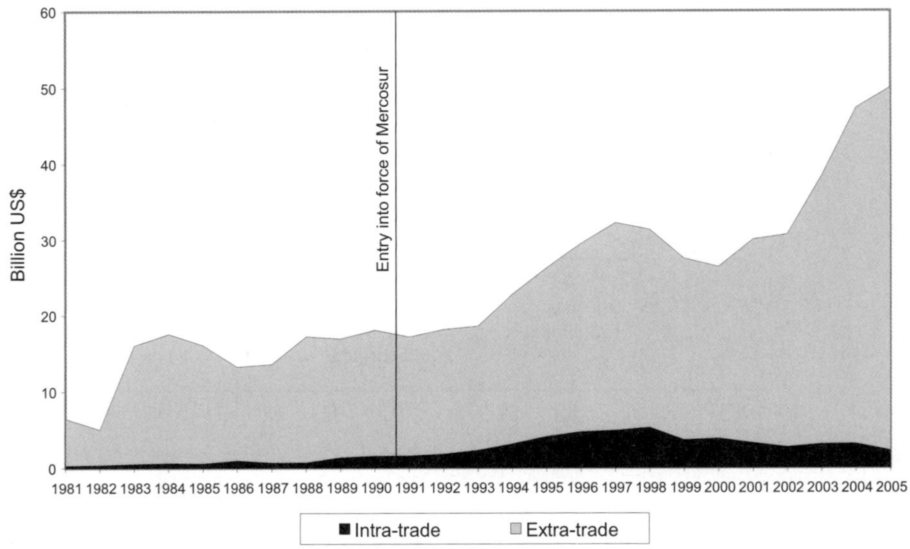

자료원 : WITS 2015

넷째, MERCOSUR 체제 아래서 외국인 투자는 자동차 산업에 집중하여 증가해 왔다. 브라질의 저렴한 인건비에 힘입어 대부분 외국 자동차업체의 투자가 브라질에 집중되는 것에 대한 아르헨티나의 초기 우려는 브라질이 자동차 시장을 완전히 지배하지 못하게 하는 보상무역 조항을 통해 해결되었다. 그럼에도 불구하고 외국 자동차 업체들은 두 국가의 비교우위 조건을 취하여 아르헨티나에는 고급 차종을 브라질에는 대중 차종의 생산에 특화해 규모의 경제 효과를 얻고 있다.[14]

다섯째, 메르코수르 회원국들은 대부분이 1차 산품 농산물로 대체로 역내 교역보다는 역외 교역에서 비교우위를 누리고 있다 [그림 10.6 참조]. 메르코수르 회원국들은 EU 및 중국과의 무역 협상에 관심을 기울이고 있는데, EU와의 무역 협상은 EU가 전통적으로 농업부문 보호정책을 펴고 있는 점이 장애 요인이다.

중국과의 협상은 중국산 공산품 때문에 메르코수르 회원국들이 국내 신생 제조업의 붕괴를 우려하고 있다. 진행 중인 무역 분쟁이 양자 무역 협정을 방해하지는 않고 있다. 가장 중요한 점은 메르코수르가 지난 수십 년간 진행되어 온 중국의 수입 수요 증가에 따른 1차 산품 붐을 회원국들이 이용하지 못하도록 막지는 않고 있다는 점이다.

예이츠(Yeats, 1998)는 무역전환과 무역 창출에 관하여 포괄적인 연구 결과를 제시하고 있다. 그의 경험론적 연구에는 MERCOSUR 회원국 간에 가장 활발하게 거래가 되었던 30개 품목이 포함되어 있는데, 여기서 대규모 무역전환 효과를 발견했다. 즉, MERCOSUR 회원국들이 특히 기계류 및 수송장비류 부문 등에서 국제 시장 유통 가격보다도 높은 가격으로 거래를 하고 있다는 점이다.

왜냐하면 무역전환 효과가 일어나고 있는 산업은 주로 차량 조립 생산을 포함한 기술 중심의 산업이기 때문에 생산성과 성장에 대한 무역전환의 부정적인 영향에 대한 우려가 커지고 있다.

10.2.2 안데스공동체(CAN)

안데스 지역 국가들의 무역과 정치통합 노력은 1969년에 시작되어 아메리카 대륙에서 가장 오래된 통합체중 하나이다. 그러나 이 노력은 큰 성과가 없었으며, 1992년에 안데스 협정이 본격화되어 볼리비아, 콜롬비아, 에콰도르, 베네수엘라가 참여하게 되었다.

[그림 10.7] 안데안의 총수출 중 역내 수출 비중 추이

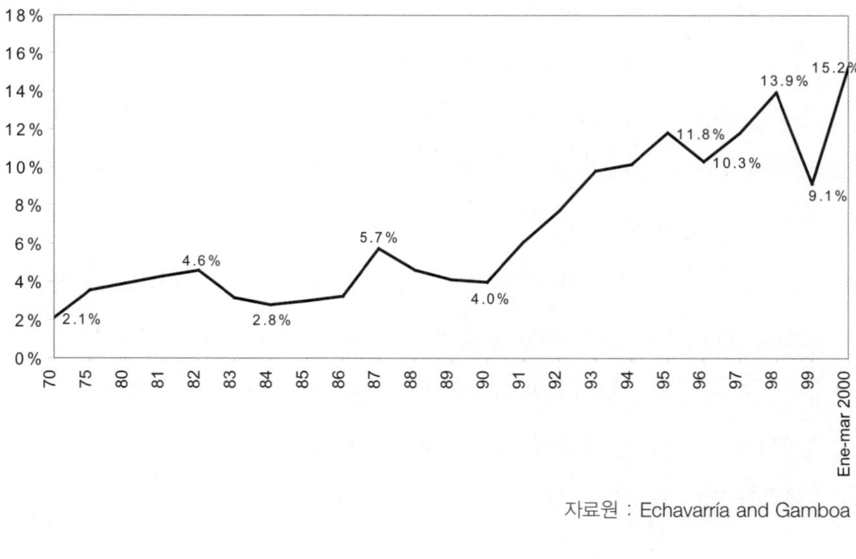

자료원 : Echavarría and Gamboa 2000

MERCOSUR와 비교해서 안데스공동체는 최소한 서류상으로는 보다 야심찬 것으로, 회원국들은 초국가적 개념에 집착해 회원국 간 분쟁이 발생했을 때는 회원국들의 공동 협정이 각국의 국내법에 우선한다는 내용을 담고 있다.

CAN의 제도적 체계는 법적 의사 결정 기구인 이사회와 사법 제도를 가지고 있어 EU와 유사한 형태를 취하고 있다. 21세기에 들어서부터 CAN은 일반적으로 매우 불안한 무역블록으로 간주되고 있다. 그러나 [그림 10.7]에서 보여 주는 바와 같이, 2000년대 초에 수행한 연구는 4개 회원국 간 교역이 상당히 확대되었음을 말해주고 있다.

CAN의 독특한 특징은 두 핵심 교역 회원국, 콜롬비아와 베네수엘라가 압도적으로 비중이 높다. 특히, 베네수엘라는 상당한 정치·경제적 불안을 겪어왔고 콜롬비아와의 정치적 긴장 등으로 CAN을 오염시켜 왔다. 이들의 일방적 무역 개혁이 CAN 협정을 대신해 왔다.

그럼에도 불구하고 기존 연구들은 러시아 및 브라질 경제 위기의 전염과 부분적으로는 볼리바르 혁명으로 알려진 포퓰리스트 체제의 시작을 알리는 우고 차베스의 쿠데타 때문에 경제 성장이 상당히 후퇴되었던 시점인 1998년까지 CAN이 회원국 간 수출 증대, 규모의 경제 및 산업 내 교역 등 면에서 중요한 역할을 했다고 말하고 있다(제6장 참조).[15]

콜롬비아는 페루와 같이, CAN 외부의 다른 안데스 국가와 함께 미국과 자유무역 협정을 체결했다. 두 나라는 코카인 생산에 대한 대체작물을 장려하기 위해 마련되었던 안데안특혜법 내의 농산물 수입 관세 및 비관세 장벽을 철폐했다. 이 조치는 미국과 차베스의 후계자 니콜라스 마두로 정권 간의 마찰 때문에 콜롬비아와 베네수엘라 간의 긴장 관계의 악화를 부채질해 왔다.

이러한 배경으로, 남미 국가 연합 결성을 위한 2004년 쿠스코(Cuzco) 선언 이후 CAN과 MERCOSUR 간 무역 통합 노력이 추진되어 왔는데, 성공적이지는 못한 것이었다. 대부분 옵서버들은 브라질이 다자간 무역 협상에서 협상력을 강화시키기 위해서 남-남 통합을 추진하고 있다고 믿고 있었다. 베네수엘라는 2006년에 CAN을 탈퇴하고 대신 미국과 연대하고 있지 않는 국가들과 볼리바르 무역동맹을 제안하였다.

10.2.3 NAFTA와 CAFTA

널리 알려진 북미자유무역협정(NAFTA)은 1994년에 멕시코, 미국 및 캐나다 3국 간 체결되었다. 그러나 NAFTA는 회원국 간 산업 간 교역을 보다 촉진하는 면에서 남미 MERCOSUR와는 차이가 있다. 리카르도의 교역 모델에서 예측한 바와 같이 멕시코는 상대적으로 미국이나 캐나다와 비교할 때 노동력이 풍부하여 임가공 생산 체제인 마킬라도라(Maquiladoras)로 잘 알려진 노동집약적 제조업을 통해 탄력을 받아 고속 성장을 할 수 있었다.

[그림 10.8] 멕시코의 NAFTA 체결 후 수출 다변화 추이

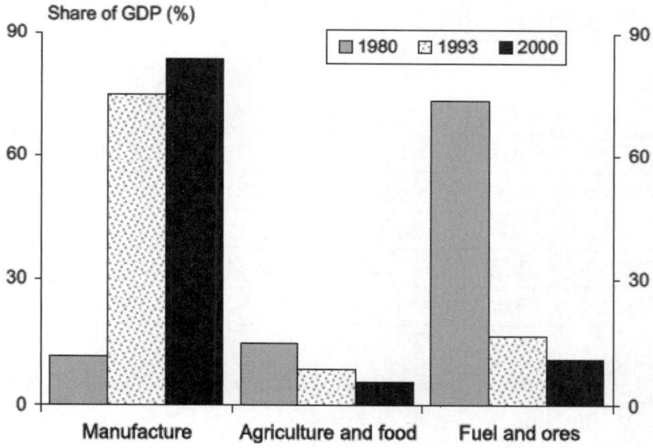

자료원 : IMF 2004

사실, 특히 미-멕 국경 지역에 위치한 도시들의 노동집약적 조립 생산 공장들은 마킬라도라 관련 주변 공장들과 멕시코의 고용에 막대한 영향을 미치고 있는 것으로 보인다.[16] 틀림없이 NAFTA 체결 후의 마킬라도라 조립 산업 붐은 멕시코의 수출 다변화에 기여하는 요소가 되어 왔다. 석유 부문의 수출은 감소세인 반면에 자동차, 오디오 및 기타 통신기기 등 현저하게 증가하고 있다.

멕시코는 중남미에서 1차 산품 수출의존을 벗어나 공산품 수출을 다변화시켜 온 유일한 국가이다. [그림 10.8]과 같이 멕시코의 전 세계 수출 중 공산품의 비중은 현저하

게 높아져 왔다. 그 추세는 1980년대부터 증가되어 왔지만, 대부분 옵서버들은 1990년대 후반부 기간 중 NAFTA 이후 가속화되었다고 주장하고 있다.

특히, 공산품 수출 비중은 1980년부터 1993년까지 기간에는 약 37% 수준이었으나 포스트 NAFTA 시기인 1994~2000년 기간에는 멕시코 총수출의 80% 수준에 도달했다. 나아가서 [표 10.1]에서 보듯이 멕시코의 수출입 무역은 중남미의 여타 신흥 경제국들과 비교 시 가장 다변화된 모습을 보여준다. 이는 최근 들어 멕시코가 1차 산품 가격이 붕괴되었던 메르코수르 국가들에 비해서 상당히 유리한 위치에 놓이게 하고 있다.

[표 10.1] 1990~2000년 중 여타국과 비교한 멕시코의 수출 다변화 (%/총수출)

구분	아르헨티나	브라질	칠레	인도네시아	한국	말레이시아	멕시코	페루	필리핀	태국	터키	우루과이
수출												
공산품												
1980~1993	25.9	47.5	9.8	23.0	91.9	39.8	37.1	15.9	33.4	46.5	57.1	37.1
1994~2000	32.9	54.8	15.80	50.4	91.9	77.2	81.2	18.3	75.7	73.2	76.1	39.1
농산물 및 식품												
1980~1993	67.0	36.9	32.5	17.1	5.5	34.1	11.9	25.3	29.3	47.9	35.5	62.0
1994~2000	52.3	32.9	36.5	16.1	3.3	13.1	7.2	34.1	9.8	22.5	19.4	59.4
연료 및 광물												
1980~1993	7.1	14.5	56.8	59.8	2.5	25.8	50.9	58.8	11.6	4.4	7.3	0.5
1994~2000	14.2	10.9	45.8	29.2	4.7	8.8	11.5	17.6	4.1	2.6	3.8	1.5
수입												
제조업												
1980~1993	78.0	47.4	69.9	71.8	57.6	75.4	74.9	68.2	49.3	65.8	57.3	62.9
1994~2000	88.0	73.7	76.9	66.5	63.7	84.8	84.9	72.1	78.4	77.7	72.1	74.9
농산물 및 식품												
1980~1993	8.6	11.6	11.4	11.8	15.4	11.5	16.7	23.2	11.7	9.6	8.7	11.8
1994~2000	6.6	11.2	8.6	17.4	9.7	6.7	7.6	16.4	9.7	8.0	9.4	13.7
연료 및 광물												
1980~1993	13.3	40.9	16.8	16.0	26.7	12.6	6.5	7.2	23.0	20.8	33.8	25.3
1994~2000	5.1	15.0	13.5	15.9	26.2	6.5	4.7	11.4	11.7	12.7	16.4	11.7

자료원 : IMF 2004

세계은행이 작성한 멕시코 경제에 대한 NAFTA의 영향평가 보고서(Lederman, Maloney, Serven, 2003)는 NAFTA가 멕시코를 미국과 캐나다의 발전 수준에 가까이 접근할 수 있도록 도와주고 있다고 결론짓고 있다. 동 보고서는 NAFTA가 멕시코 제조업 부문이 보다 신속하게 미국의 기술 혁신을 받아들이고 고품질의 일자리를 창출하는데 긍정적 영향을 미치고 있다고 밝히고 있다.

다른 한편으로는 NAFTA가 가동된 후 멕시코의 전반적인 거시 경제 취약성이 감소되었으며, 멕시코, 미국 및 캐나다 간 비즈니스 사이클의 동조화 수준이 높아지고 있다고 지적하고 있다. 그러나 다른 연구는 밝지 않은 시나리오도 제시하고 있다.[17] 1990년대 초에는 NAFTA가 체결될 것을 기대하면서 외국인 투자가 상당히 증가했다.

이러한 흐름은 NAFTA 협정이 발효된 1994년에 국내 정치·경제적 혼란으로 중단되었다. 1994년에 테킬라(Tequila) 위기라고 알려진 금융 위기, 당시 집권당(PRI) 대통령 후보 암살 사건에 따른 정치적 불안, 특히 남부 치아파스주(州)에서 발생한 사파티스타(Zapatista) 반란 등 혼란이 피해를 가져왔다 말하고 있다.(제9장 참조)

[그림 10.9] 1960~2010년 중 중미로부터 미국 이민 유입 규모 추이

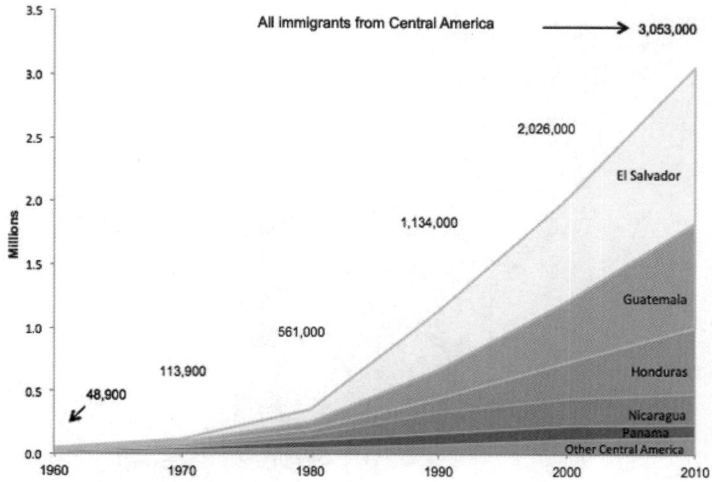

구분	1960	1970	1980	1990	2000	2010
천명	5.8	−2.8	5.5	8.1	3.9	−3.4

자료원 : 미국 통계청 2011

21세기 들어 지역 경제 통합으로 무역블록 간 양자 협정이 원활해졌다. 예컨대 2005년에 체결된 중미자유무역협정(CAFTA)은 코스타리카, 엘살바도르, 과테말라, 온두라스, 니카라과 및 도미니카 공화국 등 5개국이 포함되었다. 이 협정은 NAFTA의 확대 협정이라고 간주될 수 있었다.

그러나 NAFTA 확장의 잠재적 이점에 대한 논쟁은 경제 통합이 중미 지역의 경제 발전을 명백하게 동반한 것은 아니라 주장하고 있다. 일부 옵서버들은 한편으로는 중미의 마킬라도라 형태 수출이 증가되었으나, 다른 한편으로는 사회적 불안 수준의 상승, 마약 밀매 급증, 증가되는 범죄율, 불법이민 유출 증가 등도 NAFTA의 확장선상에 결합시키고 있다.

왜냐하면 수출상품과 함께 멕시코를 지리적 경유 장소로 활용하여 불법이민 인력을 미국으로 수송하는 것이 보다 더 쉬워졌기 때문이라고 주장하고 있다.[18] 이민 유입에 대한 미국 통계국의 추산으로는 [그림 10.9]와 같이 2010년까지 중미로부터 유입된 이민은 305만 명을 상회하고 있던 것으로 추산되고 있다.

[그림 10.10] 중남미 마약 밀매 루트 및 네트워크

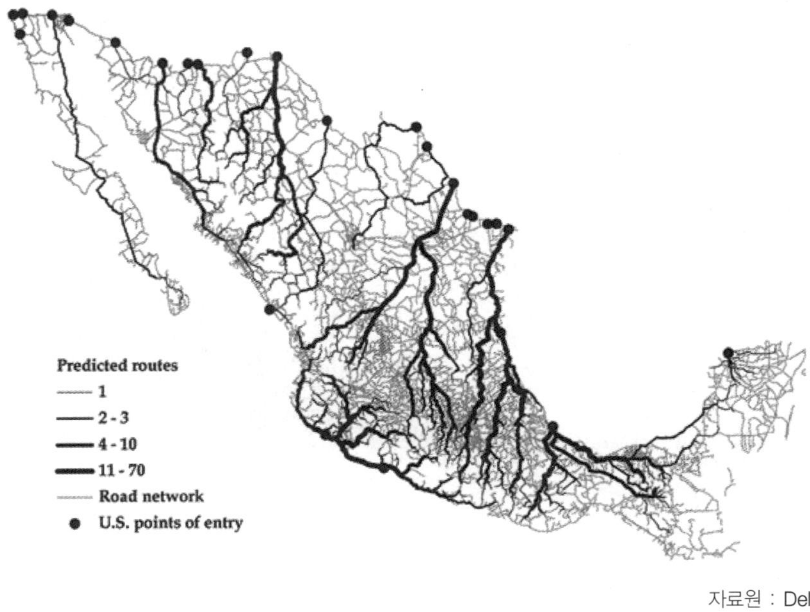

자료원 : Dell 2014

미국 통계청 통계에 따르면 2000~2010년 기간 중 중미 태생 인력의 미국으로의 유입은 51%가 증가했는데, 이는 전체 남미의 46%, 멕시코의 28% 및 카리브지역의 26%보다 높은 증가율이었다. 중미국 중에는 엘살바도르가 가장 많았고 다음이 과테말라, 온두라스 니카라과, 파나마 순이었다.

마약 밀매는 NAFTA 출범 이전부터 존재했다는 점은 아무도 의심하지 않는다. 그러나 1994년 이후 새로운 체제 아래 멕시코는 점점 지방 분권화되어 서로 상권을 장악하기 위해 지역내 마약 밀매업자들 간의 세력다툼이 활발해져 폭력 사태가 날로 확대되어 갔다. 2006년 들어서는 상황이 더욱 악화되어, 중도우파 국민행동당(PAN) 신정부가 마약 밀매업자들을 정책적 척결 대상으로 삼고 맹렬하게 퇴치 활동을 펴게 되었다.

델(Dell, 2014)은 멕시코 내 마약 밀매와 폭력 사태에 대한 경험론적 분석 작업을 통해, 멕시코 국내와 멕시코 남부 중미와의 국경지대가 중남미의 수많은 마약 밀수 루트가 되었음을 밝히고 있다. 델은 PAN당이 2007년부터 2012년까지 임기의 지방 선거에서 승리를 거두었을 때 수백 개의 새로운 마약 밀매 경로를 예측하기 위한 계량 경제 모델을 구축하기도 하였다.

왜냐하면 PAN당이 마약 밀매와 맹렬하게 싸웠기 때문에 델은 마약밀매 범죄조직들이 PAN당이 승리한 시군으로부터 빠져나와 새로운 마약 거래 대체루트를 개척하려는 작업을 하리라 예측하는 것이 보다 쉬워졌기 때문이었다.

[그림 10.11] 1990~2009년 기간 세계 수출 중 개발 도상 지역별 비중

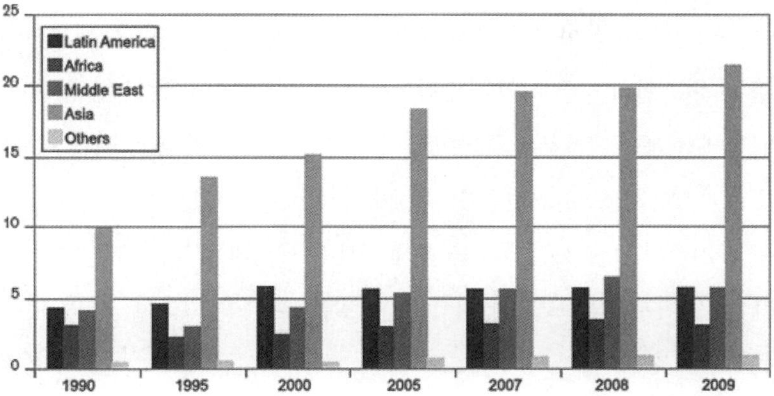

자료원 : WTO

그녀는 새로운 마약 루트의 개척으로 폭력이 확대되리라는 것을 확신에 차서 주장하고 있다. [그림 10.10]은 문제의 심각성을 잘 보여주고 있다.

지역 무역블록 창설과 함께 수많은 양자 무역협정이 나타났다. 세계무역기구(WTO; 2011)는, 지난 20여 년간 중남미가 11개 선진국과 협정을 체결한 외에도 역내 및 역외 개발도상국과 체결한 양자 무역 협정은 54개로 총 무역협정이 65개에 달한다고 집계하고 있다.

이러한 추세는 중남미만 유일한 것이 아니다. 21세기 들어 대부분 국가 및 경제블록 국가들은 자유무역 협정에 참여하고 있는데, 1980년대에 시작된 중남미의 글로벌화도 이 수준에 머물고 있다. 그러나 아르헨티나와 같은 일부 국에서는 보호주의 정책들이 재등장하는 반전도 일어나고 있다.

[그림 10.11]에서와 같이, 세계 무역에서 아시아 지역의 압도적인 중요성은 다른 지역 개발도상국들이 감히 넘볼 수가 없다. 1980년부터 2009년까지 기간 중 중남미와 여타 개발도상국들의 세계 수출 시장에서의 비중도 다소 증가하였지만, 아시아 지역의 비중은 3배 이상 증가하였다.

이러한 추세는 지리적 인접성과 일반적인 무역 자유화를 통한 세계 시장 접근성 증대, 그리고 특히 양자 무역 협정을 통해 중남미가 차지하는 비중이 완만하게 증가해 왔음을 알 수 있다. 인구가 밀집된 아시아국들은 중남미뿐만 아니라 다른 모든 지역보다 제조업 부문에서 비교우위를 가지고 있다.

다른 한편으로, 아시아는 조기 경제 개발 추진으로 역사적인 우위를 가지고 있다. 그로 인해 지난 30년 이상 아시아 지역 발전 전략의 일부분이 되어 온 세계 바이어들과의 중요한 가치 체인에 다른 지역들이 참여하는 것을 허용하지 않고 있다.

복지 관점에서 볼 때, 이것은 중남미와 세계 경제에 반드시 좋은 것은 아니다. 다른 지역들이 보다 효율적으로 공산품을 생산할 수 있다 하더라도, 아시아, 특히 중국은 빠른 속도로 지속적 수출 시장 침투를 통해 막대한 규모의 경제 효과를 얻어 왔기 때문이다. 중남미가 아시아와 교역 파트너로서 이익을 얻을 수 있을까? 이에 대해서는 다음에 검토하기로 한다.

10.3 태평양 동맹(Pacific Alliance)과 환태평양 경제 동반자 협정(TPP)

중남미 블록과 다른 대륙의 무역블록을 포함한 무역 협상은 새삼스러운 것은 아니다. 이 책을 쓰고 있는 시점에서, MERCOSUR 회원국들은 EU와 환대서양자유무역협정을 협상 중에 있다. 그러나 대부분 옵서버들에게 환대서양자유무역협정은 수출 주도 경제 성장에 대해 그렇게 대단한 기대를 갖게 하지는 않고 있다.

예컨대, MERCOSUR의 대표적인 경제대국들인 아르헨티나와 브라질은 총수출 중 단지 12% 정도를 EU에 수출하고 있는 정도이다. 이러한 상황은 EU의 경제 성장이 다시 불붙는다면 변할 수도 있을 것이나 무역 증대는 아시아의 산업화와 연계하는 것이 더 바람직할 것으로 보인다.

2011년에 칠레, 콜롬비아, 멕시코 및 페루 간 태평양동맹이라고 알려진 중요한 무역블록이 창설되었다. 이들 국가 간의 무역 협상은 무역을 확대하고 태평양 연안을 따라 자본과 인력의 자유 이동을 원활하게 할 수 있는 잠재력을 가지고 있다. 보다 중요한 점은 태평양동맹이 태평양과 함께 중남미의 경제 통합을 심화하는 기반이 될 수 있을 것이라는 것이다.

환태평양 경제동반자협정(TPP) 협상에는 호주, 브루나이, 캐나다, 칠레, 일본, 말레이시아, 멕시코, 뉴질랜드, 페루, 싱가포르, 미국 및 베트남 등이 참여했다. 그러나 이들 협상은 각국 의회의 비준이 필요하다. 이러한 방법으로 자유 무역이 더욱 추진력을 받을 수 있을 것이다. 왜냐하면 TPP에 참여하고 있는 국가들은 세계 GDP의 약 40%를 차지하고 세계 수출의 1/3을 차지하고 있다. 반면, 페루와 칠레는 이미 중국과 자유 무역 협정을 체결한바 있다.

아시아와의 무역은 중남미에 중요도가 점점 높아지고 있다: 아시아는 미국, EU 다음의 중남미 제3의 수출 대상 지역이다. 그러나 후자 두 지역과의 무역 흐름은 감소세인 반면, 아시아와의 교역은 증가세에 있다. 나아가서 중남미 일부 국가들에게는 아시아가 이미 주요 교역 파트너가 되고 있다.

가장 대표적인 케이스가 칠레인데 총 수출의 1/4 정도를 중국에 수출하고 있고 아시아 전체는 절반 수준에 이르고 있다.

[그림 10.12] 중남미와 아시아 간 교역

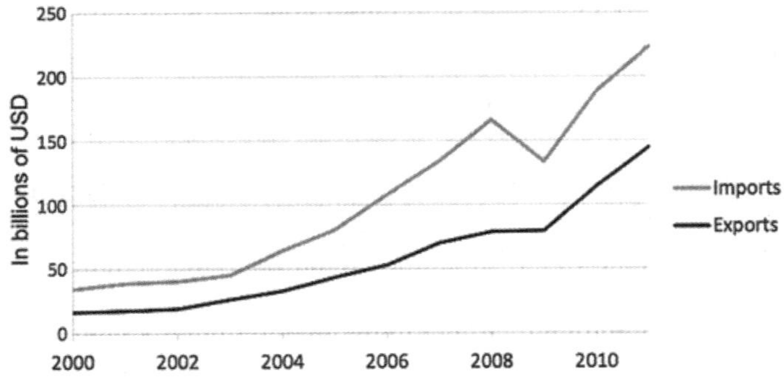

자료원 : Feinberg 2013

[그림 10.12]에서 보듯이, 특히 21세기 들어서 아시아와 중남미 간 수출입이 급증해 왔다. 놀랍지도 않게, 중남미의 대아시아 주요 수출 대상국은 급속한 공업화 단계인 중국이다.

그러나 [그림 10.13]과 같이, 고도 공업화된 국가들인 일본과 한국뿐만 아니라 아세안국가(브루나이, 캄보디아, 인도네시아, 라오스, 미얀마, 필리핀, 싱가포르, 태국 및 베트남) 등도 중남미로부터 수입이 급증세에 있다.

미국과 중국 간에 긴장 상태인 이 시점에서는 중국을 포함한 전면적인 환태평양동맹이 본격화되기는 기대하기 어렵다. 그러나 중남미의 태평양동맹국 중 칠레와 페루는 미국과의 자유 무역 협정 체결에 이어 중국과도 자유무역협정을 맺고 있어 두 나라는 가장 다변화된 수출 대상국들을 가지고 있는 상태이다. 그러나 태평양 동맹국들 중 다른 나라인 멕시코와 중미 국들은 칠레와 페루의 발자취를 따를 것 같지는 않아 보인다.

멕시코는 45개국과 자유 무역 협정을 체결하고 있으나 중국과는 아직 체결하지 않고 있다. 만일 체결하였다면 양국 관계에 긴장이 고조될 것으로 추정된다. 왜냐하면 중국과 멕시코는 이미 많은 수출산업 부문에서 경쟁 관계에 있으며 이들 산업부문이 중국과의 경쟁 관계 출현으로 위협받을 것을 두려워하고 있다.

중국과의 무역이 증가하고 인도와의 교역도 규모는 작지만 증가하면 복지는 개선될 수도 있지만, 보다 강력하게 제조 및 산업 부문을 발전시키려는 중남미의 노력은 심각하게 위협을 받을 수도 있다는 점을 염두에 두어야 할 것이다. 중남미의 황금기와 같이 (제2장 참조), 교역 패턴은 2003년부터 2013년 기간 중 중남미 경제 회복에 기여했듯이 1차 산품 생산 및 수출에 보다 편향되어 있다.

그러나 다시 1차 산품 붐의 끝자락에 놓이게 되자, 기존 수출 부문의 다각화를 위해 지속적으로 다른 지역과의 무역을 증대시키고자 노력하고 있다. 최근 들어 구리, 철광석, 두류, 원유 및 기타 1차 산품 가격의 급락하고 칠레, 콜롬비아, 및 페루의 성장률이 하락하고 있음에도 불구하고, 아르헨티나, 브라질 및 베네수엘라 등이 보여준 것처럼 급격한 것은 아니었다.

중요한 이유는 모든 1차 산품 수출국들, 칠레, 콜롬비아 및 페루 등은 제7장에서 논의했듯이 1차 산품 붐을 활용하여 구조적 재정 규칙과 국채 조성 등 다각적 경제 제도의 도입을 통해 거시 경제 조건을 잘 관리하였다. 나아가서 이들 국가들의 신용등급도 상향 조정되고 있는데 다음에 이 문제를 다룰 것이다.

[그림 10.13] 중남미의 아시아 주요국 및 지역 대상 수출 추이

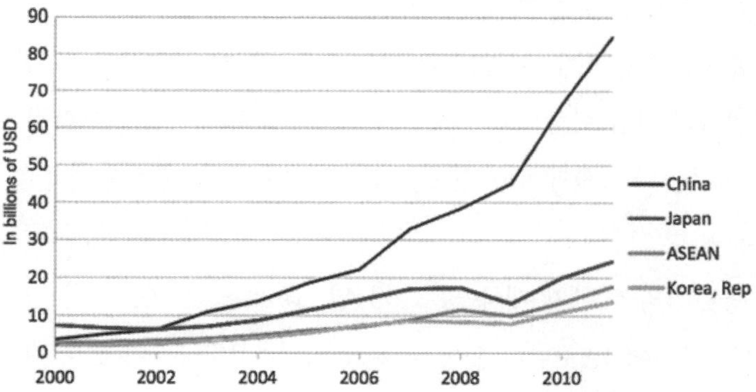

자료원 : Feinberg 2013

10.4 금융 자유화

무역 자유화와 함께 중남미는 금융 시장 개방도 진전되었다. 1990년대에 시장 친화적 개혁의 틀 내에서 자본 이동에 대한 규제 철폐가 외국 자본에 대한 접근강화와 외국인 투자를 통한 기술 도입 수단으로서 필수 요소라 인식되었다. 이를 위해 자본 유입과

유출에 대한 규제가 상당히 제거되었다.

금융 개혁의 범위는 대단했다. 에드워드(Edwards, 1995)의 보고서는 자본 이동의 정상 지수를 100으로 할 경우 1985년경에는 40이었던 지수가 1990년대 초에는 35점이 상승한 75를 기록하며 상승한 것으로 제시하고 있다. 타 지역과 비교하면 1980년대 중반의 아시아 지역의 지수는 1980년 중반에는 약 40 수준이었는데 1990년대 초에는 60으로 20 포인트가 상승한 것으로 추산되었다.

최근 로라(Lora, 2012)의 추산으로는 지수를 0~1 규모로 평가 시 중남미 전체 평균과 구조 조정 정책 평균 지수는 1985년의 0.39에서 1990년대 말에는 무역 및 금융 자유화의 확실한 진전과 함께 0.6으로 상승한 것으로 나타났다.

금융 자유화가 외국 자본의 유입에 미치는 영향을 명료하게 분석하기는 어렵다. 그러나 1997년 아시아 경제 위기 전에 IMF의 추산으로는 외채 지불 후 중남미의 순자본 유입 규모는 362억 불에 달했다. 1990년대는 1980년대에 비해 자본 유입 규모가 200%나 증가한 것으로 추산되었다. 자본 유입은 중남미 상업은행과 외국인 투자를 통해서 광범위하게 단기 자본 형태로 유입되었다.[19]

대체로 중요한 자본 유입 파동은 환율 기반 안정화를 포함한 거시 경제 펀더멘탈과 역외 경제위기의 전염 현상으로 설명될 수 있다. 사실, 멕시코, 브라질 및 아르헨티나 등과 같은 국가들의 인플레이션 진정을 위한 노력에는 과대평가와 같은 단기 환율 제도가 포함되어 있었다.

그 결과 중남미의 세 경제 대국들은 1994년, 1998년 및 2001년에 각각 금융 위기를 겪게 되었다. 반면에 1990년대 들어, 특히 미국 등 선진국들의 고도 경제 성장과 외국인 투자자들의 신뢰도가 높아지면서 신흥 시장을 겨냥한 유동 금융 자본이 대거 유입되는 계기를 만들었다.

아시아와 러시아의 금융 위기도 투자자들의 기대치에 영향을 미쳤다. 금융적으로 통합된 세계 경제에서, 경기 변동과 고도로 취약한 자본의 흐름이 1994년 테킬라 위기와 같은 중남미 지역 내 발생 위기뿐만 아니라 태국이나 러시아와 같은 신흥 시장에서 발생한 위기 등으로 영향을 받게 되었다.[20]

[그림 10.14]에서 보여 주듯이, 외국인 투자 유입 이외 내부적으로 발생된 경제 위

[그림 10.14] 1991~2011년 기간 중 중남미의 자본 유입 추이(U$10억)

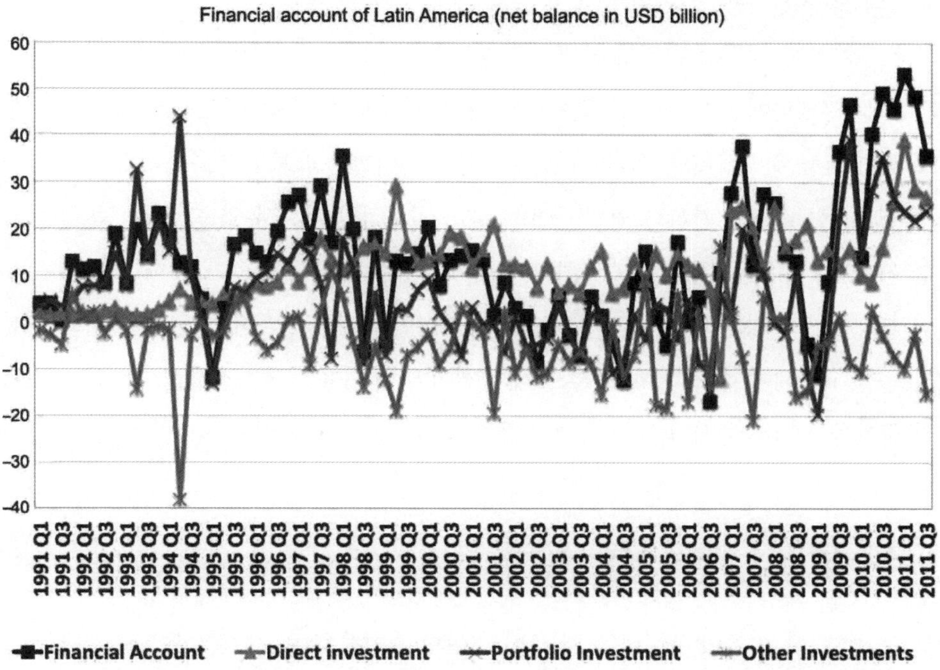

자료원 : De Paula

기와 역외 위기 전염으로 인한 대규모 경기 변동이 2000년대 내내 계속되었다. 금융계정은 다른 카테고리에서 유입된 모든 단기 투자를 합쳐서 1994년 테킬라 위기까지 상승 추세를 나타냈다.

1998년 브라질 위기와 2000~2001년간의 아르헨티나 위기에 따라 투자자들은 중남미 시장에 대해 신뢰를 잃고 있는 것 같았다. 불과 5년 정도 사이에 벌어진 중남미의 3대 경제 대국에서 발생한 경제 위기 결과를 고려하면 이는 놀라운 일도 아니었다.

중남미 모든 국가가 취약한 단기 자본 유입으로 고통을 받은 것은 아니었다. 칠레와 콜롬비아와 같은 국가에서 1990년대 외화 자금의 정화 시도 등을 포함한 어려움에도 불구하고, 금리 상승으로 단기적인 자본 유입 증가를 자극하였다. 칠레와 콜롬비아는 이에 대응하여 일종의 토빈세를 도입하여 유입 자본의 국내 거치 기간을 연장시키는 데 어느 정도 성공을 거두었는데, 이 조치가 총자본 유입을 감소시킨 것은 아니었다.[21]

금융 자유화 문제는 여전히 논란의 대상이 되고 있다. IMF의 입장은 무엇보다 저투자국의 생산 투자용 금융 자본 유치 능력, 위험 다변화 촉진, 금융 시장 발전 기여 등 자유로운 자본 이동의 긍정적 효과에도 불구하고, 대규모 자본의 유입은 유치국에 교역 부문 경쟁력에 영향을 주는 평가절상 압력과 국내 금융 붐 자극 또는 거품 가격 등에 의한 금융 취약성 증가 등 원치 않는 효과를 야기한다고 보고 있다.

이와 관련 IMF는 자본 유입의 통제는 특히 일시적인 자본 유입 붐 시기 등 특정 상황하에서는 유용할 수 있다고 말하고 있다. 그러나 자본 통제 정책 수행 결정은 금융 취약성 감소 및 대대적 거시 경제 통제의 이점뿐만 아니라 실행에 다른 비용과 왜곡 현상 등을 고려해야 한다. 특히 자본 통제 정책이 국내 화폐의 평가절상을 회피하는 저평가 국가들에 의해 실시될 경우 국제적 반향 및 보복도 고려되어야 한다.[22]

10.4.1 금융 감독, 부채의 달러화 및 금융 위기

중남미 금융 위기의 중요한 문제는 이 지역의 취약한 은행 시스템이었다. 중남미 경제대국인 브라질은 1980년대에 은행들을 민영화시켰고 멕시코는 1980년대에는 국유화시켰다가 1990년대에는 민영화하였다. 민영화와 함께 예금자 보호와 빈약한 은행 감독 규제 등이 1990년대에는 국내 상업 은행들에게 과도한 위험을 감수하도록 하기도 했다.

그 결과, 1994년과 1998년도에 발생한 멕시코와 브라질의 갑작스러운 자본 유입의 반전 국면에서 발생한 경제 활동의 침체로 부실한 은행감독과 상업은행의 자본 부족 사태로 인한 악성 차관 도입과 막대한 영업 손실이 발생하게 되었다. 나아가서 환율의 평가 절하는 대차대조표상에서 거래 통화 불일치 현상을 가져왔다.

특히 미국 달러화와 국내 통화를 호환하여 사용하며 금융 거래를 운영해오던 중남미 여러 나라에서 채권의 달러화로 알려진 현상이 발생하였다. 채권의 달러화로 고통을 받고 있던 국가의 상업은행들은 현지화로 영업이익을 올리던 개인과 기업 차입자들에게 미국 달러화 표시 차입 조건을 내밀었다. 대상 개인과 기업들은 달러로 거래가 가능한 여건이 아니었다. 급격한 환율 평가 절하로 이들 차입자들이 외화 표시 채무를 변제할 수가 없었는데도 국내 은행들은 달러 표시 대출을 고집했다.

이 문제는 1990년대 경제 위기의 파장을 확대시켰다. 최근에는 2000년대 초의 아르헨티나와 우루과이 경제 위기가 부채 달러화와 그 결과로 일어난 금융 위기의 생생한 사례를 보여주었다.

2007년-2008년 기간의 서브프라임 위기 시는 1930년대와 1980년대의 경제 위기에 비해 비록 기간은 짧았지만 대부분 중남미국들이 심각한 평가 절하를, 멕시코와 같은 일부 국가에서는 급격한 경기 침체를 겪었다. 그러나 21세기 들어서는 아르헨티나를 예외로 하고 중남미 국가 중에 갑작스러운 자금 유입의 역작용으로 금융 위기를 경험한 국가는 없었다.

최근의 서브프라임 위기와 과거 위기들과의 근본적인 차이는 중남미 역내 유수의 대형은행들의 개선된 위기관리 메커니즘과 함께 대부분 국가에서 개선된 규정과 감독 기준을 갖추고 있다는 점이다. IMF(2009)에 따르면 중남미의 재무 건전성 지표들이 상당히 개선되어 왔다. 이러한 개선에도 불구하고, 국내 금융 시스템은 신뢰도가 아직 회복되지 않고 여전히 취약한데, 이는 중남미의 낮은 민간 저축율과 연관되어 있는 현상이다. 이에 대해서는 제12장에서 다시 검토하기로 한다.[23]

10.4.2 해외 근로자 송금

자본 유입과 재정 위기의 빈번한 반전이 빈곤층에 미칠 수 있는 부정적 영향을 완화시키는 다른 요인은, 특히 멕시코, 중미 및 카리브 지역의 지속적인 해외 근로자 송금이었다. [그림 10.15]에서와 같이, 1980년대와 90년대의 경제 위기 속에서 중남미 특히, 멕시코의 1인당 해외 송금액은 수많은 빈곤층을 대상으로 지속적으로 증가되어 왔다(제5장 참조). 중남미에서 1인당 해외송금의 가장 큰 수혜국은 멕시코와 엘살바도르이다.

21세기 들어서도 송금의 증가 추세는 계속되고 있다. 2008년 서브프라임 위기 발생 전의 송금은 연평균 17%씩 증가되었다. 2009년도에는 약 7% 정도가 급락했으나 미국의 경기가 회복되면서 다시 증가되기 시작했다.

[그림 10.15] 180~2000년 중 중남미 3개 지역의 근로자 1인당 송금 추이

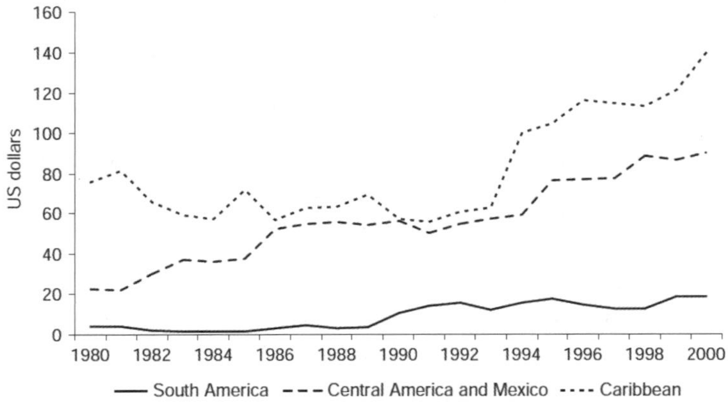

자료원 : Fajnzylber and López 2008

[그림 10.16]의 해외근로자의 미국 외 지역의 송금은 주로 에콰도르 이민자들의 스페인으로부터 송금이었다. 최근 들어 특히 멕시코 등의 해외 송금액이 정체현상을 보이고 있어 관심이 높아지고 있다. 특히, 미국으로부터 멕시코로 송금은 석유 수출 소득 다음, 외국인 투자보다 많은 제2의 외화가득원으로 추산되고 있다.[24]

반면 송금액 유입의 점진적 감소는 최근 들어 미–멕 간 이민이 현저히 감소되고 있는데 그 원인이 있을 것으로 보고 있다. 이는 미국과 멕시코간 경제와 인구 통계학 면에 영향을 미치는 여러 요인들 때문이라고 보고 있다. 또한 미국의 강력한 국경 통제도

[그림 10.16] 2001~2013년 기간 중 중남미의 근로자 송금 추이

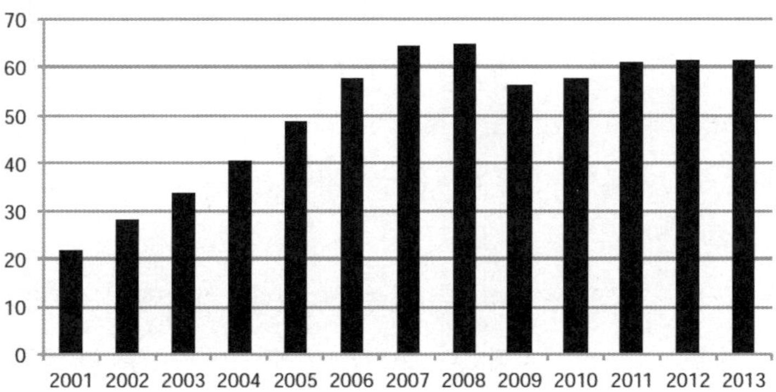

자료원 : Maldonado and Hayem 2014

영향을 주고 있을 것으로 추정되고 있다.[25]

10.4.3 21세기 자본 유입 관리

2004년 중남미로의 자본 유입의 새로운 급증은 미국의 낮은 이자율, 중국에 의해 촉발된 1차 산품 수요 붐에 기인한 투자자들의 대 중남미 높은 투자수익 기대치 등의 결과로 일어난 것이었다.

2007~2008년간이 서브프라임 위기는 앞서 논의한 바처럼 갑작스러운 단기 자본 유입 중단 사태를 가져왔었다. 2009년 들어 자본 유입이 재개되어 2011~2012년까지 계속 증가되다가 점차 후퇴되고 있는데 주로 중남미 최대 외국인 투자국인 중국의 경제 성장 침체와 유럽의 투자 관심 감소 추세 등이 원인으로 파악되고 있다.

중남미의 자본 유입 파동은 앞서 언급한 바와 같이, 대체로 여러 나라로 유입된 단기 자본 때문으로 분석되고 있다. 아르헨티나, 브라질, 칠레, 콜롬비아, 멕시코, 페루 및 베네수엘라 등 중남미 7개 경제 대국 중 브라질이 보다 뚜렷한 경기 변동을 보였다.

국제결제은행(BIS 2008)의 신빙성이 높은 BIS 정보(BIS 2008)에 따르면, 중남미 전체에 비해서 상대적으로 높은 페루의 자본 유입 안정성은 대부분 유입이 FDI 또는 장기 차관의 형태를 취하고 있다는 사실에 기인하고 있다. 중남미의 우수한 무역 자유화 추진국 칠레의 경우도 단기 자본의 유입 문제는 극복하기가 어려운 문제였다.

라미레스(Ramirez, 2011)는 칠레의 우수한 수출 부문 활동은 외국 자본 유입을 촉진하고, 그 결과로 외환의 고평가 경향이 발생하였다고 주장한다. 그러나 칠레 당국은 칠레 페소화가 과대평가가 되지 않도록 보장하기 위해 실용적 접근 정책을 취하고 있다.

그들의 정책들은 외환 보유 요건을 통한 환율 변동 규제, 쿼터, 수수료, 외환시장 개입 및 자본 유출 통제 완화 등을 통한 외환 정책을 구사하고 있다.[26]

브라질의 자본계정은 다른 중남미 국가들보다 자본 유입이 대단히 큰 폭의 국가이다. 브라질은 남미의 다른 국가들과 같이 최근까지 완화된 외부 금융 조달 조건뿐만 아니라 강력한 1차 산품 수출 가격 경쟁력에 힘입은 유리한 교역 조건 등을 누려왔다.

브라질이 칠레, 콜롬비아 및 페루 등 1차 산품 가격 파동에 같이 노출되어 있는 다른

[그림 10.17] 1994~2011년 기간 중 중남미 7개국의 자본 유입 추이

(순수지 단위 : U$ 백만)

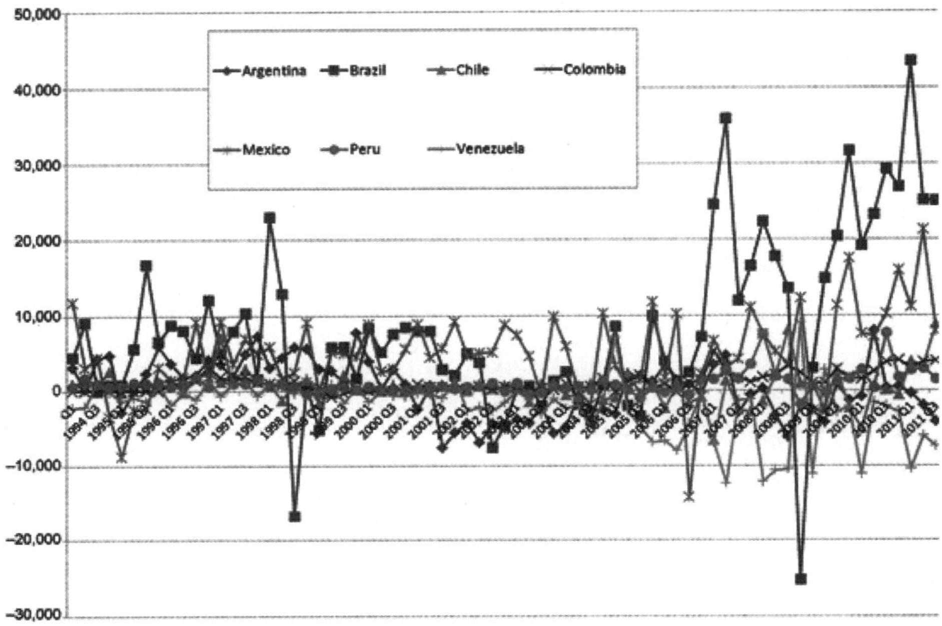

자료원 : De Paula, Ferrari-Filho and Gomes 2014

대표적인 중남미 국가들과 비교해서 중요한 차이점은 1차 산품의 벼락 경기를 피하기 위한 호경기 동안의 GDP 대비 외채 비율의 부적절한 관리, 아직 독립적이지 못한 중앙은행과 서투른 환율 관리 등을 지적할 수 있다.

10.5 맺는말

중남미의 주요 무역 자유화 물결은 1970년대 중반 조기 자유화에 착수한 칠레의 경우를 제외하고는, 1980년대 말 1990년대 초에 시작되었다. 이번 장에서는 무역과 금융 자유화 효과를 풀어내기 위해 내포되어 있는 다양한 어려움들에 초점을 맞췄다.

이는 민영화와 안정화를 포함한 광범위한 시장 친화적 개혁의 틀 내에서 발생하는

것들이다. 1990년대에 환율을 이용하여 물가 안정화를 추구하던 노력들은 중남미에서 아르헨티나, 브라질 및 멕시코 등 최소 3개 경제대국의 수출 주도 성장 전략 효과를 희석시켰다.

그럼에도 불구하고 수출 주도 성장 전략은 무역 통합, 다자간 협정과 반대 개념인 양자 무역 협정, 세계무역기구(WTO)의 우산 아래 체결되는 다소 번거로운 다자간 무역 협정 등 다양한 채널을 통해서 추진되었다. 우루과이와 도하 국제 무역 협상 참여와 병행하여, 대부분 중남미국들은 무역 블록 설립과 함께 관세 및 비관세 무역 규제를 일방적으로 제거하는 것이 더 쉽고 빠르며 효과적이라는 것을 발견했다.

MERCOSUR, NAFTA 및 CAFTA와 같은 무역블록에서 무역전환이 무역 창출을 초과하는 정도는 명확하지 않다. NAFTA의 경우 멕시코가 FDI와 기술 확산으로 혜택을 받은 것으로 보인다. 동시에 NAFTA는 멕시코의 수출 다변화를 촉진하였다. 여타 중남미국들과 비교할 때, 멕시코는 1차 산품 수출에서 수출 다변화로 이동을 한 유일한 나라이다. 특히, 멕시코는 총수출에서 차지하는 제조업의 비중이 급증하였다. 다른 신흥부상 시장 경제국들에 비해 NAFTA 이후 멕시코는 지금까지 수출이 다변화되고 있다.

그런 혜택은 정치적 불안, 사회적 불안 및 마약 밀매 급등 및 범죄 등으로 오염되었으며, 특히 중미 쪽으로 확대된 NAFTA 영향으로 혜택이 다소 희석이 되었다. 마약 밀매와 범죄와의 싸움은 마약 거래망이 미국과의 국경지대로 새로운 루트를 찾아 확대되었기 때문에 난해한 문제가 되고 있다.

대다수 중남미 국가들은 경제 성장이 1차 산품 가격에 강력하게 연계되어 있는데, 단지 칠레, 콜롬비아 및 페루만이 1차 산품 붐을 잘 관리해 온 것으로 보인다. 이들은 적절한 재정 및 통화 제도를 통해 무역을 더욱 강화할 수 있었으며 다각화가 이루어질 수 있음을 보여주었다.

많은 가능성을 제공하는 무역 협정의 하나는 칠레, 페루, 콜롬비아 및 멕시코 등이 참여하는 태평양동맹(Pacific Alliance)이다. 2012년에 창설된 이래 이 동맹은 무역 및 금융시장의 심층 통합을 가져오고 있으며 보다 확대된 무역 협정의 협상 가능한 모델이 될 수 있을 것이다. 동시에 중남미 국가들은 56개의 양자 협정을 체결했는데, 그중

11개 협정은 선진국들과 체결되었다. 칠레와 페루는 차례로 미국, 중국과 양자 간 자유 무역 협정을 체결하였다.

21세기 중남미에 미치는 중국의 비중은 막대하다. 중국은 이제는 미국과 EU에 이어 제3위 수출 대상국이다. 중국은 또한 멕시코를 제외한 중남미, 특히 남미 메르코수르 지역을 포함 여전히 1차 산품 수출에 의존하고 있는 중남미의 해외 자본유치에 중요한 역할을 해왔다.

21세기 무역 개방과 금융 자유화가 환율 과대평가와 단기 유입 자본의 투기성 시장 교란 야기의 취약점을 피하기 위한 이중 목적을 달성하기 위해 환율 정책에서 자본 통제에 이르기까지 광범위한 정책들을 추진해 오고 있다.

1990년대 중남미 3대 경제국에서 발생한 금융 위기의 결과는 미국의 금리가 역사상 최저 수준에 달하고, 중남미 특히 남부 메르코수르 국들이 중국의 1차 산품 소비 수요의 급증으로 인한 붐을 누리기 시작한 2004년까지 장기 자본 유입을 저해했다.

중남미의 중국에 대한 의존도는 대부분 남미 국가들이지만 특별한 혜택을 가져왔다. 앞서 제4장에서 논의한 바와 같이, 중남미가 20세기에 미국발 두 번의 경제 위기를 견디어 냈지만, 증가된 무역과 금융 자유화 및 중국의 비중 상승 등이 중남미를 서브프라임 위기로부터 오는 심각한 타격을 통제할 수 있도록 해주었다.

중국 경제 성장의 후퇴와 중남미 지역의 성장 후퇴 간의 밀접한 관계가 나타내듯이 과도한 중국에 대한 의존은 위험 요인이다. 칠레, 콜롬비아 및 페루는 비교적 경제 성장률이 비교적 소폭으로 하락했는데 이들 3개국은 개선된 경제 제도들을 통해 1차 산품 붐을 잘 관리해 왔기 때문이었다.

다른 지역과의 교역 관계 강화와 미국, EU 및 기타 선진국들의 경제 성장 회복에 대한 기대는 중남미에 수출 다변화, 외국인 투자 혜택 및 기타 장기 자본의 유입 및 강화된 기술 확산 혜택 등을 가져 올 것이다.

요약

- 중남미의 무역 자유화 물결의 특징은 일방적인 관세 및 비관세 장벽의 철폐이다.
- 수출업자들의 해외 시장 접근은 양자 무역 협정과 지역 내 무역블록의 창설 등을 통해 얻어진 것이었다.
- 가장 중요한 통상블록은 MERCOSUR, Andean Pact, NAFTA, CAFTA 및 최근의 Pacific Alliance 등이며, 모든 이들 협정들은 무역전환 및 무역 창출 요소들을 가지고 있다. 이들 협정의 대외 개방도가 클수록, 무역 창출이익이 무역 전환으로 인한 손실보다 더 클 것이다.
- 기존 연구들은 멕시코에 대한 NAFTA의 잠재적 혜택에 집중되고 있다. 그러한 연구들은 멕시코의 경제 성장 성과가 1994년 이전의 높은 기대치와 비교했을 때보다는 낮았다고 주장하고 있다. 그럼에도 불구하고 멕시코는 NAFTA 없이는 NAFTA 이전 상태보다 수출을 다변화시키고 1차 산품 수출 중심 구조로부터 벗어날 수는 없었을 것이다. 그러나 마약 밀매 범죄율은 NAFTA 발효 후의 증가율보다는 적을 가능성도 있다.
- CAFTA는 이 지역의 잠재력에 부응하지 못한, 중미 지역으로의 NAFTA의 확장이라고 인식되고 있다. 이 미완성 잠재력으로 인한 하나의 현상이 중미의 미국을 향한 이민의 급격한 증가라고 할 것이다.
- 경제 성장 동력으로서의 무역 자유화를 뒷받침하는 증거와 실증적 사실을 가진 중남미 국가는 칠레다. 다른 중남미 국가들에 비해 조기 무역 개방국이었던 칠레뿐만 아니라 다른 국가들도 시장 개방 정책의 가운데에 놓여 있었다. 정책입안자들은 체계적으로 수출 주도형 정책에 대하여 연구를 하고, 특히 환율의 과대평가를 피하기 위한 정책을 고심해 왔다.
- 금융 자유화는 단기 자본의 유입으로 급격한 경기 변동을 가져왔다. 부분적으로는 1990년대에 중남미 3대 경제국들의 화폐 고평가와 역외 경제 위기의 전염이 경기변동의 원인이었다.
- 2004년 이후 최근까지, 금융 자유화는 자본 유입의 탄탄한 상승세를 촉발하였는데, 페루와 칠레 등이 비교적 안정적인 자본유입 국가들이었다.
- 2004년부터 멕시코를 제외한 중남미국들의 경제 활동은 대체로 개선되었다. 중남미에서 중국의 비중은 미국, EU에 이어 중남미의 제3위 수출 대상국으로서의 위치로 부상했을 뿐만 아니라 최근 들어서는 중남미의 자본 유입원으로서 점점 중요도가 높아져 왔다.
- 중남미가 계속 수출과 외국인 투자 혜택을 누릴 수 있을 범위는, 첫째, 범대서양 경제블록을 통한 무역 통합의 확대, 둘째, 중국, 미국 및 EU 등의 경제 성장, 그리고 마지막으로 국내 정책들, 특히 자본 유입과 환율에 영향을 미치는 정책 등에 달려 있다.

주목해야 할 포인트

1. 왜 중남미는 일방적으로 관세 및 비관세 장벽을 철폐하기로 결정하였는가?
2. 헥셔-올린의 예측은 1990년대 및 그 이후 중남미의 교역 패턴과 잘 일치하고 있는가?
3. 지역 무역 통합 블록의 잠재적 이익과 비용은 무엇인가?
4. 무엇이 대부분 연구에서 제시하는 멕시코의 NAFTA 혜택인가?
5. 왜 대부분 옵서버들이 칠레의 기적이 평균 이상의 수출 증대 결과라고 보고 있는가?
6. 중국과의 교역은 대부분 중남미국들에 유익한 것인가 해로운 것인가?
7. 범 대서양 무역 통합과 범태평양 무역 통합으로부터 무엇을 기대할 수 있을까?
8. 중남미 입장에서 1990년대 자본 유입과 수출 성적에 기반하여 생각할 때, 금융 자유화의 핵심 우려 사항은 무엇이었나?
9. 왜 불태화 금융 정책이 우려되는가? 그리고 무슨 정책이 투기 자본 유입을 완화시킬 수 있는가?
10. 만일 멕시코에서 근로자 송금이 외국인 투자 자본 유입을 초과할 경우, 왜 멕시코 정부는 외국인 투자 유치 노력에 대해 우려해야 하는가?

추가 자료

- 중남미 무역 자유화의 역사적 분석: Nenci and Pietrobelli (2008)
- 1990년대 중남미 무역 자유화 검토: Ferranti et al. (2003)
- 1990년대 중남미의 자본 유입 동향: Allendorf et al. (2011)

11 노동 시장, 비공식성 및 근로자 보호 시스템

개혁이 가장 어려운 분야의 하나가 노동 시장과 근로자 보호 문제이다. 노동시장 규제 완화의 잠재적 수혜자들이 많은데, 일반적으로 빈곤층, 노조를 구성하지 못한 비공식 부문 근로자들이다. 반면 최소한 단기 잠재적 패배자들은 고도로 조직화된 정규직 부문 또는 공공 부문 근로자들이다. 중남미 정부들은 개혁시기와 그 이후에 노동시장법, 노조 및 비공식 부문을 어떻게 처리하고 있을까?

민영화의 특별사례로, 새로이 민영화된 기업들은 경쟁력과 효율성을 높이기 위해 과도한 고용 인력을 감축해야 했다. 기대했던 것은 민간 기업들의 군집이 노동력을 재흡수하여 노동력이 보호되리라는 것이었다. 그러나 그러한 전환은 경제적으로 또 정치적으로, 특히 사회 안전망이 결여되어 있는 국가에서는 어려운 일이었다.

또한 정규직 노동자가 산업 부문을 횡적으로 이동하는 것도 매우 어려운 것으로 비현실적이었다. 대부분의 경우, 워싱턴 컨센서스 우산 아래서 추진된 광범위한 경제 개혁의 즉각적 효과는 실업자와 비공식 고용의 증가였다. 정리 해고 근로자는 퇴직금, 민간기업의 주식 배당과 조기 퇴직제도 등을 통해서 다소 보상이 되었다.

이 장은 제6장에서 강조되었던 정치 경제적 고려 사항들과 연계되어 문제의 본질을 파악할 수 있다. 중남미 역내 다양한 국가의 고용과 해고 통계와 남성과 여성 인력의 경제 활동 참여율 등을 설명한다. 그리고 비공식 부문과 일자리 질 등에 대한 자료들을 제시하고 비공식부문 근로자의 지속적인 소득 불균형의 요인으로 지적되는 기술 부족을 개선하면서 대규모 비공식 부문 풀로부터 파생되는 비효율성과 자기 자본 비용 등을 평가한다.

또한 이 장은 연금 기여금 및 보조금, 해고수당, 실업수당 및 해고규칙 등을 포함한 노동자 보호의 기본적 프로그램을 검토한다. 또한 여러 나라의 고용과 해고에 따른 비용을 추산하여 제시한다.

본 장의 섹션 11.1에서는 20세기 마지막 20년 동안 ISI 정책으로부터 무역 자유화 정책으로 전환했던 중남미의 고용 상황 변화를 분석한다.

섹션 11.2에서는 정치 경제적 고려 사항, 내·외부 차이론 및 다른 가설 등을 통해서 1990년대 중남미의 노동시장을 분석해 본다. 이 섹션에서는 20세기 말 이후에 진행되었던 개혁의 가장 중요한 경험론적 기여 부분을 강조한다.

섹션 11.3에서는 국제노동기구(ILO)가 최근에 밝혀낸 사실을 설명한다. 그 사실은 소위 전환점이라고 부르는 2004년 이전과 이후의 21세기 중남미의 노동력 추세에 대해 설명한다. 이 섹션에서는 또한 여성과 청년층에 유리한 노동 시장 개혁 필요성을 논한다.

섹션 11.4에서는 비공식 부문과 고용의 질에 대한 기원, 비용 및 도전 과제 등에 대해 분석한다. 섹션 11.5에서는 인구 통계학적 전환 절차, 중남미 노동력의 연령 구조, 청년층 기술 인력 부족 및 여성 노동력 등을 다룬다. 섹션 6에서는 끝으로 내용 요약과 결론을 제시한다.

11.1 배경

대략 1940년대부터 1980년대 중반까지 중남미의 ISI 시기 노동시장은 농촌에서 도시로의 대규모 노동력 이동 특징을 가지고 있다. 이러한 흐름은 고도로 세분화된 도시 노동 시장을 낳게 했다.

대부분 경제학자들은 그러한 현상을 해리스-토다로 모델(Harris-Todaro 1970)에 비추어 보려는 경향이 있다. 이 모델은 특히 강력한 노동조합과 최저 임금법 등 제도적 보호 수단으로 임금 수준이 시장청산 임금 수준보다 높은 도시 정규직 고용 인력에 대해 조명을 하고 있다.[1]

ISI 시기에는 중남미의 제조업 부문 성장 촉진을 위해 농업 종사자들을 제도적으로 억압을 했었기 때문에 도시화 속도가 매우 높았다. 예컨대 도시 지역 거주 인구 비중이 1950년의 17.4%에서 2000년에는 36.7%로 높아진 아시아 지역에 비해 같은 기간 중 중남미의 도시화율은 41.4%에서 75.3%로 급등하였다.[2]

높은 임금소득에 대한 기대로 농촌에서 도시로 노동력의 이동이 눈에 띄게 빠른 속도로 이루어짐에 따라, 임금은 시장청산 임금 수준 이상이었던 반면 산업 부문은 상대적으로 기술수준이 높은 노동자들을 고용하였기 때문에 대다수 노동자들은 정규직 부문에서 일자리를 구하지 못했다. 다시 말하면 투자자들이 노동 절약적 기술 부문에 투자를 했었다.

그럼에도 불구하고 이주자들은 도시에 머물렀는데 왜냐하면 농업 부문의 소득이 낮았기 때문이다. 따라서 비공식 근로자들의 풀이 형성되었다. 이 풀이 확대됨에 따라, 해리스-토다로 모델은 비정규직 노동자들의 기대 임금수준이 낮아지고 도시지역의 기대임금이 농촌 지역과 같아지자 농촌에서 도시로의 인력의 큰 흐름이 중단되게 되었다.

해리스-토다로 모델은 중남미에 대해 재미있는 결과를 보여주고 있다. 특히, 그 모델은 정규직 근로자들이 비공식 부문과 같이 공존하며 시장청산임금 이상의 임금을 지급하는 도시 노동 부문의 분화를 예견하고 있다. 비공식 부문은 자영업자, 파트타임 근로자, 세금을 회피하려는 중소기업 고용 노동자, 실업 및 부분 실업자 등을 포함한다. 대체로 비공식 부문과 근로자들은 정규직 근로자들보다 낮은 급여를 지급받게 되며, 보다 더 심각한 문제는 사회 보장 혜택을 받지 못한다는 점이다.

중남미에서 ISI 시대 이후 도시 지역 비공식 고용자 풀이 증가하였다. 동시에 노조는 힘을 잃었다. 이러한 현상은 무역 자유화에 기여하였다.[3] 1990년대 동안 논란의 여지가 있지만, 해외 시장 경쟁과 서비스에 노출된 기업에는 상대적으로 적은 규모의 높은 기술 수준의 숙련 노동력이 고용된 반면, 대부분의 미숙련 노동력은 비공식 자영업과 국내 시장 소비용품 생산을 하는 중소기업들의 부분적인 고용으로 한정되었다.

이러한 추세는 소득 불균형을 악화시키게 되었다. 왜냐하면 기술 인력의 기술 프리미엄과 정규직 고용이 증가된 반면, 비공식 부문의 소득은 정체 상태이거나 아니면 느린 속도로 상승하기 때문이다.

정책 담당자들과 국제 원조기관들은 실업자와 비공식 고용 인력의 풀이 증가함에 따라 소득 분배 비중이 줄어드는 것을 점점 우려하게 되었다. 사회적으로 보호받지 못한 채 남아 있는 대규모 비공식 노동자들의 저임금 일자리에 대한 우려는 무역 자유화 정책이 취해짐에 따라 광범위한 사회적 불만과 정치적 불안을 유발하게 되었다.

그러나 다양한 연구에 따르면, 무역 개방이 비공식 부문에 미치는 영향에 대한 실질적 증거로는 인과 관계상 영향이 크지 않다고 말하고 있다.[4] 예컨대 브라질에 대한 최근 연구는 1983년-2002년 기간 중 무역 자유화가 가져온 비공식 부문의 증가는 단지 약 1% 정도라고 밝혀졌다.[5]

반면에 상당수 연구는 문제의 근원이 무역 자유화가 아니고 과도한 노동자 보호 정책에 있다고 주장하고 있다. 왜냐하면 그러한 정책들은 대다수 근로자가 비공식 부문 활동에 참여하는 비용과 노동조합에 참여하고 있는 일부 근로자들을 위한 사회 보장 제도 간 미묘한 상충 관계를 보이기 때문이다.

더욱이 페리(Perry et al. 2007)는 최저 임금, 퇴직금 및 과도한 노무관리세와 같은 민주화의 부산물인 노동자 보호 정책들 자체가 비공식 고용 인력 풀의 지속적인 증가를 유발하고 있다고 주장하고 있다. 최저 임금, 퇴직금, 과도한 노무 관리세와 같은 민주화의 부산물인 노동자 보호 정책으로 인해 비공식적으로 고용된 노동자의 수가 계속 증가하고 있다.

모든 표준 경제학 교과서는 잘 알려진 형평성과 효율성 사이의 관계를 설명하는 후생 경제 부분을 담고 있다. 1990년대에 중남미에서 일어난 일들이 대표적 사례이다. 특히, ISI 정책 아래 정규직으로 고용된 중남미 노동력은 아시아 노동력과 비교할 때 국제경쟁력을 위해 필요한 기술 능력이 결여되어 있었다.

포퓰리스트 정권의 통치하에 고용된 정규직 부문 근로자들은 일반적으로 정치 세력화되어 있었다(제6장 참조). 이러한 추세는 특히 국영 기업의 강력한 노조 세력화를 불러왔다.

보다 일반적으로 보면, ISI 보호주의 정책 아래 정규직으로 채용된 공공 및 민간 부문 노동력은 아주 비효율적이었다. 동시에 사회 보장도 점점 극도로 양극화되어 있었다. 사회 보장 제도의 접근은 강력한 이해관계 그룹과 노조에 의해 통제되는데, 특히 국영 기업들과 에너지 부문이 강력하였다. 따라서 효율성의 상실은 형평성을 근거로 정당화될 수도 있었지만, 실제로는 그렇지도 않았다 추측할 수 있다.

단순한 시장청산 임금보다 더 많은 혜택이 있었기 때문에, 중남미 각국 정부들과 노동조합 간에는 점점 긴장 관계가 높아져, 군사 정권들은 종종 노동조합의 힘을 억누르기 위해 노력했었다. 워싱턴 컨센서스 개혁은 민주화와 일치한다. 그 결과, 신기술의 채택으로 숙련 노동력의 수요는 증가되었지만, 1990년대와 2000년대에 대부분 중남미에서 숙련이든 미숙련이든 근로자들의 노동권은 법적으로 복권되고 심화되었다.

동시에 1996년-2009년 기간 중 아르헨티나, 브라질, 칠레, 콜롬비아, 멕시코 및 페루 등 중남미 신흥 시장 국가 대상 교차 연구에서 얻어진 경험적 증거에 따르면 노동생산성은 실제 임금 수준보다 낮았다. 정규직 부문의 근로자 보호는 기업들이 더 많은 노동력을 고용하지 못하도록 해 비공식 부문의 확대를 가져와 페리(Perry et al.; 2007)

[그림 11.1] 1960~2013년 중 아르헨티나, 브라질, 칠레 및 멕시코의 노조 가입률 : 노조 밀집도

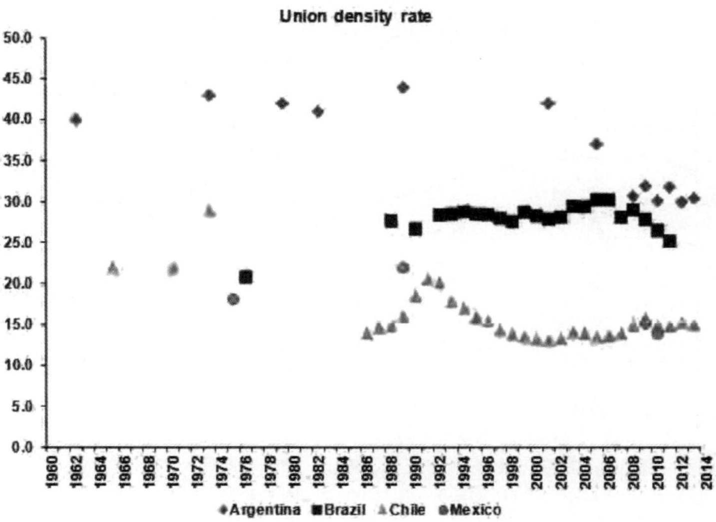

자료원 : 암스테르담 연구원 자료 기준 저자 작성

의 연구 결과를 뒷받침해 주고 있다.[6] 즉, 노동 생산성이 임금 수준보다 뒤떨어지면 국가는 경쟁력을 상실하게 된다는 점에 유의하는 것이 중요하다.

그러나 왜 실질임금이 그렇게 높았나? 제6장에서 언급한 바와 같이, 군사정부에서 민주정부로 전환기에 일부 국가들은 임금의 연동제를 통해 포퓰리스트 정책들을 폈기 때문이다.[7]

이러한 배경에 반하여 도시 지역에서는 정규직 근로자를 대상으로 하는 이중 노동시장이 부상하였다. 한편으로는 여전히 강력하게 노조화되어 있던 공공 부문에서는 강력하게 보호되는 고임금 노동 부문과 다른 한편으로는 노동조합이 조직되어 있지 않은 고도 숙련 노동자들로 구성된 민간 고임금 부문이 부상하였다.

노조 가입율의 감소는 중남미만의 특징은 아니라는 점을 주목해야 한다. 사실, 민간 부문의 탈 노조화는 전 세계적 추세이며 [그림 11.2]에서 OECD 7개국의 노조 가입률 추세를 보여주고 있다. 높은 노조 가입률을 보이는 북유럽 국가들을 포함한 OECD의 평균 노조 가입률도 전체 노동력의 약 16% 수준에 불과하다.

[그림 11.2] 1960~2013년 중 OECD의 노조가입률 추이

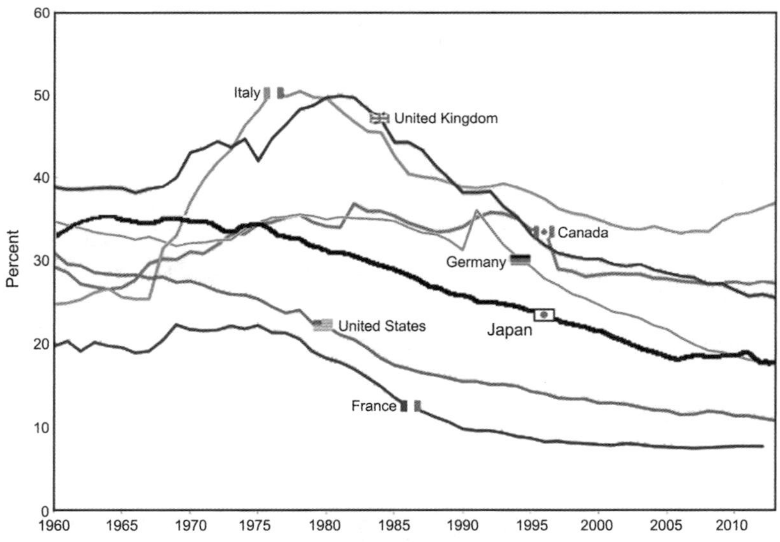

자료원 : OECD 2015

탈노조화가 탈공업화에 기인하는 OECD국들과는 달리, 중남미의 노조 가입 감소율은 대규모 숙련 및 미숙련 노동력이 국제경쟁에 노출된 민영화와 무역 자유화의 부산물들이다. 그러나 각 국가의 특징이 반영되어 지역 간 차이가 뚜렷하다. 활용할 만한 데이터 부족에도 불구하고 일부 유용한 양적 수치가 나타나고 있다.

예컨대, 중남미 역내 대표적 경제대국들인 남미의 아르헨티나와 북부 지역의 멕시코, 양국을 비교할 때 아르헨티나의 노조원도 전 개혁 기간에 걸쳐서 감소되었지만, 멕시코는 아주 뚜렷한 감소를 보였는데, 물론 비농업 부문에서 더 많은 감소를 기록했다.

중남미에서 가장 노조화가 활발한 두 국가 간 이러한 차이는 제10장에서 검토했듯이 멕시코에서 마킬라도라 산업의 폭발적인 발전이 원인이었다. 이 부문에서는 노조 리더들과 노동자 간의 관계가 취약하다. 아르헨티나에서는 노조와 노동자들과의 관계가 대부분 역사적인 이유 때문인 것으로 보이지만 강력하다. 특히 1970년대로 소급되는 아르헨티나 노조가 관리하는 건강관리 계획 “Obras Sociales” 등 대표적인 페론주의자 스타일의 정책들이 양측의 관계 강화의 중요한 기여 요인들이다.

중남미는 아시아 지역과 비교해서 노동력이 풍부한 지역은 아니나 ISI 정책을 폐기하면서 노동집약적 제조업 부문에 외국인 투자를 유치하기 위하여 치열한 경쟁을 치렀다. 중남미는 실질임금이 계속 하락하여 사실상 유연한 노동 시장 여건을 갖게 되었다.

그럼에도 불구하고, 민주화 추진 과정에서 정치·경제적 고려 사항으로 최저 임금과 임금 연동제 등의 노동 보험법 제정을 가져왔다. 결과적으로 일부 국가에서 실질임금이 생산성의 향상보다 높게 인상되었다. 이에 대해서는 섹션 11.3에서 다시 검토한다. 상대적으로 높은 임금은 비공식 부문이 증가한 민간 고용주들의 정규직 고용의 감소를 가져왔다.

소프(Thorp, 1996)에 따르면 1970년대 비공식 부문은 약 13%이었다. 대조적으로 ILO의 최근 통계는 비공식 부문의 증가 추세가 2010~2013년 기간 중 50%를 상회하고 있다고 말하고 있다. 간단히 말하자면, 현대 중남미의 노동력 중 대략 50% 이상이 자영업 또는 비공식 영세 기업들에 의해 고용되고 있음을 의미한다.[8]

비공식 부문 경제 활동의 증가와 탈노조화는 ISI 체제로부터 수출 주도형 정책 및 민영화로 전환을 반영하고 있다. ISI는 노조 조직을 장려하고 정치적으로 노조화된 노동력을 지원하였다.

1980년대 및 1990년대에는 무역 자유화에 이어 공공 부문과 민간 부문 고용 인력의 노조가입의 침체를 가져왔다. 동시에 1980년대와 1990년대에는 민간 부문의 고용 기회가 확대되었다.[9] 특히 서비스 산업 민간 부문 근로자들은 노동의 회전율이 높기 때문에 노조화가 훨씬 어려웠다. 반면 확대 과정에 있는 미숙련 근로자들은 전통적인 노사관계도 없으며 이에 따라 노조화가 불가능하게 되고 있다. 관련 연구들은 민영화와 무역 자유화를 통한 자본의 효율성 향상을 위해서는 중남미 노동력의 교육 훈련에 막대한 투자가 필요하다 주장하고 있다.

11.2 노동 시장의 규제 완화와 탈 노조화

고용의 규제 완화 효과에 대한 논쟁은 계속되고 있다. 한편으로는 흔히 1990년대 광범위한 노동 개혁은 고용에 부정적 영향을 미쳤다고 주장하고 있다. 가장 폭넓은 규제 완화에 대한 연구내용 중 해고 비용의 감소에 대해서는 논란의 여지가 있다. 그것은 해고 비용이 감소할 때는 기업 차원의 고용도 감소하는 것 같다. 왜냐하면 높은 고용율이 높은 해고율을 보완하지는 않기 때문이다. 최근 연구도 해고비용의 감소가 고용의 증대를 가져온다고 지적하는 내용은 없다.[10]

반면, 기업별 분석에서 거시적 분석으로 전환할 때, 내부자–외부자 이론은 고용보장 규정을 낮추는 것이 내부자의 협상력을 낮추고 임금을 낮추는 것으로 귀결된다고 예측을 하고 있다.

왜냐하면 고용주는 이직 비용절감 효과를 가져와 고용율이 높아지기 때문이다.[11] 까바예로(Caballero)와 아무르(Hammour) (1997)도 비슷한 결론에 도달했다. 장기적으로는 낮은 해고 비용은 기업들이 보다 노동집약적 기술로 전환하기 때문에 고용 증가를 가져온다는 결론이다.

그러나 궁극적으로 고용에 대한 규제 완화 효과는 더 많은 추가 연구가 필요 하다는 미해결 의문 상태에 놓여 있다. 중남미에 대한 가장 포괄적인 경험론적 분석은 IDB의 연구 자금 지원을 받아 수행한 노벨 경제학상 수상학자인 헥크먼(James Heckman)과 그의 공저자 카르멘 파헤스-세라(Carmen Pagés-Serra)의 연구이다.

이 연구는 중남미의 노동시장 규제 완화에 대한 아이디어를 제시하고 있다. 특히, 저자들은 직업 안정 지수(JSI)를 만들었는데, 1999년 중남미의 평균 직업 안정 지수는 스페인과 포르투갈 등 남유럽 국가들과 같이 유연성이 없는 노동 시장을 보여주며 대부분 중남미 국가들에서 선진국들보다 상당히 높게 나타나고 있다.

[그림 11.3]은 선진국과 1990년대의 개혁 기간 동안 큰 변화를 가져온 중남미 국가들을 비교했을 때 월 임금으로 표현된 고용에 대한 예상 해고 비용으로 대표되는 높은 수준의 고용 안정 수준을 보여주고 있다. [그림 11.3]에서 보듯이 중남미 최대 경제국인 브라질의 1999년 고용안정지수는 1990년에 비해 높아졌다.

반면에 멕시코와 아르헨티나는 변화가 없었다. 콜롬비아, 페루, 베네수엘라 및 니카라과 등은 헥크먼과 파헤스-세라 지수가 현저하게 떨어졌다. 다소 놀랍게도 [그림 11.3]은 또한 칠레가 전통적으로 다른 중남미국에 비해 유연한 노동법을 가지고 있고 20세기 말까지 직업안정도가 상승했을 뿐만 아니라 멕시코나 아르헨티나와 같은 국가보다 역시 높은 직업 안정도를 보여 왔음을 보여주고 있다.

헥크먼과 파헤스-세라(2000, 114)는 '멕시코와 아르헨티나는 더욱 강력한 노조들이 주도하고 있어 더 높은 임금 경직성을 띠고 있는데, 칠레는 보다 높은 개인별 직업안정 규정을 가지고 있다'는 다소 이해하기 어려운 내용을 설명하고 있다.

실제로 해고 비용이 아옌데 정권하에서는 평균 4달분 임금 수준이었던 것이 한 달 임금으로 급격하게 떨어지던 1970년대 중반까지 거슬러 올라가면 칠레의 노동 시장의 개념에 대해서는 다소 오해의 소지가 있는 것으로 보인다. 에드워드(Edwards, 2004b)에 따르면, 칠레의 해고 비용은 1981년 노동시장 개혁 이후 높게 상승했고, 칠레가 민주주의를 회복했던 1991년에는 더 상승하게 되었다. 칠레의 사례는 특히 1990년대 동안 중요했다. 왜냐하면 이 기간 동안 대부분 중남미국들은 군사정부에서 민주정부로 전환했고, 왜 대부분 중남미 정부들이 노동의 유연성에 대해 저항을 했는지를 설명할 수 있기 때문이다.

[그림 11.3] 1990~1999년 기간 중 중남미의 직업 안정성 지수

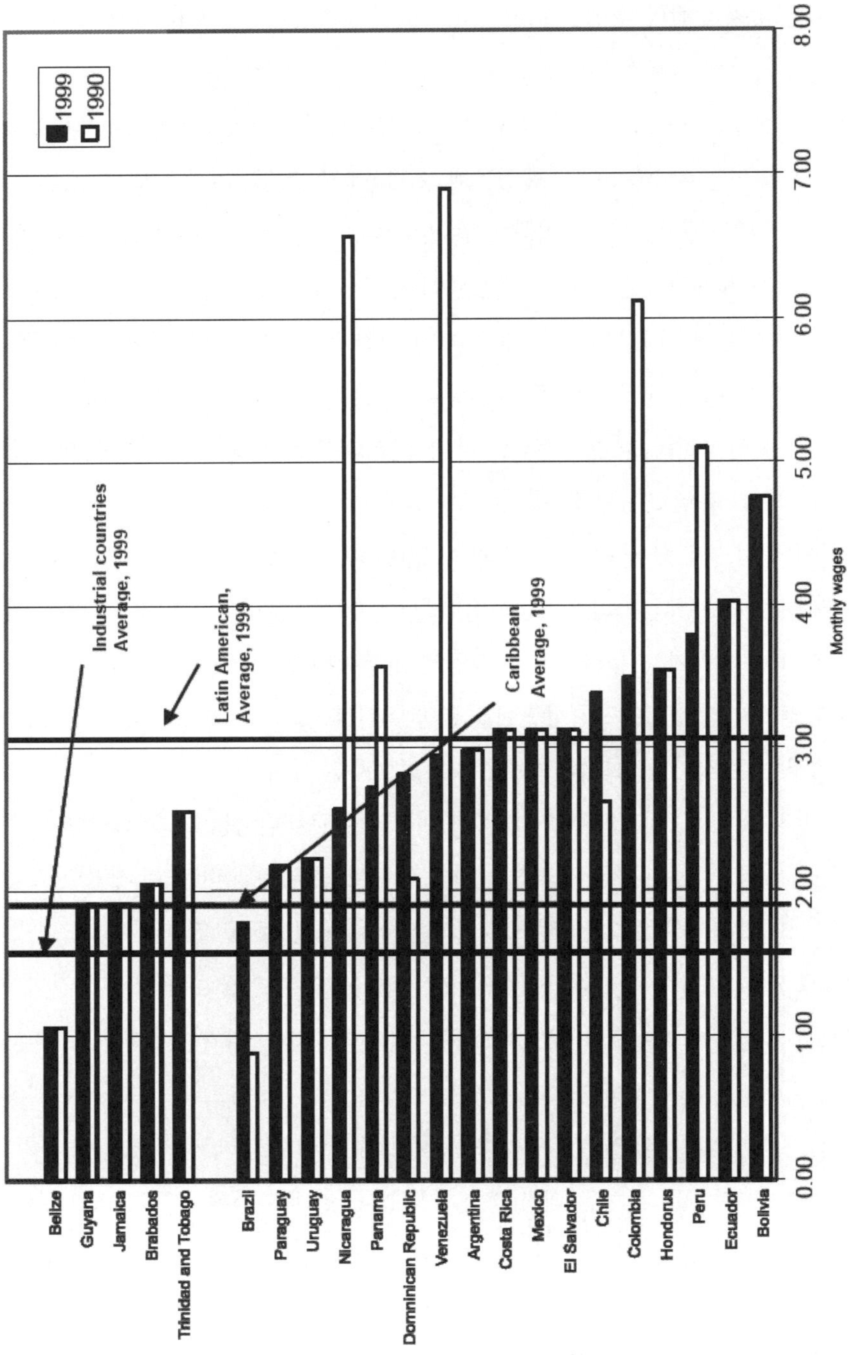

자료원 : Heckman and Pagés-Serra 2000

그때부터 문제는 중남미의 노동시장 규제완화 비용이 아니라는 점이다. 오히려, 지속된 규제비용 또는 페리(Perry et al. 2007)가 이름을 지은 과도한 노동자 보호에 초점을 맞춰야 할 것이다. 헥크먼과 파헤스-세라(2000,114)는 고용 및 효율성 측면에서 비용이 크고, 많은 젊은 노동력들이 중남미 노동 시장 경직성의 불균형을 감수하고 있다고 설득력있게 주장하고 있다.

특히 헥크먼과 파헤스-세라는 중남미의 고도로 규제되고 있는 노동시장을 다음 세 가지 이유로 소득 불균형이 확대되는 주요 원인의 하나로 보고 있다 :

첫째, 유연성이 없는 노동 시장은 청년, 여성 및 대다수 미숙련 노동력의 고용 전망을 어둡게 하고 있다.

둘째, 안정된 일자리를 가지고 있는 근로자와 일자리를 찾을 가능성이 거의 없는 근로자 간 차별을 악화시킨다.

셋째, 비공식 근로자 풀(pool)이 증가된다.

아너(Anner, 2008)가 질적인 관점에서 이 문제를 다시 다룬다. 그는 21세기로 연장된 노동시장법 2라운드 기간 동안 노동조합 및 노동법을 분석하고 있다. 그의 핵심 관점은 1990년대 개혁이 중남미 전 지역의 민주화 물결과 일치하기 때문에 대부분 노동자 친화적이다. 그러나 그러한 법들은 대부분 발효되지 못했는데, 왜냐하면 앞서 논의한 바처럼 무역 자유화가 사실상 노동 시장의 유연성을 요구했기 때문이다.

무역 자유화로 촉발된 강력한 임금 인하 압력은 노동력의 노조화를 억제했다. [표 11.1]은 21세기 들어 중남미 대다수 국가에서 노동조합 가입률이 감소하고 있음을 보여주고 있다(이전 섹션에서 논의된 바와 같이, 중남미의 탈 노조화 추세는 전 세계의 흐름과도 일치한다.

표의 내용은 많은 중남미국들의 노동법들이 노조 친화적임을 말하고 있다. 그러나 중남미 국가들의 노조화율은 두 자릿수 이상 감소했다. 브라질과 엘살바도르는 탈노조화가 그렇게 활발하게 진행되지 않았다.

아너(Anner 2008)는 브라질의 경우, 1988년 이후 노조가 직접 법률적 권한을 갖는 정치적 배려로 노조화율 감소가 미미했다고 주장하고 있다. 또한 엘살바도르의 경우 1994년 미국과 국제 노동 기구(ILO) 등의 외부압력으로 탈노조화가 미미했다고 주장하고 있다.

[표 11.1] 1980~2000년 기간 중 아르헨티나와 멕시코의 탈노조화율

구분	아르헨티나		멕시코			
비(非)농업 부문	1990	2001	1984	1992	1999	2000
	49	42	30	..;	18~21	20
제조업	65	63		...	...	
	70	66	30	...	...	20
	....	15	50	44	...	

두 나라의 경우 노조화가 다양한 경로를 통해 촉진되었는데, 대부분 노조설립 절차의 간소화와 정부의 간섭을 배제하려는 내용의 헌법 개정 등을 통해서 이루어졌다. 그럼에도 불구하고, 노조 설립율은 노조의 지방 분권화가 진행되면서 감소하게 되었다.

전반적인 브라질과 엘살바도르의 노동력의 노조화는 빈약한 법집행 메커니즘과 저조한 산업화율 때문에 추진력을 잃었다.

요약하면, 노동 시장의 규제 완화는 신화처럼 보이지만 탈 노조화는 [표 11.2]에서 보여주듯이 전통적으로 노조가 강성이었던 아르헨티나나 멕시코와 같은 나라에서조차 현실이 되었다. 노동 시장의 비유연성에 대한 초기 평가는 고용 및 사회 지표에 많은 부정적 영향을 미쳤다는 것이었다: 높은 여성 및 청년층 실업, 취업자와 실업자 간 심한 차별, 비공식 고용 풀의 증가가 그것이다.

공공 및 민간 부문 급여에 대한 보고서는 [표 11.3]에서 보듯이 계속 급여가 인상되어 왔다고 말하고 있다. 반면, 탈 노조화는 무역 자유화로 인한 협상력의 상실을 반영하고 있다. 특히, 중남미는 아시아 지역에 비해 노동력이 부족한 지역으로, 미숙련 노동력이 국제경쟁력에 노출되면서 실질임금의 감소를 가져오고 있다.

코르니아(Cornia), 러스틱(Lustig), 로페스-칼바(Lopez-Calva) 및 오르티스-후아레스(Ortiz-Juarez)(2013) 등의 최근 연구에 의하면 실질임금의 상승은 과도한 규제 때문이 아니라고 주장한다.

저자들은 대신 최근 10년간 임금상승을 가져올 수 있었던 요인들로 다양한 이유를 들고 있다. 즉 1990년대와 2000년대의 교육 부문 투자 결과로 형성된 대규모 숙련 노

[표 11.2] 1990~2000년 기간 중 중남미의 노동법 및 노조설립율

구분	주 개혁 방향	최근 노조화된 노동력(%)	노조 설립율 변화(%)
아르헨티나	반 노조(1990년대)	28.7(1995), 25.6(1999)	−10.80
볼리비아	친 노조(1995)	20.9(1990/5),16.4(1996.2000)	−46.93
브라질	친 노조(1998)	24.88(1990), 11.3(1998)	−5.22
칠레	친 노조(1990)	13.6(1990), 11.3(1998)	−5.22
콜롬비아	친 노조(1990)	11.2(1985), 7.0(1995)	−37.50
코스타리카	친 노조(1990)	21.4(1993), 13.8(2003)	−35.46
도미니카(공)	친 노조(1992)	17.3(1995), 10(2006)	−42.20
에콰도르	반 노조(1991)	14.3(1986/1990),13.5(1991/1995)	−5.59
엘살바도르	친 노조(1994)	5.58(1994), 4.80(1999)	−3.78
과테말라	혼합(1992,1995)	2.92(1990), 1.55(2004)	−46.91
온두라스	무변	30.2(1990), 14(2003)	−53.64
멕시코	무변	35.3(1986/1990),22.4(1991/1995)	−36.29
니카라과	혼합(1990,1996)	32(1986/1990), 23.4(1990/1995)	−26.88
파나마	친 노조(1995)	17(1986/1990), 14.2(1990/1995)	−17.71
파라과이	친 노조(1993)	7.7(1992), 2.8(2002)	−63.64
페루	반 노조(1991)	30.3(1991), 10.0(1998)	−66.67
베네수엘라	친 노조(1990)	25.9(1988), 14.9(1995)	−42.47

[표 11.3] 2000~2013년 기간 중 중남미 주요국의 월평균 임금 추이

구분	2000	2005	2010	2011	2012	2013
브라질	100	93	110	113	117	120
칠레	100	108	121	125	129	133
콜롬비아	100	105	112	112	114	117
코스타리카	100	97	111	118	120	122
에콰도르	100	145	165	171	175	179
엘살바도르	100	88	82	78	79	79
온두라스	100	95	105	113	107	106
멕시코	100	115	110	107	107	106
니카라과	100	118	110	107	105	105
파나마	100	96	105	105	109	118
파라과이	100	84	91	92	93	95
페루	100	95	115	119	125	126
우루과이	100	82	103	106	111	115
베네수엘라	100	105	115	120	127	119

자료원 : ILO

동력 풀, 미숙련 및 노동집약적 산업에 유리한 경쟁력 있는 환율채택으로 미숙련 노동력 수요 증가, 고등 교육 강화로 미숙련 노동력 공급 감소, 출산율 감소, 이주율 상승 등을 포함하고 있다.

실질 임금이 높을수록 기술 프리미엄의 감소를 설명할 수 있으며, 이는 지난 10년간 소득 불균형의 개선에 기여했다. 이러한 소득 불균형 감소와 중남미의 고용 상황이 전반적으로 개선된 것은 1차 산품 호황 기간의 지속적인 고도 경제 성장에 크게 기인하고 있다. 이 토픽은 다음에 설명할 주제이다.

11.3 노동 시장의 전환점

세계노동기구(ILO)의 최근 추산에 따르면, 중남미 노동 시장의 전환점은 2004년이었다고 한다. 실업률은 급격히 하락하기 시작했고, 취업률은 지속적으로 증가하였다. 노동 참여율 역시 상승 추세를 보이기 시작했다.

ILO의 2013년 추산은 [그림 11.4]에서와 같다. ILO 연구자들의 이러한 전환점에 대한 해석은 2004년이 되어서야 워싱턴 컨센서스 개혁이 결실을 맺기 시작했다는 것이다. 특히, ILO의 2013년 중남미에 관한 보고서는 중남미가 교역 조건 개선, 높아진 1차 산품 가격, 중국의 고속 산업화와 경제 성장 등의 혜택을 취할 수 있게 된 것은 2004년부터라는 의미에서 중남미가 "페이지를 넘겼다"고 주장하고 있다.

2004년부터 2008년까지 5년 연속 경제 성장률이 점진적으로 상승하였는데, 중남미는 과거 20년 동안 그러한 지속적인 고율 경제 성장을 기록한 적이 없었다. 더욱이 중남미는 2008년 서브프라임 위기도 비교적 잘 넘겼다.

ILO는 2008년 보고서에서 경제 위기가 고용에 미칠 수 있는 부정적인 영향을 너무 과장해서 예측했었음을 인정하고 있다. 실업률은 단지 0.9%만 증가되었고, 곧 회복이 시작되어 전체 실업률은 7%를 웃도는 수준에서 약 6.7%대로 떨어졌다. 이 수치는 밀레니엄 전환기의 두 자릿수에 비해 훨씬 낮아진 것이었다.

[표 11.4]에서 보듯이 아르헨티나, 브라질, 에콰도르, 파나마, 파라과이, 우루과이 및 베네수엘라의 도시 지역 실업률은 크게 떨어졌다. 이들 국가의 실업률은 두 자릿수

에서 한 자릿수로 떨어졌다. 반면, 중남미 2위의 경제대국인 멕시코는 실업률이 급격히 떨어지지 않았다. 오히려 사실상 실업률이 상승했을 수도 있다.

[그림 11.4] 중남미의 노동력 참여율, 실업률, 취업률 추이

자료원 : ILO

[표 11.4] 2003~2013년 중 중남미의 실업률 추이

											2013	2014
											Quarterly average to 3rd quarter	
País	**2004**	**2005**	**2006**	**2007**	**2008**	**2009**	**2010**	**2011**	**2012**	**2013**	**Trimestre**	
Latin America												
Argentina	13.6	11.6	10.2	8.5	7.9	6.5	7.7	7.2	7.2	7.3	7.4	
Bolivia	6.2	8.2	8.0	7.7	6.7	7.9	6.5	…	…	…	…	…
Brazil	11.5	9.8	10.0	9.3	7.9	8.1	6.7	6.0	5.5	5.4	5.6	4.9
Chile	10.0	9.2	7.8	7.1	7.8	9.7	8.2	7.1	6.4	5.9	6.0	6.5
Colombia	15.3	13.9	12.9	11.4	11.5	13.0	12.4	11.5	11.2	10.6	11.1	10.3
Costa Rica	6.7	6.9	6.0	4.8	4.8	8.5	8.5	10.1	10.0	9.2	9.6	9.6
Cuba	1.9	1.9	1.9	1.8	1.6	1.7	2.5	3.2	3.5	3.3	…	…
Ecuador	9.7	8.5	8.1	7.3	6.9	8.5	7.6	6.0	4.9	4.7	4.7	5.3
El Salvador	6.5	7.3	5.7	5.8	5.5	7.1	6.8	6.6	6.2	5.6	…	…
Guatemala	4.4	…	…	…	…	…	4.8	3.1	4.0	3.8	3.9	4.2
Honduras	8.0	6.9	5.2	4.1	3.9	4.9	6.4	6.8	5.6	6.0	…	…
Mexico	5.3	4.7	4.6	4.8	4.9	6.6	6.4	5.9	5.8	5.7	5.9	6.0
Nicaragua	8.6	7.0	7.0	6.9	8.0	10.5	10.1	…	7.6	…	…	…
Panama	14.1	12.1	10.4	7.8	6.5	7.9	7.7	5.4	4.8	4.7	5.1	5.0
Paraguay	10.0	7.6	8.9	7.2	7.4	8.2	7.2	7.1	8.1	8.1	8.0	8.5

[그림 11.5] 1990~2012년 기간 중 중남미의 평균 최저 임금 추이

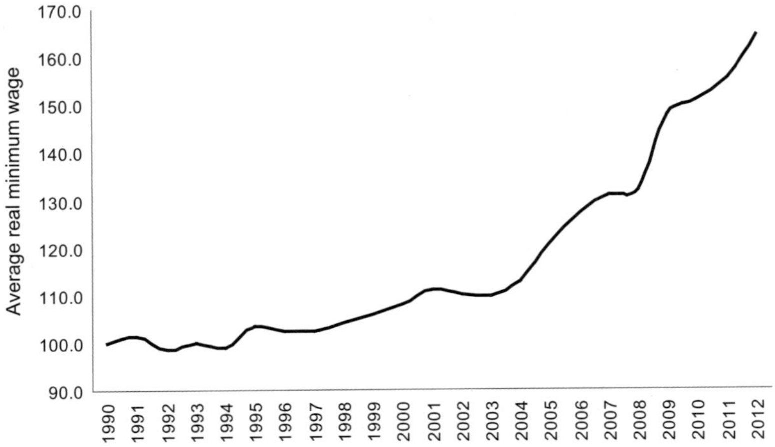

자료원 : ILO 2013

[그림 11.6] 2004~2011년 기간 중 중남미의 임금과 노동 생산성 증가

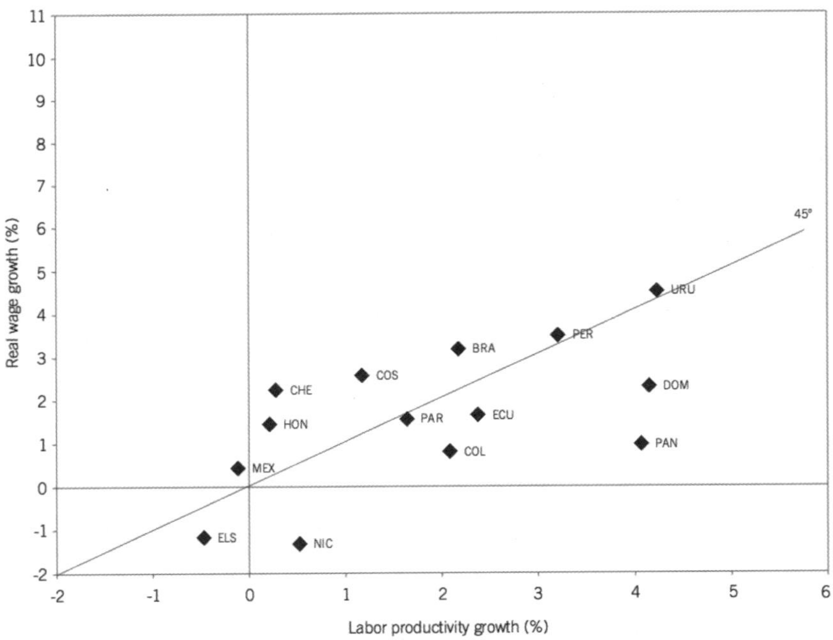

자료원 : ILO 2012~2013

그러나 멕시코가 중남미에서 수출 다변화를 이룩한 유일한 국가임을 주목해야 한다. 1994년에 시작된 NAFTA 아래서, 멕시코는 1차 산품 수출국 및 중남미국들의 1차 산품 수출 급증을 가져왔던 중국의 경제 발전 기적으로부터 혜택을 받았던 국가군에서 벗어났다. 중남미의 현대 경제는 앞서 제3장에서 분석했듯이 19세기 황금기 이후 그러한 1차 산품 수요의 급증을 경험하지 못했었다.

중남미의 신생 민주주의 국가의 노동법에 관하여 [그림 11.5]는 2004년 이후 중남미 전체 평균 최저 임금 상승 추이를 보여주고 있다. 월평균 임금과 노동 생산성이 상승하였지만 국가별로는 차이가 있었다. [그림 11.6]에서는 신뢰할 만한 데이터가 있는 브라질, 칠레, 코스타리카 및 우루과이 등 중남미 일부국의 2004년부터 2011년까지 월평균 임금 상승 추이를 보여주고 있다.

이를 구분해 보면, 온두라스와 멕시코 등은 월평균 임금이 가볍게 상승하였고 엘살바도르와 니카라과 등은 정체 상태에 있었다. 후자 국가들은 고용의 급격한 상승도 나타나지 않았다.

45도 각도 선을 따라 브라질, 칠레 및 코스타리카 등 일부국의 월평균 임금이 생산성 증대보다 높게 상승하고 있어, 경쟁력을 저해하고 있음을 보여주고 있다. 반면, 콜롬비아와 파나마 같은 국가는 월평균 임금이 생산성보다 낮아 경쟁력에 유리하게 작용하였다.

비교 기간 중 중남미 지역의 인플레이션은 한 자릿수였다는 점을 주목해야 한다. [그림 11.5]에서 명목임금이 지속적으로 높게 나타나고, 이에 따라 실질 최저 임금이 급격히 상승하는 추세를 보이고 있다. 2004년 전환점을 기준으로 상승 추세가 더욱 뚜렷해졌다.

[그림 11.6]은 임금 상승이 국가별로 상이함을 보여주고 있는데 이는 최저 임금법이 국가별로 다름을 반영하고 있는 것이다.

그럼에도 불구하고 [그림 11.7]은 넓은 카테고리의 근로자들에 대해 중남미의 평균 연금 보장 범위가 점점 높아지고 있음을 보여주고 있다. 모든 근로자들에 대해 총보장 범위가 2011년에는 2000년에 비해 약 12%가 증가되었다.

전체 임금 근로자들은 13%,[12] 공공 부문 근로자들은 12%, 민간 중소기업 부문은

15%, 대기업 근로자들은 12%, 사용자들은 12%, 자영업자 및 보조 가족 근로자들은 8%, 가사근로자들은 11%가 증가되었다. 21세기 들어 근로 소득 상승에 유리하도록 작용했던 배경에 반하여 노동 보호는 형평성 기반을 훼손시켜 왔다.

특히, 노동자 보호는 남성 및 노령 근로자들에게 유리하도록 설계되어 왔다. 실제로, 다양한 노동제도들은 최저 임금에 국한되지는 않는다. 단지 여러 국가에 걸쳐 신뢰할 만한 데이터의 결여로 의미 있는 비교는 하지 못하고 노동 시장 상황에 대한 추측도 할 수가 없다. 21세기 들어 중남미의 여성과 청소년 실업은 끔찍한 추세를 보여주고 있다.

[그림 11.7] 평균 연금 보장 범위(2000, 2008, 2009 및 2011)

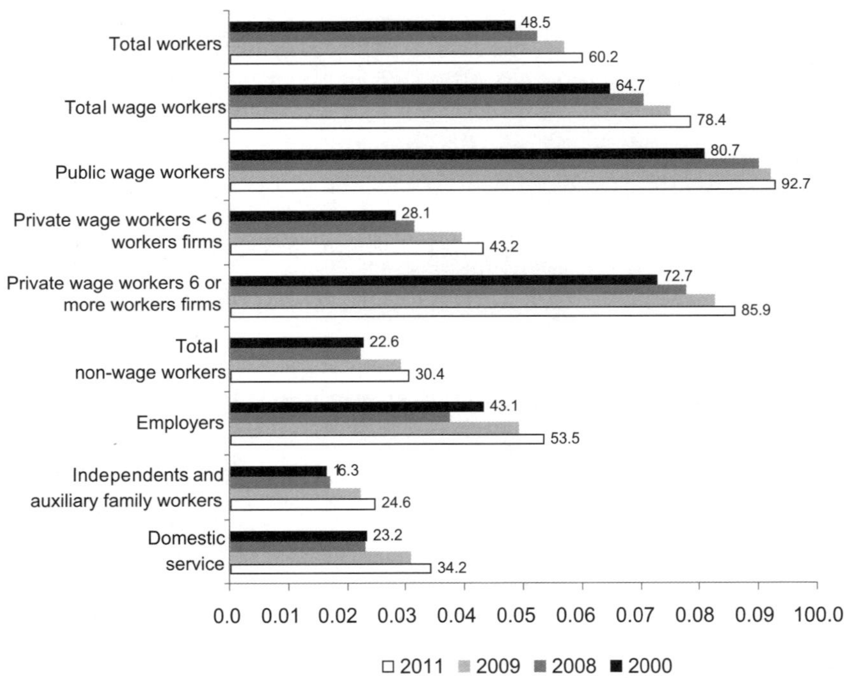

자료원 : ILO 2012~2013

[그림 11.8]은 2004년 전환점 이후 남성 대비 여성의 실업률이 증가되어 왔음을 보여주고 있다. 2012년에는 그 비율이 1993년에 관찰되었던 비율로 되돌아갔다. [그림

11.9]에서는 총실업 대비 청년층 실업 비율이 약 1.8 수준에서 2.3 수준으로 증가되었다.

[그림 11.8] 1990~2012년 기간 중 남성 대비 여성 실업 비율

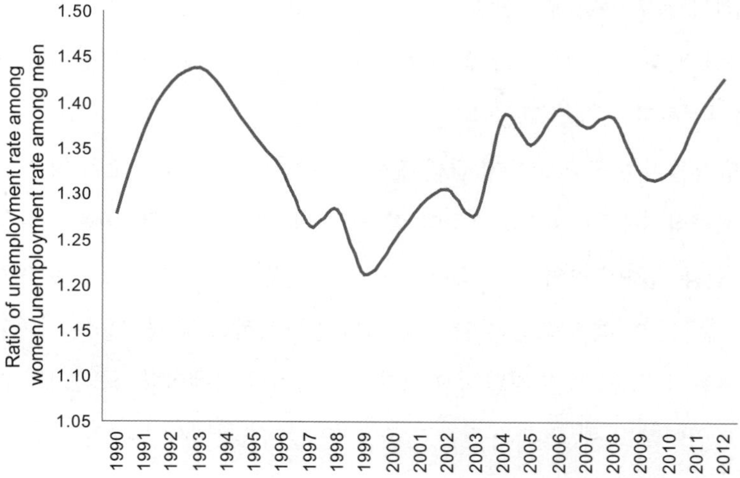

자료원 : ILO 2013

[그림 11.9] 1990~2012년 기간 중 전체 실업 대비 청년 실업 추이

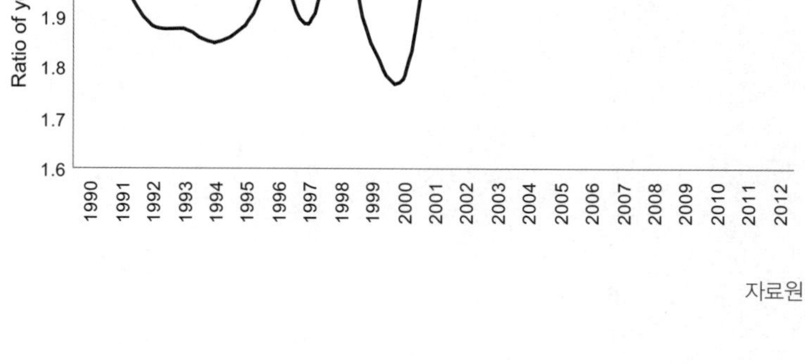

자료원 : ILO 2013

11.4 비공식 부문과 일자리 질

OECD(2009)에 따르면, 비공식 고용이란 고용원들에게 사회 보장 혜택과 법적 고용 등록을 제공하지 않는 기업들의 고용을 말한다. 비공식 부문은 또한 자영업과 정규 기업의 불완전 고용도 포함해서 말한다. 이러한 형태의 고용의 차별적 특징은 사회 보장과 다른 관련 혜택들이 주어지지 않는다는 점이다. 간단하게 말하자면 비공식 고용이란 매우 불안정하고 취약한 고용이다.

정책 담당자들이 비공식 고용에 관해 깊이 우려해야 할 두 가지 주된 이유가 있다.

첫째는 비공식 부문의 일자리의 질이 정규직 부문에 비해 낮고, 이는 정규직과 비공식 부문간 임금 격차에 반영된다. 숙련도 기반 기술 발전에 기인한 것으로 여겨지는 이러한 임금 격차는 이 책의 핵심 주안점 중 하나인 만성적 소득 불평등에 기여한다.

둘째는 불완전 고용, 즉 비자발적 파트타임 일자리의 문제이다. 중남미의 많은 일자리가 파트타임이라 소득 증대와 빈곤 탈출을 위해 더 많은 시간을 일하게 된다. 각종 기록들도 비공식 고용된 근로자가 정규직 근로자보다 1일당 몇 시간씩 노동을 더 하고 있음을 보여준다.

[표 11.5]에서는 중남미의 아르헨티나, 콜롬비아, 칠레 및 페루 등 상대적 경제 대국들에서도 도시 지역의 비자발적 실업률이 특히 여성 실업 중심이지만 9~12% 포인트

[표 11.5] 중남미 주요국의 2004~2011년 기간 중 비자발적 실업 추이(%)

구분	2008	2009	2010	2011	2012
아르헨티나	9.5	11.1	9.8	9.1	9.3
브라질	3.1	3.1	2.7	2.3	2.0
칠레	9.0	10.8	11.5	11.6	11.2
콜롬비아	9.1	9.5	12.0	11.1	11.7
코스타리카	10.5	13.5	11.2	13.4	13.8
에콰도르	10.6	11.8	11.5	9.4	7.9
멕시코	6.1	8.9	7.6	7.1	7.0
파나마	2.1	2.1	1.8	1.5	2.4
파라과이	...	...	7.3	6.3	5.4
페루	15.6	15.4	14.5	12.4	12.2
우루과이	10.8	9.1	8.6	7.2	7.1

에 달할 정도로 엄청난 규모로 추정되고 있다.

비자발적 실업은 일반적으로 사회 보장이 결여되어 있어 남녀 간 빈곤과 소득 불균형을 차례로 악화시키게 된다. 왜냐하면 여성은 일반적으로 가정 내에 건강과 교육의 핵심 관리자이고, 그들의 남성 직장 동료들과 비교해서 저소득과 낮은 사회보장 혜택이 세대 간 빈곤의 뿌리가 되고 있기 때문이다.

[그림 11.10] 2009~12년 기간 중 중남미의 고용 대비 사회 보장 기여율 비교

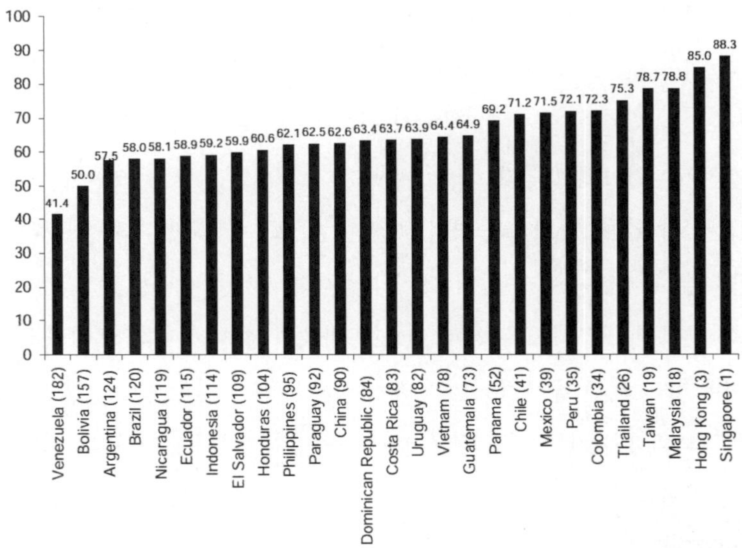

자료원 : ILO 2014a

보다 일반적으로 말하자면, 중남미 가정의 평균적 사회 보장 혜택은 사회 보장 기금으로부터 나온다. 사회 보장의 범위는 세계 평균 수준과는 거리가 있다. 중남미 지역 평균은 [그림 11.10]이 보여주듯 단지 30% 수준이다. 다시 말하면 정규직으로 고용된 개인의 약 30%만이 사회 보장 혜택을 누린다는 의미이다. 그러나 지역 내 차이는 크다. 예컨대 아르헨티나, 칠레 및 우루과이 등은 평균적 사회 보장 수혜 수준보다 높은 반면, 콜롬비아, 파라과이 및 페루 등은 훨씬 낮게 나타나고 있다.

브라질, 칠레, 멕시코 및 우루과이 등 일부 중남미국들은 최근에 비자발적 실업자와 자영업자들을 위해 보조금을 지급하는 연금 제도를 도입하였다. 더불어 최근 연구는

대부분 중남미 지역이 안고 있는 비공식 고용 노동자들을 위한 별도의 복지 시스템이 도입되고 있음을 보여주고 있다.

특히, 중남미 정부들은 흔히 노점상이나 노점 가계 또는 점포에 대해 비과세를 하며, 해당 지침이 있을 경우 비공식 부문에 대해서도 비과세를 하는 등 관계 당국이 비공식 경제 활동에 대해 묵인을 해주는 경향이 있다. 이러한 경향이 소득 불평등 위험을 완화할 수 있고 정치인들이 국회의원 선거에서 승리하도록 도와줄 수는 있겠지만, 그러한 소득 재분배 이전 조치는 비공식 활동의 영구화를 가져올 우려도 안고 있다.[13]

중남미는 사회 보장 제도의 보편화를 위한 프로그램도 보유하고 있다. 특히, 불리비아의 "노령 연금(dignity rent)", 브라질의 "농촌연금(rural pensions)" 칠레의 "연대 연금(solidarity pensions)" 등이 앞서 제5장에서 검토했던 빈곤 퇴치를 위한 대표적인 사회지원 프로그램으로 언급되고 있다.

사회적 관심사 외에, 현재 노동력의 50% 이상으로 추산되는 증가 일로의 비공식 근로자와 질 나쁜 일자리 등이 중남미 정부의 정치적 과제로 자리를 잡고 있는 이유가 있다. 비공식 부문의 비즈니스는 앞서 언급한 바처럼 정치·경제적 배려로 과세 대상이 아니다. 이에 따라 최근 들어 중남미의 재정 상황을 보다 악화시키고 있으며 중국 경제의 점진적 후퇴와 1차 산품 가격의 급격한 하락이 거의 모든 중남미의 경제 성장에 불리하게 작용하였다.

경제 성장률 하락 및 조세 수입의 감소에 따라, 각국 정부는 빈곤의 함정에 빠져 있는 대다수 빈곤층에 대한 무료 보건 및 교육 서비스 제공을 못하고 있다. 또한 많은 지역에서 인적 자본 육성에 대한 접근성 부족은 사회적 불안을 유발하고 있다.

더욱이 소득 불평등, 빈곤 및 사회 불안 등이 현대 중남미 정부들의 중요한 과제로 올라 있지만, 비공식 부문의 규모 감축 역시 효율성이 중요하다. 노동 생산성 향상은 부분적으로 더 높은 성장률과 실질 임금 상승에 영향을 미치고 있다. 내수 시장의 확대에 따라, 중남미 경제는 중국, 미국 그리고 적은 범주에서 유럽의 비즈니스 사이클에 비교적 적게 노출되어 있다. 국내 노동 시장은 앞서 제10장에서 논의한 바 있는 태평양동맹(PA), 메르코수르(MERCOSUR) 및 중미공동시장(CACM) 및 기타 보완적 무역 통합 노력을 통해 잠재적으로 더 강력해질 수 있다.

[그림 11.11] 아시아와 비교한 중남미의 비즈니스 활동 기반 비교

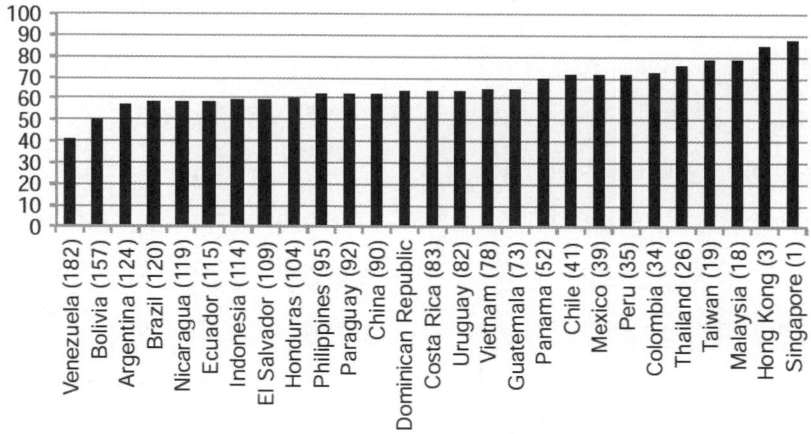

자료원 : 세계은행 2014a

그러나 IDB에 따르면, 21세기 중남미의 소득 불균형 완화와 노동 생산성 증대의 두 목적을 달성하기 위한 정책입안자들의 핵심 초점은 다음 두 가지로 구분할 수 있다.

즉, 한편으로는 민간 부문 확장을 촉진하기 위해서 비즈니스 친화적 환경을 창출하고 있다. 다른 한편으로는 효과적이고 집행 가능한 노동자 보호법 우산 아래에서 부상할 수 있는 양질의 일자리들을 위한 제도적 프레임을 창출하는 데 맞춰져야 할 것이다. 비즈니스 친화적 환경 창출에 관한 세계은행 보고서는 중남미를 세계에서 가장 낮은 수준의 비즈니스 친화적 지역의 하나로 분류하고 있다.

예컨대, 중남미 최대 경제국인 브라질은 잠비아, 에콰도르 및 요르단보다도 낮은 비즈니스 친화도 국가로 분류하고 있다. [그림 11.11]에서 보여주듯이, 중남미 국가 간 차이는 크지만, 중남미 지역 평균은 비즈니스 활동 용이성 측면에서 기준 이하의 약 40포인트로 평가되고 있다. 이 지수는 여러 요소 중에서도 계약 이행의 어려움, 각종 규제, 뇌물, 범죄, 금융 접근성 및 신뢰할 수 있는 인프라와 같은 다양한 지표로 구성된다.[14]

[그림 11.11] 은 중남미에서 최고로 비즈니스 친화적 환경 국가로 칠레, 콜롬비아, 멕시코 및 페루를, 최악의 환경 국가로는 아르헨티나, 볼리비아 및 베네수엘라를 꼽고 있다.

제도적 프레임, 근로자 보호법 및 집행력과 관련하여 관계 기관의 주요 장애물 중 하나는 높은 소기업 비율이다. 이는 모든 민간 기업의 약 90%에 해당되는데, 많은 소기업들이 세금을 회피하기 위해 의도적으로 비공식적 비즈니스를 선호한다. 나머지 기업 중 약 8%는 중기업이고 2%는 대기업들이다. 이러한 법집행 배경으로 관계 기관들은 노동 보호법의 집행이 매우 어렵다고 생각하고 있다.

중남미의 기업구조는 단지 일부 기업들만 국제적으로 경쟁을 하고 있고 수많은 중소기업들은 내수 시장용 생산을 담당하고 있어 생산성에도 영향을 미치고 있다. 도시 지역에서 활동 중인 소기업들은 기술과 금융에 접근하는 것도 제한되어 있다.

그들의 숫자는 기업이 규모의 경제 혜택을 누리는 상황과 비교할 때 평균 노동 생산성이 잠재력보다 낮음을 의미한다. 그러나 중소기업들과 대기업들은 같이 반(反)기업 환경에 직면하고 있다. 횡행하는 관료주의, 부패 및 과도한 규제 아래 민간 부문의 소기업들은 조심스럽게 정부의 간섭을 피하기 위해 성장을 기피하는 성향이 있다.

즉, 개별 기업의 입장에서는 소규모 비정규 기업으로 남아 있는 게 유리하다. 그러나 이에 따른 사회 보장 정책, 사회 간접 자본 및 생산성을 개선할 수 있는 세수 결함의 사회적 비용이 크다. 또한 이들 개별 기업들은 직업 훈련 비용을 내부화하지도 않는다.

미주개발은행(IDB; 2005)은 비공식 부문 확산과 결과적으로 낮은 노동 생산성은 소기업 전반에 걸친 높은 노동력 이동, 근로자들의 전문 분야와 노동력 수요 분야와의 불일치, 기술 부족, 실행 능력 결여 및 낮은 핵심 노동력 수준과 연관되어 있다고 주장한다. IDB 보고서는 공적 구직 서비스의 제공, 교육 및 기술 습득, 보다 나은 구직 시장 제도 등을 포함한 몇 가지 정책 권장 사항을 상세히 설명하고 있다.

주목할만한 점은 코스타리카와 같은 일부 국가들은 이미 직업 훈련에 상당 규모의 정부예산 지출을 시작했고, 아르헨티나, 칠레 및 우루과이 같은 여타 국가들도 사회보장제도에 비공식 근로자들을 포함시키려 노력하고 있는 점이다.

예컨대, 아르헨티나에서는 1994년도에 사회보장 및 연금지급 범위에 대규모 18세 이상의 자영업자들을 포함시키기 위한 은퇴 및 연금에 관한 종합 시스템이라고 알려진 헌법 수정안을 법제화하였다. 칠레는 1981년에 자영업자를 대상으로 하는 자발적 연금 제도를 도입하였다.

연금과 사회보장제도에 자영업자를 의무적이지만 점진적으로 포함시키려는 문제는 2006년에 와서야 칠레 의회에서 논의되었다. 우루과이도 1996년에 개인 자영업자들을 의무적으로 사회보장 및 연금제도에 포함시키기 위해서 개혁을 추진했다. 그러나 그 포함하는 범위는 제한적이었다. 아르헨티나와 우루과이에서는 단지 약 35%의 자영업자들만이 수혜 범위에 포함되었다. 칠레는 그 범위가 27%였다.[15]

[그림 11.12] 1999~2012년 기간 중 비공식 부문 및 비농업 부문 자영업 고용

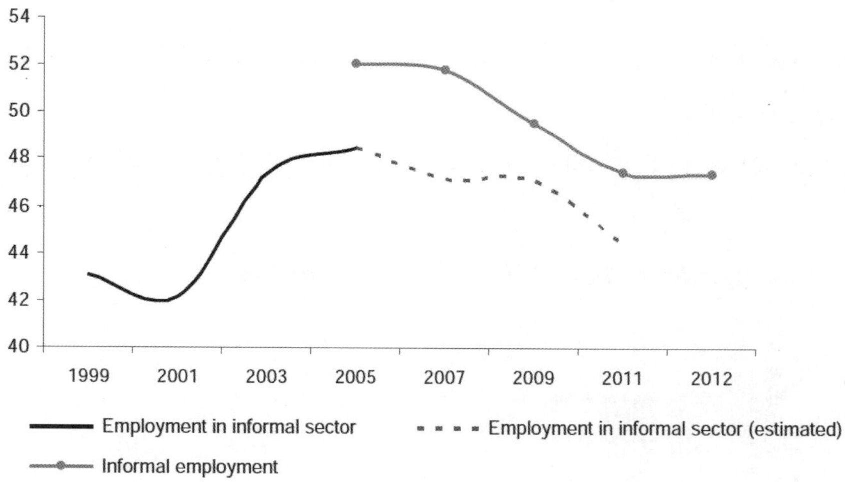

자료원 : ILO 2012~2013

그러나 2004년을 전환점으로 지속적이고 빠른 고용 증가와 산업 생산 성장률이 비공식 고용의 감소를 가져오게 되었다. [그림 11.12]에서 보여주듯이 비공식 부문 기업과 비농업 자영업 부문의 고용은 모두 감소하였다.

국제노동기구(2013)에 따르면, 비공식 부문에 남아 있었던 근로자들은 소기업 근로자, 가내 수공업 근로자, 자영업자 등 세 카테고리로 구분할 수 있다. 일반적으로 비공식 부문 고용은 중남미에서 초등학교 교육만 이수한 근로자로 정의되는 교육을 받지 못한 노동력이라 분류되는 인력이 대다수이며, 이러한 근로자는 일반적으로 전체 인구 중 가장 가난한 5분위의 하위 극빈층이다.

비공식 부문 고용은 여러 이유 중 전체 영세 기업과 관련 높은 노동 이동성으로 인해 부정확하게 측정되고 있다. ILO 보고서는 제5장에서 논의한 것처럼 21세기 들어서 중남미의 소득 불균형이 줄어들었다는 견해와 일치하고 있다.

그러한 추세는 지속될 것 같지는 않다. 왜냐하면, 최근 들어 중국 경제 성장의 점진적 후퇴가 중남미와 신흥 부상 시장 경제의 경제 성장에 불리하게 작용하고 있기 때문이다.

11.5 연령 구조 및 여성 인력

중남미의 노동 시장에 관해 더리이(Duryea)와 세케이(Székely)(1998)는 노동 공급 부문을 강조하고 있다.

특히, 저자들은 인구 통계학적 전이 가설이 중요한 역할을 했다고 주장하고 있다. 이

[그림 11.13] 1950~2050년 기간 중 노동연령, 청년층 및 노년층 추이

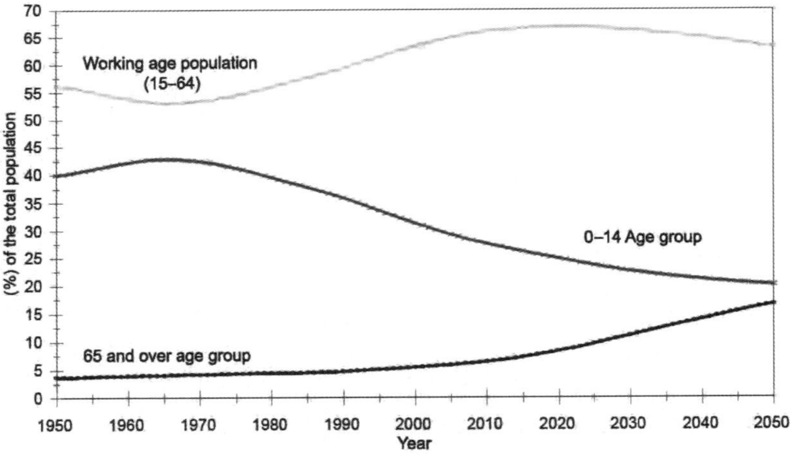

자료원 : Duryea and Székely 1998

가설은 국가가 부유해질수록 출산율과 사망률이 낮아져 저개발국에 비해 상대적으로 노동 인구의 노령화가 발생한다는 점이다.

아이티와 니카라과를 제외하고, 대부분 중남미국들은 세계은행의 분류 기준에 따라 중소득국들로 간주되고 있으며, 많은 통계학자들과 인구 통계학자들은 중남미의 노령화를 주목하고 있다. 1960년대 중반 이후 인구 증가는 낮아졌는데 이는 차례로 두 가지 중요한 의미를 가지게 되었다. 첫째는 노동연령 인구 증가율이 떨어지기 시작했고, 두 번째는 상대적으로 노년층의 비중이 높아져 왔다.

그럼에도 불구하고 중남미 지역은 매우 다양해서 과테말라, 온두라스 및 파라과이 같은 일부 국들은 인구 통계학적 전이 초기단계에 있다. 이들 국들은 인구연령 구조가 중남미에서는 보다 발전된 국가이고 보다 인구가 많은 아르헨티나, 브라질, 콜롬비아 및 페루와 같은 국가들과 비교해서 상대적으로 젊다.[16]

두레아와 세케이는 고용과 실업 모두 인구 증가율이 1980년대의 3%대에서 1990년대에는 2.5%대로 떨어지면서 노동인구도 감소하기 시작했다고 주장하고 있다. [그림 11.13]에서 보듯이, 인구 통계학적 전이 가설의 예측과 일치하여 노동력에 참여하는 노동 연령 인구 비중은 향후 30년에 걸쳐 감소할 것으로 예상되고 있다.

그러나 [그림 11.14]에서 보여 주듯이 여성의 노동력 참여 증가 추세로 반작용이 일

[그림 11.14] 1970~1994년 중 여성 노동력 참여 추이

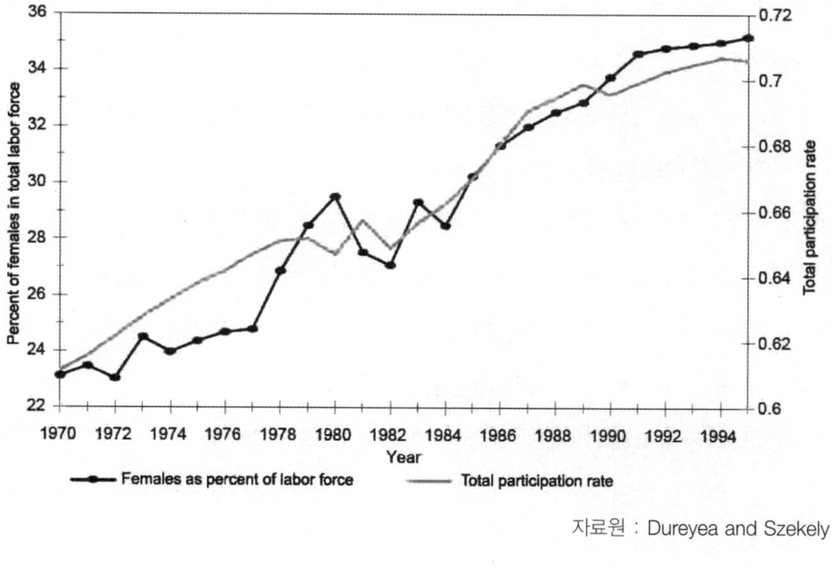

자료원 : Dureyea and Szekely 1998

어나고 있다. 1970년대에는 여성의 노동력 참여는 약 22% 정도였다. 그런데 1990년대 중반 들어서는 이 비율이 37%로 증가하였으며 2012년에는 거의 55%대로 증가하였다.

여성의 노동력에서 차지하는 비율의 증가는 몇 가지를 설명하고 있는데 첫째, 노령인구 문제이다. 여성이 나이가 들면서 노동력에 대한 참여가 증가하고 있다. 그들은 아이들이 청년층으로 성장함에 따라 가사 노동 외에 일할 수 있는 시간이 많아졌다. 둘째, 여성의 교육 수준이 높아져 출산의 기회비용이 높아져 출산율이 떨어지고 있다.

왜냐하면 교육 수준이 높아지면서 임금 수준이 높아지고 있기 때문이다. 그러나 여성과 남성 간의 임금 불평등은 남성의 교육 수준이 높기 때문에 지속되고 있다. 앞서 논의한 바처럼 중남미에서는 여성이 남성보다 소득 수준도 낮고 비공식 부문 일자리의 질도 사회 보장 조건 면에서 비교적 낮다. 그 결과 성별 격차를 좁히는 것은 대부분 중남미의 고용 정책상 또 다른 중요한 도전 과제가 되고 있다.

11.6 맺는말

특히 민영화와 무역 자유화 영역에서 워싱턴 컨센서스 개혁은 새로 민영화된 기업과 외국인 투자자의 숙련 노동력에 대한 수요가 증가함에 따라 비공식 부문 고용 풀의 증가를 촉발하였다. 또한 소수의 숙련된 노동자를 선호하여 대다수의 미숙련 노동자를 뒤에 방치하는 높은 임금 프리미엄을 야기하였다. 비공식 고용 근로자에 대한 핵심 문제는 사회적으로 보호를 받지 못하고 있다는 점이다.

개혁은 민주화 물결과 일치하였다. 일부 국가에서는 최저 임금법과 채용 및 해고 비용에 관한 사회 보장법을 포함한 근로자 보호 노력으로 실질 임금 상승이 실제 노동 생산성의 증가보다도 높게 유지되어 왔다. 더욱이 중남미의 인구 통계학적 변화는 청년과 여성의 참여로 노동력이 증가해 왔음을 보여주고 있다.

21세기 초 전환기까지의 개혁 결과는 법률상으로는 보호를 받고 있으나 사실상 사회적으로는 보호를 받지 못하는 더 많은 비공식 및 비자발적 실업 근로자 풀과 저질의 일자리 창출이 포함되고 있었다. 특히 여성과 젊은 근로자들이 이에 타격을 받아 왔다. 1990년대 개혁의 전반적인 실질 임금 효과는 부정적이었고 노조화율로 대변되는 노동력도 감소하였다.

그럼에도 불구하고 중남미의 신생 민주화 정부들은 실효성은 없었지만 노동 보호법의 법제화와 노조화 촉진 정책을 펼쳤다. 중남미의 노조화율은 OECD국들의 감소 추세와 비슷하게 떨어졌다. 2004년 기준으로 지속적인 높은 경제 성장은 사회 보장 범위의 확대와 함께 정규직의 고용과 최저 임금의 상승을 가져왔다고 말하고 있다.

바라는 것은 이러한 추세가 지속되고 높은 품질의 일자리를 가져오고 교육 및 기술 습득에 대한 투자가 보다 빠른 속도로 진행되고 빈곤 퇴치 프로그램이 계속 진행됨에 따라 사회적 보호가 확대되어 나가는 것이다. 그러나 전망은 중국의 경제 성장이 후퇴되고 있고 최근 들어 1차 산품 가격도 떨어지고 있어 어둡다. 대부분 국가들의 고용 통계상 특히 남미의 남동부 지역 등이 불리한 영향을 받게 될 것으로 보인다.

중남미 노동 시장은 여전히 규제가 높고 분열되어 있다. 정식으로 채용된 근로자들은 민간 기업 중 10% 내외의 대기업과 중견 기업으로 국제경쟁에 나서고 있는 기업들에 채용된 기술 인력을 말한다. 자영업과 함께 대다수 영세 기업들은 높은 수준의 교육이나 기술 훈련을 받은 바도 없고 결과적으로 정규직 부문에 고용된 근로자들보다 낮은 임금을 받는 미숙련 근로자들 그룹으로 구성되어 있다.

보다 비즈니스 친화적이고 영세 기업들의 확장을 촉진하는 환경을 조성하기 위한 일련의 정책적 지원을 통하여 민간 부문이 확장될 수 있도록 하기 위해서는 노동력에 활기차고 역동적인 노동 시장에서 기술을 습득하도록 강력한 인센티브를 제공해야 할 것이다.

특히, 인세티브 부여를 통해 영세 기업들의 성장, 공식 산업 부문에 참여, 경제 성장에 기여를 도모해야 한다. 영세 기업들은 높은 생산성의 일자리 창출, 그리고 정부 세수 확대를 통해 성장에 기여할 수 있고, 정부는 세입 증가를 통해 사회 간접 자본 확충, 특히 인적 자본과 노동 생산성에 중요한 보건 및 교육의 범주에서 사회 간접 자본을 확충할 수 있다. 현재로서는 대부분 국가에서 임금 상승 대비 노동 생산성이 뒤처지는 국면이다.

노동 생산성 강화도 훈련을 통해 얻어질 수 있다. 그러나 현재는 대규모 중산층의 성장에 따른 수요증가에 비해서 직업 훈련을 통한 인적 자본축적을 가속화하기 위한 사회 간접 자본 투자가 상대적으로 저조한 상태다. 이에 따라서 중남미 지역은 "나쁜" 균형 상태에 있는 것으로 보이며, 대부분 중남미 지역에서는 기술을 얻을 수 없기 때문에 높아지는 잠재적 기술 획득 수요를 저해하고 있는 것으로 보인다.

중소득국, 특히 경제 성장의 주 동력이 1차 산품 수출인 중남미 노동 시장의 역동성을 완전히 이해하기 위해서는 보다 많은 연구가 필요하다. 인구의 노령화 연령 구조와 여성의 높은 노동력 참여 증가에 관한 초기 연구는 여성의 높은 노동력 참여로 인한 비자발적 실업 증가세가 주로 전반적인 남성 노동력의 노동참여율의 저조로 줄어들고 있다. 중남미 노동 인구의 연령 구조에 따른 희망은 노동력에서 떠나는 노령 인구와 새로 진입하는 젊은 인력이 모두 사회적으로 보호를 받게 되는 것이다. 21세기의 관련 연구는 이 트레이드오프에 대해 심층 조명을 해야 할 것이다.

요약

- ISI 체제 아래서, 상당 규모의 노동력이 시장청산임금 수준보다 높게 비효율적인 국영 기업들에 고용되었다.
- 농촌으로부터 도시로 이주민 유입은 자영업 및 영세 기업에 비공식 고용 노동력 풀의 증가를 가져왔다.
- 특히, 민영화와 무역 자유화 영역에서 워싱턴 컨센서스 개혁은 민간 신생 기업 및 경쟁력 있는 민간 기업에 고용된 소수의 고급 기술 인력과 영세 기업 및 자영업에 고용된 대다수 미숙련 노동력으로 기 세분화된 노동 시장을 악화시켰다.
- 노동 권력을 보호하려는 신생 민주주의의 노력은 정부 규제가 정규직 고용을 감소시키고, 비공식 고용 풀의 증가를 가져와 노동권을 보호하는 데 실패했다.
- 그럼에도 불구하고 정규직 고용은 규제, 노조 가입 장려, 사회보장제도에 의해 보호되었다.
- 그러나 높은 정규직 고용율 상승을 자극한 것은 노동 시장의 전환점을 기록한 2004년 이후의 지속적 고도 경제 성장이었다.
- 공식부문 수용 확대의 걸림돌로 범죄 및 부패 등을 포괄하는 비우호적 민간 사업환경이 존재한다. 또한 실행되지 않는 노동법으로 인해 공식부문 참여의 인센티브가 부재하며, 또한 탈세로 정부 세입을 축내는 소기업들의 존재도 문제이다.
- 재정적 제약으로 인한 교육과 훈련의 빈약한 투자가 미숙련 노동력의 기술 습득을 저해하고 있다. 왜냐하면 개인적 기술 습득은 비용 감당이 어렵기 때문이다.
- 증가하는 중산층의 우려가 일부 지역에서 정치적 불안을 유발시켰다.
- 노동력의 공급이 대부분 국가에서 증가해 왔는데, 왜냐하면 여성의 노동 참여가 증가했기 때문이었다.
- 숙련 대 미숙련 근로자의 임금 격차는 지난 10년간 감소되어 왔으나, 2004년도 전환점 이후에도 남아 있는 성별 임금 격차와 소득 불평등을 밝히기 위해서는 보다 많은 연구가 필요하다.

주목해야 할 포인트

1. 1990년대 이후 무엇이 노동 시장의 세분화를 촉발시켰나?

2. 무엇이 민간 부문의 정규직 고용 확대 및 수요 증가를 저해했나?

3. 1980년대 대비 1990년대의 과도한 규제가 고용에 얼마나 영향을 미쳤나?

4. 노조화 비율의 급격한 감소를 설명하는 것은 무엇인가?

5. 왜 2004년을 노동력과 정규직 부문 보호 전환점의 해라고 간주하는가?

6. 인구의 연령구조와 여성의 노동참여가 어느 정도 고용에 영향을 미치고 있나?

7. 지속적인 고도 경제 성장 자체가 성별 및 숙련 대 미숙련 노동력 간 임금 격차를 좁힐 수 있나?

8. 왜 중남미 대부분 국가 정부가 학교 수업과 교육 훈련을 통한 기술 습득에 저투자 중인가?

추가 자료

- 2000년대 중남미의 1차 산품 붐 시기 노동 시장의 중요한 변화 이해: ECLAC 및 ILO 보고서 (2013)
- 중남미의 비정규직 노동 시장: Biles (2009)
- 중남미의 노동력 연령 구조 포괄적 이해: Cotlear (2011)

12 중남미의 성장과 발전

이 책의 각장이 독립적이지만, 이 마지막 장에서는 중남미의 경제 성장과 발전 문제를 광범위하게 다루고 있고, 그중 일부 주제는 1장에서부터 바로 앞의 11장까지 다루어진 것들이다. 놀랍지도 않지만, 이러한 문제들을 다루는 것은 매우 도전적인 과제이다. 왜냐하면 경제 성장과 발전 문제는 다차원적이기 때문이다.

더욱이 중남미는 대륙 전체에 흩어져 있는 엄청난 수의 빈곤층을 안고 있어 소득 불평등이 심하고 많은 면에서 특히 이질적이다. 그럼에도 불구하고, 대륙 전 지역에서 몇몇 공통적인 특징이 있다.

1970년대 중반부터 개혁을 시작한 칠레를 예외로 하고, 중남미는 특히 이 지역 최대 경제국, 멕시코가 워싱턴 컨센서스 개혁으로 알려진 광범위한 구조 개혁에 착수했던 1980년대 중반부터 ISI 정책으로부터 벗어나기 시작하였다. 2000년대 초반 저명 경제학자들이 생각한 것과는 반대로, 중남미는 다자기구 및 원조 기관이 지지하는 위의 개혁으로부터 혜택을 받았다.[1] 21세기에 접어들면서 경제 성장률은 오르기 시작했다. 다소 역설적이지만, 멕시코는 예외였다. 대부분 중미와 남미 국가들은 19세기 말 황금기 이후 유례가 없는 지속적인 고도성장을 경험하였다.

아시아 국가들의 경제 활동 성과는 중남미의 대표 경제국들의 성과를 초월하였었음을 주목해야 할 것이다. 그러나 중남미가 유치 단계 민주주의 체제에서 형평성을 갖고 보다 훌륭한 경제 성장 정책을 펴나간다면 조만간 아시아를 따라잡을 수도 있을 것이다.

특히, 이 장을 통해, 성장 전망을 개선하고 만성적 빈곤과 소득 불평등의 광범위한 영향을 완화시키기 위해 무엇이 복제 가능한 것인지, 무엇이 아닌 지에 대해 주목해 볼 것이다. 중남미의 과도한 1차 산품 수출에 의존이 중요한 장애 요인이 될 수 있지만, 이 장에서는 무역의 개방성, 교육 및 제도의 영역에서 잠재적인 해결책을 제시할 것이다.

섹션 12.1에서는 이미 잘 알려진 아시아와 중남미의 다양한 성장 궤도를 비교하는 과제를 검토한다. 이 장에서는 중남미의 비교적 낮은 저축률에 주목하고 있는데, 저축률이 양측 간 격차가 확대되는 추세의 주요인은 아니지만 중요한 역할을 하는 것으로 보인다. 섹션 12.2에서는 중남미 전망의 구조적 문제점들을 파악하고자 한다. 이어서 섹션 12.3에서는 중남미의 지속적 포용적 성장을 위해서는 일련의 핵심 분야의 국내 정책들이 가장 중요함을 설명한다. 섹션 12.4에서는 무역, 교육, 재정, 금융 등 정부의 정책 및 제도에 대해 설명한다. 섹션 12.5에서는 많은 중남미 경제학자들이 생산성 향상을 위해 필요한 기술의 모방과 수용의 중요성에 대해 논의한다. 끝으로 섹션 12.6에서는 전체 내용의 요약과 맺는말을 제시한다.

12.1 중남미의 경제 발전 : 좌절된 기대

지난 반세기 동안 아시아와 중남미의 1인당 GDP를 비교할 때, 특히 부의 역전을 가져온 국가를 살펴보고자 한다. 예컨대 1960년도 중남미의 평균 1인당 GDP는 US$ 4,500이었는데, 한국의 1인당 GDP는 US$ 1,944이었다.

50년이 지난 후에 중남미의 1인당 국민 소득은 평균 3배가 증가되었는데, 한국은 같은 기간 중 17배가 증가되었다. 중남미에서 경제발전 면에서 한국과 비교가 가능한 우수 국가인 칠레조차도 1인당 소득이 4배 증가에 그쳤다. 같은 맥락에서 지난 50년 동안 중남미와 아시아 간의 국민 소득 격차의 비교가 가능할 것이다.

중남미에서 무슨 일들이 발생했었는지 살펴본다. 2013년도 중남미의 구매력 평가 기준 1인당 국민 소득은 1960년도 US$ 4,500에서 2013년에는 US$ 12,667로 증가하였다. 간단히 말해서 중남미의 1인당 국민 소득은 반세기만에 약 3배가 증가했다. 본 자료에서 반복되는 아이디어는 중남미에서는 광범위한 다양성이 관찰된다는 점이다.

[그림 12.1] 중남미 일부국의 1960~2013년 기간 동안 PPP 표시 국민 소득 비교

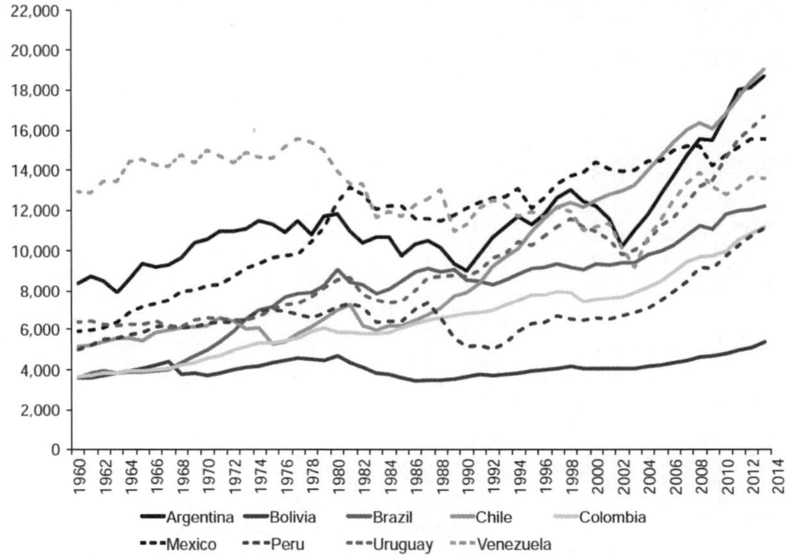

자료원 : IBRD, IMF 데이터 기준 저자 작성

실제로 국가 간 소득 격차는 [그림 12.1]에서 보여 주듯이 뚜렷하다. 스펙트럼의 한쪽에서는 1인당 국민 소득이 1970년대 중반부터 점진적으로 상승해 온 칠레를, 다른 한쪽에서는 1960년대에는 1인당 국민 소득이 칠레의 두 배 이상이었으나 이제는 하향 정체 추세에 빠져 있는 베네수엘라를 비교해 본다. 이는 부분적으로는 조기 개혁에 나선 결과이고 다른 부분으로는 경제 운용 및 제도 면에서의 질적인 차이 때문에 2013년 기준으로 비교하면 칠레가 베네수엘라보다 국민 소득이 약 50% 이상 높게 나타나고 있다.

아시아 지역을 비교해 보면, [그림 12.2]에서 보듯이 싱가포르와 홍콩 2개국은 대략 칠레와 페루와 같은 1인당 국민 소득 수준에서 경제 발전을 시작했다. 즉, 2013년 가

격 기준 미국 달러화 구매력 평가(PPP) 표시로 1960년 1인당 국민 소득이 4,500불 수준이었는데, 2013년 소득 수준은 싱가포르는 US$ 64,586, 홍콩은 US$ 52,722를 기록했다. 싱가포르가 홍콩보다 18%가 더 높은 국민 소득을 기록했다.

같은 2013년에 칠레는 US$22,543으로 페루의 US$11,587에 비해 95%가 높다. 이러한 추세가 의미하는 것은 중남미 역내 소득 불균형이 높아지고는 있지만, 태평양 국가 간 소득 격차는 점점 현저하게 격차가 벌어지고 있다. 그러한 엄청난 1인당 소득분산 요인의 핵심은 아시아 일부국의 전례가 없는 고도 경제 성장이다.

[그림 12.2] 1960~2013년 중 중남미와 아시아의 PPP 기준 1인당 GDP 추이

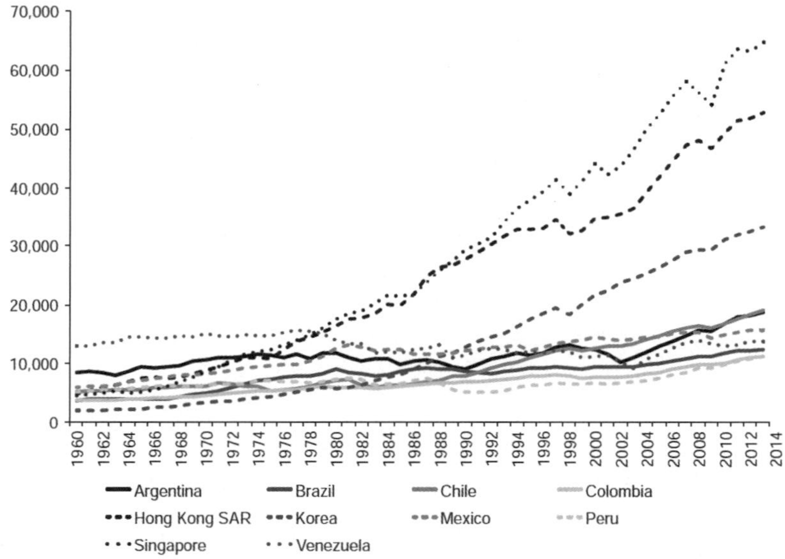

자료원 : IBRD와 IMF 통계 기반 저자 작성

1961~2013년간 중남미의 1인당 국민 소득 증가율은 평균 3.9%를 기록했다. 반면에 같은 기간 중 아시아의 한국, 싱가포르 및 홍콩 등 3개 호랑이국들은 대략 평균 7%의 성장을 기록했다.

다른 지역들의 성장률은 중남미보다 약간 더 악화된 모습을 보였다. 예컨대, 1961~2013년 기간 중 사하라 이남 지역은 연 약 3.5%를 기록하여 중남미보다 더 낮

았다. 그러나 중남미와 사하라 이남 양 지역은 많은 영역에서 좋지 않은 닮은 점을 가지고 있는데, 아시아의 다른 지역에 비해서 비교적 성장률이 떨어질 뿐만 아니라 소득 불평등 차원에서도 그렇다.

멕시코의 60년대, 브라질의 70년대, 칠레의 1986년부터 1997년 기간 그리고 2010년부터 2013년까지 기간, 파나마와 페루 및 우루과이의 최근 기간을 예외로 하고, 중남미는 전반적으로 아시아의 최고 수준 경제활동 국가들에 비해서 반세기 이상에 걸쳐 활기가 없는 경제 활동을 보여 왔다. 만일 중국을 경제 활동 비교 분석에 포함시킬 경우, 중남미의 지난 50여 년간 경제 성장 기록은 더 악화된 모습을 보이게 될 것이다.

본 장의 나머지 부분에서 중남미의 다양한 경제 성장 활동 전망을 조망해 보기 위해 선별적으로 이론 및 경험론적 논의를 해 나갈 것이다.

12.2 경제 성장 및 발전 : 답변 탐색

양 지역 간 정책 차이를 고려해야 하기 때문에, 아시아와 중남미 간 경제 성장의 다양한 추세를 설명할 수 있는 단일 지표를 제시하기는 거의 불가능하다. 흔히 아시아국들은 기적과 같은 지난 50년간 중남미의 내수 지향 정책과 달리 수출 주도형 개발 정책을 수행한 것이 지적된다. 또한 다른 차이점으로 아시아국들에서 수많은 산업 부문, 환율 제도 및 사회 정책 범주에서의 국가 개입이 평등을 수반한 지속적 고도 경제 성장을 가져왔다고 주장된다. 이 섹션에서는 저축률과 1인당 국민 소득의 2개 지표에 대해서 집중 검토한다. 특히 중남미 관련 이론 및 경험론적 기존 학설들을 조명하고자 한다.

12.2.1 저축

솔로우(Solow)의 1956년 이론이 지역 간 1인당 국민 소득의 차이를 평가하기 위한 전통적 출발점이 되어 왔다. 솔로우의 신고전주의 이론은 과도기 성장은 자본 축적의 결과로 발생하는데, 1인당 자본 축적의 수익률은 하방향 추세, 수확 체감 현상을 보인다는 것이다. 일단 투자율이 감가상각률과 인구 증가율과 동일한 *안정 상태*에 도달하면, 국가들의 생산성이 상승하지 않는 한 생산 증가는 일정하게 된다. 결과적으로, 생산성은 신고전주의 표준 프레임에서 볼 때는 외생적인 기술의 진보로 얻어지는 결과이다.

중남미 관점에서 본 솔로우의 과도기적 성장 개념을 보면, 이 이론은 낮은 1인당 국민 소득 수준에서 높은 저축률이 1인당 국민 소득의 과도기적 성장을 가져올 수 있다고 예측하고 있다.

저축과 성장에 대한 국가별 교차 연구는 많은데 이 연구들은 긍정적이고 의미 있는 관계를 제시하고 있다.[2] 중남미 지역의 경제 성장 활동의 차이를 설명하는 데 저축률의 중요성이 아시아 지역과 비교할 때 중남미의 빈약한 성장성을 이해하는 데 가장 적절하다.

[그림 12.3]에서 보듯이, 아시아 국가들의 고도성장에 미친 높은 저축률의 의미를 보여주고 있다. 이는 중남미에 비해서 아시아의 높은 저축률이 과도기적 경제 성장과 1인당 국민 소득의 증대를 가져왔다고 지적하고 있다.

그러나 신고전주의 이론은 왜 아시아인들이 중남미인들에 비해 더 많은 저축을 하는지에 대해서는 설명을 하지 않고 있다. 왜냐하면 저축률은 솔로우 모델에서 외생 변수이기 때문이다. 저축률 차이에 대한 연구에서 가장 간단한 단서는 제도와 문화의 조합으로부터 얻어진다.[3] 이 점이 사실일지라도 본 연구에서는 경험적으로 볼 때 저축률은 거시 경제 정책을 통해 상승될 수도 있다는 견해를 취하고 있다.[4]

중남미의 거의 모든 정책 입안자들은 지난 20세기 마지막 20년간 ISI 정책을 버리고, 대신 광범위한 시장 친화적 정책을 택했었다. 그러나 중남미는 새로운 발전 전략의 결실을 거두는 데 거의 1/4세기의 시간이 걸렸다. 중남미의 평균적 가정에서 높은 인플레이션하에서 적극적으로 저축을 생각하는 것이 어려웠다는 점을 생각하면, ISI의 유산이 중남미에 깊이 남아 있었다는 걸 알 수 있다. 이런 까닭에, 아시아가 1960~1990년 기간 중 보다 안정적인 거시 경제 환경에서 성장을 하는 동안 중남미는 저축과 투자가 뒤처지게 된 것이다. 그러나 지속적인 높은 성장률을 위해서 10년 이상 "올바르게" 거시 경제 체제를 운영한다 하더라도, 당연히 저축률이 기적적으로 증가할 것이라는 것을 의미하는 것은 아니다.

앞장에서 사회 보장과 연금 개혁이 공식부문 고용 근로자와 사용자들의 기대에 못 미칠 뿐만 아니라, 노동 인구의 상당수, 특히 자영업과 비공식 부문 근로자들이 사회 보장과 연금 혜택에서 제외되고 있다는 점을 논의했었다. 따라서 출발점으로 중남미 저축 증진을 위한 완전 재정지원 사회보장제도의 시행을 제안한다. 이 제도는 아시아와 상당히 다른 제도와 문화적 유산을 갖고 있는 중남미의 특성을 고려한 것이다.

[그림 12.3] 2013년 주요국의 GDP 대비 국민 총저축률

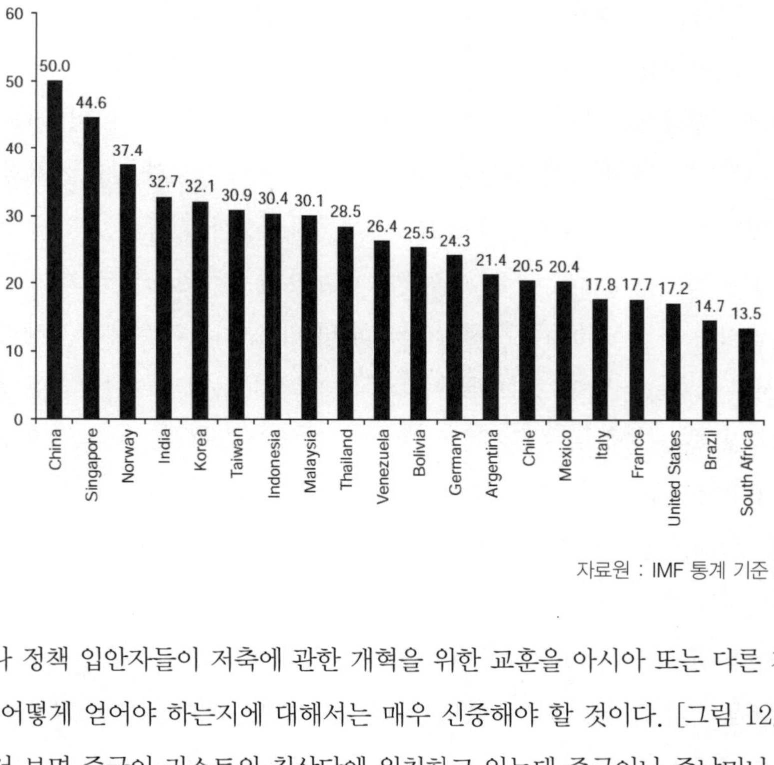

자료원 : IMF 통계 기준 저작 작성

그러나 정책 입안자들이 저축에 관한 개혁을 위한 교훈을 아시아 또는 다른 지역 어디에서 어떻게 얻어야 하는지에 대해서는 매우 신중해야 할 것이다. [그림 12.3]으로 돌아가서 보면 중국이 리스트의 최상단에 위치하고 있는데 중국이나 중남미나 인구가 노령화되고 있다. 그리고 사회 보장과 연금 개혁은 지체할 수 없으며, 중국은 물론 사회 보장이나 연금 개혁에서 교훈을 얻을 수 있는 국가가 아니다. 일부 연구는 인구가 빠르게 고령화되는 환경에서 사회보장과 적절한 보건 제도가 결여되어 있어 중국 가정들이 높은 저축률을 유지하고 있는 상태라는 점을 보여주고 있다.[5]

더욱이 주요 사회적 갈등과 중국 금융 시장에서 자본 시장의 불완전성 등도 높은 저축률을 가져오는 요인들이다. 재산권 보호에 관한 매우 낮은 기준, 대출 계약의 집행 가능성 부족, 부패의 부적절한 통제 등이 평균적인 중국 가정이 대출에 접근하는 것을 방해하고 있다.[6] 특히 소기업 및 자영업자 등 대부분 기업들은 여신 조달이 제한되고 있어, 그들의 투자 계획상 자금 조달을 위해 자발적인 강제 저축을 강요당하고 있다.[7]

신자유주의 이론은 앞서 말한 바처럼 만약에 저축이 외생 변수라는 솔로우의 의견을 따른다면 경제 성장과 저축 간의 경험적 관계에 대한 우리의 의문에 대해 많은 지식을 제공하는 것 같지는 않다. 내생적 성장 이론은 도움을 줄 수 있을까? 도움을 줄 수 있으며, 특히 외국인 투자가 장기 형태의 해외 저축이라는 점과 투자 유치국 내 기술 확산을 발생한다는 점에서 그렇다.

1980년대 후반기에 수많은 내생적 성장론 논문이 제시되었다. 로머(Romer, 1986, 1991)가 관련 연구의 발동을 걸었다. 중남미의 관점에서 무역과 금융 자유화에 관한 철저한 개혁이 내생적 성장에 대한 관점을 정립하게 하였다.

제10장에서 ISI 기간 동안 제정되었던 FDI에 대한 규제의 완화(약 1960년에서 1985년 사이)를 포함한 무역 및 금융 자유화를 논의한 바 있다. 간단히 말해서 내생적 성장론 관점에서의 예측은 저발전 중남미국들에 외국인 투자가 유치되고 이에 따른 총요소생산성 향상을 통해 보다 쉽게 선진국의 1인당 국민 소득을 따라잡을 수 있을 것이라는 것이었다.

그러나 이러한 일이 발생하기 위해서는 외국인 투자자들이 안심할 수 있어야 한다. 전체 중남미는 위험도가 높은 지역으로 인식되어 있어 외국인 투자자들을 안심시켜 주기 위한 하나의 방법은 외국인 투자자들이 자신들의 투자와 교환하여 요구하는 지역 내 기업가들의 자체 저축 제공일 수 있다. 이러한 저축은 외국인 투자자의 수익이 매력적이고 안전하기 위해 필요한 우수한 기술을 고가로라도 수용하겠다는 가시적이고 신뢰할 수 있는 약속으로 볼 수 있다. 다른 방법으로는 불확실성을 감소하기 위해서 필요한 법적·제도적 개혁을 법제화하는 것이다.[8]

그러므로 안정적인 거시 경제 환경을 제공하는 것이 필요하지만, 외국인 투자를 촉진하는 데 충분조건은 아니다. 통찰력은 가장 기본적인 중요한 동인인 미시경제 원칙에서 나오는데, 국내 기업인들이 자신들의 저축을 제공함으로써 외국 투자자들에게 높은 수준의 현지 자체 노력도 투자 프로젝트에 투입될 것이라 확신시키는 것을 말한다.[9]

이는 지역 내 소득의 불평등과 분산을 암시할 수 있으며, 극빈 상태의 중남미 국가들은 1990년대에 두 번의 저주를 받았다: 첫째, 그들이 가난해서 필요한 (비용이 많이 드는) 개혁을 쉽게 이행할 수 없었기 때문이고, 둘째, 현지 기업인 투자자들이 투자 소득을 높이기 위한 기술의 도입을 위해 현지 나름의 노력이 이루어질 것이라는 외국 투자자의 투자 진출 위험에 대한 우려를 안심시키기에 충분한 국내 저축(또는 자기 자본)이 없었기 때문이다.

이 설명은 예컨대 2014년 기준 불변 달러 가격 구매력 평가 기준(PPP) 조건으로 칠레와 과테말라 간의 현행 3대1의 1인당 소득 격차를 조명하고 있다. 앞장에서 보았듯이 70년대에 조기 개혁추진국인 칠레는 중남미에서 1985년부터 1997년까지 즉, 중남미 지역의 대부분 개혁추진 기간을 통해 꾸준한 경제 성장을 이룩한 유일한 국가이다.

이 질문은 다음 질문으로 이어진다. 1인당 초기 소득 수준이 중요한가?

12.2.2 초기 1인당 소득 수준

솔로우 패러다임의 중요한 예측의 하나는 조건부 수렴이다. 간단히 말해서, 1인당 소득 수준이 안정적인 국가보다 훨씬 낮은 수준에서 시작하는 경제성장은 다른 모든 변수(예: 저축률, 생산, 기술 발전율, 감가 상각, 인구 증가율, 기타) 가 동일할 경우, 더 높은 수준에서 시작하는 경제와 비교하여 상대적으로 빠른 과도기적 성장을 경험하게 된다.

왜냐하면 빈국들은 1인당 자본에 대한 수확체감으로 더 빨리 성장하기 때문에 빈국과 부국의 1인당 소득 격차는 장기적으로 사라질 것이다. 이러한 예측은 초기 소득 이외의 무수한 변수를 통제한 후 경험적으로 사실이어야 한다.

솔로우의 수렴 예측은 아주 광범위하게 여러 국가들을 대상으로 실험하였다. 이들 연구들은 유럽 소재 국가들을 대상으로 진행되었는데 대부분 예측치에 수렴하는 결과를 가져왔다.[10]

그러나 일부 학자들은 경험적 수렴 연구는 핵심 사항을 빠트리고 있다고 주장하고 있다. 예컨대 콰(Quah, 1996c)는 다음 두 가지 성장 메커니즘이 구분되어야 한다고 주장한다: (1) 국가의 기술 및 자원 개발 추진, (2) 부국 따라잡기.

일반적으로 국가 간 교차 회귀 분석을 사용하는 전통적인 경험론 연구는 국가들이 어떻게 상호 작용하며, 이러한 상호 작용으로부터 교역 조건, 불리한 지위의 지속, 빈곤 등의 사안에서 무엇이 도출되는지의 질문을 다루지 않는다.

그러나 수렴에 대한 연구는 국가 간 분석으로부터 시계열 분석으로 발전하였다.[11] 후자의 경험론적 연구는 *수렴 클럽* 의 개념을 조명해 왔는데, 즉, 수렴이 글로벌 현상이라기보다는 국가들 간 그룹(또는 클럽)에 적용되는 것임을 규명하였다. 이러한 성격의 연구들은 저소득 국가들이 특정 국가에 미치는 쇼크가 지역 내 다른 국가들과 비교하여 일시적인 한 다른 국가들을 따라잡을 수 있다고 밝히고 있다.

이 논문에서 수렴하는 국가 그룹의 증거는 1900년-2001년 기간 중 29개국을 표본으로 한 시계열 분석에서 확인되었다.[12] 이들 연구는 수렴 클럽이 OECD와 유럽 선진국들에서는 보다 확실하고, 중남미 지역에서는 보다 불분명하다고 주장하고 있다.

중남미 국가들만을 대상으로 수렴 현상을 조사한 연구들도 있다.[13] 경험 연구들은 제10장에서 살펴보았던 중남미통합연합(LAIA), 중미공동시장(CACM) 및 기타 무역블록 등의 자유무역협정(FTA) 회원 국가들 간에 일부 수렴 현상이 존재하는 것으로 주장한다. 또한 그에 미치지는 못하지만, 지리적 인접 국가들 사이에서도 일부 수렴 클럽이 발생하는 것으로 보인다.

특히, 콜롬비아, 코스타리카, 에콰도르, 엘살바도르, 과테말라, 온두라스, 멕시코, 니카라과 및 베네수엘라 등 중미 국가들과 아르헨티나, 볼리비아, 브라질, 칠레, 파라과이, 페루 및 우루과이 등 남미국 간 수렴 그룹의 증거가 나타나고 있다.

그러나 대체로 단순 지리적 인접성보다는 지역 무역통합의 결과로 나타난 수렴의 증거가 더 강력하게 나타나고 있다. 예컨대 최근 연구는 전 중남미에서 수렴 현상을 발견하였다.[14] 칠레, 코스타리카 및 트리니다드 토바고와 같은 지리적으로 거리가 먼 국가 간에는 미국의 1인당 소득 수준에 수렴하려는 현상을 보였다.

이들 세 국가들 중, 두 나라는 라틴아메리카이고 한 국가는 카리브 국가인데, 미국과 양자 무역협정 또는 투자협정을 체결하여 남·북 간 기술 확산을 쉽게 이용할 수 있는 국가들이었다.

12.3 구조적 요인들

경제 성장과 발전에 구조적 요인들이 중요하다는 사실이 광범위하게 인정되고 있다. 예컨대 인구 규모가 중요한 요인이 될 수 있다. 모든 중남미 국가들은 세계무대에서 브라질과 멕시코를 제외하고는 작은 규모다. 지리적 요소도 관련이 있다.

제1장에서 언급했듯이, 중남미 면적 중 상당 부분이 적도에 인접하고, 이는 몇 가지 질문을 던진다: 열대성 기후가 중요한 요인인가? 중남미의 많은 국가들이 세계 시장과 멀리 떨어져 있고, 볼리비아나 파라과이 같은 나라는 육지로 둘러싸인 국가로 그들 영토는 바다와 접근이 차단되어 있다.

또 다른 질문은 중남미를 자원의 저주 지역으로 명할 수 있는지 여부이다. 멕시코를 제외한 모든 중남미국들은 천연자원 의존도가 높다. 이 장에서는 국토 면적, 지리, 풍부한 천연자원의 세 가지 잠재적 저개발 요인들을 상세히 분석해 본다.

12.3.1 국가 규모

많은 연구자들은 인구 규모(앞으로 국가 규모)와 경제적 번영 간 연계를 시도해 왔다.[15] 이는 발전 전략을 좌우하기 때문에 정책 수립에 중요한 부분이다. 예컨대, 다른 나라에 비해서, 중남미 최대 경제 대국들인 브라질과 멕시코는 ISI 전략 아래서 평균 성장률 이상의 높은 경제 성장률을 기록했다.[16] 그러나 전세계적인 몇몇 기존 팩트들이 상당히 흥미롭다. 세계에서 인구가 많은 국가들이 반드시 부유하지는 않다. 세계에서 가장 인구가 많은 중국, 인도, 미국, 인도네시아 및 브라질 등 5개국 중 단지 미국만이 1인당 국민 소득이 높은 부국으로 간주되고 있다.

이러한 패턴은 10대 인구 대국으로 확대해도 비슷하다. 다른 측면에서 보면, 2013년 기준 세계에서 PPP 기준 1인당 국민 소득이 가장 부유한 2개 국가는 카타르(US$ 98,814)와 룩셈부르크(US$ 78,670)로 각각 인구가 2백만과 50만 명 수준이다. 이들은 작고 발전된 나라들로 인구 규모는 중요하지 않은 요소로 보인다.

그럼에도 불구하고, 일부 연구는 경제 발전에 기여하는 요소로서 인구 규모의 중요성을 주장한다. 일부 예외를 제외하고, 규모의 경제가 이 논쟁의 핵심이다.[17] 경제 규모가 클수록 내수 시장을 위한 규모의 경제 측면의 생산이점을 취할 수 있다는 것이다. 공공재의 공급에서도 규모가 중요하다. 예컨대 공공안전과 금융 시스템의 규제를 위한 1인당 비용은 국가 규모가 클수록 낮아진다. 왜냐면 이 종류의 재화와 서비스는 상당한 고정 비용 요소를 가지고 있기 때문이다. 일부 연구는 기업과 산업들을 대상으로 마이크로데이터 추정 생산성을 사용하였으며, 규모의 경제 중요성을 증명하였다. 그러나 이 발견에서 부가 데이터를 위한 증거력은 취약하다.[18]

로스(Rose, 2006)는 총인구로 표시되는 국가 규모가 1인당 국민 소득을 포함한 일부 경제적 또는 사회적 현상과 연계되는지 검토하기 위해 패널 통계 추정치를 사용하였다. 그의 연구는 유일한 강력한 상관관계는 소규모 국가가 국제 무역에 더 개방적이라고 결론지었다. 반대로 1인당 국민 소득, 보건 및 교육 부문을 포함한 인력 개발 조치들, 제도, 재정 규모 및 사회적 이질성 지표 등은 경제 규모와 연계되어 있는 것으로는 보이지 않는다.[19]

경제 대국들은 외부의 경제쇼크에 대응하여 안정을 유지할 수 있는 보다 나은 위치에 있다. 또한 만일 한 국가의 여러 지역들이 처한 쇼크가 상호 연관 관계가 없을 경우, 경제 전체로는 위험을 분산할 수 있다. 간단히 말하자면, 특정 지역이 위기에 놓여 있을 경우는 다른 지역으로부터의 이전이 도움이 될 수 있다. 그러나 이는 경기 변동에 더 취약하고 지역 간 이전 규모가 제한적인 소규모 경제의 경우에는 해당되지 않는다.

무역과 국가 규모가 경제 발전(1인당 소득 기준)에 미치는 영향에 관한 연구들은 많지만, 소수의 연구만 두 효과를 동시에 분석하고 있다. 알레시나(Alesina)와 스포라오레(Spolaore)(1997)의 저서와 이들과 바치아르그 (Wacziarg)의 공저(2005)는 국가 규모와 경제 성장 간 관계에 대해 연구하고 있다. 저자들은 국가 규모와 개방도가 클 때 경제 성장이 더 커진다는 모델을 개발했다.

이 모델은 국가 규모의 효과는 개방 정도가 높아짐에 따라 점점 작아지는데, 이는 중소 규모 중남미국들에게 중요한 교훈을 주고 있다. 다자, 양자 및 지역 차원의 무역 자유화를 통해 경제 성장을 촉진할 수 있다는 인센티브들이 분명 존재한다. 관련 증거들은 이 효과가 크고 통계적으로도 의미가 있음을 보여주고 있다(제10장 참조).

알레시나, 스포라오레 및 바치아르그(2005)는 중남미 관점에서 다음 두 가지 중요한 통찰을 제시하고 있다.

첫째, 무역 장벽이 해체되는 세계화가 확산되고 있는 세계에서 규모의 이점은 그다지 중요하지 않다. 규모가 크고 다양성이 존재하는 국가들에서 이질성을 조정하는 것이 힘들고 비용이 많이 소요되기 때문에, 그들은 국가 수의 증가와 국가의 평균 규모는 감소하리라 예견하고 있다.

둘째, 민주적 정부의 확산과 독재 정권의 몰락은 같은 효과를 갖게 되는데, 왜냐하면 독재자들은 이질적 선호도에 덜 민감하기 때문이다.

일부 기존 팩트들은 특히 1990년 이래 상당수 국가 수의 증가가 앞서 언급된 국가의 수 증가와 크기의 감소에 대해 입증한다는 것이다. 최근 50년 동안 독립 국가 수가 1946년의 76개국에서 2014년에는 195개국으로 증가하였다. 이와 관련된 대표적 국가 분할 사례로 구소련과 유고연방의 해체를 들 수 있다. 경제적 논리는 분리 비용의 감소로 더 많은 국가의 해체가 자연스럽다는 것이다.

그러나 중남미는 2차 대전 이후 국가의 해체를 경험하지는 않았다. 사실 오늘날의 국가의 수는 반세기 전과 같다. 반면에 중남미 지역 내 상대적으로 소규모 국가들은 점점 세계화되고 있는 21세기 세계 경제에서 경제 성장과 발전 전망 면에서 불리하지 않다고 볼 수 있다.

12.3.2 지리

지리는 경제 성장과 경쟁력의 중요한 외인성 결정 요인의 하나다. 이 변수는 기후, 자연재해 노출, 육속(landlocked) 지형, 적도로부터 거리 및 주요 무역 중심지들과의 접근 용이성 등을 포함한다.

예컨대 열대 지역은 낮은 농업 생산성과 잦은 재해 등 아직 충분히 통제되지 않는 조건들을 가지고 있다. 가장 치명적인 질병이 말라리아이며 특히 아동에게 치명적이다.

잠재적인 비옥도의 변화를 떠나서 1인당 국민 소득 면에서 말라리아의 직접적인 경제적 비용은 높을 수 있다. 삭스(Sachs)와 워너(Warner)(1997)에 따르면 열대성 기후를 가진 국가들은 연간 약 0.8% 정도의 낮은 1인당 국민 소득 증가율을 보인다. 중남미에서는 말라리아가 21개 국가에서 여전히 번성하고 있으나, 2013년 세계보건기구(WHO) 말라리아 보고서 통계를 보면 중남미는 전 세계 사망자 중 단지 0.1%를 차지하고 있다.

그러나 중미 카리브 지역과 같은 지역의 지리적 문제는 지진, 쓰나미 및 허리케인 등의 자연재해에 의해 피해를 받고 있는데, 손실 회복에 수십 년이 걸릴 수 있는 대규모 피해를 야기하고 있다. 불행하게도 전체 자연재해 피해에 대한 보험 제도는 일반적으로 개발도상지역, 특히 중남미에서는 아직 현안 과제로 남아 있다.[20]

항만 접근성 또한 무역을 통한 생산 증대와 관련이 있다. 예를 들면 삭스와 워너(1997)는 육속 국가들의 연간 1인당 국민 소득 증가율이 약 0.6% 정도의 낮은 수준임

[그림 12.4] 1930~2000년간 수송 및 통신비용 추이

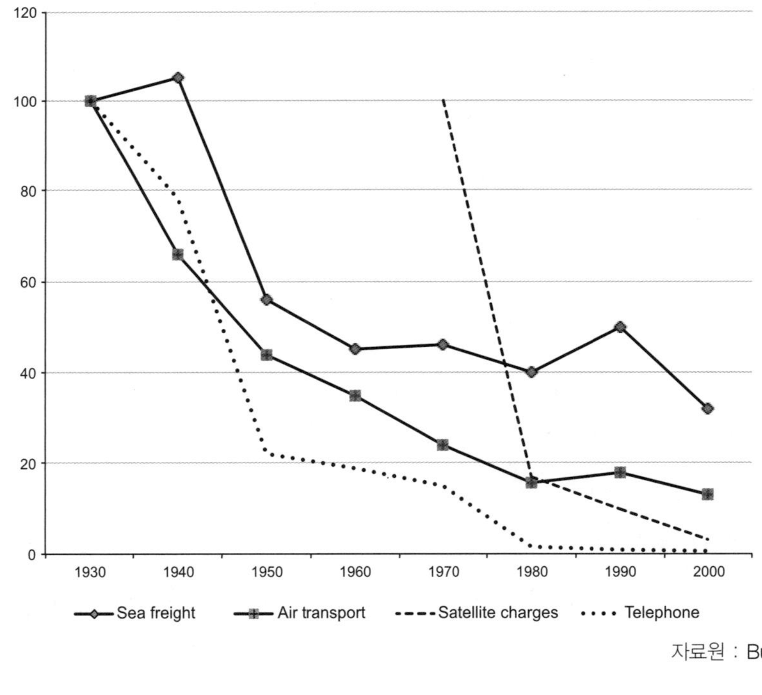

자료원 : Busse 2003

을 밝혀냈다. 갤럽(Gallup), 삭스(Sachs) 및 멜링거(Mellinger)(1999)는 육속 국가들은 바다에 접근할 수 있는 국가들의 평균보다 1% 정도 저성장을 기록하고 있음을 보여준다. 주요 이유는 이들 국가들의 수송 비용과 연관이 있고, 이는 국제 무역을 더 어렵고 고비용으로 만들고 있다. 앞서 제2장에서 중남미 국가들 내에서 육속 지역의 중요성을 강조했었음을 기억하라. 국가 내 소득 불평등은 이 요소들에 의해 설명될 수 있다. 그러나 인프라의 개선은 수송 비용을 낮출 수 있고, 무역의 혜택이 지역 간, 국가 간 상대적으로 골고루 고성장을 가져올 수 있게 해야 할 것이다.

긍정적인 측면에서 보면, 수송과 통신 비용이 [그림 12.4]에서와 같이 극적으로 떨어지고 있다. 신기술이 이들 비용을 점차 낮추고 있다. 그러나 현재까지 상황을 보면 아직은 개발도상국들은 여전히 불리한 상태에 있다. 특히 배후지에서 항만지대로의 수송 비용이 여전히 매우 높다. 투자 정책에 대한 시사점은 중남미의 신생 민주주의 국가들은 사회 간접 자본에 보다 많은 투자를 해야 한다는 점이다. 최근 들어 중국이 특히 브라질과 베네수엘라 및 태평양 연안의 도로와 철도 부문의 외국인 투자에서 중요한 역할을 해왔다.

12.3.3 풍부한 천연자원

중남미는 천연자원이 풍부하다. [그림 12.5]에서 보듯이, 중남미 대부분 국가들이 1차 산품 수출에 매우 의존적이다. 아직까지 부존 자원과 경제 성장 간의 관계는 논란이 많다. 자원의 부족은 아시아 국가들의 경험에 비추어 볼 때 경제 발전에 심각한 장애 요인이 아니다.

반면에 풍부한 천연자원은 여러 국가들 중 미국, 호주, 뉴질랜드 및 노르웨이의 사례와 같이 경제 발전에 긍정적 영향을 미칠 수 있다. 이것은 역사적으로 사실일 수 있지만, 최신 자료를 사용한 다수의 경험 연구는 천연자원의 풍부함과 경제 성장 간에 부정적인 관계가 있음을 발견하였다. 예컨대, 삭스와 워너의 연구(2001)는 천연자원의 풍부함과 경제 성장 간의 부정적인 관계를 입증하는 경험론적 증거를 제시하고 있다. 아프리카국 중 석유가 풍부한 나이지리아와 중남미의 석유 부국 베네수엘라에서 좋은 사례를 찾을 수 있다.

다음 다섯 가지 논거가 “자원의 저주” 개념 국가들의 존재를 설명하고 있다. 첫째, 풍부한 천연자원은 통화의 평가절상을 가져와 국내 제조업 부문의 발전을 저해한다.

[그림 12.5] 주요국의 1차 산품 수출 수준(최근 수출 대비 %)

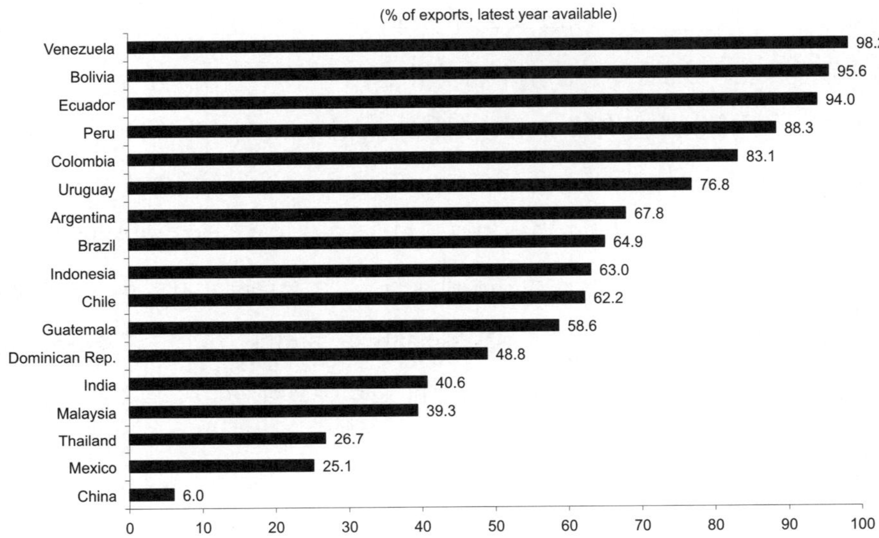

자료원 : WTO 및 칠레 중앙은행 데이터 기반 저자 작성

이것이 잘 알려진 화란병(Dutch disease) 현상이다.[21]

둘째, 천연자원의 풍요로움은 지대 추구 행위를 불러온다. 특히, 부존 천연자원은 긍정적으로 비추어질 수 있으나 많은 부패 발생을 유발한다.[22]

셋째, 천연자원 부문은 국제 자원 시장의 대대적인 가격 변동성에 노출되고 있다. 위험 분산 메커니즘의 결여로 1차 산품 가격 불안은 더욱 강도 높은 장기간의 경기 순환 파동으로 이어질 수 있다.[23]

넷째, 천연자원은 환율의 변동성을 야기할 수 있는데, 특히 평가 절상과 뒤이은 평가 절하는 경기 침체와 실질 임금의 하락에 따른 정치사회적 불안을 조장할 수 있다. 끝으로 천연자원은 자본 수요의 감소를 가져와 경제 성장을 위축시킬 수도 있다.[24]

개발도상국들의 실질 환율 변동성은 선진국의 경우보다 3배 이상 높은 것으로 추정

되고 있다.[25] 이것의 요인 중 하나는 선진국들의 대대적인 수출 다변화이다. 만일 부존 천연자원이 국내 생산의 다변화를 가져와 수출 주도 성장에 이바지하고 그 결과 다른 부문과 산업에 수출 소득이 흘러들어 가도록 한다면 천연자원은 1인당 국민 소득 증가로 표시되는 경제 성장에 긍정적 영향을 미칠 수도 있을 것이다.

아직까지는 완전하게 천연자원에 기반을 두고 경제 성장에 성공한 국가 사례가 없으며, 중남미에도 자원을 기반으로 성공한 국가는 하나도 없다. 그래도 칠레의 경우는 수출의 2/3를 천연자원에 기반하는, 중남미에서는 1인당 국민 소득이 가장 높은 국가이다. 또한 칠레는 제7장에서 설명했듯이 1차 산품 가격의 변동에 대처하기 위해 재정 규칙과 국부펀드 조성 등 강력한 재정 제도를 발전시켰다.[26]

12.4 경제 정책 및 제도

제시된 주제에 대하여 모든 교과서에서 설명하듯이, 경제 발전은 다각적인 노력의 산물이다.[27] 따라서 앞장에서 강조했던 구조적 요인들이 중요한 역할을 할 수 있으나, 경제 사회 정책들이 핵심이다. 이와 관련 중남미의 시점에서 무역 개방의 역할, 교육, 재정 정책, 금융 발전, R&D, 혁신 등을 분석한다.

12.4.1 무역 개방

무역 개방은 여러 경로를 통해 경제 성장에 기여하고 있다. 제10장에서 살펴본 리카르도의 무역 모델이 오랫동안 설명한 바처럼, 한 국가는 비교우위를 갖는 재화와 서비스의 생산과 수출에 특화하여 자원의 보다 효율적인 배분을 기대해야 한다. 또한 개방은 신기술에 접근하려는 국가들의 범위를 확대시키고 보다 일반적으로는 저개발국들에게도 적극적인 R&D 확산 효과의 혜택을 누릴 수 있게 한다.

나아가서 대외경쟁과 무역 개방은 국내 생산업자들에게 보다 효율적인 기업이 되도록 하고 보호주의 정책을 펴고 있는 국가들에 비해 보다 높은 생산성을 구축하도록 유인하고 있다.

방대한 연구에서 무역과 경제 성장 간의 경험론적 관계를 다루고 있다. 개방도는 평균 관세율, 관세 분산 및 비관세 장벽, 그리고 GDP 대비 수출과 무역 규모 등의 비율로 측정한다. 경제 성장과 개방 간의 긍정적인 상관관계는 강력하고 통계적으로 유의미하다.[28]

개방 경제는 급격한 자본 유입 변동에 취약한가?[29] 이는 중남미와 관련된 의문이다. 왜냐하면 중남미 전 지역이 차입 붐과 뒤이은 갑작스러운 자본 유입 급감을 경험했었음은 잘 알려진 사실이다.[30] 이와 관련된 트레이드 오프도 잘 알려진 것이다. 한편으로 무역과 금융 시장 개방으로 대외쇼크에 노출이 증가됨에 따라 갑작스러운 자본 유입 중단으로 고통을 받을 가능성도 더 커진다. 반면에 시장 개방은 역시 국제 금융 유입의 차단에 대응할 수 있는 힘을 기를 수 있게 된다. 왜냐하면 더욱 효율적인 무역 부문을 통해 외부에서 발생한 위기에 대응하기 위한 외환을 보다 용이하게 조달할 수 있기 때문이다.

일반적인 컨센서스는 보다 덜 개방된 경제가 갑작스러운 자본 유입 중단으로부터 고통을 받기가 쉽다는 것이다. 갑작스러운 자본 유입 중단 가능성에 대한 무역 개방 효과는 통계적으로 유의미하며, 경상수지 적자와 함께 갑작스러운 자본 유입 중단을 예측할 수 있는 지표이다.

이미 제4장에서 언급했듯이, 중남미는 선진국에서 시작된 20세기 경제 위기 시 비교적 무역 부문이 덜 개방되어 있었던 1930년대 및 1980년대 위기 시에는 경제 성장에 막대한 영향을 받았었다. 그러나 21세기에는 중남미가 상당히 개방되어 있었기 때문에 이러한 영향은 그다지 크지 않았다.

경제 성장에 대한 무역 개방의 잠재적인 인과 관계는 대규모의 샘플 국가들을 대상으로 실험하였다. 기존 연구 결과에 대한 일반적 견해는 고소득국의 성장에 대한 무역 개방 효과보다 저소득 국가들의 효과가 크다는 것이다. 또한 경제 성장을 촉진할 수 있는 무역 개방의 범위는 유연한 노동 시장, 공적 사회간접자본 공급 및 신규 기업의 설립과 폐쇄의 용이성 등을 포함한 보완적인 개혁의 시행 여부에 달려 있다고 보고 있다.

시기 또한 중요한 것으로 보인다. 1950년대 이전과 비교해서, 1950년-1998년 기

[그림 12.6] 2012년 이후 적용기준 수입 관세율(%)

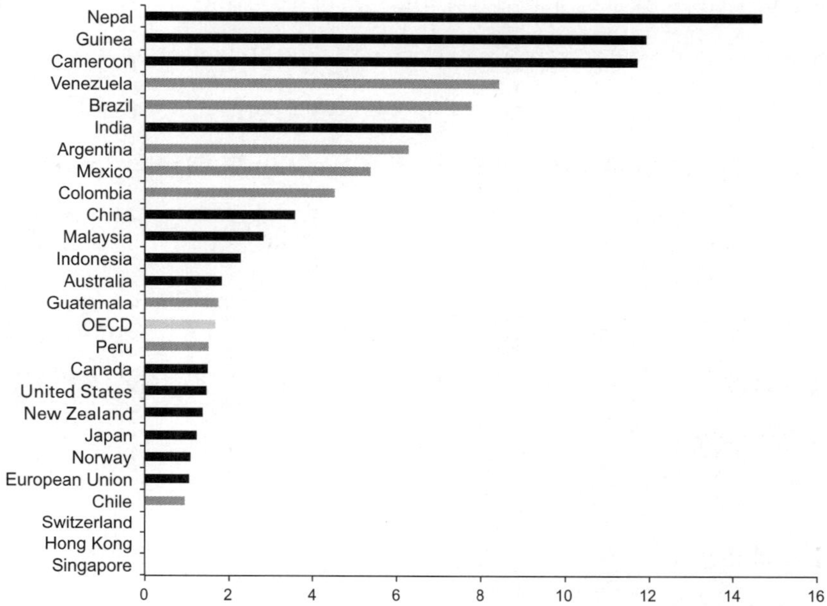

자료원 : 세계은행 데이터베이스(www.worldbank.org) 기반 저작 자성

간 동안 무역을 자유화한 국가들은 더욱 빠른 속도로 성장한 것 같다. 중남미에서는 칠레가 조기 무역 자유화 국가로 분류되는데, 왜 칠레가 다른 중남미 국가들과 달리 1985~1997년 기간 중 빠르게 성장을 한 유일한 국가였는지를 설명할 수가 있다.[31]

아마 정책 수행에 있어 보다 중요한 점은, 무역 개방의 경제 성장에 대한 잠재적 효과는 저소득국들에서 상대적으로 더 크게 나타나고 있다.[32] 최근의 연구도 역시 무역 개방을 뒷받침할 보완적 개혁의 중요성을 지적한다.[33] 여기에서도 시기는 또한 중요하다.

1950년부터 1998년까지 무역 개방이 무역 정책의 중심 단계에 있었던 국가와 그렇지 않은 국가를 비교할 때, 전자의 연간 성장률 증가폭이 2% 포인트였지만, 후자의 증가폭은 1.5% 포인트였다.[34] 0.5% 포인트는 실제로는 장기적으로 큰 차이를 만들 수 있으며, 이를 통해서 지난 50년 동안 아시아와 중남미의 성장률 차이가 규명될 수 있다.

중남미의 무역 개방은 최근 20년 동안 상당히 확대되어 왔다 (제10장 참조). 그러나 아직은 OECD 수준 대비 아래에 위치해 있다. [그림 12.6]에서 보듯이 칠레와 페루를 제외한 중남미 국가의 평균 관세율은 OECD 평균 이상이다. 만일 무역 개방을 [그림 12.7] 에서와 같이 GDP 대비 무역 규모 비율로 측정을 한다면, 중미, 파라과이, 볼리비아, 칠레, 및 멕시코 등이 중남미에서는 가장 개방적인 국가들이다. 브라질과 아르헨티나는 무역 비중이나 평균 관세율 어느 것으로 측정하든, 중남미에서 가장 개방도가 낮은 국가들이다.

무역 자유화 수준이 중남미의 일부 정형화된 팩트와 고도성장을 설명할 수 있지만, 거기에는 20세기 마지막 20년간 무역 자유화와 병행하여 시행된 다른 보완적 정책들을 고려해야 있다.

12.4.2 교역 조건

한 국가의 수입 대비 수출 가격, 즉 교역 조건은 특히 1차 산품 수출국들의 경제 성장에 중요한 결정 요인이 되고 있다. 교역 조건과 경제 성장 관계는 수많은 연구에서 분석을 해왔다. 예컨대, 배로(Barro)와 살라 이 마르틴(Sala-i-Martin) (1995)은 교역 조건의 변화를 그들의 성장 회귀 분석에 포함시켰다. 저자들은 교역 조건이 경제성장에 긍정적이고 중요한 영향을 미치고 있다 주장하고 있다.

이스터리(Easterly et al, 1993)는 여러 국가들의 지속적 경제 성장의 결여를 설명하기 위해 쇼크의 중요성을 연구하고, 고도성장이 종종 여러 종류의 쇼크에 의해, 특히 교역 조건 쇼크에 의해 중단되었다고 결론을 맺고 있다. 보다 최근에는 브라보-오르테가(Bravo-Ortega)와 데 그레고리오(De Gregorio) (2006)가 교역조건과 경제성장 간의 긍정적이고 강력한 통계상 상관관계를 입증하였다.

중남미는 1차 산품 수출에 크게 의존하고 있는 지역임을 상기해 보자. 21세기 들어 진행된 교역 조건의 개선이 제3장에서 설명한 프레비시-싱어의 비관적인 견해를 뒷받침하지 못하지만, 중남미의 교역 조건 변동성은 선진국들보다 평균적으로 상당히 큰 것이 사실이다. [그림 12.8]의 도식화된 사실이 이 견해를 입증하고 있다.

[그림 12.7] GDP 대비 상품 및 서비스 수출입 총계 비율(%)

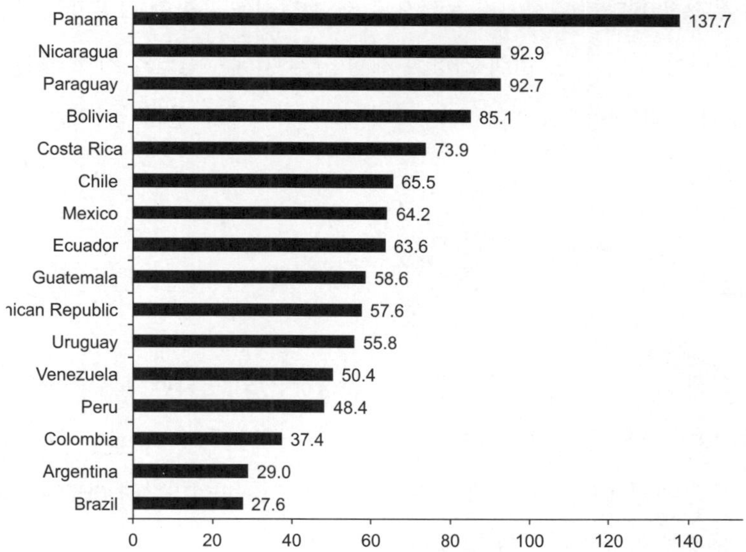

자료원 : 세계은행 데이터베이스(www.worldbank.org) 기반 저작 자성

[그림 12.8] 1983~2013년 기간 중 상품 및 서비스 교역 조건 변화 표준편차

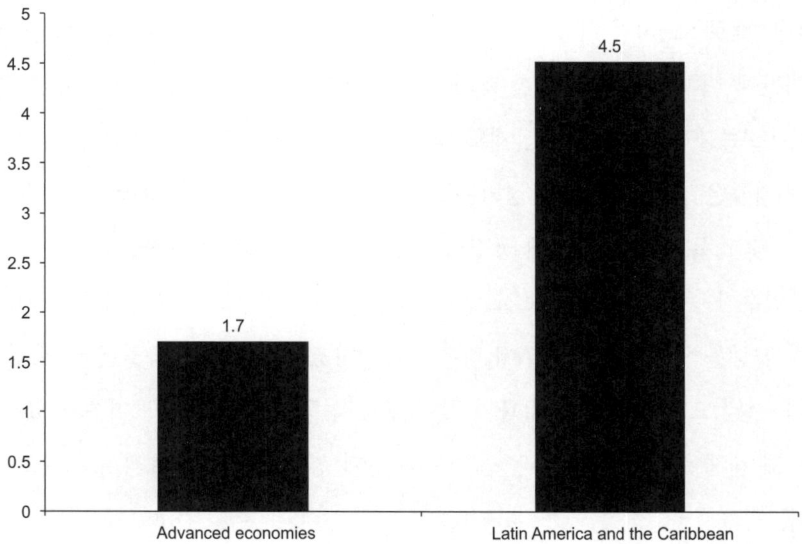

자료원 : IMF 데이터 기반 저자 작성

일부 중남미국들은 앞서 제7장에서 논의한 바처럼, 자국의 경제에 미치는 교역 조건 변동성의 부정적 효과를 완화시킬 목적으로 재정 정책을 포함한 다양한 정책들을 채택해 왔다. 이러한 정책들은, 미래 지향적 재정 규칙과 국부펀드의 시행 등을 포함하고 있는데, 교역 조건 변동으로부터 오는 국가 경제의 피해를 완화시키려는 노력을 뒷받침할 수 있다.

12.4.3 교육

교육에 의해 육성된 인적 자본 수준과 경제 성장 간의 명확한 관계를 규명하려는 노력이 이론 및 경험론 양면에서 수행되고 있다. 1988년 루카스(Lucas) 와 같은 학자의 분석은 이론적 관점에서 성장에 대한 인적 자본의 역할을 설명하려 하였다. 그 후 경제 성장에서 교육의 역할은 수많은 경험론적 연구의 주제가 되어 왔다. 인적 자본에 대해 상이한 측정 방법이 사용되어 왔는데, 교육의 질과 양 중에 무엇이 더 중요한지, 그리고 어떤 메커니즘을 통해 인적 자본이 경제 성장에 영향을 주는지 등의 질문이 제기되고 있다.

예컨대, 배로(Barro)와 리(Lee)(2013)는 표본 국가들의 교육 데이터베이스를 구축하여 경제 성장에 미치는 교육의 역할 평가가 가능하게 하였다. 이 평가에는 수출 경쟁력, 출산율, 소득 불평등, 민주주의, 제도 및 정치적 자유와 같은 원하는 변수가 함께 사용된다. 저자들은 교육 연수로 측정되는 교육 수준의 증가가 경제 성장, 경쟁력, 민주주의, 제도 및 소득 불평등 문제에 긍정적인 영향을 미친다고 주장하였다.

교육 연수가 중요한 것처럼 보일 수는 있지만, 다른 연구는 교육 연수의 증가가 교육의 질적 향상을 의미하는지 여부에 의문을 제기하였다.[35] 이들 연구들은 국제 평가에서 학생들의 성적으로 측정되는 교육의 질이 경제 성장에 중요함을 보여주고 있다. 또한 개방 경제 체제에서 교육의 질과 양은 모두 경제 성장에 긍정적 효과가 크다고 주장하고 있다.

그러나 교육에 대한 투자와 경제 성장 간의 연계는 생각하는 것처럼 그렇게 강력하지 않다. 미국 통계를 이용한 연구에서, 아기온 부스탄 외(Aghion P. Boustan et. al.

2009)의 연구는 양자를 명확히 연계하는 데 몇 가지 문제점을 지적하고 있다. 반면에, 적절하게 다루어지지 않은 역 인과관계 문제도 있다. 즉 부유하고 빠르게 성장하는 국가는 교육비 지출 확대가 더 활발해지므로 경제 성장은 교육비 증가를 가져올 수 있는 반면, 반대의 경우는 그렇지 못하게 된다.

반면에, 데이터의 부족으로 많은 연구자들이 수학 연한이나 평균 학업 성취도 같은 대체 자료를 사용할 수밖에 없었다. 그러나 프리쳇(Pritchett : 2013)이 강조했듯이 수학 연한은 교육 수준과 동일하지는 않다. 더구나 연구자들은 교육이 어떻게 경제 성장에 기여할 수 있는지 설명에 유용한 누락된 변수들을 무시하는 경향이 있다. 고등교육 투자를 도모하기 때문에 혁신 연계가 더 중요한가? 아니면, 초등교육과 중등교육에 집중하는 것이 보다 더 나은가? 사피르 외(Sapir et al. 2003) 연구는 전자의 경우에 대한 증거를 제시하고 있고, 반면 크루거(Kruger)와 린달(Lindahl)(2011), 그리고 켈러 (2006)는 후자에 대한 증거를 제시하고 있다.

아기온 부스탄 외(Aghion P. Boustan et. al. 2009)의 연구는 두 가지 유형의 교육을 실시하는 다국간 내생적 성장 모델에서 교육비 지출의 상대적 중요성을 평가하고 있다; 즉, 기술혁신을 촉진하는 "높은 수준"의 교육과 기술을 모방하는 능력을 향상시키는 "낮은 수준"의 교육이다. 교육 투자는 이전 연구들과는 달리 1인당 지출하는 달러 지출로 측정한다. 이 연구의 결과는 교육 부문에 대한 투자가 경제 성장에 긍정적 영향을 갖는다는 견해를 뒷받침한다. 예컨대, 중등과 고등교육 투자는 고 소득국 또는 기술 경제 선두에 가까이 위치한 국가들에게는 중요하게 보인다. 이 결론은 저개발국 국민들에게도 보다 높은 교육을 받도록 하기 위한 인센티브로 해석될 수도 있다. 왜냐하면 고등교육을 받은 개인들은 보다 더 발전된 지역으로 이주할 수도 있고, 교육 수준에 힘입어 더 높은 보상을 받을 수도 있기 때문이다. 그러나 중남미로부터 기술 선도 국가로의 이민이 상기의 이유로 유입되리라고는 생각되지 않는다. 그럼에도, 예컨대 인도와 같은 나라에서 미국으로의 상대적으로 많은 이민의 유입은 설명할 수는 있을 것이다.

그럼에도 불구하고, 진정으로 교육이 경제 성장에 중요한 역할을 한다고 가정하면, 당연히 중남미 입장에서 한 가지 의문이 따른다. 교육의 차이가 여러 나라의 1인당 국민 소득의 차이, 즉 중남미와 여타 세계와의 차이를 설명하려 시도할 경우도 중요한 역할을 하게 될까? 이 의문에 대해 카스테요(Castello)와 도메네크(Domenech)(2002)는 경제 성장에 대한 인적 자본 불균형의 영향을 심층 분석하였다.

두 학자는 1960년부터 1990년까지 기간 중의 광범위한 국가들을 대상으로 인적 자본 불평등 지표를 분석하였다.

그들의 분석에 따르면, 중남미의 평균 인적 자본 지니 계수는 0.447로 남아시아의 0.846, 중동 및 북아프리카의 0.775 및 사하라이남 지역의 0.774보다는 낮았고 동아시아 태평양의 0.484보다는 약간 낮았다. 그러나 OECD 및 고소득 국들의 0.251과 동구권의 0.182보다는 높았다. 이에 저자들은 경제 성장에 대한 인적 자본 불평등의 영향을 측정하였고, 부정의 관계를 발견하였다. 이러한 효과는 초기 인적 자본 불평등과

[표 12.1] 2012년 국제 학업성취도(PISA) 테스트 결과 비교

구분	수학	읽기	과학
중국(상하이)	613	570	580
싱가포르	573	542	551
한국	554	536	538
일본	536	538	547
스위스	531	509	515
에스토니아	521	516	541
핀란드	519	524	545
캐나다	518	523	525
독일	514	508	524
프랑스	495	505	499
미국	481	498	497
터키	448	475	463
칠레	423	441	445
멕시코	413	424	415
우루과이	409	411	416
브라질	391	410	405
아르헨티나	388	396	406
튀니지아	388	404	398
콜롬비아	376	403	399
인도네시아	375	396	382
페루	368	384	373

자료원 : PISA 2012, OECD(www.oecd.org/pisa/keyfinding)

[그림 12.9] 2013년 일부국의 교육 부문 공공 지출 비교(%/GDP)

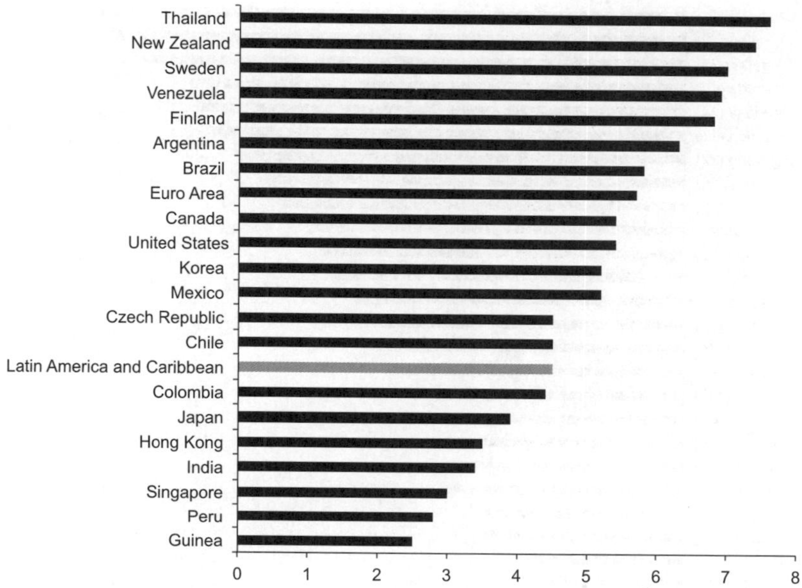

자료원 : 세계은행 데이터 기준 저자 작성

물리적 자본축적 간의 부정적 관계와 연계되어 있는 것으로 보인다.

중남미는 교육과 관련 심각한 문제를 안고 있다. 많은 국가들이 대대적으로 수혜 범위를 확대하려는 교육정책을 펴 왔음에도 불구하고, 이들 국가들 교육의 질은 다른 경제권에서 관찰된 수준에 훨씬 못 미치는 낮은 수준이다.

이러한 차이는 중남미와 선진국과의 비교나, 다른 신흥 시장 경제권과의 비교 시에도 분명하게 나타난다. [표 12.1]은 중남미 학생들이 국제 테스트에서 얻은 성적이 바닥권에 위치해 있어 타 국가에 비해서 최악의 성적 수준임을 보여주고 있다.

이러한 결과는 부분적으로는 교육 부문의 낮은 공공지출 수준에 기인하고 있다. 각국의 교육수준 개선을 위해 기울이는 노력들을 조사할 때, 중남미국들은 상대적으로 질과 양 측면에서 노력이 거의 없었음을 보여주었다. 그러나 역내 큰 편차가 있음을 알 수 있다. 교육 부문에서의 공공 지출을 보면, 중남미의 GDP 대비 평균 교육비 지출 비중은 유럽의 유로존에 비해서 한참 아래에 위치하고 있다[그림 12.9 참조].

그러나 교육부문에 대한 대규모 공공지출이 [그림 12.10]에서 보듯이 필연적으로 높

[그림 12.10] 2012~2013년 중 148개국의 교육 시스템의 질 평가 순위

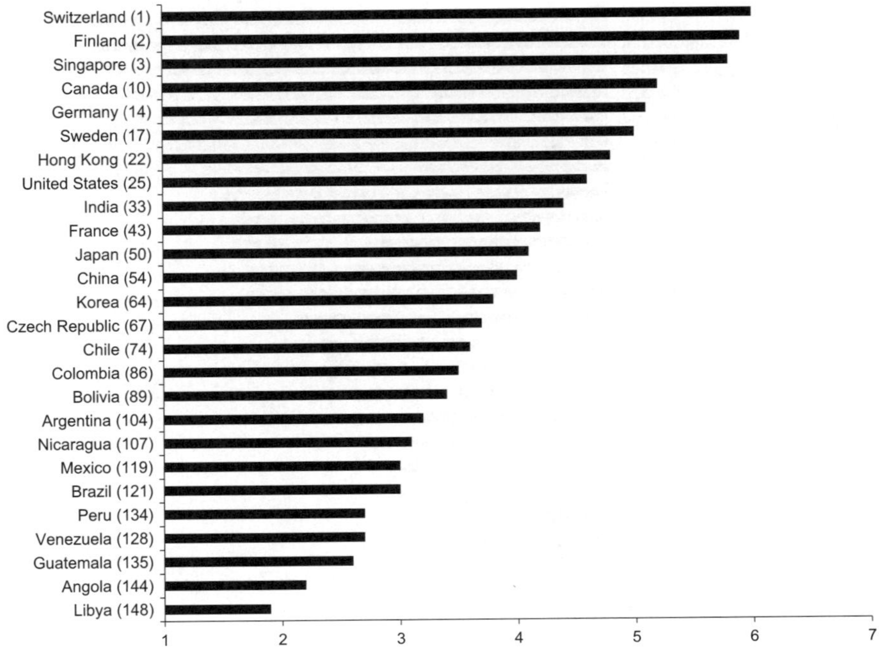

자료원 : World Economic Forum 2013

은 수준의 교육 질과 연계되는 것은 아니다. 중남미 모든 국가들은 교육과 관련 바닥권의 국가들로 보인다. 이는 교육부문 낮은 공공 지출뿐만 아니라 지속적인 소득 불평등 및 문화의 요인으로 설명될 수 있다.

결과적으로 교육의 질을 향상시키는 것은 중남미 지역을 위한 거대한 도전의 하나이다. 프리쳇(2013)에 따르면, 개발도상국에서 학교의 질 향상과 관련 가장 보편적 접근법은 알려진 바대로 공공 지출을 확대하여 학생당 투입 비용을 높이는 것이었지만 학습 결과에는 거의 영향이 없었다.

무작위 통제 평가에 따르면 조직과 체제의 변화를 통해 교육 공무원들의 행동 범위, 인센티브 및 책임감을 변화시키는 것이 공공 지출 증가보다 더 높은 학습 효과를 거두는 효율적 방법임을 보여주고 있다.[36]

중남미의 경우, 현재까지 교육에 대한 유일한 무작위 평가에 의하면, 멕시코의 Progresa /Oportunidades /Prospera 프로그램과 같은 빈곤 퇴치 캠페인이 중등 교육에

어느 정도 영향을 미치고 있다는 것이었다.[37]

12.4.4 재정 정책

재정 정책은 경제성장과 발전에 핵심 역할을 수행하는 또 다른 요소다. 배로(Barro)의 1997년 연구 작업 후, 일부 연구자들이 GDP 대비 정부 지출과 경제 성장 간의 부정적 관계에 대해 발표를 했는데, 결과는 생산성을 향상시키지 못한 정부 지출의 탓으로 돌리고 있다.[38]

배로의 경험론적 연구 결과는 대규모 샘플 국가들에 대한 "평균 효과"를 의미한다. 따라서 국가자원의 활용 면에서 효율성이 다르다는 의미이다. [그림 12.11]이 보여 주듯이 중남미 국들 중 칠레는 견실하게 수행해 온 반면, 아르헨티나와 베네수엘라는 그렇지 못했다. 대체로 중남미에서는 정부 지출에 대해서 낭비적이라는 인식이 팽배하다.

[그림 12.11] 2012~2013년 중 148개국 대상 공공 지출 효율성 순위

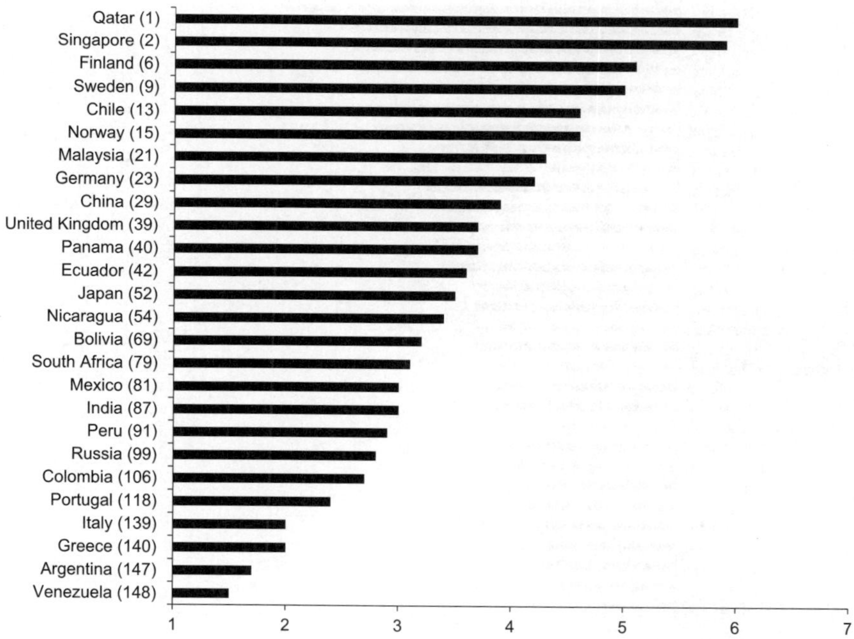

자료원 : World Economic Forum 2013

세수 측면에서, 중남미는 다른 신흥 시장 지역에 비해서는 평균 세율이 높지만, [그림 12.12]에서 보듯이 지역 내 국가 간 내재되어 있는 이질성을 한번쯤 고려해야 할 것이다. 예컨대 2012년의 경우 칠레, 온두라스, 과테말라 및 페루 같은 국가들은 상대적으로 세율이 낮았지만, 아르헨티나, 콜롬비아 및 브라질 등은 반대로 높았던 국가들이었다.

이러한 차이는 중남미와 다른 지역의 경제활동 성과 차이를 설명할 때 고려되어야 할 것이다. 특히, 광범위한 경험적 연구들은 높은 법인세가 경제 성장을 저해한다고 말하고 있다. [표 12.2]가 그러한 연구 결과들 리스트를 제공하고 있다. [표 12.2]에서는 2000년 이후의 모든 연구가 상당히 부정적인 결과를 보여 준다. 사실 글로벌화가 확대되는 세계에서 자본 이동성을 고려하지 않고 상대적으로 높은 법인세를 유지하기는 어렵다. 즉, 업체들이 투자를 해외로 옮길 수도 있다는 점을 고려해야 할 것이다.

[그림 12.12] 2012년 총세율(법인세+노동세 및 기여금+ 기타세)

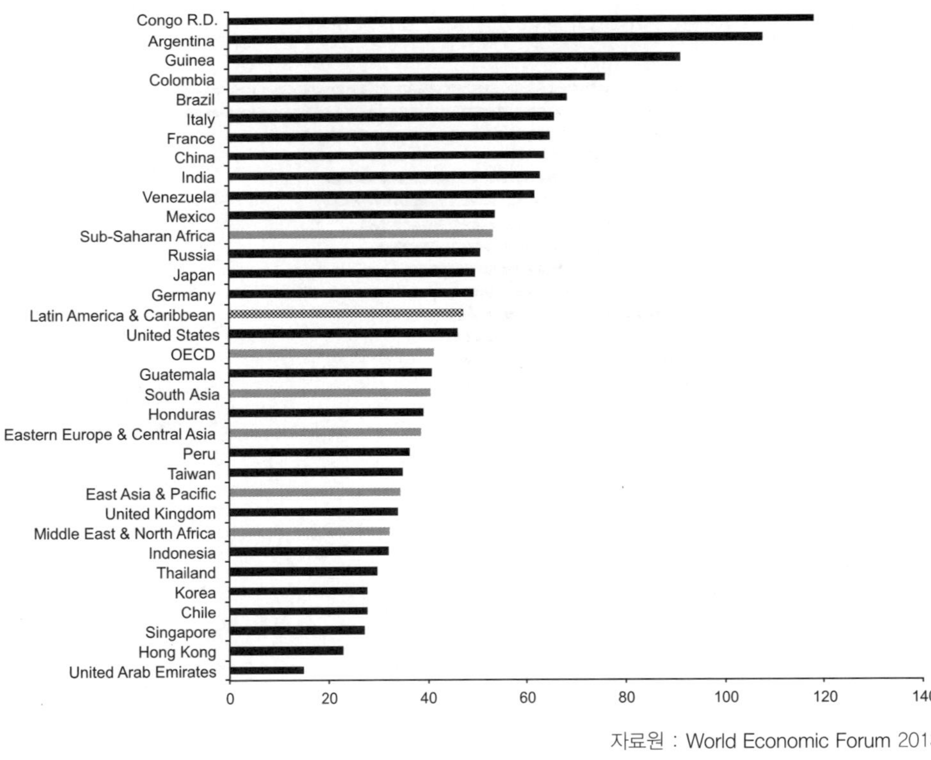

자료원 : World Economic Forum 2013

이로 인해 중남미 국들 중 법인세 수입으로 보건 및 교육 등 인적 자본 투자에 필요한 재정 재원을 조달할 수 있는 국가는 제한되어 있다.

[표 12.2] 경제 성장에 대한 법인세 효과의 경험론적 연구

비교 자료원	결과	비교 자료원	결과
Mertens, Ravn 2013	부정적	Cerda, Larrain 2005	부정적
Hayo, Uhl 2013	"	Lee, Cordon 2005	"
Ferede, Dahlby	"	Holcombe, Lacombe 2004	"
Perotti 2012	"	Tomljanovich 2004	"
Gemmel, Kneller, Sanz 2011	"	Blanchard, Perotti 2002	"
Amold et al. 2011	"	Folster, Henrekson 2001	"
Barro, Redlick 2011	"	Bleaney, Gemmel, Kneller 2001	"
Widmalm 2011	"	Carroll et al. 2001	"
Conefrey, Fitz 2011	"	Chernick 1997	"
Cerda, Larraín 2010	"	Katz, Mahler, Franz 1983	없음
Romer, Rome 2010	"	Mendoza, Milesi-Fettetti 1997	없음
Alesina, Ardagna 2010	"	Miller, Russek 1997	부정적
IMF 2010	"	Engen, Skinner 1996	"
Favero, Giavazzi 2010	"	Easterly, Rebelo 1993	없음
Reed 2008	"	Helms 1985	부정적
Amold 2008	"		

자료원 : Peer-reviewed articles 기반 저작 작성

12.4.5 금융 발전

금융 발전은 경제 성장과 관련된 요소로 집중적으로 분석되어 왔다. 왜냐하면 보다 나은 위기관리와 효율적인 자본의 배분을 가능하게 하기 때문이다. 또한 인적 자본과 물질적 자본의 축적을 용이하게 한다. 그러나 금융 위기는 산업 생산과 고용 면에서 막대한 손실을 야기하기도 한다.

킹(King)과 리바인(Levine; 1993)의 선구자적 연구 이후 금융 발전과 1인당 생산 증가 간에 긍정적이고 유의미한 관계가 인정되어 왔다. 후속 연구는 경제 성장에 관한 금융 발전의 영향을 평가해 오고 있다. 예컨대 로아이자(Norman Loayza)와 랑시에르(Jacques

Rancière)(2006)는 장기적으로 금융과 생산 증가 간에 긍정적인 관계가 있지만, 금융 부문이 취약한 국가에서는 단기적으로는 부정적인 관계도 공존할 수 있음을 발견하였다.

그러나 역 인과관계의 문제도 규명되어야 할 것이다. 금융 발전이 경제 성장을 불러오는가 아니면 그 반대의 경로인가? 칼데론(Calderon)과 리우(Liu) (2003)는 인과관계 영향을 규명하고 금융 자유화가 모든 국가에서 성장을 촉진하나 그 효과는 개발도상국에서 더 강력하다고 결론지었다. 이 효과가 나타나는 경로에는 전반적인 생산성, 빠른 자본 축적 및 기술 변화 등이 포함된다.

로라(Lora, 2012)에 따르면, 금융 자유화는 1980년대 중반 이후 이루어진 중남미의 구조 개혁에서 가장 눈에 띄는 발전을 보인 분야 중 하나였다. 저자는 "0" 과 "1" 사이의 지수를 제시하고 있는데, 여기서 "1"은 잠재적 개혁이 완벽하게 이루어진 경우를 의미한다. [그림 12.13]에서 보여주듯이, 1986년 이후 대부분 중남미 국가에서 중요한 진전이 이루어졌음을 알 수 있다.

[그림 12.13] 1986, 1999 및 2009년 금융 개혁 지수

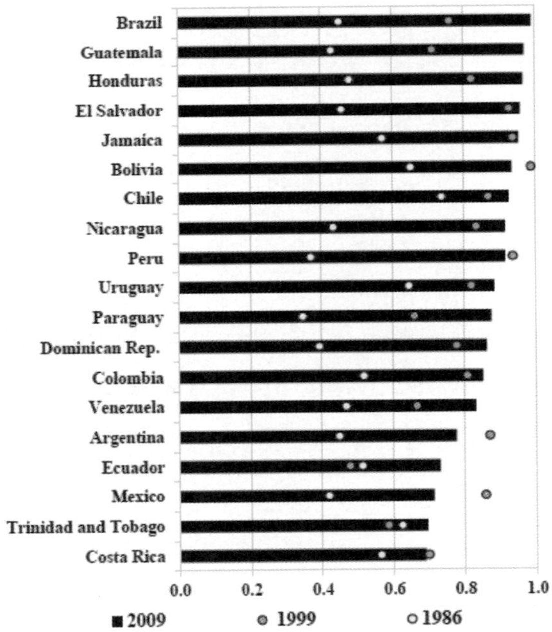

자료원 : Lora 2012

12.4.6 인플레이션

중남미는 높은 인플레이션으로 잘 알려져 왔고, 인플레이션은 여전히 경제성장에 영향을 미치고 있는 또 다른 변수로 작용한다. 예를 들면, 배로(Barro, 1997)는 인플레이션이 15%의 임계값을 넘어서면 경제 성장에 악영향을 미친다고 결론지었다.

[그림 12.14] 2013년 중 인플레이션율(%)

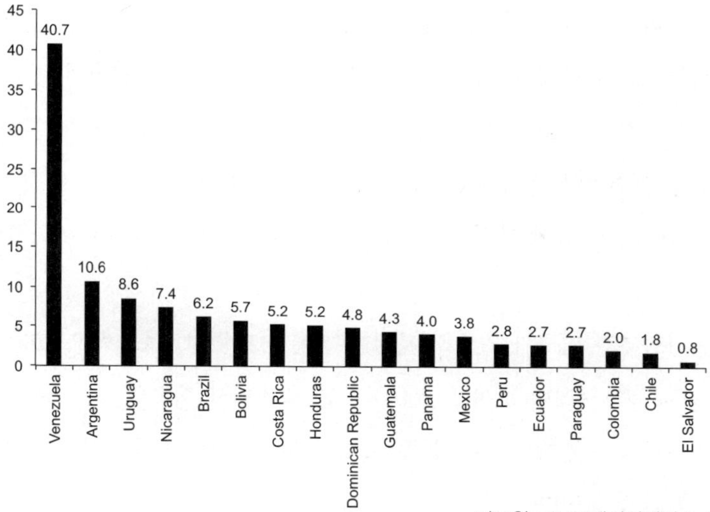

자료원 : IMF 데이터베이스 기반 저자 작성

버데킨(Burdekin et al. 2004)은 보다 낮은 임계값을 제시했는데, 개발도상국의 경제 성장과 관련한 임계값, 잠재적으로 부정적 영향을 미치는 값, 을 선진국의 8%보다 낮은 3%로 제시했다.[39] 인플레이션이 경제 성장에 영향을 미치는 주요 경로 중 하나는 시장 마찰이다.

중남미는 전형적인 고인플레이션 지역으로 분류되어 왔으며, 5번의 하이퍼인플레이션 케이스가 있었음에도 불구하고, 지난 20년간 현저한 개선이 이루어져 왔다. 특히, 중남미 전 지역의 인플레이션이 상당히 하락하고 안정적 추세로 자리 잡고 있다(제8장 참조) 이러한 현상은 보다 안정적인 거시 경제 환경을 조성하고 있다.

[그림 12.14]에서 보듯이 2013년에는 아르헨티나와 베네수엘라만이 두자리수 인플

레이션을 기록하고 있다. 앞서 8장에서 주지한 바와 같이 중앙은행의 독립성이 주요인이었다. 아르헨티나와 베네수엘라의 높은 인플레이션 원인은 부분적으로 중앙은행의 독립성 결여를 들 수 있다.

12.4.7 제도

아제모글루(Acemoglu), 존슨(Johnson) 및 로빈슨(Robinson)(2001)의 지적대로 제도의 질은 경제 성적의 차이를 설명하는 데 중요한 요소이다.[40] 달러(Dollar)와 크라이(Kraay)(2003)는 대규모 조사 대상 국가들을 대상으로 법치와 정치적 권리의 중요성을 연구하고 법치가 정치적 권리보다 경제 성장에 더 중요한 영향을 미친다고 결론지었다. 그러나 바람직한 민주주의 정치 제도들은 유권자들이 행정 절차를 통제할 수 있게 하며, 이로써 부패 감소, 경제 성장, 국가 경쟁력 향상이 이루어진다(Adserà, Boix, Payne; 2003).

많은 후속 경험론적 연구가 있었고 분명한 결론을 내렸다. 로드릭(Rodrik), 서브라마니안(Subramanian)과 트레비(Trebbi) (2004)는 전 세계에서 제도의 질, 소득 수준, 지리 및 무역의 기여도를 측정했다. 저자들은 제도가 지리나 무역보다 훨씬 더 큰 영향력을 갖고 있다고 결론을 내렸다.

아제모글루, 존슨 및 로빈슨(2005) 등도 경제 발전을 설명하는 데 제도가 중요한 역할을 하는 것을 보여주었다. 이들은 그 증거로 유사한 지역들이 서로 다른 제도적 유산을 받은 자연적 경험, 즉 한국의 1945년 분단과 유럽 열강들에 의한 식민 통치 경험들을 연구에 사용했다. 제도들은 개인과 기업들의 경제 행위에 조건을 부여하고, 이 채널을 통해 제도가 경제 발전에 매우 중요하다는 것을 입증하였다.

부패는 그 자체가 경제 성장 및 발전과 관련이 있다. 왜냐하면 민간 부문 투자자들에 대한 불확실성부터 탈세에 이르기까지 일련의 왜곡 현상을 발생시키기 때문이다. 경험적 연구는 드레허(Dreher), 헤르츠펠트(Herzfeld: 2005)와 기마 브렘퐁(Gyimah-Brempong)과 무뇨스 데 카마초(Muñoz de Camacho: 2006)의 연구에서와 같이 부패와 경제 성장 간 부정적 방향의 상당한 상관 관계가 존재함을 보여주고 있다.

후자들의 연구에서 저자들은 중남미가 국제투명성기구(TI)가 측정한 부패 지수를 10% 정도 낮출 수 있다면 2.6%의 소득 증가를 가져올 수 있는 반면, 아시아 지역은 1.7%를 아프리카 지역은 2.8%의 증가를 이룰 것이라 추산하고 있다.

분배 측면에서 볼 때, 저자들은 부패 표준편차 1을 낮출 수 있다면 지니 계수를 OECD국에서는 0.05, 아시아 지역은 0.14, 아프리카 지역은 0.25를 낮출 수 있는 반면, 중남미는 세계에서 가장 높은 0.33 포인트를 낮출 수 있을 것이라 추산하고 있다.

전반적으로 그리고 중남미의 관점에서 볼 때 부패가 명시적으로 평가 요소로 포함되는 경우, 경제 성장에 대한 제도의 질 영향이 중요하다는 증거는 매우 결정적이다. 따라서 전 세계적으로 핀란드, 덴마크, 싱가포르 및 스위스와 같은 국가들을 본받아 제도적 수준을 높이려는 노력은 경제번영을 향한 당연한 수순이다. [표 12.3]에서 보듯이 칠레는 제도적 질이 OECD국 평균과 유사한 수준인 반면, 대부분의 중남미 국가들은 그렇지 못하다.

정치적 제도 또는 '게임의 법칙'은 공공 정책와 개발에도 영향을 미친다는 주장이 있다. 예컨대 스필러(Spiller)와 토마시(Tommasi ; 2003)는 공공정책은 품질, 안정성 및 일관성 등 세 가지 차원에서 분류할 수 있다고 주장했다.

품질은 정책 목표의 달성과 관련된 사회적 비용을 포함하고, 안정성은 시간의 흐름에 따른 정책의 연속성을 의미하며, 일관성은 이러한 정책들이 얼마나 일관되게 조정

[표 12.3] 중남미 주요국의 거버넌스 (백분율 0~100)

국가	발언권 및 책임	법치	정치적 안정성	정부 효율성	규제의 질	부패 통제
아르헨티나	56.9	29.4	48.3	45.5	19.1	38.8
브라질	60.7	45.8	47.9	50.2	54.6	56.5
칠레	80.1	88.2	59.2	86.6	93.3	93.8
콜롬비아	45.5	43.6	8.1	62.9	63.6	41.6
멕시코	55.0	36.0	24.2	63.2	67.0	42.6
페루	57.1	32.7	19.9	48.8	67.9	52.9
베네수엘라	22.3	3.3	17.5	12.9	4.8	6.7
중남미 평균	60.6	51.2	55.3	57.9	55.8	57.0
OECD	87.0	87.1	75.4	87.3	87.1	84.9

자료원 : 세계은행, Worldwide Governance Indicators 2012 기반 저자 작성

되는지를 의미한다. 저자들은 아르헨티나의 공공정책들은 낮은 품질, 불안정 및 비(非)일관성으로 특징지어질 수 있다고 주장하였다. 그러나 정치제도의 개념 그리고 현재까지의 빈약한 경험적 증거에 비추어 볼 때 여기에 언급된 제도의 유형이 중남미 전체에 미칠 수 있는 역할을 확인하기 위해서는 추가 심층 연구가 필요해 보인다.

12.5 생산성 및 혁신

중남미 국가들의 경제성장률이 실망스러운 주된 이유는 총요소생산성(TFP : Total Factor Productivity) 증가에 있다. 이는 [그림 12.15]에서 볼 수 있듯이 1980년대 이후 평균적으로 마이너스였다. 생산성의 필수 요소 중 하나는 혁신이다.

슘페터가 수십 년 전에 지적했듯이, 혁신은 개발과정에서 중요한 요소로 R&D 투자와 밀접하게 연계되어 있다. 선행 연구들은 1인당 GDP 수준 및 증가의 차이 중 절반 이상이 총요소생산성의 격차로 설명되며 기술적인 변화가 장기적으로 성장의 핵심 요인이라는 점을 강조하고 있다. 그러나 중남미의 관점에서 R&D 투자는 고소득 국가에서 생산된 신기술의 모방 및 도입을 위한 투자이다.

실제로 R&D투자는 로머(Romer: 1990)와 다른 많은 사람들이 보여 주듯 TFP를 증대시키는 데 중요 변수이다.[41] R&D 투자는 잠재적으로 중요한 긍정적 외부효과를 창출할 수 있으며, 이로 인해 R&D 활동의 혜택이 다른 경제 부문으로 확산된다. 유사한 맥락에서 존스(Jones)와 윌리엄스(Williams: 1998)는 새로운 지식 생산이 자본과 노동의 생산성을 모두 증가시킨다고 결론지었다.

경험적 관점에서, 그리피스(Griffith), 레딩(Redding)과 반 리넨(Van Reenen: 2004)은 R&D 투자는 OECD 국가 간의 TFP 성장률의 수렴을 설명하는 데 핵심 요소임을 보여주었다.

저자들은 R&D를 1% 증가시키면 TFP 성장을 0.4%에서 0.9%까지 증가시키는 효과가 있으며, 이는 동일 규모의 GDP 성장률 증가를 가져온다고 주장한다. 중남미는 다른 신흥 경제국들과 비교할 때조차 R&D 투자가 빈약하다. 예컨대, [그림 12.16]은 GDP 대비 R&D 규모를 보여주고 있다. 이 통계는 중남미의 R&D 투자가 항상 고속

[그림 12.15] 1961~2010년 기간 중 총요소생산성(TFP) 연평균 변화

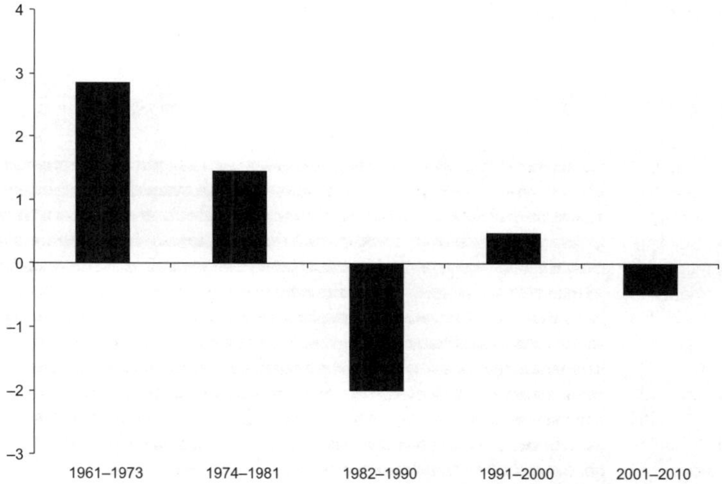

자료원 : ECLAC 데이터베이스 기반 저작 작성

[그림 12.16] 최근 GDP 대비 R&D 지출 비중

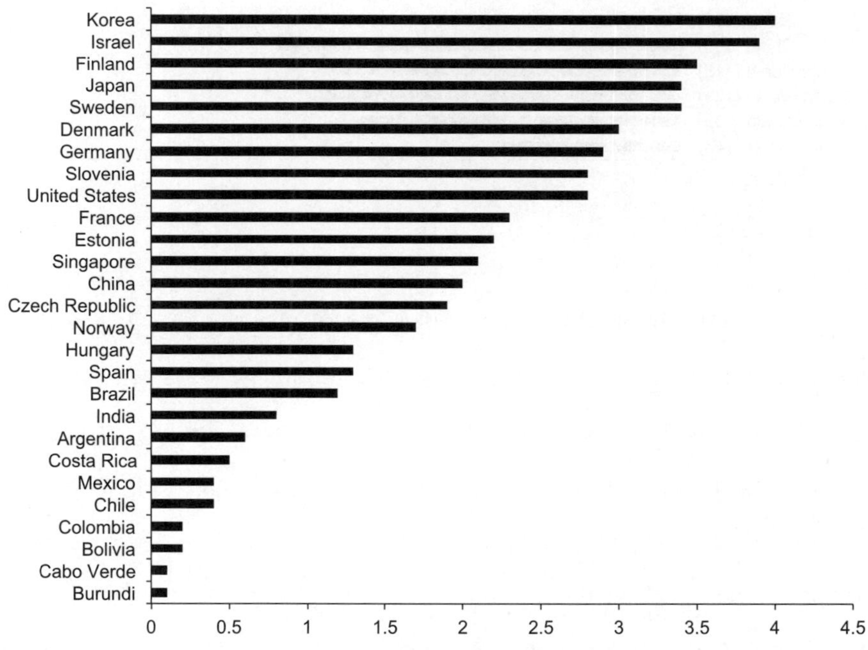

자료원 : 세계은행 데이터(www.worldbank.org) 기준 저작 작성

성장국들의 밑에 위치하며, 콜롬비아와 볼리비아 같은 국가가 사하라이남 국가들과 비교 가능한 수준에 있는 정도임을 보여 주고 있다.

[그림 12.17] 2012~13년 중 전 세계 148개국 중 첨단 기술 가용성 순위

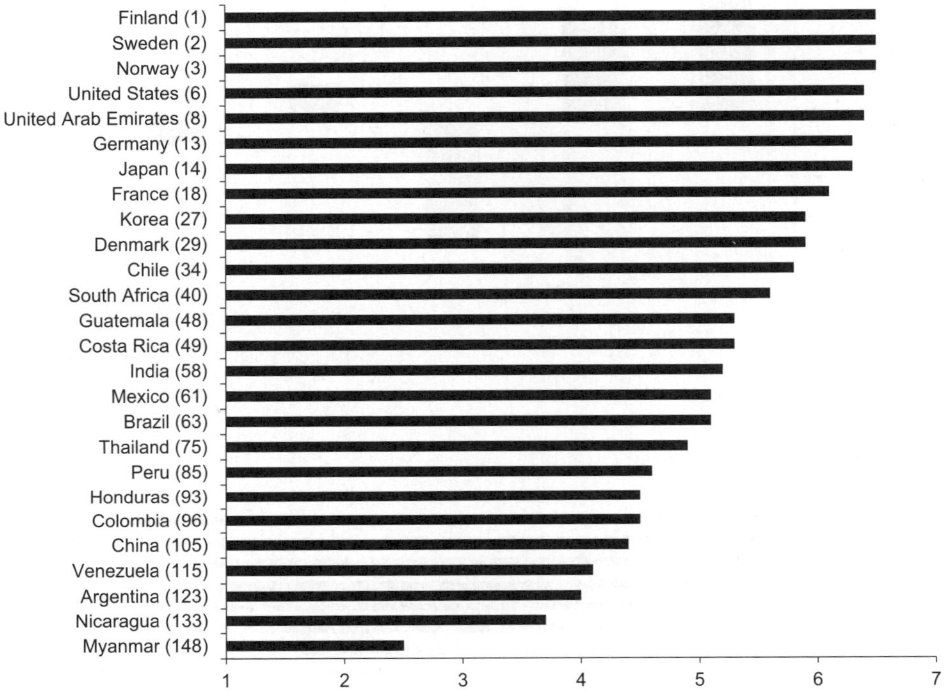

자료원 : World Economic Forum 2013

앞서 R&D가 광범위하게 해외 기술의 모방과 도입과 관련되어 있음을 말한 바 있다. 따라서 중남미가 혁신을 창출하는 리더 국가들은 아닐지라도, 선진국들의 활용 가능한 기술을 받아들여 경제 성장을 촉진시킨다면 혜택을 받을 수는 있다.[42] [그림 12.17]은 중남미국 중 칠레, 코스타리카 및 과테말라 등은 최신 기술 도입에 대한 양호한 기록을 가지고 있는 반면, 아르헨티나, 니카라과 및 베네수엘라와 같은 국가들은 그렇지 못함을 보여주고 있다.

내생적 성장 관련된 연구들은 혁신을 핵심적 혁신과 부수적 혁신으로 구분하고 있다. 의심할 바 없이, 20세기 핵심적 혁신 분야 중 하나는 정보통신 부문이었다. 그러나

실제로 중남미가 ICT 혁명으로부터 받은 혜택 규모를 평가하기는 어려운 일이다.

그럼에도 불구하고, 일부 확인된 사실은 ICT 기술의 중남미 확산도 국가별로 차별화된 모습이라는 것이다. 중남미 두 경제 대국들인 아르헨티나와 브라질과 같은 국가들은 ICT의 보급이 아시아 국가들과도 비교가 가능할 정도로 양호하나, 다른 중남미국들은 [표 12.4]에서와 같이 큰 격차로 뒤처진 상태이다.

[표 12.4] 2012년 기준 중남미와 다른 지역 국가의 ICT 지표 비교

구분	전화 / 100명		개인 컴퓨터 및 인터넷 / 100명				
	고정 전화 회선 가입자	이동 전화 회선 가입자	개인 인터넷 사용률(%)	고정 브로드밴드 가입자	이동 통신 브로드밴드 가입자	인터넷 가입자 밴드 크기 (kb/초)	개인 컴퓨터 사용 가구 (%)
중남미							
아르헨티나	24.3	151.9	55.8	10.9	20.9	22.0	56.0
브라질	22.3	125.0	49.8	9.2	33.7	25.1	49.9
칠레	18.8	138.2	61.4	12.4	28.2	40.6	53.7
콜롬비아	13.2	102.9	49.0	8.2	5.0	12.2	38.4
멕시코	17.4	83.4	38.4	10.5	9.8	16.3	32.2
페루	11.5	98.0	38.2	4.7	2.9	13.2	29.9
베네수엘라	25.6	101.9	44.0	6.7	4.8	10.9	20.2
아시아							
중국	20.6	80.8	42.3	12.7	16.9	4.2	40.9
홍콩	60.6	229.2	72.8	31.2	83.2	1239.8	80.3
인도	2.5	69.9	12.6	1.2	5.0	5.2	10.0
한국	61.9	109.4	84.1	37.2	105.1	26.0	82.3
말레이시아	15.7	141.3	65.8	8.4	13.4	16.4	66.9
싱가포르	37.8	152.1	74.2	25.4	126.1	391.1	87.7
태국	9.1	127.3	26.5	8.2	0.1	25.0	26.9
G-7							
캐나다	51.9	80.1	86.8	32.5	42.1	101.0	86.6
프랑스	61.9	97.4	83.0	37.5	51.8	84.6	81.0
독일	61.8	111.6	84.0	33.7	40.8	75.5	87.0
이탈리아	35.5	159.8	58.0	22.1	52.2	76.2	67.0
일본	50.8	110.9	79.1	27.7	115.1	33.0	80.0
영국	52.6	135.3	87.0	34.0	72.1	188.9	87.0
미국	44.0	95.4	81.0	28.3	88.2	62.3	79.3

자료원 : World Economic Forum 2013

우리는 기존 사실들만으로 ICT와 경제 성장을 연계할 수는 없다. 우리의 지식으로는 이 주제에 관한 경험적 연구가 아직은 없다. 일반적으로, 우리가 여기서 확인할 수 있는 것은 중남미가 ICT 부문에서 선진국들과는 현격한 격차를 보이고 있다는 점이다. 리우데자네이루와 멕시코시티와 같은 거대도시 IT부문 중심 지역에서는 ICT 기술을 활용하여 규모의 경제 이점을 쉽게 취할 수 있는 반면, 농촌지역과 농촌 주변 지역은 매우 어렵다는 것이 하나의 추측이다.

또 다른 추정은 일부 부문의 산업 발전은 다른 부문보다 IT 혁명으로부터 많은 혜택을 받았다. 이러한 부문의 외국인 직접 투자는 산업 발전의 역동성에 중요한 단서를 제공하고, 낙후된 농촌 부문과 소득 불평등 현상의 원인도 설명할 수 있을 것이다.

12.6 맺는말

이 마지막 장은 중남미 관점에서 경제 성장과 발전에 대한 주요 아이디어들을 살펴보았다. 경제 성장과 발전은 손에 손을 잡고 나란히 움직이는데, 중남미인들에게는 *포용적 성장*이라는 단어는 지역 내 그리고 지역 간의 차이들을 순수 의미론적으로 반영하고 있지 못하다.

우리는 이 책 저술을 시작하면서, 낮은 저축률 문제를 다루었는데, 그것은 기존 사회보장제도의 대폭 개혁을 요구하고 있다. 이러한 사회보장 시스템은 부적절하고 기금도 빈약할 뿐만 아니라 대다수 자영업자들과 비정규직 근로자들은 대상에서 제외하고 있다. 중남미 인구의 노령화는 다음 두 가지 이유에서 지역 내 정책입안자들에게 중요한 도전 과제가 될 것으로 보인다.

첫째, 중남미는 끊임없이 변동하는 외국자본에만 의존할 수는 없기 때문에 저축과 성장 간의 선순환을 창출하는 것이 중요하다.

두 번째 원인으로 아마도 더 중요한 이유는, 사회 보장 제도에서 대다수 국민들이 소외되어 있는 것이, 정치 사회적 불안의 근원인 소득 불평등을 악화시킬 뿐만 아니라 경제 성장과 발전을 저해하고 있다는 점이다.

우리는 다음으로 구조적 요인들을 다루었다. 다시 한번 중남미 관점에서 볼 때, 지리적 약점, 인구 과밀 국가의 부재, 그리고 다수의 천연자원 의존 국가 존재 등이 중요한 요인임을 강조하였다. 이러한 구조적 요인들이 중남미의 경제 성장과 발전에 핵심 도전 과제들이지만 해결하지 못할 과제들이라고는 생각하지 않는다. 지리적 약점은 예컨대 해안지역과 배후지역 간 불균형을 야기하고 있지만 사회 간접 자본 투자를 통해 완화시킬 수 있다. 국가의 크기는 중요하지 않다. 21세기에는 대부분 다자간, 지역 간 및 양자간 무역 통합을 통한 글로벌화 추세가 지속되고 있기 때문이다.

끝으로 대부분의 국가가 천연자원에 의존하고 있음을 인정할 때, 수출 다각화를 위한 최근의 무역정책이 중요하다. 우리는 이미 주기적인 높은 변동성의 생산과 고용 파동의 역경을 경험한 바 있어, 최근 중국 경제 성장 둔화를 수출 소득이 1차 산품에서 공산품, 무역 가능 서비스 상품으로 즉각적으로 다변화되어야 할 경고로 보고 있으며, 지역 경제 통합의 우산 아래서 경쟁력을 키워야 할 것으로 믿는다. 전반적으로 무역 통합의 확대와 심화가 핵심이며 채택 가능한 정책이다.

그러나 구조적 장애물보다 더 중요한 것은 특히 무역 개방, 교육, 재정정책, 인플레이션, 금융 발전, 제도 및 정치 경제 등의 국내 정책이다. 비록 중남미가 대체로 아직 OECD국들 수준에는 못 미치고 있지만, 중남미는 1980년대 잃어버린 10년 기간 동안 상당한 개선을 이루었다. 1980년대에 중남미 지역 거의 모든 국가가 무역 개방, 인플레이션 감축, 재정 제도개선 및 금융자유화 확대 등을 위한 상당한 정책 개선이 있었다.

정책 입안자들에게 더 도전적 과제는 인적 자본, 특히 교육 부문에 더 많은 투자를 필요로 한다는 것이었다. 이 문제는 단순히 교육에 대한 지출을 늘리는 문제가 아니라 어떻게 교육을 질적으로 향상시키고, 특히 어떻게 하면 많은 사람들이 중등 교육과 고등 교육을 받을 수 있을지 여부로 생각보다 어려운 문제이다. 이 지역의 신생 민주주의에서 가장 호의적인 정부조차도 높은 교육 수준을 재정적으로 지원하는 데 어려움에 직면하고 있다.

중요한 트레이드 오프가 존재한다. 중남미는 법인세 및 개인 소득세를 높일 경우, 국내 투자 및 FDI의 감소와 자본 유출을 감당해야 한다. 반면 부가 가치세와 같은 다른 세원의 활용은 상대적으로 손쉬운 방법이지만, 소득 불평등의 악화를 감내해야 한다.

이 트레이드 오프는 최근의 경제 성장 둔화와 중산층의 규모와 목소리가 커지며 더 확대되었다. 어떻게 중남미국들이 이러한 트레이드 오프를 완화해 나갈 것인지는 열린 질문으로 남아 있다. 가장 가능성이 높은 것은, 중남미 경제는 매우 이질적이기 때문에 이전에 직면했던 다른 트레이드 오프와 마찬가지로 단일 정책 대응은 있을 수 없다는 것이다.

아마 제도적 완비가 여전히 중요한 과제로 남아 있는 부문 중 하나는 부패 문제다. 정확한 부패의 정의는 불분명하지만, 보통의 중남미 사람들은 특히 천연자원의 개발이나 건축 부문에서 정부의 개입은 부패와 연루된 것으로 간주한다. 공개적이고 투명한 입찰 프로세스를 도입하고 주요 부문에 보다 광범위한 민간 부문의 참여가 부패의 경제 성장 및 발전에 미치는 영향을 완화시킬 수도 있을 것이다. 마찬가지로 건설 활동과 공공 서비스는 민간 부문의 제3자를 참여시키고, 특히 대중이 좀 더 광범위하게 참여할 수 있을 것이다. 부패 척결은 민간 부문의 이해 당사자 그룹들이 해외 경쟁과 투자자로부터 보호를 요청하며 로비를 펼칠 경우 퇴치하기 더 어려운 과제가 되고 있다. 반독점법과 포스트 민영화 규제는 아직 시작 단계에 있다. 상황에 따라 다르겠지만 개선의 범위가 중요하다.

마지막으로, 앞서 요소생산성 향상에 대한 근거를 심도 있게 다루었음에도 불구하고 이 마지막 장에서는 기술의 도입과 확산을 강조하였다. 우리의 견해는 중남미의 R&D는 선진국에서 발명한 기술의 도입과 관련된 것이다.

외국인 투자자를 중남미로 끌어들이기 위한 강도 높은 외국인 투자 정책들은 이 지역이 기술 허브로서의 자연스러운 목적지가 되도록 만들어야 할 것이다. 그러나 처음부터 강조했듯이, 민간 부문 저축은 필요하다. 이는 국내 투자자들이 자신의 자본이나 저축이 위태로워질 때 기술 도입에 노력할 것이라는 확신을 외국인 투자자들이 가질 수 있기 때문이다.

최근 30년간에 걸쳐 많은 진전이 이루어졌음에도 불구하고, 중남미는 여전히 경제 발전과는 상당한 거리가 있다. 약 6억 명에 달하는 중남미 시민의 복지를 향상시키기 위해서는, 특히 교육 및 생산성 증대 영역에 남아 있는 과제를 해결하는 것이 핵심이 되고 있다.

요약

- 중남미와 아시아를 비교할 때, 일부 아시아국들의 경제 성장과 발전이 중남미를 앞서 왔다.
- 중남미의 저(低)저축률은 중남미의 빈약한 경제 성장의 핵심 원인이 될 수 있다.
- 국내 저축은 잠재적으로 포용적 성장과 관련 두 가지 역할을 할 수 있다. 국내 투자자들의 참여 확대는 보다 많은 장기 외국인 투자를 유치할 수 있으며, 중남미의 노령화되는 인구를 위한 사회 보장 연금 개혁을 촉진하는 것이 중요하다.
- 중남미 내 선두 경제 성장국들과 차순위 국가 간 경제 성장 격차는 역내 무역 통합과 개방으로 좁혀지고 있는 것으로 보인다.
- 세계가 점점 글로벌화되면서, 국가의 규모는 중남미 전체의 경제 성장 성과 차이를 설명하지 못하는 것으로 보인다.
- 불리한 지리적 여건은 배후지와 해안 지대의 연결, 무역 증가를 통한 성장 도모, 그리고 지역 간 불평등 완화를 위해 많은 사회 간접 자본 투자가 필요하다는 점에서 극복해야 할 도전 과제이다.
- 대부분의 중남미국들은 경제 성장과 발전을 저해하는 대대적이고 갑작스러운 교역 조건 변동에 여전히 취약하다. 국부 펀드 창설과 같은 적절한 정책 대응은 교역 조건 변동의 악영향을 상당히 완화시킬 수 있다.
- 인플레이션이 경제 성장을 저해할 수 있지만, 아르헨티나와 베네수엘라를 제외한 중남미 대부분 국가는 인플레이션율을 한 자릿수로 낮게 관리하고 있다.
- 인프라 및 인적 자본에 대한 투자를 통한 성장 지원은 여전히 어려운 과제이다. 중남미는 전 지역이 해외 저축에 의존하기 때문에 소득세 및 법인세를 제한된 범위에서만 인상할 수 있다.
- 멕시코를 제외한 대부분 중남미국들은 자원의 저주 경제로 분류될 수 있지만, 천연자원으로 얻어지는 수입을 산업 부문들로 이전하면 자원의 저주 악영향을 완화할 수도 있다.
- 부패는 여전히 대부분 중남미의 경제 성장과 발전의 중요한 저해 요인으로 남아 있지만, 천연자원의 개발에 민간 부문의 참여는 문제를 완화시킬 수도 있을 것이다.
- 제도적 개혁의 강화는 부패 감소와 민간 부문 규제 완화에 긍정적 영향을 미쳐, 공공과 민간 부문의 효율성 증가 및 성장 도모를 가져올 수 있다.
- R&D는 중남미 이외 지역에서 발명된 최신 기술의 모방 및 도입으로 이해되고 있다. R&D는 중요하고 긍정적인 기술 확산 효과를 가지며, 중남미는 계속해서 장기 투자 자본의 유치 강화를 통한 혜택을 누리게 될 것으로 기대된다.

- 고품질 교육, 특히 중등과 고등 교육 부문에 대한 많은 투자 필요성은 중남미국들의 도전 과제로 남아 있다. 이는 교육 서비스 접근을 요구하는 중산층으부터의 사회적 불만과 연계된다. 각국 정부의 관련 서비스 공급 역량 부족이 생산성 증대를 저해하고 있다.

주목해야 할 포인트

1. 왜 국내 저축 증대가 중남미의 경제 성장과 발전에 중요한가?
2. 어떤 방법으로 국내 저축이 포용적 경제 성장을 창출할 수 있을까?
3. 중남미 국가들 중 어느 나라가 심각한 경기 변동을 겪기 쉬운 나라인가? 왜 그런가?
4. 무엇이 무역 개방을 통한 경제 성장 촉진과 역내 소득 균형을 저해하는 요인들인가?
5. 중남미에서 국가 규모와 초기 1인당 소득 수준이 경제 성장과 발전의 주요 결정 요인인가?
6. 다음 내용을 간략히 설명하시오: "제도적 강화가 중남미의 경제 성장을 촉진하고 소득 불평등을 줄이기 위한 핵심으로 보인다"
7. 중남미는 자원의 저주 지역인가?
8. 개발 도상 지역에서 일반적으로 R&D는 어떻게 이해되며, 특히 중남미의 R&D는 어떠한가?
9. 무역 및 금융 시장 개방과 R&D 투자를 통한 생산성 강화 간에는 어떤 연결고리가 있는가?
10. 다음 내용을 간략히 설명하시오 : "중남미는 소득세와 법인세를 통해 중등과 고등 교육에 재정 투자할 수 없다"

추가 자료

- 아시아의 경제 기적과 중남미, 특히 최대 경제국 브라질의 경제 성적 부진을 자원의 저주 관점에서 비교: Arty (1994)
- 최근 중국의 성장 둔화에 따른 남미와 북미 국가간 경제 성장 분산 추이 연구: World Bank, Global Economic Prospects (2015)
- 중남미의 경제 성장과 교육 부문 간 관계 연구: Aldo and Walker (2012)

미주

1장. 지리 및 식민지 유산

1 또르데시야스 (Tordesillas)는 현재 스페인의 바야돌리도(Valladolido)지방이다. 또르데시야스 협약에 의거 아프리카 서안 절반, 케이프 베르데 군도 서안에서 약 2000km까지의 지역을 분할하는 선이 설정되어, 동 라인의 동쪽은 포르투갈이 서쪽은 스페인의 점령하는 것으로 정리되었다. 동 협약은 공식적으로 발효된 적은 없으나 스페인이 포르투갈의 브라질 점유를 눈감아주는 형태로 작동되었다(Crow 1992). 또르데시야스 협약은 오히려 20세기 중반 칠레가 남극지역 점유를 위해서 또 아르헨티나는 1980년대 초 포클랜드군도, 스페인어로는 말비나스군도 소유권을 주장하기 위해서 동 협약을 인용한 바 있다.

2 여기서 말하는 남미는 미국과 멕시코 간 국경 이남 지역에 위치한 모든 지역 즉, 중미 및 남미 남부 국가들을 의미한다.

3 2015년 IMF 통계에 따르면 2013년 중남미의 1인당 GDP는 9,737불이었으며 같은 해 미국의 1인당 GDP는 53,101 달러였다(IMF 2015). 최근의 추정치도 비슷한 양상을 보이고 있다: 50년 전 중남미의 1인당 GDP가 미국의 1/4 수준이었음에 비해, 2008년 금융 위기 이후 경제성장률이 4%를 상회하였음에도 불구하고 오늘날 중남미의 1인당 GDP는 미국의 1/6 수준이다(Lora and Pagés 2011).

4 특히 Sachs and Warner 1997; Bloom et al. 1998; Landes 1998, Nordhaus 2006; Dell, Jones and Olken 2009, 2012 참조. 많이 인용된 요약본으로는 Sachs, Mellinger and Gallup 2001 및 Sachs and Malaney 2002 참조.

5 Kremer and Zwane 2005 참조.

6 Lopez-Casasnovas, Rivera, Currais 2005, Banerjee-Duflo 2011, 및 Deaton 2013 참조.

7 이 아이디어는 처음으로 농업생산성에 대한 Boserup의 연구에서 제시되었다. 내재적 성장모델 맥락에서 Kremer(1993)는 인구수에 따라 성장을 향상시키는 혁신 가능성이 높아짐에 따라 높은 인구 밀도는 1인당 국민 소득 증대에 유리하다고 주장한다. 왜냐면 기술혁신을 개척하기 위한 더 많은 잠재적 재능을 갖게 되기 때문이다.

8 특히 3열과 4열 참조. 4열을 3열로 나누면 인구 밀도-1평방마일당 인구 밀도-가 산출되는데 사하라이남 아프리카는 약 29.75명, 중남미는 36.6명이다.

9 특히 Thirtle, Lin and Piese 2003 참조.

10 IMF의 2015년 세계 경제 전망에 따르면, 볼리비아는 아이티, 니카라과, 온두라스 및 과테말라와 함께 1인당 소득이 가장 낮은 중남미 5개 국가 중 하나이다.

11 Glaeser and Shleifer 2002 참조.

12 La Porta, Lopez-de-Silanes, Shleifer 1999 및 La Porta et al. 1997, 1999 참조.

13 Larraín and Tavares 2004 참조.

14 예컨대, DeShazo 2007 참조.

15 2012년 세계경제포럼(World Economic Forum) 참조.

16 Razan and Zingales 2003 참조.

17 Musacchio 2009 참조.

18 Nunn 2012의 명쾌한 설명 참조.

19 세계은행 지표 2014b 참조. 그럼에도 불구하고 IMF의 최근 분류에 따르면 칠레와 우루과이를 여전히 신흥 시장으로 분류.

20 상기 참고 17번에 언급한바와 같이 Musacchio(2009)가 연구.

21 Engerman and Sokoloff 2000 참조.

22 상세한 분석을 위해서는 Jaramillo and Sancak 2007 참조.

23 특히 Barro and Sala-I- Martin 1995; Quah 1996a 및 Johnson 2000 참조.

24 엔코미엔다 시스템은 1720년에 공식적으로 폐지되었지만 봉건적 특징은 국가별로 지역별로 지속되었다. 예컨대 멕시코에서는 헌법으로 엔코미엔다 제도를 폐지했던 1920년 혁명시까지 지속되었다. 이는 원주민들에게 협동농장 스타일의 대규모 농지 소유권을 부여했던 에히도(ejido)제도를 가져왔으며 개인 토지소유권은 약 1백 헥타르로 제한되었다. 남부 치아파스주와 같은 일부 지역에서는 그러한 헌법상 변화가 완전하게 이행되지 않아 1994년의 사파티스타 반란을 야기하게 되었다. O'Neil and Akland 2006, Castellanos 2007 참조.

25 장자 상속 제도(mayorazgo)는 중남미에 들여온 스페인의 제도였다. 동 제도는 토지 귀족들이 토지, 계약 노동 또는 노예 노동 등의 자산을 유지 가능케 하였다. 이 제도는 일반적으로 장자를 통해 원 소유주의 자손들에게 토지와 계약 노동/노예를 영구적으로 이전하였다. 핵심 가족 구성원들 간의 정략 결혼을 통해 이 제도하의 소득 불평등이 심화되었다. 유사한 제도가 포르투갈에는 morgado라는 이름으로 존재하였으며, 이는 브라질에서도 채택되었다.

26 "팜파스(pampas)"는 면적이 70만㎢가 넘는 아르헨티나의 비옥한 저지대이다. 팜파스는 La Pampa, Santa Fe, Entre Rios 및 Cordoba 등 대부분 아르헨티나의 주(州)들을 포함하고 있다. 팜파스 지대는 농업에 아주 적합한 토양을 조성해 주는 연중 600밀리 내외의 강우량과 온화한 기후를 가지고 있다.

27 이 추론은 후에 Murphy, Shleifer and Vishny(1989) 등에 의해 공식화되었다.

28 이는 아제모을루, 존슨 및 로빈슨 등 2001년경 대부분 중남미 제도적 접근법 학파의 해석이며 이후 보다 심도있게 논의되었다. 그러나 보다 최근 들어 Frankema(2008)는 식민지 시대로 소급되는 소득 및 교육 유산은 1870년대 이후 불평등의 지속을 완전히 이해하기에는 충분하지 못하다고 주장하고 있다.

29 도구 변수(IVs)는 우측에 대한 설명 변수들이 오류와 연관되어 있을 경우 일관된 추정을 끌어내기 위한 인과관계를 추론해 내기 위해 사용되고 있다. 도구 변수에 대한 보다 상세 내용은 Green 2008 참조.

30 Burkholder 1990; Carmack, Gasco and Gossen 2007 참조. Burkholder and Johnson(2003)은 보고타, 부에노스아이레스, 카라카스, 차르카스, 쿠스코, 과달라하라, 과테말라, 리마, 멕시코, 파나마, 키토 및 산토도밍고 등지의 보다 많은 아우디엔시아(Audiencias)의 중요성을 강조하고 있다. 이들은 부분적으로 부왕령에 의해 통제되었는데 아우디엔시아와 부왕령 간의 법률적 분규는 최종적으로 스페인 세비야에 있던 서인도위원회에 의해 판결되었다.

31 서문에서 언급했듯이 또르데시아스 협약 아래 포르투갈에 할양된 국토의 대부분은 스페인인들의 손에 들어갔다. 대부분 역사가들에 따르면 그 주요인은 스페인에 비해 포르투갈은 전체 동반구를 식민 통치하기에 필요한 노동력 등 자원이 부족했던 데 있었다(Crow 1992 참조). 특히 아르헨티나와 우루과이에서는 스페인 정착민들이 지배적 권리를 갖게 되었다.

32 우리의 이에 대한 통찰력은 Maitreesh Ghatak에 신세를 지고 있다.https://growthecon.wordpress.com/2014/11/18/the-skeptics-guide-to-institutions-part-1 참조.

33 인구통계학적 전환은 1940년대부터 전염병 유행의 급격한 감소와 이로 인한 기대 수명의 증가 등이 가능해진 세계 보건 환경의 개선 흐름을 의미한다.

34 Coatsworth 1998 참조.

35 대안적 견해는 제도적 질을 형성하는 것은 인적 자본이라는 것이다. Glaeser et al. 2004 참조.

36 델(Dell)의 계량 경제 분석은 아제모을루(Acemoglu), 존슨(Johnson) 및 로빈슨(Robinson) 2001의 견해와 달리하고 있다. 특히, 방법론적 측면에서 델은 인과 관계를 수립하기 위해 도구 변수를 사용하지 않는다. 대신 델은 불연속 회귀 분석(RDA : Regression Discontinuity Analysis) 방법을 사용한다. 구체적인 RDA 방법 가이드는 Imbens and Lemieux 2008 참조.

37 과거와 현재에 Mita 제도하의 주민들이 더 빈곤한 이유는, 아시엔다 대농장의 경우 대토지 소유 농장주들은 스페인계 후손 지배 엘리트 계층에 특혜적 접근이 가능해서 대농장의 계약 노동자들의 경우 개선된 인프라를 통한 무역, 그리고 농업 기술 향상이 가능했기 때문이다.

38 Mauro 1995, Alesina, Baqir and Easterly 1999 참조.

39 Okediji 2008 참조.

40 프로테스탄트 교도들이 중남미를 택하지 않은 이유는 유럽의 산업화에서 스페인과 포르투갈이 비껴서 있던 19세기 초에 독립을 한 후에도 이베리아인 가톨릭 세력들이 여전히 중남미 전 지역에 남아 있었기 때문이다.

41 Putnam 1993; Landes 1998; Stultz 및 Williamson 2003; La Porta, Lopez-de -Silanes, Shleifer 1999; La Porta et al. 1997, 1999 등 참조.

42 BRIC 국가들은 브라질, 러시아, 인도 및 중국이다.

2장. 수출주도성장 및 보호주의의 기원

1 역사적 소득 불평등을 측정하는 것은 매우 중요한 일이다. 그럼에도 불구하고 Bertola and Williamson(2006)은 소득 불평등은 중남미의 독립 후 더 확대되었다고 주장하고 있다. 특히 신생 독립국들에서 소득 불평등은 증가하였다. 이는 독립국 정부가 엘리트 계층 -대토지 소유주들과 중소 제조업자들 - 의 이해관계를 보호할 목적으로 고율의 관세를 채택한 결과이며, 이를 통한 세입은 전쟁과 정변 등을 대처하기 위한 정부의 재정 확충과 직접세 부과에 반대하던 도시민들을 대변하는 계층과의 평화를 유지하기 위한 수단으로 활용되었다. 특히 Coatsworth and Williamson 2002 참조.

2 Dom Pedro는 포르투갈의 왕자였으나 1807년 9살 때 브라질을 떠났다. 그러나 1821~1822년 간 브라질의 포르투갈 로부터 독립전쟁을 지휘하였다.

3 그란 콜롬비아(Great Colombia)는 식민지 시기 동안 누에바 그라나다 부왕령이었다. 1819~1831년간의 그란 콜롬비아에는 콜롬비아, 베네수엘라, 에콰도르 및 파나마 등이 포함되어 있었다.

4 화란병(Dutch disease)은 북해 천연가스가 발견된 후에 외화유입이 급증하고 네덜란드의 통화절상을 가져오면서 촉발되었다. 이러한 현상은 결국 화란의 수출상품, 제조업 부문이 평가절상으로 타국으로부터 저렴하게 수입할 수 있었기 때문에 탈공업화현상을 유발하는 등 부정적 영향을 가져왔다.

5 원래 워싱턴 컨센서스 개혁이라고 알려진 이러한 개혁은 윌리엄슨이 1990년도에 언급했듯이 1980년대에 개발도상국들을 위해 처방되었던 구조 개혁 정책들을 함축하고 있다. 개혁에는 정부 재정적자 감축, 국제 무역 및 국경을 초월한 투자의 자유화 및 규제완화 그리고 보다 일반적으로 수입대체산업화 전략으로부터 수출 주도 성장으로의 변화를 포함하고 있다.

6 Bulmer-Thomas 2003 참조.

7 범 대서양 무역뿐만 아니라 이베리아 식민지와 미국간 무역은 광범위하게 제한을 받고 있었다. 그러나 그럼에도 불구하고 특히 영국, 화란 및 프랑스 무역업자들을 통한 Bulmer-Thomas가 밀수무역이라고 표현한 형태의 교역이 이루어지고 있었다.

8 부르봉 및 폼베라인 개혁은 스페인과 포르투갈 양국의 경제발전 속도 가속화 목적으로 도입되었다. 이러한 목적으로 양국은 중남미 식민지국들의 수출 잠재력 활용을 추구했다. 이에 관련 부르봉 개혁은 Fisher(1985), 폼베라인 개혁은 Lockhart and Schwartz(1983) 저서를 참고.

9 Mercosur 회원국은 아르헨티나, 브라질, 파라과이, 우루과이 및 베네수엘라 등 5개국이며, 안데스 공동체(CAN)은 볼리비아, 콜롬비아, 에콰도르 및 페루간 관세동맹이다. 카리브공동시장(CARICOM)은 안티구아 바뷰다, 바하마, 바베이도스, 벨리즈, 도미니카, 그레나다, 가이아나, 아이티, 자메이카, 몬세라트, 세인트 루시아, 세인트 키츠 네비스, 세인트 빈센트 그레나디네, 수리남, 트리니다드 토바고 등의 자유무역 블록이다. 중미공동시장(MCCA)은 중미의 과테말라, 엘살바도르, 온두라스 및 니카라과 4개국 간 무역통합을 주도하고 있다.

10 중상주의자들은 주권자가 통제할 수 있는 외환보유고를 축적하기 위한 수단으로 금은괴의 축적을 생각했다. 폭넓게 받아주는 금과 은을 가지고 각국 정부들은 그들의 권력을 강화하고 국경지역내외에서 강력한 통제력을 행사할 수 있게 되었다.

11 Prados de la Escosura 2009도 참조.

12 중남미의 타지역 대비 교역조건의 설명 및 그래픽 묘사 관련하여 윌리엄슨 2010a, 2010b 저서 참조.

13 무역전환(Trade Diversion)은 한 국가가 상품 수입을 생산 비용면에서 가장 효율적인 기존 수입선으로부터 역내 무역 파트너 국가로 변경할 때 발생한다.

14 Russell 2010 참조.

15 19세기 중 멕시코의 탈공업화에 대한 탁월한 분석은 Dobado González, Gómez Galvarriato, Williamson 2008 저서 참조.

16 Bulmer-Thomas(2003)에 따르면 1912년에 볼리비아, 에콰도르, 파라과이 및 페루 등에서 가동되던 인구 천 명당 철도망 규모는 호주, 뉴질랜드 및 캐나다의 약 1/10 수준이었다.

17 특히 Glaeser et al. 2004 참조, 동 저서에서 인적 자본에 의해 형성된 제도적 질과 민주화는 여타 중남미에 비해서 아르헨티나, 칠레 및 우루과이 등이 높았음을 말해주고 있다.

18 Cardoso, Helwege 1992 참조.

19 Della Paolera, Tylor 2003 참조.

20 Lewis 1990 참조.

21 Prados de la Escosura 2009 참조. 그의 추정은 Newland 1998 및 Newland and Paulson 1998에 기초.

22 아르헨티나의 1835년부터 1852년까지 기간 동안의 Juan Manuel de Rosas 권위주의 정부는 여전히 논란의 대상으로 남아 있다. 특히 1980년대 군사정부의 몰락 이후 계속 논쟁거리가 되고 있다.

23 José Batlle y Ordoñez는 1899년부터 1915년까지 기간 중 우루과이를 통치했다. 그는 종종 우루과이 내전을 종식시킨 것으로 호평을 받고 있다.

24 특히 Bulmer–Thomas 2003 참조.

25 Culver, Reinhart 1989 참조.

26 Prados de la Escosura 2005a 참조.

27 대조적으로 Prados de la Escosura(2009)는 멕시코와 브라질에서 19세기 전반에 걸쳐 소득 불평등이 악화되었다고 말하고 있다.

28 Williamson 2010a, 2010b 참조.

29 Bulmer–Thomas 2003 참조.

30 불평등이 1인당 국민 소득 증가에 미치는 부정적 영향에 대해서는 많은 연구가 있었다. 예컨대 Alesina and Rodrick 1994; Perotti 1992, 1993,1996; Persson, Tabellini 1994 and Larraín과 Vergara 1998 등 참조.

31 대조적으로 2010년 중 아시아 개발도상국들의 총 수출 중 1차 상품의 비율은 26%였다.http://unctad.org/en/pages/informationNoteDetails.aspx?OriginalVersionID=38 참조.

32 Stolper–Samuelson 정리는 만약 특정 재화의 상대 가격이 상승하면 해당 재화의 생산에 집중적으로 사용되는 요소의 실질 임금 또는 수익률도 증가한다고 말하고 있다. 반면 다른 상품 제조에 사용된 실질 임금과 생산 요소들의 수익률은 감소하게 된다.

3장. 수입대체산업화

1 이러한 정책들은 식민 시대로 소급되는 내재된 1차 산품 수출 편향을 제거하는데 목적으로 두고 있었는데, 후일 1870~1914년간의 중남미 황금 시기에 악화되었다.

2 ECLAC 1976 자료에 따르면.

3 칠레가 특히 질산염 가격의 폭락으로 치명타를 입었다; 질산염은 당시 칠레의 주요 수출 상품이었다는 2장의 설명 상기.

4 이 1930년대 보호주의 정책은 공화당 상원의원 리드 스무트(Reed Smoot)와 공화당 하원의원 윌리스 홀리(Willis C. Hawley)의 이름을 따온 것이다. 스무트–홀리 관세법은 주로 농산물인 약 2만 개 품목에 대해 전례가 없이 고관세를 부과하였다(Taussig 1931 참조).

5 노동력의 실업률은 25%에 달했다(1975년 미국 통계청).

6 비상 수입법 (Abnormal Importation Act)은 종가세 기준 100% 이상 잠정 관세를 부과하였다(Rossiter 2002 참조).

7 Sachs 1990 참조.

8 Eichengreen, Portes 1989 및 Armendáriz 1992 참조.

9 예컨대 Choudhri, Kochin 1980; Eichengreen, Sachs 1985; Eichengreen 1992; Temin 1993; Bernanke 1995 참조.

10 1929년 이후 중남미의 환율에 영향을 미친 상세 핵심 지표들에 대해서는 Campa 1990 참조.

11 환율 전가 (Exchange rate pass-through)는 Goldberg와 Knetter(1997)가 정의한 바와 같이 수입국과 수출국 간 환율의 1% 변화로 발생하는 국내 통화 수입 물가의 변화율을 말한다. 만일 대공황 시 악몽의 경우처럼 그 변화율이 낮을 경우 인플레이션율이 낮다.

12 Thorp 1992,1998 참조.

13 Prebisch 1950과 Singer 1950 참조.

14 이 메커니즘이 어떻게 작동하는지 상세 설명은 Cuddington, Ludema and Jayasuriya 2007 참조.

15 산업 발전을 효과적으로 촉진하기 위한 유치산업 보호 논쟁에 대한 포괄적인 검토 및 설명은 Melitz 2005 참조.

16 Love 2005 참조.

17 이 용어는 허시맨의 1958년 저서로 거슬러 올라간다. 후방 연계는 투입 요소의 수요를 창출하는 산업들의 부상을 말하며; 전방 연계는 산업 발전을 지원하는 원자재 및 투입 요소의 증가와 관련이 있다. 결합에 대한 후속 논쟁에 대해서는 Krugman and Venables 1995년 저서 참조.

18 Bulmer-Thomas 2003 참조.

19 지대 추구는 자원이 생산적 목적에 투입되기보다는 정부로부터의 혜택 수혜를 추구하는 경우 발생한다.

20 X-비효율(X-inefficiency)은 원래 경쟁을 회피하려는 독점에 의한 비효율적 생산에 관한 Harvey Leibenstein의 1966년 발표 논문에서 비롯되었다.

21 안데스 공동체의 카르타헤나 협정(1969)은 외국인 자본이 소유하고 있는 모든 기업들은 10년 이내에 자본의 과반 이상을 내국인 소유로 전환해야 한다고 규정하였다.

22 저축격차 아이디어는 해로드(Harrod; 1939)와 도마(Domar; 1946)의 논문에서 차용된 해로드-도마 모델에서 비롯되고 있다. 해로드와 도마는 성장률 g는 외생 자본의 생산율 k와 저축률 s에 달렸으며, k는 생산성을 대변한다고 주장했다. 익히 알려진 해로드-도마 방정식은 g=s/k이다. 이제 저축률이 s<s*이고 s*가 g*를 달성하기 위한 필요 저축률일 때, 목표 성장률 g*에 도달하기 위해서는 저축 또는 금융 격차는 s*-s 이다. 이러한 격차는 외국의 원조, 국제 원조 기관으로부터 받는 시장이자율 이하의 연성 차관(soft loan) 또는 둘 모두를 통해 충당될 수 있다. 저축 격차와 비평에 대한 광범위한 검토를 위해서는 Easterly 1997 참조..

23 당연히 "첨단" 투입 요소나 공예품 생산에 이미 존재하는 생산 과정을 요구하지 않는 산업의 생산물을 의미한다. 이에는 섬유류, 신발류 및 기타 공산품 등이 포함된다.

24 이 시기의 역사 데이터는 정교하지 못하다. 그럼에도 불구하고 기존 데이터 세트는 제법 일관된 방식으로 결합되어 있다 (예컨대 Franko 2007 참조).

25 이 시기는 2차 대전 후 프랑스의 경제 발전 시기였던 1950년부터 1973년 1차 오일 쇼크 때까지의 1945~1975년간을 의미한다(Piketty 2014 참조).

26 Alexander 1990 참조.

27 특히, Murphy, Shleifer and Vishny 1989 참조.

28 멕시코 통계청 INEGI 및 멕시코 중앙은행 자료 참조. www.banxico.org.mx 및 www.inegi.org.mx 참조.

29 Santaella 1998 참조.

30 ISI에 대한 보다 상세한 비평은 Baer 1972 참조.

31 효과적인 보호는 전체 관세 구조를 고려하여 특정 제품 또는 산업에 제공되는 실제 보호 수준의 측정을 시도한다. 일반적으로 재화 j의 생산에 투입 요소 i가 하나뿐인 경우 재화 j(gi)에 대한 유효 생산율은 다음 방정식으로 주어진다.

$$gi = \frac{(tj - aij\ ti)}{1 - aij}$$

tj가 상품에 대한 명목 관세라면, aij는 관세가 빠진 j가격에서 수입된 i생산소재 비용 몫이다 그리고 ti는 수입된 소재 j에 대한 명목 관세이다. 예컨대 냉장고 하나를 생산하기 위해서는 50달러 상당의 금속 중간재를 필요로 한다. 또한 자유무역 아래서는 냉장고의 가격은 100달러이다(이 경우 수입원자재 비중은 0.5). 완제품 냉장고에 대한 관세율은 90%이나 중간재에 대한 관세율은 30%라면 냉장고에 대한 실효 보호율은 150%가 된다(명목 관세율 90%보다 훨씬 높다).

32 이 경우 시장 실패는 경제적 비효율을 가져오는 과점 시장을 수반하는 반면, 이 맥락에서 정부 실패는 각국 정부들이 경제적 비효율성을 바로 잡는데 실패하는 것을 말한다.

33 예컨대 Furtado 1966 참조.

34 Piketty 2014 참조.

35 크롤링 페그 시스템 아래서 중앙은행은 일반적으로 국내 및 국제 인플레이션과 같은 거시 경제 변수를 기초로 미리 지정된 표 또는 방정식에 따라 국내 통화가 조정되도록 하고 있다. 원칙적으로 크롤링 페그 시스템은 과대 평가된 환율, 국내 통화의 급격한 평가 절하 등 통화 위기를 예방할 수 있다.

36 귀마라에(Guimaraes 2010)에 따르면, 다른 요소들도 ISI 전략의 성공에 영향을 미쳤다. 이 요소들은 분쟁 협상의 효율적 채널로서 정치 시스템의 작동 실패 그리고 정치 엘리트를 합류시켜 ISI 전략의 정치적 지지 강화를 위한 메커니즘 실패 등이다.

37 본선 인도 가격(FOB) 조건은 일반적으로 수출항에서의 선적 비용 지불 이전의 상품 수출 가격을 말한다.

38 환급(Drawback) 제도를 사용하는 국가는 자국 내 수출산업들이 수출을 이행한 후 생산 과정에서 사용한 중간재들에 대한 수입 관세 및 세금 등을 해당 수출 기업에 돌려주고 있다.

39 예컨대, Cardenas Ocampo 및 Thorp 2000 참조.

40 Dollar 1992; Harrison 1996; Sachs and Warner 1995; Edwards 1998; Chang, Kaltani and Loayza 2009; Rassekh 2007 및 기타 등 참조.

41 Labán and Larraín 1995 참조.

4장. 외채위기와 잃어버린 10년

1 Mundlak, Cavallo and Demenech 1992 참조.

2 Marichal 1989 참조.

3 본 섹션은 Armendáriz 1991, 1993에서 차용해온 것임.

4 통합 공채(consols)는 영국이 18세기부터 발행했던 장기(영구) 채권이다; 통합 연금이라고 알려지기도 하였다.

5 본 섹션은 Armendáriz 1989에서 차용한 것임을 참고.

6 칠레는 1931년부터 디폴트 상태였다. 1935년에 제정되었던 칠레 법 5580에 따르면 질산염, 요오드 및 구리에서 얻어지는 정부 총 수입 중 50% 정도를 미결제 이자를 지불하는 데 할당되도록 하였다. 나머지 50%는 모든 칠레 채권을 시장 가격으로 구매하는 자금으로 남겨졌다.

7 콜롬비아 정부는 채권단에 1933년부터 디폴트 상태에 있던 외채이자 총액 중 절반의 상환을 제안하고, 나머지 반의 외채는 국내 통화 표시 정부 보증 채권을 통해 상환하였다.

8 대공황 기간 동안 디폴트 사태를 맞았던 칠레 및 콜롬비아와는 달리 멕시코는 1910년 멕시코 혁명 때문에 1914년부터 디폴트 상태에 있었다. 1942년에 이 디폴트 상태의 외채에 대해 80%의 원금 탕감과 함께, 나머지 외채에 대해서는 4.5%의 고정 이자율로 이자율 인하를 제안하였다.

9 현재 섹션의 일부는 Larraín and Sachs 1993에 기반하고 있다

10 미국 재무부 장관의 이름 딴 브래디 플랜은 1988년 출범되었다.

11 Larraín and Velasco 1990; Armendáriz 1993; Armendáriz and Ferreira 1999 참조.

12 가격 안정을 위한 명목적 앵커로서 환율의 사용은 중남미와 1989년 베를린 장벽의 붕괴 이후 많은 동구권 국가에서 확산되었다. Edwards 1993 참조.

13 Aspe 1993 참조.

14 경제 위기가 1997년 아시아의 위기의 전염으로 촉발되었는지 여부는 여전히 의문으로 남아있다; Evangelist and Sathe 2006 참조.

15 Hausmann and Velasco 2002 참조.

16 Esquivel and Larraín(2000)은 공식적으로 통화 위기의 전염 문제를 분석하고 있다.

17 Diamond and Rajan 2009 참조.

18 IMF 2015 참조.

19 Larraín 2008 참조.

5장. 빈곤과 소득불평등

1 ECLAC 2013 참조.

2 Lindert, Williamson(2003) and Williamson(2010)은 19세기 초의 중남미는 서구 유럽 및 미국과 비교할 때 불평등하지 않았다고 주장하고 있다. Lindert and Williamson은 토지부국 퇴행 국가들과 마찬가지로 현대 중남미의 소득 불평등은 산업화된 선진국과 비교할 때 19세기 말부터 확산되기 시작했다. 즉, 중남미의 황금기(1870~1914) 동안 불평등이 심화되기 시작했다고 강력하게 주장한다.

3 아시아개발은행 2010 보고서 참조.

4 SEDESOL은 영문으로 Ministry of Social Development인 멕시코 사회 개발부이다. 동 기관은 관련 데이터를 모으고 익히 알려진 Progresa/ Oportunidades /Prospera 프로그램과 보다 최근에는 사회 연구 개발 기금(FOSIDES)을 통해 빈곤 퇴치 프로그램들에 대한 예산 지원 등을 수행하고 있다.

5 지니 계수는 불평등에 대한 표준 측정 수단인데 빈곤의 분포값을 추정한다. 계수는 제로(0 ; 완전 균형)와 1(완전 불균형) 간의 범위이다. 5.7 장에서 보다 자세한 설명을 하기로 한다.

6 사회적 이동성 측정과 지수에 대해 보다 자세히 알고 싶으면 D'Agostino and Dardanoni 2006 저서

참조.

7 예컨대 ECLAC(2004. 12)은 소비 부족, 영양실조, 불안정한 생활 여건, 직장에서의 불안정한 상태, 좌절감, 비정상 감정, 사회 생활 참여 부족, 그리고 아마도 다른 사람들과는 상당부분 다른 가치 체계 등의 상황적 요소를 빈곤으로 정의하고 있다.

8 공공 경제학에 관한 선행연구에 따르면, 평균 유권자의 선호가 다수의 선호도를 나타내며 정치 과정에서 효율적인 결과를 가져온다.

9 Armendáriz and Morduch 2010 참조.

10 빈곤을 측정하는 다른 방법들도 있다. 특히, 빈곤은 객관적–주관적 및 절대적–상대적 메트릭에 따라 분류될 수도 있다. 이러한 분류는 본 장의 범위를 초월하는 것이나 빈곤 측정을 위한 다양한 접근 방식의 장단점에 대한 광범위한 토론을 위해서는 Ray 1998 and Larraín 2008을 참조.

11 Hernando de Soto는 재산권에 대한 연구로 잘 알려져 있다. 데 소또와 그의 추종자들은 토지와 주택 등에 대한 광범위하고 잘 정의된 재산권이 없이는 가난한 사람들의 생활 수준을 향상시킬 수 없다고 주장하고 있다. Soto 1989 참조.

12 예컨대 스리랑카에 대해서는 Besley, Burchardi and Ghathak 2012 저서 참조.

13 SEDESOL은 불만족 기본 욕구(UBN) 측정 방법에 따르면 2012년을 기준으로 멕시코인들 중 7백만 명 정도가 극빈층이라고 추정하고 있다. 기본 욕구 비용(CBN) 측정 방법과 결합된 이 방법은 같은 해에 약 53백만 명의 멕시코인들이 빈곤층이었다는 놀라운 숫자를 제시하기도 한다.

14 도시나 농촌 양쪽의 많은 지역들은 관광 산업에 의존하고 있다. 관광 산업은 경제 내 중요성이 커지고 있지만, 엘니뇨와 관련된 자연적인 기후 변화 재앙 및 마약 관련 무력 충돌의 급증 등의 여러 쇼크에 큰 취약성을 보이고 있다. ECLAC의 2011년 자료에 따르면 중남미 지역들, 특히 카리브 지역 및 해안 지역의 총소득 중 30% 정도가 관광 산업에서 발생하고 있다..

15 Ferreira et al. 2012 참조.

16 Sen 1976; Preston 1995; Ravallion; Ray 1998 및 Deaton 2003 참조.

17 예컨대 Feres 1997 참조.

18 예컨대 Well 2013 참조.

19 특히, Lustig와 McCleod 1997; Attanasio and Székely 2001; Wodon et al. 2001; De Ferranti et al. 2003; Pribble, Huber and Stephens 2007 참조.

20 Manacorda와 동료들은 1980년대와 1990년대 아르헨티나, 브라질, 칠레, 콜롬비아 및 멕시코 도시지역의 통계를 사용.

21 예컨대 Attanasio, Meghir and Santiago 2012는 멕시코 통계 사용.

22 국제노동기구(ILO)의 2013년 통계에 다르면 중남미의 아동 중 17%이상이 학교에 가는 대신 노동 현장에 남았다. Baland and Robinson(2000)은 아동 노동은 비효율적인데, 왜냐하면 노동공급에서 아동을 제외하면 미숙련 노동 임금이 상승하여 가구주와 미래 세대에게 유익하기 때문이라고 주장하고 있다; 저임금 부모들은 보다 높은 임금을 얻고 아동들은 학교에 감으로써 미래 소득 프로필을 향상시키게 되기 때문이다.

23 나아가서, 중등 교육에 대한 접근성 향상과 병행하여, 정책 입안자들은 교육의 질 유지 노력을 강화해야

한다. 초등학교 교육의 질이 대부분 빈국 및 신흥 경제국에서 상당히 후퇴하였다 (예컨대 Pritchett 2013). 낮은 교육 품질과 제한된 접근성은 또한 생산성과 성장 잠재력에 악영향을 미치게 된다.

24 중남미의 비공식성에 대한 논의는 Perry et al. 2007 참조.

25 Wodon et al. 2001 참조.

26 조건부 현금 지급은 빈곤 퇴치 프로그램의 한 부분이다. 일반적으로 여성 가장들은 자녀를 학교에 보내거나 건강 관리 및 백신 접종을 위해 아동을 보건 센터에 데리고 가면 금전 및 비금전적 보상을 받는다. 보다 상세한 중남미의 조건부 현금 지급에 대한 논의는 5.8장에서 살펴보기로 한다.

27 Armendáriz and Morduch 2010 참조.

28 Wodon et al. 2001 참조.

29 사파티스타 운동에 대한 상세한 기록은 Armendáriz and Roell 1994 참조.

30 Piketty 2014 참조. 이 자료를 쓰는 시점에서 21세기에 상위 1%의 소득 비율을 보인 중남미 3 개국은 아르헨티나, 콜롬비아, 우루과이이다. 이들 3개국은 멕시코나 브라질에 비해 상대적으로 경제 규모가 작은 규모의 국가들이다. 그럼에도 불구하고 인구 규모면에서는 뒤지지만, 콜롬비아와 아르헨티나는 중남미에서 가장 중요한 상위 5대 경제국에 속하며, 피케티의 통계자료에 의하면 이들 국가에서 소득 불평등은 확대되고 있다. 콜롬비아는 1920년대까지 소급될 정도로 중남미에서 소득 불평등의 역사적 데이터가 가장 풍부한 국가이며, 또한 역사적으로 그리고 지난 20여 년간 불평등 증가 문제에서 미국을 추월한 중남미 유일 국가이다.

31 Lustig, Lopez–Calva, Ortiz–Juarez (2013)에 따르면, 기술 프리미엄은 서로 다른 기술을 보유한 근로자에 대한 수요와 공급, 그리고 최저 임금등 제도적 요소들에 의해 영향을 받는다. 그들의 연구 결과는 다음을 보여준다; 브라질의 경우 노동력의 공급 측면과 수요 측면, 그리고 제도적 요인들이 기술 프리미엄의 하락에 중요한 역할을 한데 반해, 멕시코의 경우는 숙련 노동력의 공급 확대에 의해 제도적 측면들은 중요하지 않았다.

32 동 프로그램은 여타 중남미국들에 의해 채택되었는데, 특히 브라질에 의해 채택되었다. 그것은 뉴욕을 포함한 다른 12개 지역에 의해 수용되었다. 한 최근 세계은행 발간 자료는 아프리카에서 123개 조건부 현금 지급 프로그램이 확인되었다. Garcia and Moor 2012 참조.

33 이 아이디어는 종종 IDB 경제전문가들인 Santiago Lévy and José Gómez de León 등에 의해 활용되고 있다.

34 Mullainathan and Shafir 2013 참조.

35 FOSIDES는 SEDESOL의 산하기관.

36 Harkness 2010 참조.

37 특히, 멕시코의 Banco Compartamos에 대해서는 Angelucci, Karlan, and Zinman 2014 참조 그리고 보다 일반적으로는 멕시코의 주요 소액 금융 프로그램과 여타 중남미국에 대한 전반적인 견해는 Armendáriz and Morduch 2010 참조.

38 2004년에 소득과 가족 규모에 의한 브라질의 가계 지원 자금(BBF) 시스템 아래 현금 이전은 15헤알과 95헤알 사이 범위에서 지급되었다.

39 Scorzafave, Guilherme and Caravalho de Lima 2010 참조.

6장. 중남미 발전의 정치경제

1 1920년대 이전 소득 불평등과 최근 중남미에서 나타난 포퓰리즘 사이의 개념적 연관성에 관하여는 Prados de la Escosura 2005b; Bértola and Williamson 2006; Bértola et al. 2008 참조.

2 Dornbusch and Edwards 1989, 1991 참조.

3 앞으로 더 살펴보겠지만, 포퓰리스트의 급등은 흔히 천연자원의 풍부함과 관련이 있다. 중남미의 경우는 특히 Kaufman 2007 and Weyland 2009 참조.

4 이 정의는 아르헨티나의 포퓰리즘에 대해서는 Joel Horowitz, 브라질에 대해서는 Michael Conniff, 칠레에 대해서는 Paul W. Drake, 멕시코에 대해서는 Jorge Basurto, 페루에 대해서는 Steve Stein, 베네수엘라에 대해서는 Steve Ellner, 에콰도르에 대해서는 Ximena Sosa, 파나마에 대해서는 William Francis Robinson의 연구를 기반으로 하였다. 중남미 모든 국가를 대상으로는 Conniff 2012 참조.

5 IMF 2013b 참조.

6 Cavallo, Domenech and Mundlak 1989 참조.

7 Horowitz 2012 참조.

8 Basurto 2012 참조.

9 최근 멕시코를 방문한 OECD (파리 기반 싱크 탱크) 사무총장 앙헬 구리아(Angel Gurria)는 "경제 성장과 실업에 대한 개혁이 즉각적으로 효과를 발휘할 것으로 선언한 사람은 없다"고 말하며 개혁 반대 세력과 그 추종자들을 진정시키려 시도하였다. (El Economista 2014 참조)

10 Eller 2012 참조.

11 Jorge Basurto에 따르면 루이스 에체베리아(Luis Echeverria)는 멕시코 역사상 가장 위대한 좌파 지도자 중 한명이었다. 1970년부터 1976년까지 그의 집권 행정부에서 멕시코 산업의 거의 70%가 국유화되었다.(Basurto 2012 참조)

12 IMF 2012 참조.

13 코니프(Coniff 2012)에 따르면, 1950년대 전임 포퓰리스트 제툴리우 바르가스(Getúlio Vargas)와 1990년대 초 신 포퓰리스트 지도자 페르난두 콜로르 지 멜루(Fernando Collor de Mello)와 달리 룰라(Lula)는 민주적 사회주의자(좌파 지식인)였다.

14 스태그플레이션(stagflation)이라는 용어는 경제 성장이 둔화됨에 따라 인플레이션과 실업률이 크게 증가하는 상황과 관련하여 1970년 Ian Macleod 영국 총리에 의해 처음 사용되었다.

15 Flores 1997 및 Larraín, Meller 1990 참조.

16 쿠진스키(Kuczynsky)의 1977년 추정치, 페루 중앙은행 그리고 재무부의 근사치를 기반으로 한 돈부시(Dornbusch)와 에드워드(Edwards)의 1989년 논문의 표 2 참조.

17 까르보네또(Carbonetto et al. 1997)의 연구 자료에서 가르시아(Garcia)정부의 포퓰리즘 정책에 대한 내부자의 설명을 볼 수 있음.

18 페루 재무부 및 국립기획원의 데이터와 결합된 IBRD 데이터를 사용하여 저자가 작성한 핵심 지표에 대한 설명은 Dornbusch and Edwards의 1989년 논문의 표4 참조.

19 Olivera 1967 및 Tanzi 1969, 1977 참조.

20 Sachs 1990 참조.

21 Blanchard, Kiyotaki 1987 참조.

22 1990년대 중남미 국민들의 소득에 대한 주관적인 인식과 인플레이션 객관적 측정에 대한 내용은 Bárcena, Prado and Hopenhayn 2010을 참조. 브라질의 경우 상관 계수는 0.450이다.

23 사회적 협약(El pacto social)으로 알려진 멕시코의 비(非)정통파 정책에 대한 포괄적 설명은 Aspe 1993 참조.

24 정통파 정책은 세출 감소, 재정 적자 감축 및 지출전환정책을 통하여 초과 수요를 통제하는 것을 목표로 하며– 말하자면 환율 고평가 회피를 통해 소비자가 외국 제품을 선호하지 않도록 하는 - 디스인플레이션 추세를 달성하고자 한다. 반면에 대조적으로, 비정통파 정책은 가격, 임금 및 환율에 대한 통제를 통해 지출 감소 비용을 피하고자 한다.

25 중산층, 미디어 및 민주주의 등의 부상에 대한 보다 상세한 분석은 UNDP 2013년 보고서 참조. Birdsall의 2012년 자료에 비하여 UNDP보고서는 보다 조심스러운 편이며 중산층을 취약한 계층으로 표현하고 있다. 성장 둔화는 상대적으로 지역내 안정된 사회 및 정치 환경을 저해할 수도 있다.

26 Levy 2008와 López–Calva 2013 참조.

27 Barozet and Fierro 2012 참조.

28 특히, Birdsall, de la Torre, Menezes 2001, Stiglitz 2002 그리고 Easterly 2007 참조.

29 빈곤 가계의 비율은 절반으로 감소했으며 극빈층은 72%가 감소했으며, 소득 불평등을 나타내는 지니 계수도 48에서 40으로 감소했으며, 아동 사망률은 출생 천 명당 21명에서 14명으로 감소했다. 초등, 중등 및 고등 교육에 대한 등록률은 92%에서 100%로 증가했다. 보다 상세한 평가를 위해서는 Weisbrot et al. 2009 참조.

30 구체적으로 통화위원회는 1994년 멕시코 떼낄라 위기, 1997년 아시아 위기, 1998년과 1999년 브라질과 러시아 위기에서 살아남았다.

31 중남미에서 메스티소라는 용어는 유럽 및 원주민 혈통의 결합과 관련하여 사용되고 있다. 이웃 페루는 또한 메스티소/유럽 혈통 후손과 대다수의 토착 원주민 사이에 차이를 볼 수 있다. 그러나 볼리비아와는 달리 좌파 빛나는 길(Shining Path) 운동은 페루 원주민의 권리를 소홀히 했던 폭력적인 게릴라 운동으로 인식되고 있다.

32 1994년에 발생한 멕시코의 테킬라(tequila) 위기는 멕시코의 안정화 정책 아래 고평가된 환율의 결과로 인식된 금융 위기였다. 논란의 여지가 있지만, 다른 국내 요인, 특히 남부 치아파스주의 원주민 반란과 집권당 제도혁명당(PRI) 대통령 후보 루이스 도날도 콜로시오(Luis Donaldo Colosio)의 암살 사건이 있었다. 우리는 1994년 멕시코의 테킬라(Tequila) 위기는 7장에서 자세히 다루기로 한다.

33 Jácome 2004 참조.

34 2010년 세계경제포럼에 따르면, 부패는 여전히 에콰도르의 비즈니스 환경에 가장 중요한 문제로 남아 있다.

35 글로벌화와 시장 친화적 개혁에 대한 잘 알려진 비판서로는 Stiglitz 2002 참조.

36 세계은행 2001년 보고서 참조.

37 검토 문헌으로는 예컨대 Mckenzie and Mookherjee 2003 참고.

38 Bortolotti and Perotti 2007 참조.

39 예컨대 Chong and López-de-Silanes 2003 참조.

40 예컨대 Di Tella and Dubra 2010 참조.41

41 Kornai, Maskin and Roland 2003 참조.

42 The Economist 2006 및 Financial Times 2012 참조.

7장. 발전을 위한 재정정책

1 본 장의 일부는 Larraín and Selowsky 1991에서 가져옴.

2 Bértola and Ocampo 2012 참조.

3 Eichengreen, Hausmann and Panizza 2002 참조; 본 책의 4장도 참조할 것.

4 예를 들면, Díaz-Alejandro 1984 참조.

5 본인-대리인 문제는 경제 주체(본인)가 완벽한 정보를 갖고 있지 못하고, 다른 주체(대리인)의 행동에 의존할 때 발생한다. 대리인이 본인의 의지보다 자신의 이해관계에 기반해 행동할 때 문제가 발생한다. 구체적 사례를 들어보자면, 본인이 주주이고 대리인이 공기업이나 기관의 관리인의 사례이다. 본인-대리인 이론의 예시는 Gertner, Scharfstein, and Stein 1994에서 볼 수 있다.

6 연성 예산 제약의 예를 보기 위해서는 Maskin 1996과 Qian and Xu 1998 을 참조. 민간과 공공 소유의 종합적 검토는 Vickers andYarrow 1988을 참조.

7 Larraín and Sachs 1993, 22장을 참조.

8 IMF Data (www.imf.org/en/Data) 참조.

9 Dornbusch and Simonsen 1987 참조.

10 Reinhart and Rogoff 2009의 데이터를 참조.

11 Baker and Brady 플랜의 설명은 4장을 참조.

12 Williamson 1990 참조.

13 전반적 논의를 위해 Birdsall, de la Torre, and Valencia 2011; Rodrik 2006; Williamson 1990 참조.

14 몇몇 비평가들은 개혁이 친 성장 기조였다고 평가; Burnside and Dollar 2000과 Dollar and Kraay 2001 참조. 다른 비평가들은 워싱턴 컨센서스 실행을 위한 발전 지원이 잘못된 것이었으며 성장에 도움이 되지 않았다고 평가(Easterly 2007).

15 Tagging(연계)은 정해진 양의 재분배 목표 달성에 필요한 재정 비용을 줄이기 위해 소득 기준과 연계해서 정책을 집행하는 것 의미.

16 Fiszbein and Schady 2009 참조.

17 칠레 재정 규율의 구체적 분석은 Larraín et al. 2011 참조.

8장. 인플레이션 퇴치

1 Reinhart and Rogoff(2011)에 의하면, 인플레이션 위기는 물가 상승이 20%를 초과하는 것 의미. Cagan (1956)에 의하면, 하이퍼 인플레이션은 인플레이션이 월간 50%를 넘는 것 의미. ECLAC (2004)는 1975년 인플레이션은 60.9%였고, 1990년은 1188.5% 였다고 추정.

2 현재 장은 Larraín and Sachs 2013에서 많은 부분을 가져옴.

3 본질적으로 쌍둥이 적자 가설은 왜 예산 적자가 무역적자에 발맞춰 증감폭이 정해지는지 설명. 다르게 설명하면, 쌍둥이 적자는 외국산 상품의 수입이 증가함에 따라 해외로부터 외채 차입도 늘어날 때 발생할 가능성이 높다.

4 Gavin, Hausmann, and Leiderman 1996과 Edwards 2000 참조.

5 간단하게 말하면, 인플레이션 회피용 경기 조정형 정책은 자본 유입이 역사적 평균보다 많을 때 긴축 재정을 펴는 것이다.

6 시뇨리지(Seigniorage)는 프랑스어 단어 'seigneur'에서 파생된 것으로, 정부가 지출을 충당하기 위해 돈을 찍어 만드는 재원을 의미한다.

7 Eichengreen and Hausmann(1999)에 의하면, 원죄는 정부가 해외에서 자국 통화로 차입할 수 없고, 국내에서는 자국 통화로 장기 차입을 할 수 없는 것을 의미한다.

8 구조주의자들은 다르게 해석한다. 구조주의자들은 인플레이션은 다른 분야보다도 농업과 무역에서 제도적 경직성으로 발생한다고 믿는다. Seers 1962 참조. 통화주의자들과 구조주의자들간의 논쟁은 다음 섹션에서 설명된다.

9 인플레이션의 일반적 이해는 통화 현상이라는 것이다; 즉, MV=PY에서 M은 통화 공급이고, V는 속도, P는 물가 수준이며, Y는 생산량이다. V와 Y가 일정하다고 가정할 때, 통화 공급의 변화는 가격 변동에 반영된다. 정부가 적자를 국내 부채로 보전할 때 시뇨리지를 동원할 필요성은 줄어든다. 따라서 인플레이션이 감소한다.

10 간단히 말해서, 관성 인플레이션은 과거와 현재의 인플레이션은 미래의 인플레이션 기대치, 미래 가격 그리고 계약 조정에 갖는 영향을 의미한다. 그러므로, 통화와 재정 지표가 안정되더라도 인플레이션은 계속 상승한다. 대부분 중남미 국가들에서 인플레이션은 조절하기 어려웠으며, 이는 과거의 기록이 자동적, 자생적 물가 연동 메커니즘에 의해 지속되기 때문이다.

11 Oliver-Tanzi 효과는 Julio Olivera(1967)와 Vito Tanzi(1969)의 세미나 논문에서 만들어졌다.

12 Mankiw 2007과 Larraín and Sachs 2013 참조.

13 구두창 비용(Shoe leather costs)은 경제 주체들이 가치가 하락하는 현금 보유를 꺼리고, 그 결과 적어도 이자가 생기는 은행을 자주 방문하는 현상을 가리킨다. 메뉴 비용은 인플레이션의 결과로 가격을 (식당 메뉴나 자판기 가격 등) 자주 변경하는 데 드는 실질 비용을 가리킨다. 구두창 비용과 메뉴 비용은 보다 생산적으로 사용될 수 있는 자원의 낭비를 의미한다.

14 임금이 하락하기 어려운 세 가지 이유가 있다: 첫째는 최저 임금 정책과 노조이며, 둘째는 기업들이 노동력 회전 비용을 회피하고 싶어하기 때문이며, 셋째는 노동자 생산성이 기업들이 지불하는 임금, 즉 효율성 임금과 연관되기 때문이다. Shapiro and Stiglitz 1984 참조.

15 Alesina et al.(1999)는 예산제도지수 또는 적자 규제 지수를 개발하였다. 놀랍지 않게, 멕시코, 에콰도르, 칠레는 브라질, 페루, 베네수엘라에 비해 지수가 높다.

16 Carstens and Jácome 2005 참조.

17 Alesina and Summers 1993; Carstens and Jácome 2005; 그리고 Carlstrom and Fuerst 2009 참조.

18 집필 현재, 브라질의 지우마 후세프 현 대통령은 중앙은행 독립 압박을 받고 있음.

19 Santiso 2004 참조.

20 통화위원회 제도에서, 통화당국은 국내 통화와 외환 간에 완전한 고정 환율제를 유지해야 한다. 아르헨티나의 경우, 통화위원회가 아르헨티나 1페소와 미화 1 달러 간 1대 1 교환을 정하였다.

21 Fischer, Sahay, and Végh(2002)에 의하면, 멕시코, 아르헨티나, 브라질 경험은 인플레이션이 고조에 달하면 관성이 떨어진다는 것을 보여준다. 즉, 더 이상은 가격 상승이 현재 물가 지수에 반응하여 조정되지 않는다.

22 Larraín 2000과 Fostel and Kaminsky 2008을 참조.

23 중남미의 자본 유입 변동성은 연구가 많이 되어 있다. Gavin and Hausmann 1996; Griffith-Jones 2000 그리고 Larraín 2000 참조.

24 구체적으로, 환율 전가는 외환의 국내 화폐 가격 대비 국내 통화 수입 물가의 탄력성이다. 이는 수출입 국가들 사이 환율의 변화로 인한 수입 가격의 탄력성을 의미한다. 수입 가격의 변화는 국내 소매 및 소비자 가격에 영향을 미친다. 환율 전이가 낮을 때, 국내 화폐의 평가 절하로부터 발생하는 물가 상승이 낮아진다.

25 화폐 평가 절하로 수입 가격이 변할 때 국내 소매 물가는 상승한다. 이 인플레이션으로 환율 전이는 국내 화폐 가격 관련 수입 물가 탄력성에 따라 높을 수도 낮을 수도 있다.

26 Reinhart and Rogoff 2011 참조.

9장. 고정, 중간 단계, 변동 환율 제도: 환율 관리

1 실제 환율 제도의 분류와 관련하여 IMF 2006을 참조.

2 Jameson 2003 참조.

3 Swiston 2011 참조.

4 PPP 이론 설명에 Larraín and Sachs 2013의 18장 참조.

5 불태환(sterilization)은 중앙은행이 통화량을 유지하고자 할 때 시행된다. 중남미 상황에서 불태환은 국제수지 위기를 피하기 위해 통화 가치를 유지하는 형태를 띄었다.

6 Frenkel and Rapetti 2010 참조.

7 이 협정의 구체적 설명을 위해 4장 참조.

8 Larraín and Tavares(2003)은 유럽은 지역 통합 정도가 높은 데 반해, 중미와 남미는 (통화 통합의 제안에도 불구하고) 지역 통합 정도가 낮음을 보여준다.

9 Larraín 2005는 다수의 국가들을 대상으로 경험적 증거를 제공하며, GDP 성장과 변동성이 변동 환율제하에서 높다고 결론짓는다.

10 Bernanke and James 1991과 Eichengreen and Temin 1997 참조.

11 Armendáriz and Reynoso 2013 참조.

12 특히 Hausmann et al. 1999 참조.

13 예를 들면, Frankel, Parsley, and Wei 2012 참조.

14 이 점은 Larraín and Velasco (2001, 2002) 그리고 Calvo and Mishkin (2003)에 의해 강조됨.

15 이것은 역내의 여러 정책입안자들이 주시한 것이다. Larraín 2010, 2013 참조.

16 특히 Frenkel and Rapetti 2010 참조.

17 Gourinchas et al. 2001 참조.

10장. 무역 자유화와 금융 자유화

1 잠재 가격은 시장 가격을 반영하지 않는 시장 왜곡을 감안한 가격이다. 예를 들면, 한 국가가 외채를 지고 있을 때, 많은 부채가 수출 상품에 투자되지 않고, 비교역재나 수입 경쟁 상품에 투자될 수 있다. 수입대체 산업화하에서 이런 인센티브 기반 왜곡은 수출재 상품 가격에 반영되어 세계 시장 가격 대비 너무 높은 수출 상품 가격이 형성된다. 이로써 중남미의 수출재는 경쟁력을 상실하게 된다. 이렇듯 수출 상품의 세계 시장 가격과 잠재 가격 사이의 간격을 줄이고자 하는 것이 무역자유화이며, 이는 교역재를 국제 경쟁에 노출시키는 것이다(Brecher and Díaz Alejandro 1977 참조).

2 리카르도와 헥셔 올린 모델에서 설명하는 무역의 상호 이익의 구체적 설명을 위해서 Krugman, Obstfeld and Melitz 2012 참조.

3 무역 자체만으로는 성장을 가져올 수 없으며, 제도적 개혁이 필요하다고 인정되었다. Rodrik 2001 참조.

4 브래디 플랜하에서 외채 구조조정 협상은 많은 도움이 되었다. 많은 국가들에서 외채 재조정 없이 시장 지향 개혁, 특히 무역자유화 부문, 이 21세기의 경제 번영을 가져오기는 불가능했을 것이다. 멕시코 케이스는 Amendáriz and Amendáriz 1999 참조

5 이 추정치들은 그림 10.1에 나온 10개국에 기반하여 저자들이 계산한 것이다. 보다 많은 국가들을 대상으로 한 이전 샘플 추정에서도 동일한 수치가 산출되었다. 예를 들면, Lora 2001은 1985~1999 기간 동안 약 38%의 관세 인하를 가정한다.

6 예를 들면, Krueger 1978; Bhagwati 1988; Choski, Michaely, and Papageorgiou 1991; Edwards 1993; 그리고 Agosin 1999 참조.

7 World Bank 2002 참조.

8 Edwards 1993 참조.

9 예를 들면, Fernández and Rodrik 1991과 Fernández 1997 참조.

10 Krugman, Obstfeld, and Melitz 2012 참조.

11 예를 들면, McCulloch 2002 참조.

12 Ethier 1998 참조.

13 European Commission 2015 참조.

14 Ozden and Parodi 2004 참조.

15 Echavarría 1998 참조.

16 마킬라도라 수출 분야 심층 분석을 위해 Cañas et al. 2011 참조.

17 Tornell, Westermann, and Martinez 2004 참조.

18 예를 들면, Pastor 2001 참조.

19 Santiso 2013에 의하면, 금융 자유화는 개도국들의 다국적 기업 수 증가를 가져왔다. 특히 중남미 국가들 다국적 기업들, multilatinas, 는 선진국으로부터 개도국으로 금융과 산업의 부를 이전하고, 개도국에서 혁신을 발전시키는데 중요한 역할을 담당했다.

20 이 기간 동안 중남미의 자본 유출입 분석 관련하여, Larraín 2000을 참조. 신흥 시장에서 외환 위기의 배경 요인들 관련해서는 Esquivel and Larraín 2000a 참조.

21 이 세금은 노벨상 수상자 James Tobin 의 이름을 따서 만들었으며, 그는 외환 거래에 소액의 세금을 부과하여 외환시장 투기 방지를 제안하였다. Tobin 1978 참조. 1990년대 토빈세 관련 칠레와 콜롬비아 경험의 종합적 설명을 위해 Pradumna 1998과 Larraín 2000 참조.

22 Ostry et al. 2010 참조.

23 Rojas–Suarez 2010 참조.

24 Hernández–Coss 2005 참조.

25 Passel, Cohn, and Gonzalez–Barrera 2012 및 Passel et al. 2014 참조.

26 자본 유입 관련 칠레 경험의 자세한 분석은 Larraín and Labán 2000에서 볼 수 있음.

11장. 노동 시장, 비공식성 및 근로자 보호 시스템

1 대안적으로, 시장 청산 임금 이상은 Lindbeck and Snoer(1988)의 내부자–외부자 이론을 통해 살펴볼 수 있다. 이 이론에 의하면, 내부자는 노동 회전율 비용으로 인해 외부자 대비 우월한 지위의 특권으로 높은 임금을 받게 된다. 고용주들은 외부자를 상이한 고임금에 채용할 이유가 없으며, 따라서 부가노동공급은 노동수요를 초과하여 실업이 발생하게 된다.

2 중남미의 도시화율은 1950–2000년 기간 동안 연간 약 3.5% 비율로 증가한 것으로 추정된다. 동시에, 농촌 인구는 증가하지 않았거나 오히려 감소하였다. 중남미의 도시 인구는 1950년 6,500만 명에서 2000년에 3억 8천만 명으로 증가하였다. 그 결과 도시 거주자가 중남미 인구의 3/4 이상을 차지하게 되었다.

3 Stallings and Peres 2000과 Cook 2004 참조.

4 예를 들면, 콜롬비아와 브라질의 경우는 Goldberg and Pavcnik 2003 그리고 콜롬비아는 Attanasio, Goldberg, and Pavcnik 2003 참조.

5 Bosch, Goñi–Pacchioni, and Maloney 2012 참조.

6 Klein 2012 참조.

7 예를 들어, Anner 2008 참조.

8 ILO 2005 참조.

9 Collier and Collier 1991; Drake 1996; 그리고 Portes and Hoffman 2003 참조.

10 예를 들면, 이 주제의 초기 연구는 Bertola 1990; Bentolia and Bertola 1990, 그리고 Bentolia and Saint Paul 1994이다. 보다 최근의 계량 경제학 연구는 중남미의 노동 유연성 증가가 약 2% 고용 증가를 가져왔다고 주장한다.

11 특히 내부자–외부자 이론의 심층 분석을 위해 Lindbeck and Snoer 1988 참조.

12 전체 임금 노동자는 고용주가 사회보장금을 납부하는 공식 채용 근로자이다.

13 이러한 전통적 복지 제도 분석은 Holland 2014 참조.

14 여러 지표와 세부 지수들의 비중과 관련된 설명은 World Bank 2014a를 참조.

15 Bertranou 2007 참조.

16 Clark and Summers 1982에 의하면, 학교 밖 십대의 60%만이 고용되어 있어, 높은 청소년 실업률을 보

인다.

12장. 중남미의 성장과 발전

1 Easterly 2007을 특히 참조.

2 Barro 1991을 특히 참조.

3 예를 들면 Nunn 2012 참조.

4 Dayal–Gulati and Thimann 1997 참조.

5 Kraay 2000 과 Chamon and Prasad 2010 참조.

6 Allen, Qian and Qian 2005 참조.

7 Song, Storesletten and Zilibotti 2011 참조. Armendáriz and Moruch (2012)는 개편되어야 한다. 왜냐면 미소금융의 단순 의미가 서구 국가들과 중국에서 다르기 때문이다. 중국 기준으로 프로젝트가 미소금융 카테고리에 해당하면, 프로젝트는 약 미화 75만 불의 최소 고정 비용을 포함하기 때문이다.

8 예를 들면, Labán and Larraín(1997)은 자본 출입 통제 자유화는 더 많은 자본 유입을 가져온다는 것을 보여준다.

9 특히 완전한 이론 설명을 위해서 Aghion, Comin et al. 2009를 참조하시오. 금융 기관을 포함하는 장기 프로젝트의 전문가 확산 관련 비슷한 주장은 Armendáriz 1999에서 찾아볼 수 있다.

10 특히 Barro 1991; Mankiw, Romer, and Weil 1992; 그리고 Quah 1996b 참조.

11 특히 Friedman 1992 참조.

12 Dawson and Sen 2007 참조.

13 특히 Holmes 2005 참조.

14 Ayala, Cunado, and Alberiko Gil–Alana 2013 참조.

15 특히 Alesina 2003 참조.

16 예를 들면, Alexander 1990 참조.

17 Kremer (1993)는 많은 인구는 높은 기술 확산 및 경제 번영을 가져온다고 주장하였다.

18 시계열 연구 (Jones 1995)와 국가대조 연구 (Backus, Kehoe, and Kehoe 1992; Rose 2006) 모두 부가 수준의 규모의 효과의 확정적 증거를 찾지 못했다.

19 이 변수들의 변수는 유의미 하지 않으며, 의미 없음에 가깝다. 이 결과들은 OLS, 고정효과 패널 데이터, 그리고 도구 변수(IV)들을 포함하는 여러 방법론에서 나타난다.

20 Barahona et al.(2001)은 중미에서 Mitch 허리케인의 상황에서 어떻게 자연재해에 대한 취약성을 줄일수 있는지 분석했다.

21 화란병 용어는 1950년대말 네덜란드에서 천연가스의 발전과 채굴 이후 제조업 분야의 침체와 관련한 연구에서 처음 등장하였다.

22 Ades and Di Tella 1999 와 Acemoglu, Robinson, and Verdier 2004를 참조.

23 이런 주장은 1930년대 Prebisch–Singer 연구와 밀접히 연계되어 있다.

24 Gylfason 2002를 참조.

25 Hausmann, Panizza, and Rigobon 2006 참조.

26 칠레의 재정 규율과 관련한 종합 분석은 Larraín et al. 2011 참조.

27 Ray 1998 참조.

28 예를 들면, Chang, Kaltani, and Loayza 2009; Ari and Zeren 2013; Bulut et al. 2013; 그리고 Trejos and Barboza 2014 참조.

29 이 질문은 Cavallo and Frankel 2008에서 다루어짐.

30 예를 들면, Gourinchas et al.(2001)은 세계의 다른 지역과 비교할 때 중남미는 상당히 자본 유출입의 붐과 변동성에 더 취약하다.

31 Edwards 1993 참조.

32 Rassekh 2007 참조.

33 Chang, Kaltani, and Loayza 2009 참조.

34 Wacziarg and Welch 2008 참조.

35 Jamison, Jamison and Hanushek 2007 참조.

36 Kremer and Holla 2009 참조.

37 Attanasio, Meghir, and Santiago 2012 참조.

38 그러나 Barro 는 계량 경제 방정식에서 교육과 국가 안보를 제외하였음을 주시하시오.

39 Gillman, Harris, and Mátyás 2004는 1961–1997년 기간 OECD와 ASEAN 국가들 데이터를 포함하였으며, 이 견해를 지지한다.

40 그들의 연구에서 제도의 질은 수용 위험에 근접한다.

41 종합 리뷰를 위해 Aghion and Howitt 1997를 참조.

42 Helpman 1993 참조.

현대 중남미 경제

초판 인쇄 2022년 3월 7일
초판 발행 2022년 3월 14일

지은이 Beatriz Armendáriz, Felipe Larraín B
역자 문남권·우제량
발행인 고윤성 Director, University Knowledge Press
편집장 신선호 Executive Knowledge Contents Creator
도서편집 이근영 Contents Creator
장혜정 Contents Creator
디자인 우승민 Designer
한 지 Designer
재무관리 조아라 Managing Creator
정예찬 Managing Creator
사전·홍보물 장지혜 Contents Creator
발행처 한국외국어대학교 지식출판콘텐츠원
02450 서울특별시 동대문구 이문로 107
전화 02)2173-2493~7
FAX 02)2173-3363
홈페이지 http://press.hufs.ac.kr
전자우편 press@hufs.ac.kr
출판등록 제6-6호(1969. 4. 30)
인쇄·제본 (주)케이랩 053)583-6885

ISBN 979-11-5901-892-3 [93330] 정가 27,000원

* 잘못된 책은 교환하여 드립니다.

HUINE은 한국외국어대학교출판부의 어학도서, 사회과학도서, 지역학 도서 Sub Brand이다. 한국외대의 영문명인 HUFS, 현명한 국제전문가 양성(International+Intelligent)의 의미를 담고 있으며, 휴인(携引)의 뜻인 '이끌다, 끌고 나가다'라는 의미처럼 출판계를 이끄는 리더로서, 혁신의 이미지를 담고 있다.